한국소년운동론

김정의

1942년 7월 7일 경기도 포천 출생, 서울 성동고등학교 졸업, 연세대학교 문과대학 사학과 졸업,
성신여자대학교 대학원 사학과 졸업(문학박사), 무악실학회 회장, 한국문명학회 회장 역임
현재 : 한양여자대학 아동복지학과 교수
저서 | 『한국소년운동사』, 『한국의 소년운동』, 『역사의 시공을 넘나들며』,
『한국문명사』, 『신문명 지향론』, 『현대문명의 성향』, 『한국문명의 생명력』 외 다수
홈피 http://www.futurecivilization.com   블록 http://blog.naver.com/jekimpro
카페 http://cafe.naver.com/juvenile.cafe   http://cafe.daum.net/liveok
페퍼 http://paper.cyworld.com/liveok

한국문명학회총서 10

한국소년운동론
김정의 지음

2006년 4월 28일 초판 1쇄 인쇄
2006년 5월 5일 초판 1쇄 발행
펴낸이 · 오일주
펴낸곳 · 도서출판 혜안
등록번호 · 제22-471호
등록일자 · 1993년 7월 30일
㉾ 121-836 서울시 마포구 서교동 326-26번지 102호
전화 · 3141-3711~2 / 팩시밀리 · 3141-3710
E-Mail hyeanpub@hanmail.net
ISBN 89-8494-270-7 93910
값 27,000 원

한국문명학회총서 10

한국소년운동론

김 정 의 지음

혜안

책을 내면서

　지은이는 원래 학부에서 사학을 전공하였습니다. 사학은 과거의 일어난 역사에 대한 연구입니다. 과거의 역사를 공부하다보니 사학이 미래에 대한 준거를 제시하는 학문이라는 것을 알게 되었습니다. 그 미래의 주인공이 바로 소년임도 터득하였습니다. 그래서 소년에게 각별한 관심을 가지기 시작하였습니다.

　그 후 대학원부터는 소년운동과 관련된 연구에 일구월심 매진하게 되었습니다. 그러길 어언 한 세대가 넘게 흘렀습니다. 그 결과물들은 그 때마다 여러 학술지에 발표했습니다. 그리고『한국소년운동사』에 이어『한국의 소년운동』을 단행본으로 간행한 바 있습니다. 이제 이에 더하여 소년운동에 대한 세 번째 연구서로서『한국소년운동론』을 상재코자 합니다.

　『한국소년운동론』은 모두 12편의 논문과 이에 관련된 연대기로 꿰맸습니다. 왠지 12라는 숫자가 당겼기 때문입니다. 아마도 12진법, 12간지 등에 익숙했기에 그리된 성싶습니다.

　먼저 한국소년운동의 배경을 밝히기 위해서「한국 근현대소년운동의 사적배경」을 제1장으로 삼았습니다. 이어서 제2장부터 제11장은「화랑도와 스카우트 정신」,「최제우의 소년관 발효」,「현대 한국소년운동의 이념」,「『개벽』지상의 소년운동론 논의」,「소춘 김기전의 소년해방운동론」,「정성채의 소년운동」,「사회운동의 측면에서 본 소파 방정환」,「국권침탈기 경기지방의 소년운동」,「국외에서의 한인소년운동」,「한국소년운동사의 시기 구분론」으로 구성하였습니다. 이 10개의 장에는 한국사상 대표적인 소년운동 화랑도와 스카우트의 비교고찰을 비롯하여 현대 한국 소년운동의 이념 추출과『개벽』지상에 나타난 소년운동론의 다양한 논의, 근현대 소년운동의 발생토양을 마련한 최제우, 발생이론을 정립한 김기전, 발생의 역할 및 초기의 소년운동을 주도한 정성채·방정환과 관련된 논문을 실었습니다. 그리고 경기지방의 구체적인 소년운동과 국외에서의 한인소년운동도 망라하였습니다. 정리 차원에서 현대 한국소년운동의 기점론과 한국소년운동사의 시기구분론도 실었습니다. 마무리 장으로는 현재의 소년운동을 '현대소년운동의 다양화'로 정의하고 제12 장으로 편성하였습니다.

끝으로 한국소년운동론의 이해를 돕기 위하여 '한국소년운동론' 관련 연대기를 부편으로 작성하였습니다. 연대기는 1860년 4월 5일 동학의 창도일로부터 2006년 5월 5일 어린이날 현재까지로 하였습니다. 자료는 『동아일보』,『조선일보』,『매일신보』,『시대일보』,『개벽』,『어린이』,『천도교회월보』등의 기사에서 발췌하였습니다. 이들 기사의 덕분으로 한국 소년운동의 진면목이 고스란히 살아 숨쉬게 되었습니다. 게재한 매체에 찬사를 보냅니다.

잊을 수 없는 것은 연구를 진행하는 동안 윤석중, 정홍교, 표영삼, 김응조, 김석범, 차웅렬, 김상련, 조찬석, 이재철, 신재홍, 오세창, 김재은, 윤석산, 이상현, 안경식, 이중연, 나카무라(仲村 修), 정혜정, 성주현, 소래섭, 조은숙 님 등 소년운동 관련 연구자들의 도움을 크게 받았던 점입니다. 추현수, 이광린, 김유탁, 김창수, 조항래, 원유한, 이현희, 윤종영, 노승윤, 이융조 님으로 부터는 늘 학문적으로 격려의 말씀을 받았습니다. 이 자리를 빌어 감사의 말씀을 드립니다.

그리고 도서출판 혜안의 오일주 사장님과 김현숙 님 등 편집진, 지은이의 근영을 연필초상화로 그려주신 평생지기인 최금숙 님에게도 고마운 말씀을 드립니다. 부기할 것은 어린 새싹 예빈·예슬의 출생과 성장을 지켜보며 소년운동을 공부하길 참말 잘했었구나 하는 확신을 갖게 되었습니다. 예빈과 예슬이로 인하여 소년에 대한 애정과 관심을 더욱 굳히게 되었습니다.

아무튼 '소년운동'과 함께 평생을 살게 된 것은 큰 은총이었습니다. 두말할 것도 없이 소년은 그 자체가 미래에 대한 희망입니다. '소년운동'과 함께 살다보니 자연히 동심과 함께 살고 있음을 발견하게 되었습니다. 세상에 이보다 더 큰 축복이 어디 있겠습니까? 그것 하나만으로도 더없이 감사한 삶이었습니다.

2006년 4월 14일 행원 연구실에서
먼동 김정의 씀

차 례

제1장 한국 근현대소년운동의 사적 배경

1. 머리말

일제하의 한국 근대소년운동사는 민족독립의 최후의 보루로서 소년의 존재를 인식하고 그들에게 기대감을 갖고 전개한 민족운동사의 전위이다.

본 연구는 이와 같은 운동전개가 가능하게 된 역사적 배경을 밝히고자 하는 데에 목적을 두었다. 이를 위하여, 첫째, 한국 근대소년운동사의 정신적 기반을 찾아내고 그 정신의 성쇠(盛衰)가 여하히 민족정신으로 승화되었나를 살피고 둘째, 한국사상 소년에 대한 관심의 추이를 시대별로 고찰하여 한국 근대소년운동사의 역사적 배경을 정리해 보고자 한다. 그리하여 한국 근대소년운동의 발생 기반 조성이 민족사에 기여한 의의를 구명해 보고자 시도하였다.

2. 근현대소년운동의 정신적 기반

1) 화랑도의 유래

주지하는 바와 같이 한국 근대소년운동의 정신적 기반은 화랑도 정신

16

조선소년군 창설자 조철호의 연설 "너희는 민족의 화랑이다. 민족을 구하는 선봉이 되어라"

(花郎道精神)에서 연유된다고 볼 수 있다. 그것은 근대소년운동 선도자들의 공통적인 견해이기도 하였다. '조선소년군(朝鮮少年軍)'의 창설자인 조철호(趙喆鎬, 1890~1941)는 항상 단원들에게,

너희는 민족의 화랑이다. 민족을 구하는 선봉이 되어라.[1]

고 훈유(訓諭)했고, '조선소년총연맹(朝鮮少年總聯盟)'을 이끌었던 정홍교(丁洪敎)는,

우리 나라 소년운동에 있어서, 가정교육과 사회교육을 가장 순수하고 힘차게 보여준 것이, 옛날 고구려, 백제를 정복하고 대신라를 건설한 화랑도 정신에서 찾아볼 수 있다고 하겠다.[2]

1) 중앙교우회, 「소년군의 창설」, 『중앙60년사』, 1969, 121쪽.
2) 정홍교, 「한국소년운동과 사회성」, 『현대교육』 1969년 5월호, 42쪽.

라고 언급하였다. 한편 민족운동가였던 조소앙(趙素昻, 1887~1950 납북)은 그가 상해에서 만든 소년운동의 단체명을 아예 '화랑사'라고 이름 지었다.3) 그렇다면 한국 근대소년운동을 이해하기 위해서도 화랑도의 실체를 우선적으로 파악할 필요가 있다고 생각한다.

화랑도운동이 언제부터 시작되었는지는 불분명하다. 단지『삼국사기』 신라본기 제4에 '시봉원화(始奉源花)'라는 말이 나오므로 흔히들 진흥왕 37년(576)을 화랑도운동의 시초로 본다.

그러나 화랑도운동은 그 이전부터 내려온 운동으로 여겨진다. 그것은 『삼국사기』 사다함(斯多含)전에,

> 사다함은 그 계통이 진골 출신으로 내물왕의 7대손이요, 아버지는 구리지 급찬이다. 본래 높은 가문의 귀한 자손으로서 풍채가 청수하고 지기가 방정하였다. 당시 사람들이 그를 화랑으로 받들기를 청하므로 부득이 맡았는데 그 무리가 무려 1천 인, 모두 그들의 환심을 얻었다. 진흥왕이 이찬 이사부에게 명하여 가야를 습격하였다.4) 이때 사다함의 나이 15, 16세였는데 종군하기를 청하였다.……승세를 얻어 드디어 그 나라를 멸하였다.5)

고 하였다. 즉, 사다함은 이미 진흥왕 23년(562)에 1천여 화랑의 낭도를 이끌고 가야국 정벌에 큰 공을 세웠다는 기록이 그 근거이다. 또한 조선시대 서거정 등이 엮은『동국통감』에는,

---

3) 강만길,『조소앙』, 한길사, 1982, 304쪽.

4)『삼국사기』「신라본기」4 진흥왕 잉조에는 신흥왕 23년의 사실로 되어 있다.

5)『삼국사기』권44, 열전4, 사다함, "斯多含系出眞骨奈密王七世孫也父仇梨知級湌 本高門華胄風標淸秀志氣方正 時人請奉爲花郎不得已爲之其徒無慮一千人盡得 其歡心 眞興王命伊湌異斯夫襲伽羅國 時斯多含年十五六請從軍……乘之逐滅 其國".

　　신라 진흥왕 원년 동남을 선택하였다. 그 중 용의 단정한 자를 선사로
구하여 풍월주라 불렀다. 그들은 효도하고 우애하며 충신이 되는 것을
연마하는 무리였다.6)

라는 기록이 있는데 이로 미루어 보면 화랑도운동의 근원은 진흥왕 37년
에서 진흥왕 23년으로 다시 진흥왕 원년(540)까지 소급함을 알 수 있다.
　　그런데 신채호(申采浩)의 다음과 같은 논술은 많은 시사점을 주고 있
다.

　　서경전역의 원인을 말하려면 당시 낭·유·불 삼가의 정치한 대세부터
논술할 필요가 있다. (1) '낭'은 신라의 화랑이니, 화랑은 본래 상고 소도제
단의 무사 곧 그 때에 '선비'라 칭하던 자인데 고구려에서는 조의(皂衣)를
입어 '조의선인'이라 하고 신라에서는 미모를 취하여 '화랑'이라 하였다.
화랑을 국선·선랑·풍류도·풍월도 등으로 칭하였다.7)

　　이 학설에 의하면 화랑도운동의 기원은 진흥왕 시대보다 훨씬 앞선
삼국시대 초엽일 수도 있고, 지역도 신라에 국한된 것이 아니라 삼국
중 어느 나라에나 움터 온 일반적인 것일 수도 있다. 또 소도제단에 무사를
지칭하는 것이 화랑의 시원이라면 화랑도의 기원은 삼국시대 초엽에서
다시 삼한시대까지 소급된다고도 보인다.
　　뿐만 아니라 신채호는 삼랑(三郎)의 순유와 선교(仙敎)의 전포(傳布)를
예로 들면서 화랑의 연원을 단군 때부터라고 주장하였다.8)

---

6) 서거정 외, 『동국통감』 권25, "新羅眞興王元年選童男 容儀端正者乎風月主求善
　士爲徒以礪孝悌忠信".
7) 신채호, 「조선사연구초」, 『단재신채호전집』 중권, 단재신채호선생기념사업회,
　1987 개정4쇄, 104쪽.
8) 신채호, 「단군조의 업적과 공덕」, 『개정판 단재 신채호전집』 상, 단재 신채호선생
　기념사업회, 1987, 383쪽.

그러나 화랑도운동이 청소년을 상대로 한 애국운동의 형태로 체계화하고 조직적인 발전을 이룩한 것은 역시 진흥왕 초엽이라고 보겠다. 한걸음 더 나아가 국가적인 방침 아래 권위와 신망을 갖추게 된 것은 아무래도 진흥왕 37년이라고 보는 게 틀림없을 것 같다. 『삼국사기』의 「신라본기」 진흥왕 37년의 기사는 이러한 사실을 뒷받침해 주고 있다.

> 37년 봄에 비로소 원화를 받들게 되었다. 처음에 군신이 인재를 알지 못함을 유감으로 여기어 사람들을 끼리끼리 모으고 떼지어 놀게 하여 그 행실을 보아 거용하려 하여 드디어 미녀 2인을 가리었다. 하나는 남모 (南毛)라 하고 하나는 준정(俊貞)이라 하여 도중을 300여 인이나 모으더니 2녀가 서로 어여쁨을 다투며 시기하여, 준정이 남모를 자기 집으로 유인하여 억지로 술을 권하여 취하게 한 후, 이를 끌어다 강물에 던져 죽여 버렸다. 준정도 (이로 인하여) 사형에 처하고 도중은 화목을 잃어 해산하였다. 그 후 (나라에서는) 다시 외양이 아름다운 남자를 뽑아 곱게 단장하여 이름을 화랑이라 하여 받들게 하니 도중이 구름같이 모여 들었다.9)

즉, 진흥왕 37년에 국가가 인재를 기용하는 방법으로 아름다운 여자를 선발하여 원화로 삼고, 이 원화를 중심으로 청소년을 모아 사귀게 하고 그 중에서 뛰어난 자를 뽑아 조정에 기용하게 하였다. 그러나 이러한 일은 원화인 남모와 준정이 서로 투기하여 실패로 돌아간 후 잘 생긴 남자를 화랑이라 부르고 그 화랑을 중심으로 본격적인 화랑도운동에 들어갔다.

그들은 화랑을 뽑을 때, "혹은 서로 도의를 닦고 혹은 서로 가락으로 즐겁게 하고, 명산과 대천에 돌아다니어 멀리 가보지 아니한 곳이 없으매,

---

9) 『삼국사기』 권4, 「신라본기」4, "三十七年 春 始奉源花 初君臣病無以知人 欲使類 聚羣遊 以觀其行義 然後擧而用之 遂簡美女二人 一曰南毛 一曰俊貞 聚徒三百餘 人 二女爭娟相妬 俊貞引南毛於私第 强勸酒至醉 曳而投河水以殺之 俊貞伏誅 徒人失和罷散 其後 更取美貌男子 粧飾之 名花郎以奉之 徒衆雲集".

이로 인하여 그들 중에 나쁘고 나쁘지 아니한 것을 알게 되어 그 중의 착한 자를 가리어 조정에 추천하게 되었다."10) 그러므로 김대문이 『화랑세기』에서 지적한 바와 같이 한 국가의 동량이 모두 화랑도 중에서 배출되었다.11) 그리하여 그들의 위업은 만대의 귀감으로 자리잡았다.

2) 화랑도의 정신

최치원은 그의 「난랑비서(鸞郎碑序)」에서, 우리 나라에 고유의 '현묘지도(玄妙之道)'가 있다고 언급했다.12) 그러나 여기에서 우리 나라의 고유사상에 대한 구체적인 이야기는 하지 않고 다만 주체적인 입장에서 유·불·도의 3교를 다 포함하여 세계사상과 조화를 이룬 민중교화, 충효, 실천이 화랑의 본질임을 밝혀주고 있다.

이러한 현묘지도의 본질은 5계사상에 이르러 화랑도의 정신으로 일반화된 것 같다. 『삼국사기』에는 5계라는 말은 없으나, 원광법사가 화랑인 귀산(貴山)에게 가르친 계율인데다, 또 화랑들의 행적에는 5계사상이 잘 구현되어 있으므로 있으므로 화랑도의 정신으로 여겨온 것에 오류는 없을 것으로 생각된다.

귀산 등이 그 문하로 공손히 나아가 말하기를 "저희들 속사가 어리석고 몽매하여 아는 바가 없사오니 종신토록 계명을 삼을 일언을 주시기 바라나이다"고 하였다. 법사가 "불교에는 보살계가 있는데 그 종목이 열 가지이다. 너희들이 신자로서는 아마 감당하지 못할 것이다. 지금 세속5계가

---

10)『삼국사기』권4, 「신라본기」4, "或相磨以道義 或相悅以歌樂 遊娛山水 無遠不至 因此 知其人邪正 擇其善者 薦之於朝".

11)『삼국사기』권4, 「신라본기」4, "賢佐忠臣 從此而秀 良將勇卒 由是而生".

12)『삼국사기』권4, 「신라본기」4, "國有玄妙之道 曰風流 設敎之源 備詳仙史 實乃包 含三敎 接化群生 且如入則孝於家 出則忠於國 魯司寇之旨也 處無爲之事 行不言 之敎 周柱史之宗也 諸惡莫作 諸善奉行 竺乾太子之化也".

있으니, 일은 임금 섬기기를 충으로써 하고, 이는 어버이 섬기기를 효로써 하고, 삼은 친구 사귀기를 신으로써 하고, 사는 전쟁에 임하여 물러서지 않고, 오는 생명있는 것을 죽이되 가려서 한다는 것이다. 너희들은 실행에 옮기기를 소홀히 하지 말라"고 하였다.13)

이 내용을 분석해 보면 그 기본사상은 민족 고유의 전통적 신앙을 바탕으로 유·불·선교가 조화되어 이루어져 있는데, 여기에는 종교적 신앙운동의 요소, 도덕운동의 요소, 그리고 진충보국하는 열사적인 요소 들로써 그 사상이 함축되어 있다.

이선근에 의하면 우리 나라의 근대사상 중에서 특히 한 주의를 표방한 바 있는 동학당의 사상이 신라의 화랑도 사상에서 연유하였으며, 유·불·선교 등의 진리를 포함하고 있어서 화랑도의 종교성과 대동소이하다 고 하였다.14)

그러나 화랑도가 종교성에만 치중되었다고 하면 이는 필시 새로운 종파를 형성하였을 것으로 보인다. 화랑도는 이보다는 청소년들의 도의 의 수양집단인 동시에, 국가와 민족을 결합시키고 배달겨레로서의 민족 성을 정립하는 일까지 완수시킴에 충분하였는데 이와 같이 그 나름대로 타의 추종을 불허케 하는 철저한 생활지침이 있었을 것이다. 그것이 위에 서 인용한 세속5계로써, 화랑도의 본질이 잘 살려진 정신이라고 보인다.

이러한 화랑도 정신이 지배했던 전성시기는 진흥왕 때부터 문무왕 때에 이르기까지라고 볼 수 있는데 당시 화랑의 수는 200명에 달했다.15) 여기에서 주목되는 것은 수십명 단위의 한 사람씩의 지도교사 격의 상수

---

13) 『삼국사기』권45, 열전5 貴山, "貴山等詣門 摳衣進告曰 俗士顚蒙 無所知識 願賜 一言 以爲終身之誡 法師曰 佛戒有菩薩戒 其別有十 若等爲人臣子 恐不能堪 今有 世俗五戒 一曰事君以忠 二曰事親以孝 三曰交友以信 四曰臨戰無退 五曰殺生有 擇 若等行之無忽".

14) 이선근, 『화랑도 연구』, 해동문화사, 1950, 136~142쪽.

15) 「스카우팅과 화랑도」, 『보이스카우트』 1971년 1월호, 21쪽.

(上首)가 배치되어 있었는데 이 상수의 지도과목 중엔 '집짓기 법'을 배우는 대목까지 있었다.16) 이로 미루어 보아 화랑도정신의 실천을 위한 훈련과 수양과목은 매우 광범위함을 엿볼 수 있다.

이처럼 여러 모로 귀감이 되고 있는 화랑도 정신은 진흥왕(540~576)에서 문무왕(661~681)에 이르는 1세기간 가장 융성하여17) 신라에 의한 삼국통일(676)을 가능케 한 원동력으로 작용하였다. 그 후에도 고려의 건국(918), 윤관의 9성 개척(1109) 등으로 반영되었으나 고려 중엽 서경천도의 실패(1135) 이후 화랑도 정신이 점차로 쇠퇴해지고 말았다. 이에 1168년 의종은 '혁구정신(革舊鼎新)의 교서를 내렸다.18) 이처럼 화랑도의 진흥을 꾀한 결과 고려 후기까지도 그 잔영이 남아 선랑(仙郞)의 지칭이 있는가 하면 국선(國仙)이라고 불리는 경우도 있었다.19)

그러나 역성혁명(1392)이 나고 주자학의 시대가 도래하자 화랑도는 쇠잔을 면치 못하였다. 그러나 조선 후기에 이르러서 다시금 변혁의 주체인 동학을 통하여 기사회생, 동학민중혁명운동(1894)으로 분출되었다.

연이어 3·1민주혁명(1919)으로 전승되어 마침내 화랑도 정신이 3·1민족정신으로 승화되기에 이른 것으로 생각된다.

따라서 3·1민주혁명의 영향으로 나타난 일제하의 한국 근현대소년운동이 민족주의적 경향으로 일관된 것은 민족적·시대적 요청의 부응일 것이다. 환언한다면 일제하에서 전개된 한국 근현대소년운동의 정신적 기반은 화랑도 정신에서 마련되었다고 힘주어 말해도 좋을 것이다.

---

16) 위의 글.

17) 三品彰英 著, 李元浩 譯, 『新羅花郎의 硏究』, 집문당, 1995, 49쪽.

18) 『고려사』 세가18, 의종 2, "遵尙仙風昔新羅仙風大行由是龍王歡悅民物安寧故祖宗以來崇高其風久矣……依行古風致使人天咸悅".

19) 『고려사』 열전21, 민종유전, "國俗幼必從僧習句讀有面首者僧俗皆奉之號 曰仙郞聚徒惑至千百其風起自新羅頂十歲……忠烈聞之召見宮中目爲國仙登第補東宮僚屬".

3. 전통사회의 소년관

1) 주자학파의 소년경시

고려시대는 고대국가만큼 소년운동이 성행하지는 못했지만 그래도 소년은 여전히 중시되어, 천리의 산하보다 소년은 귀하므로 화랑도운동을 펴서 국가를 보존하여 태평을 이루자는 생각이 존속되고 있었다.[20] 고려시대의 화랑도는 중간에 서경전역의 실패로 인하여 침체국면으로 접어들었지만 여전히 불교 이데올로기 속에서 불도, 토속사상과 나란히 병존하여 고려 말까지 명맥이 유지되었다.

그러나 주자학 이데올로기의 조선으로 넘어오자 화랑도의 입지는 좁아졌다. 화랑도의 입지가 좁아진 것은 소년이 설 땅이 좁아진 것과 같은 현상이었다. 단지 교화(敎化)의 대상으로 전락되었다.[21] 또 보식(保息)의 대상으로 전락되었다.[22] 여기에다 『경국대전』에서도 소년의 일부를 수양(收養)의 대상으로 만들어 놓았다.[23] 외면상으론 생명의 존중을 말하고 있지만 그 실은 많은 수가 고공(雇工) 같은 영대노비(永代奴婢)가 되는 길이 합법적으로 열려 있을 뿐이었다.[24]

少年易老學難成一寸光陰
不可輕未覺池塘春草夢陛
前梧葉已秋聲　丁卯秋仲　金한별

주희의 「우성」, 김한별 씀

---

20) 『고려사』 열전7, 서희전, "千里山河輕孺子……曷若復行先王燃燈八關仙郞等事 亦爲他方異法以保國家致太平乎".

21) 『예기』 제의, "先王之所以治天下者五 貴有德 貴貴 貴老 敬長 慈幼".

22) 『주례』 지관 대사도지직 보식제도, "慈幼 養老 振窮 恤貧 寬疾 安富".

23) 『경국대전』 혜휼, "飢寒蝎氣無族親者……量給衣料 遺失小兒漢城府本邑保授願 育人官給 衣料".

여기에다 모든 어린이는 삼강오륜의 굴레에 묶여 소년인권을 운운할 상황이 못되었다.[25] 소년인권이 질곡상태에 놓인 암흑시대일 뿐이었다.

그래도 양반의 자제인 경우는 좀 나았다. 그러나 그들은 하나같이 과거 (科擧) 준비만을 위한 노예같이 주자학(朱子學)의 신봉자로 되어갔다. 주자는 그들에게 우상으로 군림하여 중단없이 학문하길 채근하였다.[26]

그들이 학문을 하는 목적은 의당 관계 진출을 통한 입신양명일 뿐이었다. 조선시대에는 소년은 단지 부모의 소유물로써 완롱(玩弄)의 대상이었지 소년 자신의 적성을 살린 인생은 존재하지 않았다.

2) 실학파의 소년인식

17, 18세기에는 학풍의 변화 물결이 나타났다. 그러나 주자학을 부정하면서 출발한 것이 아니라 주자학의 정통성을 긍정하는 바탕에서 다른 학문적 관심을 가지거나 주자학파의 태도에 현실적 한계가 있음을 자각하는 데에서 실학적 문제의식을 제기하였다.[27] 그들은 정치, 경제, 사회, 문화 등 전 영역에 걸쳐 학문상의 신기운을 일으켰다. 그리하여 새로운 방안들이 백화난만하였다.

그러나 모든 소년을 대상으로 한 소년문제에 관해서는 문제가 제기되지 않았다. 단지 학자에 따라서 부분적, 간접적으로 제기되었을 뿐이다. 따라서 그들이 본 소년과 관계있는 분야의 별견(瞥見), 그리고 당시 실시된 소년관계의 정책 내지는 문학 속에 나타난 소년의 형상을 찾아 봄으로써 실학파로 대변되는 조선 후기의 소년인식을 가늠할 수밖에 없겠다.

---

24) 구자헌, 『아동복지』, 한국사회복지연구소, 1961, 155쪽.

25) 김정의, 「『개벽』지에 나타난 소년관에 관한 고찰」, 『논문집』 21, 한양여자대학, 1992, 14~19쪽.

26) 주희, 「우성」, "少年易老學難成 一寸光陰不可輕".

27) 금장태, 『한국실학사상연구』, 집문당, 1987, 16~17쪽.

서얼(庶孼)에 관해서 유수원(柳壽垣, 1694~1755)은 서얼도 하늘이 낸 사람이니 자질을 분별하여 등용하여 마땅하다고 주장함으로써[28] 서얼에 대한 차별대우에서 적서(嫡庶) 평등을 설득력 있게 주장하여 서얼 소년의 희망을 대변하였다.

그러나 평민 소년은 『흥부전』에서처럼,

> 놀부 마음을 볼 것 같으면……우는 아이 볼기치기, 갓난아이 똥 먹이기, 아이 밴 계집 배차기

등 놀부의 아동학대 심보를 나열하여 신흥졸부의 단면을 보여주고 있다. 또한 흥부네는,

> 앞문은 살만 남고 뒷문은 문지도리만 남아 동지섣달 찬바람이 살 쏘듯 들어오고, 어린자식 젖 달라 하고, 자란 자식 밥 달라 하니, 차마 서러워 못 살겠네

라고 하여 대조적으로 빈가(貧家)의 아동 참상을 희화화(戱畵化)하고 있다.

또한 박지원(朴趾源, 1737~1805)은 아이를 때리는 세태를 우회적으로 풍자하고 있다.[29] 이는 소년도 인격 대우를 해 주어야 된다는 진일보한 소년인식이라고 생각된다. 그래도 평민이나 서얼 자녀는 행복에 겨웠다.

> 일단 노비가 된 후로는 부자손손 대대로 전전하며 역속(役屬)하여 소, 말, 개와 꼭 같이 사업에 종시하게 되었으니 이것이 어찌 천리(天理)였으

28) 유수원, 『우서』9, 논사서명분, "或曰 婢妾所生豈可與正室子一樣行世乎……天生聰明正直之資者 使之 共天職也 豈爲私家貴賤分別地而不用之乎".
29) 박지원, 『연암집』81, 양반전, "盆毋捕妻 怒毋蹴器 毋拳驅兒女 毋羅死奴僕".

라[30]

이를 가련히 여긴 숙종(1674~1720)은 노비의 자식이라 할지라도 그 양친 중 양반이나 양민이 있을 경우에 그 신분이 높은 쪽을 따르게 하였고 영조(1724~1776)는 이 법의 실시를 강화하여 노비로서 양민이 되는 경우가 늘었다.[31] 이는 전대에 비해선 분명히 진보한 시책으로 인권이 향상되었음을 의미하게 되었다.

한편 정약종(丁若鐘, 1760~1801)은,

사람이 자식 낳기를 장인이 그릇 만들 듯이 제 재주로 할진대 어찌하여 낳고 싶어도 낳지 못하며 아들을 낳고 싶어도 딸을 낳으며 잘 낳고 싶어도 몹시 낳음이 있나뇨[32]

라고 하여 하느님의 존재를 증명하려 했다. 그렇다면 성경의 주요 부분인 복음서의 어린이에 관한 구절도 당시 서학에 경도된 실학자들 사이에서는 이해되고 있었으리라고 생각된다.

너희가 돌이켜 어린아이들 같이 되지 아니하면 결단코 천국에 들어가지 못하리라.[33]

천주교의 전래는 처음엔 학문적인 교리 연구에 그쳤지만 이 무렵이 되면 신앙화 단계로 접어들었다고 볼 때, 어린이에 대한 시각은 크게 호전되었을 것으로 생각된다. 그것은 천주교 신자였던 정약용(丁若鏞,

---

30) 구자헌, 앞의 책, 1961, 156쪽.
31) 위의 책.
32) 정약종, 『주교요지』 상.
33) 「마태복음」 18장 18절.

1762~1836)이 보여준 소년에 대한 관심에서 잘 드러난다. 즉, 어린이를 돌보아주는 일은 국가정책에 중요한 부면이라고 전제하고 백성들이 곤궁하면 자식을 낳되 거두지를 못하니 가르치고 길러서 내 자식처럼 보호하라고 이르고 또 버려진 아이가 있으면 수양해 줄 사람을 골라서 식량을 도와주어야 한다고 가르치고 있다.[34] 남의 자식을 내 자식처럼 보호하라는 말에서 자유(慈幼)사상의 깊이가 엿보인다. 또 다산은 흉년이 들어서 가난한 사람이 어린 자식을 버렸을 때 그 아이를

자유(慈幼)사상의 갈파자 정약용 동상(서울시 마포구 양화진 소재)

수양하여 자식을 삼는 것을 허용해야 한다고 말하고 있다. 이것은 부계(父系)로 혈연관계가 없는 자를 수양하여 가계를 상속하지 않으려던 당시 양반사회에서의 엄격한 가족제도로 볼 때 획기적인 발상임이 반증되는 것이다. 또한 기아가 생기는 것은 간음한 자가 세상 눈이 두려워서 버리는 경우가 많은데 그런 때에도 그 아이를 데려다가 양육하도록 권하고 있다. 부모의 죄는 자식에게 미치지 않는 것이 천지생물의 이치이니 꺼릴 것이 못된다는 것이다. 이와 같이 그의 관심은 지난날 수양이 자칫 고공(雇工)이 되어 영대노비로 전락되는 경우가 허다했음에 비추어 크게 개선된 방책이라고 여겨진다.

또한 최한기(崔漢綺, 1803~1879)는 실학사상을 계승하여 개화사상으로 가는 교량적 역할을 수행한 사람답게,

---

34) 정약용, 『목민심서』, 애민 6, "慈幼者先王之大政也歷代修之以爲令典民旣因窮生子不擧誘之育之保我男女歲値荒儉棄兒如遺牧之養之作民父母我朝立法許其收養爲子爲奴條例詳密若非饑歲而有遺棄者募民收養官助其量".

가르쳐서 쓴다면 버릴 인물이 드물고, 가르치지 않고 쓴다면 흠이 없는
사람을 얻기가 어렵다.35)

고 하여 용인(用人)의 목적에 비추어서 교육이 필수적임을 내세웠다. 따라
서 일반 소년이 자질과 능력에 따라 그 정도에 알맞게 교육을 받아야
된다는 그의 이해는 소년을 새롭게 근대적으로 인식하였다는 점에서 높
게 평가가 된다.

4. 근대변혁기의 소년계몽

1) '동학'의 소년애호사상

1876년 강화도조약 체결을 계기로 이 땅에는 개화사상이 만연되기
시작하여 소년에 대한 애호심도 점차 발전적으로 확산되어 갔다. 이러한
소년에 대한 애호심 고취는 동학의 지도이념 실현, 독립협회의 계몽활동,
애국계몽사상가들의 소년문제 제기, 그리고『소년』지 등의 발간을 통해
서 선양되었으니 이 당시 개화사상 구현의 최대 관심사는 소년을 애호하
고,36) 소년의 교육을 중시하고,37) 소년을 사회적으로 바르게 교도하여38)
장차 자강독립의 역군으로 삼고자 함에 있었다.

이처럼 개화사상에 부각된 소년애호사상은 동학의 소년애호, 독립협회
의 소년교육 중시, 애국계몽사상가들의 소년교육론,『소년』지의 소년 선
양 등으로 나타나 소년에 대한 인식이 한껏 고조되었다.

---

35) 최한기,『인정』교인 서, 1859.
36) 최동희,「천도교 지도정신의 발전과정」,『3·1운동50주년기념논집』, 동아일보
　　사, 1969, 88~89쪽.
37) 한흥수,『근대한국민족주의 연구』, 연세대학교출판부, 1977, 116쪽.
38) 「『소년』지 발간 취지」,『소년』1908년 11월호, 1쪽.

이러한 흐름의 선구는 동학의 소년애호사상에서 비롯되었다. 동학은 일종의 민족종교로서 서학(천주교)을 의식하고 민족고유의 정신에 토대를 두고 1860년 최수운(崔水雲, 1824~1864)에 의해 창시되었다.[39] 그후 제2대 교주 최시형(崔時亨, 1829~1898)을 거치면서 교세가 확장되어 민족종교로서의 발전을 거듭하였다. 민족정신이 가장 잘 발휘되었던 것은 1894년 '척양척왜(斥洋斥倭)'를 내걸고 투쟁했던 동학민중혁명운동에서라고 보겠다. 이렇게 민족의 참다운 독립에 기여하여 겨레의 정신적 지주로서의 역할을 발휘한 동학의 지도이념에 소년애호사상이 골격을 형성한 것은 많은 사람에게 어린이 보호관념을 심어주는 데 도움이 되었을 것으로 생각된다.

1885년 해월(海月)은 다음과 같이 설교하고 있다.

　도가(동학을 믿는 집)에서 어린이를 때리는 것은 곧 하느님의 뜻을 상하는 것이므로 깊이 삼가야한다.……사람의 마음을 떠나서 따로 하느님이 없고 하느님을 떠나서 따로 마음이 없다. 이치를 깨달아야만 도를 깨달았다고 할 수 있다.……우리 선생님(수운)의 가르침을 내가 어찌 꿈엔들 잊으리오. 선생님은 어느 때 '하느님을 섬기듯이 사람을 섬기라(事人如天)'고 가르치셨다. 그러므로 나는 비록 부인·소아의 말이라도 하느님의 말씀으로 알고 여기서 배울 것은 배운다.[40]

그가 설교하고 있던 1885년은 갑신정변 다음 해로서 이미 개화사상이 널리 퍼져 있던 시대였다. 이러한 시대상황에서 그가 행한 설교 가운데 괄목되는 것은 소아(小兒)의 말이라도 하느님의 말씀으로 알라고 한 점이다. 그는 또 1886년에 동학을 믿는 부인들을 위해 지은 「내수도문(內修道

---

39) 오지영, 『동학사』, 영창서관, 1940, 19~22쪽 참조.
40) 최동희, 「천주교지도정신의 발전과정」, 『3·1운동50주년기념논집』, 동아일보사, 1969, 88~89쪽.

文)」 6항에서도 어린이 애호심을 다음과 같이 고취하고 있다.

> 모든사람을 하느님 같이 여기고 손님이 오면 하느님이 오셨다고 하라.
> 어린이를 때리지 말라. 이것은 하느님을 때리는 것이다.[41]

이처럼 어린이를 때리는 것이 하느님을 때리는 것과 같다고 설파할
정도로 어린이 보호에 각별한 배려를 하고 있었다. 뿐만 아니라 그는
소년의 인격을 존중하여 하느님을 모시듯 성경신(誠敬信)으로 대하라고
역설하고 태교의 중요성도 지적하였다. 해월은 성인들이 소년을 무관심
내지는 학대하는 것을 전통적인 고정관념이라고 질타, 매도하면서 소년
의 주장도 경청하는 진지한 생활태도를 취해야 할 것이라고 소년애호사
상을 피력하였다.[42] 그리하여 동학도들에게 소년애호사상의 소년존중관
이 온축되어, 마침내 동학민중혁명운동 때는 소년이 동학군의 선두에서
진두지휘하였다는 신화적인 사실이 나타났다. 한 예로 18세의 소년인
팔봉접주 김구는 700여 명의 동학군을 이끌고 해주성을 공략하는 선봉장
의 위용을 보여 한민족의 기백을 유감없이 발휘하였다.[43]

이로써 동학은 종래의 전통적인 가치관을 근본적으로 타파하고 소년애
호를 통하여 실질적인 근대인식의 새로운 지평을 열어가기 시작하였다.
천도교가 김기전이나 방정환 같은 근대소년운동의 주역을 배출하게 된
것도 그 실은 해월의 가르침에 연유된 것이다. 따라서 해월 최시형은
소년운동을 태동시킨 선각자라고 생각된다.[44] 그것은 동학의 소년애호
사상이 한국소년운동의 기저 사상이라는 점에서도 명백하게 뒷받침된다
고 생각된다.[45]

---

41) 위의 글, 91~92쪽.
42) 이현희, 『동학민중혁명운동과 민중』, 대광서림, 1985, 101쪽 참조.
43) 김구, 『백범일지』, 백범김구선생기념사업회, 1947, 34~35쪽.
44) 김용덕, 「해월의 생애」, 『한국사의 탐구』, 을유문화사, 1975, 226쪽 참조.

독립협회가 건축한 독립문과 독립회관

2) 독립협회의 소년교육 중시

개국후 개화당 · 갑신정변 · 동학민중혁명운동 · 갑오경장으로 이어진 개화사상은 발전적 흐름에 의해 1896년 독립협회로 나타나게 된다.

일찍이 개화의 실천가인 김옥균(1851~1894)은 "인민의 신용을 거두고, 널리 학교를 설립하여 인지를 개발하고, 외국의 종교를 유입하여 교화에 힘쓰는 것도 역시 한 방편이라 하노이다."[46]라고 하여 인지를 개발하기 위하여 근대식 학교가 필요하다고 상소하였다.

또한 박영효(朴泳孝)는 좀더 구체적으로 아래와 같이 상소하였다.

오늘의 급무는 학교를 크게 일으키며……위로는 세자 전하로부터 아래로는 서민의 자제에 이르기까지 학교에 입학시켜 공부케 함으로써 천지의

---

45) 김정의, 「근대소년운동의 배경고찰」, 『논문집』 8, 한양여자대학, 1985, 12~13쪽 참조.
46) 이광린 · 신용하, 「김옥균의 상소문」, 『사료로 본 한국문화사』(근대편), 일지사, 1984, 102쪽.

『독립신문』 창간호 1쪽(1896년 4월 7일)

무궁한 이치를 밝힐 것 같으면 문덕 (文德)과 재예(才藝)가 다시 찬연해 질 것입니다.……소·중학교를 설립 하여 6세 이상의 남녀로 하여금 모두 학교에 들어가서 배움을 받도록 할 것입니다.47)

이와 같이 실용을 먼저하고 문화 (文華)를 뒤에 하는 근대학교의 설 립을 주장하였다. 더욱이 6세 이상 의 모든 소년들의 의무교육까지도 강조하였다. 이는 대단히 획기적 인 발상으로 근대학교를 통한 소년 교육의 필요성을 제고시키는 데 기 여하였다. 이 같은 초기 개화파들의 적극적인 활동으로 1883년 최초의 근대학교인 원산학사가 설립되어 근대교육의 효시를 이루었다.48) 그 후 독립협회(1896~1898, 이후 1899년까지는 만민공동회)는 대외적인 자주 의 자세를 대내적인 자강에서 추구하여 독립의 기반을 확립코자 개명진 보(開明進步), 국권자립(國權自立), 민권자수(民權自修)로 근대화의 지향 목표를 인식하게 되었다.49) 이를 위해 자강책의 일환으로 "문명진보 ㅎ눈 나라에서들은 인민교육을 제일 사무로 아눈지라."50)라고 서양열강이 가 장 중시하는 것이 교육임을 소개하였다. 그리고 우리도 "젊은 사람들과 아이들은 남녀무론하고 교육을 시켜 무슨노릇을 하여먹든지 하게 하여주

---

47) 박영효, 「개화소」, 『일본외교문서』 21, 일본외무성.
48) 신용하, 「개화정책」, 『한국사』 16, 국사편찬위원회, 1983, 377쪽.
49) 한흥수, 『근대 한국민족주의 연구』, 연세대학교출판부, 1977, 108쪽.
50) 『대죠선독립협회회보』 1896년 11월 30일자.

어"51)라고 하여 교육을 중시하기에 이르렀다. 더욱
이 개명진보의 급선무가 교육에 있다고 본 독립협
회는 교육기관의 대폭 증설과 교육기회의 확대를
촉구했으니 특히 기초교육으로서의 계몽교육을 여
성교육과 함께 중시하여 소학교의 설립을 위해 재
정지원을 가장 우선적으로 정부에 건의한 것52)으
로 보아 소년교육의 비중을 제일 중요시했음을 알
수 있다.

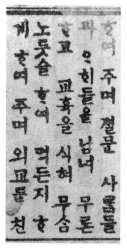

이토록 개화사상의 흐름 중에서도 소년을 교육
하여 개명진보케 하여 자강의 독립을 보지코자 한
독립협회의 노력은 소년애호심을 한층 두드러지게
한 계기가 되었다고 생각된다.53)

『독립신문』 논설 일부(1897년 2
월 27일)

3) 애국계몽사상가의 소년교육활동

한말 대한제국은 국망의 위기의식에 휩싸였다. 그러자 전통시대에는
소홀했던 소년문제에 시선이 집중되기 시작하였다. 그것은 소년에게 근
대교육, 민족교육을 시켜 그들로 하여금 지난 세대들이 실추한 국권을
회복시키고자 하는 기대의 반작용이었다. 애국계몽사상가들은 민족적
위기를 극복하기 위해서는 교육이 가장 급선무라고 인식하고 모든 활동
중에서 교육활동이 우선시되어야 한다고 주장하였다.54) 그들은 언더우

---

51) 『독립신문』 1897년 2월 27일자, 논설.

52) 『독립신문』 1896년 5월 12일자 ; 농 9월 5일자 ; 동 1897년 5월 18일자 ; 5월
20일자 논설.

53) 김정의, 「근대소년운동의 배경 고찰」, 『논문집』 8, 한양여자대학, 1985, 13~14쪽.

54) 단국대학교 동양학연구소, 『박은식전서』 하, 1975, 86쪽 ; 노승윤, 『백암 박은식의
민족교육사상연구』, 중앙대학교 대학원 박사학위논문, 1987, 1~2쪽 참조.

언더우드 선교사가 설립한 고아원

드, 아펜셀러, 알렌 등 선교사들의 영향을 일정하게 받았다. 실제로 선교사
들은 고아원, 학교 및 의료기관을 설립하였다. 언더우드의 고아원, 아펜셀
러의 배재학당, 알렌의 세브란스병원 등은 그 산물이다. 김규식(金奎植,
?~1950 납북)이 언더우드 고아원 출신이고[55] 이승만(李承晩, 1875~
1965)이 배재학당 출신임은 익히 알려져 있는 사실이다. 어쨌든 애국계몽
사상가들의 이해에 대하여 지난날 반대 입장에 있었던 세력들마저 동조
내지는 적어도 반대하지는 않았다. 그리하여 애국계몽사상가들은 대한자
강회, 서우학회, 대한신민회 등의 단체를 만들어 신교육구국운동을 펼쳤다.
  먼저 대한자강회는 자강의 방법을 다음과 같이 제시하였다.

  자강의 방도를 강구ㅎ려 홀 것 같으면 다른 곳에 있지 않고 교육을

---

55) 새문안교회역사편찬위원회, 『새문안교회100년사』, 1995, 82~84쪽 참조.

언더우드 고아원의 원아들. 가운데 서 있는 어린이가 김규식

진작ᄒ고 산업을 일으키는 데 있으니 무릇 교육이 일어나지 않으면 민지(民智)가 열리지 않고 산업이 일어나지 않으면 국부가 강해지지 못ᄒ는 것이다. 그러한즉 민지를 열고 국력을 기르는 길은 교육과 산업의 발달에 달려 있다고 아니홀수 있겠는가![56]

즉, 교육과 산업의 발달이 곧 자강의 발달임을 천명하고 주저하지 말고 혈성(血誠)을 같이하고 국권회복에 매진하여서 독립의 기초를 세우자는 것이다.

또한 서우학회는 교육의 확장방안을 다음과 같이 제안하고 있다.

사회의 조직은 공중의 역량을 연합하여 사업경영의 좋은 성과를 얻을지니 이에 주력홀진디 우리 대한의 전국 13도로 1개 단체를 결합하여 통틀어

56) 『황성신문』 1906년 4월 2일자.

36

한국의 소년운동 카툰
(1999년 5월 4일자 『조선일보』)

서 한가지 교육을 확장ㅎ는 것이 완
전하고 아름다운 사업이다.[57]

한편 신민회는 신교육의 필요성
을 다음과 같이 역설하였다.

난(亂)으로 인ㅎ야 치(治)홈을 알
며 망(亡)을 추측ㅎ야 재(在)홈을 앎
이니, 앞 차의 엎어짐은 뒷 차의 경계
흔 바이라. 우리들 옛날로부터 자신
치 못하여 악수악과(惡樹惡果)를 오
늘에 거두게 되엇스나, 오늘 능히 진
실로 자신홀진디 선수선과(善樹善
果)를 다른 늘에 거둘지라 (중약) 신
민회는 무엇을 위ㅎ여 일어남이뇨?
민습(民習)의 완부(頑腐)에 신사상
이 시급하며, 민습(民習)의 우미(愚
迷)에 신교육이 시급하며[58]

이와 같이 신민회도 대한자강회나 서우학회와 마찬가지로 신교육에
역점을 두고자 발족했음을 밝혀 당시 애국계몽사상가들의 기개를 뚜렷하
게 드러내고 있다. 이들의 활동은 일제의 탄압에도 굴하지 않고 전개하여
1907년부터 1909년 4월까지의 짧은 기간 동안에 민중들이 자발적으로
세운 사립학교수가 무려 3000여 교에 달하여 한국의 근대사에서 전무후
무한 교육열을 보였다.[59]

---

57) 『서우학회월보』 1906년 7월 30일자.
58) 「대한신민회의 취지문」(1909), 『주한일본공사기록』(헌병대장기밀보고).
59) 손인수, 「근대교육의 보급」, 『한국사』 22, 국사편찬위원회, 1984, 166쪽 참조.

이들 학교 중 표본적인 민족학교가 바로 안창호가 1907년 평양에 세운 대성학교였다. 대성학교는 다음과 같은 교육방침을 표방하였다.

첫째, 건전한 인격의 함양
둘째, 애국정신이 강한 민족운동자 양성
셋째, 국민으로서 실력을 구비한 인재의 육성
네째, 강장(强壯)한 체력의 훈련[60]

이를 실천하기 위하여 안창호는 평소 그의 신념대로 무실역행(務實力行)과 주인정신을 강조하였다. 그에 의하면, 무실역행은 공리공론을 하지 말고, 우선 나 한 사람부터 성신(誠信)한 사람이 됨으로써 민족중흥의 새로운 힘이 될 수 있음을 이름이다.[61]

또한 같은 해에 이승훈(李昇薰)이 세운 오산학교(五山學校)도 민족교육의 당위성을 아래와 같이 토로하고 있다.

총을 드는 사람, 칼을 드는 사람도 있어야 할 것이다. 그러나 그보다도 더 귀중한 일은 백성들이 깨어 일어나는 일이다.……내가 오늘 이 학교를 세우는 것도 후진을 가르쳐 만분의 일이라도 나라에 도움이 되기를 원하기 때문이다.[62]

그리고 애국계몽가들의 소년교육관은 그대로 가락화되어 교육현장에 투영되었다. 「애국가」, 「소년남자가」, 「소년모험맹진가」, 「독립가」가 이때 애창된 곡들이었다. 이 가운데 「소년남자가」의 가사는 다음과 같다.

---

60) 오천석, 『한국신교육사』, 현대교육총서출판사, 1964, 205쪽.
61) 손인수, 앞의 글, 187쪽.
62) 김기호, 『남강이승훈』, 현대교육총서출판사, 1964, 90쪽.

무쇠 골격 돌 근육 소년 남자야
애국의 정신을 분발하여라
다다랐네 다다랐네 우리 나라에
소년의 활동시대 다다랐네
만인 적대 연습하여 후일 전공 세우세
절세영웅 대사업이 우리 목적 아닌가[63]

또 「소년모험맹진가」는 제목부터 대단히 격렬한 것으로 그 가사는
다음과 같다.

이천만 동포 우리 소년아
국가의 수치 네가 아느냐
천부의 자유권은 차가 없거늘
우리 민족 무삼 죄로 욕을 받는가
나라 사랑하는 자 적지 않건만
모험맹진하는 자 몇이 되느냐
깰지라 소년들아 험한 마당에
조금도 사양말고 달려 나가세[64]

위와 같이 내용도 자유와 독립을 위해 주저 말고 나가 싸우라는 도전적
기개를 노래한 것이다. 물론 싸움의 상대는 일제의 침략이었다. 이토록
강렬한 민족의식의 고취는 국망의 위기에서 독립하여야만 하는 절대절명
의 사명의식을 일깨우려는 선각적 애국계몽가들의 소년교육관의 발로라
고 보겠다. 이러한 민족적인 소년교육관은 일제 치하로 이어져 근대소년
운동의 지향점도 궁극적으로 민족운동에 귀일되는 구심점 역할을 수행했
다고 생각된다.

---

63) 『황성신문』 1909년 3월 21일자.
64) 조용만 외, 『일제하의 문화운동사』, 1970, 254쪽.

한편 역사교과서 교과내용 중에는 화랑에 관하여 다음과 같이 기술되어 있다.

> 진흥왕시대는 미남자를 장식ᄒ야 호왈 화랑(花郞)이라 ᄒ고 기도와 도의로써 상마ᄒ며 혹 가무로 상열ᄒ야 기인의 예망이 다ᄒ자를 택용ᄒ되 기골품으로 용인홈은 의구ᄒ지라 고로 재지인사가 타국에 분ᄒ야 공업을 건ᄒ 자가 다ᄒ고 기후에는 사(射)로써 인을 선ᄒ다.[65]

이와 같이 화랑도의 역사적 실체를 싣고 있어서 소년들에게는 이를 본받고자 하는 기상이 높아졌다고 보인다. 그것은 당시 이러한 내용을 익힌 조철호나 정홍교, 조소앙 등이 훗날 소년운동의 정신으로 화랑도를 강조하고 있음에서도 확인되는 것이다.

4) 『소년한반도』와 『소년』지의 소년교도사상

『소년한반도』와 『소년』이 창간되던 1906~1908년대의 시대적 배경은 바로 망국을 눈 앞에 둔 전야였다. 술렁대는 국내외 정치정세와 외적의 침략으로부터 조국독립을 지키기 위한 애국의 소리와 개화를 부르짖는 소리가 한데 뭉쳐서 소용돌이치던 숨막히는 때였다. 이러한 당시의 사상과 정열과 숨결이 『소년한반도』를 창간게 하였고, 이어서 『소년』을 탄생시켰다. 『소년한반도』는 1906년 11

『소년』 창간호 표지(최남선이 1908년 11월 1일 창간)

---

65) 현채, 『동국사략』 권1, 1906, 40쪽.

월 1일 양재건(梁在謇), 조겸응(趙兼應), 이인직(李仁稙), 이해조(李海朝) 등이 펴낸 잡지로 최초의 소년잡지의 영예를 안고 출범하여 통권 6호로 종간되었다.[66]

한편『소년』지는 1908년 11월 1일자로부터 1911년 5월 15일 통권 23호로 종간되었다. 그간 1회의 미간 사건을 제하고는 비교적 순조롭게 간행되었다.[67]『소년』은 당시 안창호의 조선정신에 감화된 19세의 소년이었던 최남선[68]의 손에 의해서 제작된 잡지인데 이 잡지 속에는 그의 애국적 정열과 포부가 그대로 표현되어 있다는 점에서도 의의는 큰 것이다. 이러한 그의 뜻은『소년』지 매권 간행 때마다 거의 다 게재했던『소년』간행취지에 다음과 같이 잘 나타나 있다.

> 나는 이 잡지의 간행하난 취지에 대하야 길게 말삼하디 아니호리라. 그러나 한마듸 간단하게 할 것은 '우리 대한으로 하여곰 소년의 나라로 하라. 그리하랴 하면 능히 이 책임을 감당하도록 그를 교도하라.' 이 잡지가 비록 덕으나 우리 동인은 이 목적을 관철하기 위하야 온갖 방법으로써 힘쓰리라. 소년으로 하여곰 이를 닑게 하라. 아울러 소년을 훈도하난 부형으로 하여곰도 이를 닑게 하여라.[69]

이 점에 대해서 다시 부연해서 설명하기를,

>『소년』의 목적을 간단히 말하자면 신대한의 소년으로 째달은 사람되고 생각하난 사람이 되고 아난 사람되야 하난 사람이 되야서 혼자 억개에 진 무거운 짐을 감당케 하도록 교도하쟈 함이라.[70]

---

66) 한국현대사편찬위원회 편,『한국현대사』9, 신구문화사, 1972, 200쪽.
67) 백순재,「『소년』지 영인본에 붙여」,『소년』(영인본), 문양사, 1971, 1쪽.
68) 백철,『한국신문학발달사』, 박영사, 1975, 40쪽.
69)「『소년』간행취지」,『소년』1908년 11월호, 1쪽.
70)「『소년』의 기왕과 밋 장래」,『소년』1910년 6월호, 18쪽.

라고 밝히고 있다. 대한으로 하여금 소년의 나라로 하기 위하여, 그리고 이 책임을 능히 감당할 수 있게 교도하기 위하여 간행함을 뚜렷이 밝히고 있다. 즉, 신대한 소년으로 깨달은 사람이 되고, 아는 사람이 되어 하는 사람이 되어서, 혼자 어깨에 진 무거운 짐을 감당케 하도록 교도하기 위해 간행되었으니,『소년』은 곧 새시대 새국가를 건설할 역군인 소년을 대상으로 한 점에 그 목적이 있었음이 드러난다.

그러나 여기에서의 소년이란 반드시 나이 어린 소년만을 대상으로 한 것은 아니고 널리 청년·장년들에게까지도 읽혔던 한말의 유일한 교양지로서 개화사상 전달의 기수였으며 신문화 계몽으로 일관되었던 사실을 전제로 하여『소년』지를 인식해 두어야 할 것이다.

『소년』은 창간호부터 제2권 4호까지는 표지 오른편 위에 "금에 아제국은 우리 소년의 지력을 자하야 아국 럭사에 대광채를 첨하고 세계문화에 대공헌을 위코저 하나니 그 임은 중하고 그 책임은 대한지라"[71]라고 적어 놓았고, 또 왼편 위에는 "본지는 차책임을 극당할 만한 활동적 진취적 발명적 대국민을 양성하기 위하야 출래한 명성(明星)이다. 신대한의 소년은 수유(須臾)도 가리(可離)치 못할지라"[72]라는 표지말을 넣어 웅대한 새 한국 국민상을 제시함으로써 소년에 대한 기대감을 보이고 있다.

『소년』이 소년에게 기대감을 갖고 또 애착을 가지고 있음은『소년』 창간호에 게재된「해에게서 소년에게」에서도 잘 나타나 있다. '제6연'에 보면,

> 텨……ㄹ썩, 텨……ㄹ썩, 텩, 쏴……아
> 뎌세상 뎌사람 모다 미우나,
> 그중에서 쏙한아 사랑하난 일이 잇으니

71)「『소년』표지말」,『소년』1908년 11월호, 표지.
72) 위의 글.

담크고 순정한 소년배들이,
재롱텨럼, 귀엽게 나의품에 와서 안김이로다.
오나라 소년배 입맞텨 두마
텨……ㄹ썩, 텨……ㄹ썩, 턱, 튜르릉, 콱[73]

라고 하여 담크고 순정한 소년에게 기대를 걸고 있는 모습이 뚜렷하다.
또『소년』제2권 4호에 실린 최남선의 시를 보면 소년의 할 일을 다음과
같이 일깨워 주고 있다.

우리는 아무것도 가진것 없소
칼이나 류혈포나 ——
그러나 무서움 없네
철장같은 형세라도
우리는 웃지 못하네
우리는 옳은것 짐을 지고
큰 길을 걸어가는 자 —— 일세(하략)[74]

이러한 문학면에 나타난 일련의 개화사상 물결을 탄 소년교도사상은
민족사적인 측면에서도 후세에 지대한 영향을 주었음이 틀림없다.『소년
한반도』지 제호에서 처음으로 사용되기 시작한 '소년'이란 호칭을 익히
며『소년』과 더불어 '소년의 시대'[75]에서 자라난 소년들이 3·1운동 때는
이미 청년으로 성장하여 있었고 소년운동의 발생시에는 그들이 바로 지
도층의 연령에 있었다는 것이 엄연한 사실이다. 그 한 예로『소년』지

---

73) 최남선,「해에게서 소년에게」,『소년』1908년 11월호, 4쪽.
74) 최남선,「구작삼편」,『소년』1909년 4월호, 2쪽.
75)『소년』지가 간행되면서 나타난 시대를 백철은 '소년의 시대'라고 명명했다. 이광
    수의「어린 벗에게」「소년의 비애」「윤광호」도 이 시대에 나온 작품이다(백철,
    앞의 책, 45~48쪽).

105인 사건 연루자 연행

창간 때 9세였던 방정환(1899~1932)이 천도교소년회의 지도자로 활약
하기 시작할 때의 연령은 22세라는 점을 보아서도 알 수 있다고 하겠다.[76]

5. 3·1운동이 소년운동 발생에 미친 영향

1) 무단통치하의 민족교육운동

한말로부터 내려온 민족실력양성에 의한 독립사상인 애국계몽운동은
국권침탈 초기 안악사건·105인사건으로 큰 타격을 받았으나, 교육기관
을 통하여 끈기있고 굳건하게 전통을 이어 나갔다. 조선총독부는 교육에
의한 한국민의 민족적 자각과 독립사상을 가장 위험시하여 한국민에겐
고등교육을 실시하지 않고 실업교육을 위주로 하는 우민정책을 강행하였

---

76) 김정의, 앞의 「근대소년운동의 배경고찰」, 14쪽.

서당 교육 모습

으며, 교육령으로 엄격한 사립학교규제를 제정하여 사립학교를 감시하고 많은 학교를 폐쇄시켰다.[77]

『조선총독부통계연보』에 의하면 1911년 사립학교가 1,467개 교에 학생수 57,532명이었던 것이 1917년에는 822개 교에 43,643명으로 감축되었다. 이로써도 학교 특히 사립학교가 항일독립사상의 온상지였기 때문에 조선총독부가 얼마나 이의 사찰에 힘썼고, 그 수를 줄이려고 노력했었는지를 알 수 있다. 그리고 총독부는 강제로 공립학교 입학을 강요하였으나, 유교가정에서는 이를 기피하게 되었다. 총독부가 일어교육을 강요하고 한국에 관한 교육은 못하게 함에 따라 제2차 한일협약 체결 이후 신지식의 흡수는 부국강병을 위한 신교육열에 대한 복고로서 다시 머리를 땋고 서당으로 가게까지 되었다.[78] 이 기간에 사립학교의 감소에 비례하

---

77) 최영희, 「3·1운동에 이르는 민족독립운동의 원류」, 『3·1운동50주년기념논집』, 동아일보사, 1969, 40~41쪽.

78) 김진봉, 「3·1운동과 민중」, 『3·1운동50주년기념논집』, 동아일보사, 1969, 355쪽.

여 <표 1>과 같이 서당은 증가하고 있다. 서당수와 그 생도수의 증가는 상술한 바와 같이 신교육에 대한 반동인 복고주의라기보다는 일제통치에 대한 민족의 항의였다. 당시 서당은 무단통치 하에서 민족사가 전개되었다고 하는 역사적 특수성에 의해, 전통적 서당과는 또 다른 의의를 확립하여 민족의 항거, 민족의식의 성장, 근대화운동 등으로 민족의 역동적 작용에 의하여 전진하고 있었다.

<표 1> 서당 상황(1911~1917)

연도	서 당 수	교 원 수	생 도 수
1911	16,540	16,771	141,604
1912	18,238	18,435	169,077
1913	20,468	20,807	195,689
1914	21,385	21,570	204,161
1915	23,441	23,644	229,550
1916	25,486	25,831	259,531
1917	24,294	24,520	264,835

출전 : 『조선총독부통계연보』, 1908, 1004쪽.

그리하여 무단통치 하의 서당은 이러한 외부적 작용에서 내적 쇄신을 정력적으로 일으켜 민족적, 시대적 요청에 부응할 수 있게끔 되었다.[79] 따라서 서당에서는 한국지리와 한국역사 등을 교육했고 이를 통해 민족독립사상을 고취하였다. 항일독립결사의 주동이나 결사원의 직업에 서당교사가 많이 있었음은 이러한 사실의 반영이라고 보아야 할 것이다.

일본 경찰은 한인 학생의 운동을 평하여, 한국에서 학생사건의 대부분은 일반적으로 사회현상의 반영이라 할 수 있는 것으로 학생사상의 추이도 일반 사상에 수반된다고 하였는데,[80] 주국을 잃은 일제무단통치 하에서 한인 학생은 민족독립운동이란 민족 본능의 원동력이 되었다.

---

79) 노영택, 「일제하 서당연구」, 『역사교육』 16, 1974, 93쪽.
80) 『고등경찰보』 제5호.

교육을 받은 이들 학생은 야간학교나 소학교의 교사가 되어 소년들에게 독립정신을 일깨워 주었다. 그 성과는 조선국민회 회원이 어떤 소학교 3, 4학년생에게 「반도와 우리와의 관계」라는 제목으로 작문을 짓게 하였는데 당시 100점을 받은 다음 글에 잘 나타나 있다.

반도 삼천리의 강산은 우리들의 몸, 우리들의 집이다. 우리들이 사랑하는 반도는 우리들과 어떤 관계가 있는가. 너와 나는 서로 헤어질 수 없는 관계에 있다. 내가 사랑하는 반도를 생각하여 보라. 일촌의 벌레도 밟으면 움직이고 일촌의 벌도 건드리면 반드시 쏜다. 내가 사랑하는 반도여, 너는 어찌하여 오늘의 비경에 빠져 있는가. 지금은 각성하여야 할 시기이다. 명랑광명한 태양은 벌써 동천에 올라오고 있지 않은가. 너는 왜 잠자고 있는가.[81]

기타 학생의 작문 중에도 '청년학도여 세월을 허송하지 말고 일심분발하여 자유종을 울리라', '50년후에는 우리 민족을 전멸하려는 저 원수를 우리들은 강철과 같은 마음으로 멸살하리라'라는 글들이 있는 것으로 보아 당시 소년들의 일본에 대한 격한 분노심과 조국애를 짐작하고도 남음이 있다. 이는 민족적 본능의 발로이기도 하였으나, 가정과 학교에서의 민족교육에 의한 결과이기도 하였다.

실로 무단통치 10년간은 민족교육에 의한 민족의 힘의 축적기간이었다. 이 힘의 발전적 지향으로 3·1운동이 발발했고 그 후에는 좀더 근원적 독립운동인 소년운동의 커다란 밑바탕이 되었음을 빼어 놓을 수 없겠다.[82]

---

81) 『비밀결사발견처분의 건 속보』 고제 3270호, 1918년 2월 19일자.
82) 김정의, 앞의 「근대소년운동의 배경고찰」, 18쪽.

2) 3·1운동시 소년의 역할과 그 여파

3·1운동은 민족적인 권리를 욕구하는 운동으로 민족 전원의 공통된 명제였다. 따라서 지역·직업·종교·교육 정도 및 연령층에 구애됨이 없이 골고루 참여하고 있으므로 어느 일부의 집중된 부

유관순과 그의 친구들(윗줄 오른쪽 끝이 유관순)

분적인 운동이 아니라 거족적인 항쟁으로 볼 수 있는 것이다.[83]

이러한 전제 하에 소년의 역할을 간략히 살펴보고자 한다. 우선 보통학교 소년들의 민족정신은 어느 정도였는가 하는 문제를 맥킨지(F. A. Mckenzie)는 어느 보통학교의 졸업식에서 수석한 열두세 살 난 소년이 행한 연설을 가지고 아래와 같이 묘사하고 있다.

그는 단상으로 올라가서 학교 선생님들과 당국에 감사를 표하는 연설을 하였다. 그는 예의가 몸에 배어 있었다. 절할 때마다 90도로 하였고, 경어를 길게 늘어놓는 풍이 마치 경어의 발음을 좋아하는 것 같이 보였다. 귀빈들은 기분이 좋았다. 그런데 갑자기 엄숙한 식장의 분위기는 끝장이 나고 말았다. "이제 이것만을 말씀드려야겠습니다."고 그 아이는 말의 끝을 맺었다. 그의 목소리가 달라졌다. 그는 몸을 폈다. 그의 몸에는 결의가 보였다. 지금 그가 외치려는 소리가 지난 며칠 동안 수많은 사람의 목숨을 앗아 갔다는 것을 그는 똑똑히 알고 있었다. "우리는 한 가지를 더 여러분께 부딪드리겠읍니다." 그는 품속에 손을 넣더니, 태극기를……그것을 가지고만 있어도 죄가 되는 것을……꺼내었다. 그 기를 흔들면서 그는

---

83) 홍이섭, 「3·1운동의 사상사적 위치」, 『3·1운동50주년기념논집』, 동아일보사, 1969, 608~609쪽 및 614쪽.

소리쳤다. "우리 나라를 돌려주시오. 대한만세! 만세!" 소년들이 모두 자리를 박차고 일어섰다. 저마다 웃옷 속에서 태극기를 꺼내어 외쳤다. "만세! 만세! 만세!" 그들은 이제 겁에 질린 내빈들 면전에서 소중한 졸업장을 찢어, 땅바닥에 던지고는 몰려나갔다.[84]

위의 글에서 보통학교 어린이들의 민족정신을 선명히 읽을수 있거니와 이들의 강렬한 민족정신은 도처에서 나타났다.

3월 2일에는 인천의 보통학교 어린이들이, 7일에는 시흥의 보통학교 어린이들이 각각 시위 및 맹휴선언을 하였다. 10일에는 당진의 보통학교 어린이들이, 13일에는 강화의 보통학교 어린이들이, 15일에는 고창의 보통학교 어린이들이, 19일에는 괴산의 보통학교 일부 어린이들과 진주의 보통학교 어린이들이 시위 및 맹휴를 단행했다. 3월 23일에는 서울의 정동보통학교와 의동보통학교 어린이들이 졸업식장에서 만세시위를 했다. 26일에는 회령의 보통학교 졸업생들이, 4월 2일에는 밀양의 보통학교 어린이들이, 4일에는 김제군의 보통학교 어린이 600여 명이, 8일에는 원산의 보통학교 어린이 600여 명이, 18일에는 줄포의 보통학교 어린이들이 각각 시위를 하였다. 이 중에서도 김제군 만경에서 벌어진 보통학교 어린이 600여 명의 시위운동은 그 학교 교사가 앞장서서 폭동화하게 된 것으로 이색적이었다. 이 당시 소년층의 시위 관련으로 일제 당국이 집계한 3월 1일 이후 4월 30일까지의 통계만으로도 피검자 총수 26,713명 중 학생이 2,037명[85]이었던 것만 보아도 당시 소년들의 활동은 대단했음을 알 수 있다.

전술한 바와 같이 소년들의 시위운동은 퍽 광범위하여 거족적인 민족운동의 일익으로 합류하여 그 역할을 충실하게 감행하였음을 간파할 수

---

84) F. A. Mckenzie, 이광린 역, 『한국의 독립운동』(Korean's Fight for Freedom), 일조각, 1969, 182쪽.

85) 조선총독부 학무국, 『소요와 학교』, 1921.

있거니와 이로써 당시 기성 지도층도 독립운동 전개에 자신감을 갖기에 이르렀던 것이다.[86] 이러한 소년들의 강렬한 민족정신의 폭발을 돌파구로 하여 곧 이어 소년운동이 발생하여 식민지 하의 어려운 여건 속에서 소년운동이 전개될 수 있는 기본 정신으로 자리잡았다. 따라서 3·1민족정신은 바로 소년들도 한 몫 단단히 해냈던 3·1운동 당시 거족적인 민족운동에서 승화된 것이라고 보아 마땅할 것이다.

1919년의 거족적인 3·1만세운동은 정치적인 면에서는 당장의 독립의 쟁취가 실패로 돌아갔지만 항쟁의 가능성을 측정하고 민족독립을 위한 실력양성의 필요성을 절감하여, 사회문화운동으로 민족의 새로운 운명을 개척코자 모색하는 새 기운이 조성된 것은 민족사적으로도 일대 진전이 아닐 수 없겠다. 확실히 3·1독립운동은 이 나라에 있어서 온갖 방면으로 전·후기의 분기점이 되었는데[87] 소년운동 역시 마찬가지로 보아야 할 것이다.

비록 『소년』지 간행 이후 무단통치 하에 문예적으로는 '소년의 시대'란 표현을 낳을 정도로 소년이 주인공으로 나섰지만 그것은 소년운동의 과도기에 불과하였다. '소년의 시대'의 주인공이었던 소년들이 청년으로 성장하여 3·1운동을 체험하고 난 연후에 비로소 소년운동의 중심세력을 형성하고 소년운동을 하나의 사회적인 운동으로서 비약시키는 일을 해낸 것이다. 이러한 사조 속에 일제는 한민족에 대한 회유책으로 문화정치를 펴 나가기에 안간힘을 썼지만, 한민족의 독립을 향한 신생운동·실력양성운동이라는 명료한 의식은 1920년대로 넘어가면서 더 활기를 띠고 나타났다. 그래서 각종 사회운동, 즉, 청년운동·여성운동·교육운동·경제자립운동이 표면화되는 가운데 많은 인사들이 소년문제도 계몽하고

---

86) 김대상, 「3·1운동과 학생층」, 『3·1운동50주년기념논집』, 동아일보사, 1969, 301~302쪽.
87) 백철, 앞의 책, 66쪽.

나서기에 이르렀다. 우선 『개벽』지 2호를 통해 김소춘은 「장유유서의
말폐」라는 제목으로 유년 남녀의 해방을 제창했고,[88] 이돈화는 「새조선
의 건설과 아동문제」에서 소년의 중요성을 다음과 같이 말하고 있다.

> 우리가 십 년 혹은 기십 년 후의 새 조선을 건설키 위함에는 그 준비를
> 지금으로부터 시작하지 아니하면 우리는 장래의 우리 조선을 위하야
> 장래의 조선민족인 저들의 아동을 우리의 현재보다 더욱 중요히 보며
> 지중차대히 생각하야 그들의 장래를 위하여 주밀한 용의를 가지지 아니하
> 야서는 아니 됩니다.[89]

라고 새 조선 건설을 위해 아동에게 주밀한 용의를 갖도록 계몽했고,
다시 새 조선의 기초가 될 아동문제를 해결하기 위해 무엇보다 먼저 아동
존경의 풍토를 만들 것을 위시하여 아동보호기관과 소년지도기관 설치를
제창했다.[90] 또 노아자(魯啞子)[91]는 소년이야말로 우리의 운명으로서
우리 민족의 흥망이 소년에게 달렸다고 일깨우며 당시의 12, 13세의 소년
의 일생이 될 40~50년간이 우리 민족의 운명을 좌우할 시기로[92] 내다보
고 이 일을 해내기 위한 신뢰할 만하고 능력 있는 '범인의 시대'를 만드는
것이 우리 민족의 살 길이라고[93] 역설했다. 특히 그는 이러한 연설을
재강조하며 다음과 같이 절규하였다.

> 이 가슴에 피를 찍어 쓴 편지에 공명하심이 잇거든 그날 부터 그 자각대
> 로 실행하기를 결심해 주십시오.[94]

---

88) 김소춘, 「장유유서의 말폐」, 『개벽』 2, 1920, 52~58쪽.
89) 이돈화, 「새조선의 건설과 아동문제」, 『개벽』 18, 1921, 23쪽.
90) 위의 글, 24~28쪽.
91) 이광수의 필명.
92) 노아자, 「소년에게(기4)」, 『개벽』 20, 1922, 58쪽.
93) 노아자, 「소년에게(기5)」, 『개벽』 21, 1922, 35쪽.

3·1운동 이후 선각자들의 소년문제에 관한 이 같은 계몽들은 확실히 일반인에게 소년문제에 관한 인식을 새롭게 했을 뿐 아니라 소년운동이 태동하고 발생할 수 있는 토양을 배양하는 데 크게 기여했다고 생각된다.

6. 맺음말

한국 근현대소년운동의 정신적 기반은 화랑도정신에 있었다. 화랑도정신은 신라의 삼국통일, 고려조의 건국, 윤관의 9성 개척 등으로 반영되었으나 고려 중엽 서경전역의 실패 이후 쇠퇴하였다. 그래도 고려 말까지는 그 잔영이 남아 있었으나 주자학의 조선이 성립하자 소년의 입지는 좁아졌다. 소년은 단지 완롱의 대상, 보식의 대상, 수양의 대상에 지나지 않았다. 조선 후기 실학이 성행하고 천주교가 도입되면서 점차 소년문제에 눈 뜨다가 동학에 이르러서야 개화의 물결을 타고 다시금 소년애호사상이 등장하여 화랑도 정신은 드디어 동학민중혁명운동으로 폭발하였다. 그 후 독립협회나 애국계몽가들은 국망의 위기의식에 처해서 소년의 가치를 촉박하게 깨닫고 근대교육, 민족교육을 통하여 다시금 화랑도 정신을 되살려 조국을 지켜보고자 하였다. 그러나 역부족으로 을사조약이 강제 체결되었다. 그러자 소년의 가치는 더욱 높아져 『소년한반도』나 『소년』을 펴내 새 국가 주역인 소년 교도에 박차를 가하였다. 끝내 조국이 멸망하자 서당을 통해 민족교육을 실시하여 드디어 화랑도 정신이 출렁이는 3·1운동의 대서사시를 엮었다.

이때 소년운동가들은 내 민족을 바라보고 스스로를 다시 생각해 보았다. 또 3·1운동의 결과를 눈여겨 보고 있었다. 무력 앞에 맨손으로는 어떤 투쟁도 승리의 날을 약속해 주지 않았다. 그 많은 동포들이 불에

---

94) 위의 글, 42쪽.

타 죽고 칼에 찔려 죽고 총탄에 맞아 죽었다. 그 보다도 더 많은 사람들이 이루 말할 수 없는 야만적인 고문을 당하여 죽거나 혹은 불구자가 되었다. 3·1운동이 그 정신의 숭고함에 비추어 과연 얻어진 게 있다면 그 무엇인가? 또한 당시 젊은이들이 할 일이라면 무엇이던가? 하고 반문하게 되었다. 대답은 자명하였다. 1919년에 터진 3·1운동의 방향을 돌려 자라나는 다음 세대 담당자인 소년에게 민족정신을 뿌리내려 주자는 것이었다. 이처럼 소년운동문제를 제기하고 범민족적인 근현대소년운동이 발생할 수 있는 분위기를 조성한 것은 실로 민족사를 바른 방향으로 진전시켰다는 점에서 그 역사적 의의가 크다고 보겠다.

『백산 박성수교수화갑기념논총 한국독립운동사의 인식』, 1991

제2장 화랑도와 스카우트 정신

1. 머리말

인류의 역사 이래 청소년운동의 대종은 하나가 화랑도운동(花郎道運動)이고 또 하나가 보이스카우트(Boy Scout)운동이 아닌가 한다. 전자는 576년 동양의 신라에서 체계적으로 등장했고, 후자는 1907년 서양의 영국에서 처음 출발하였다. 그 후 신라의 화랑도운동은 3국 통일의 중추가되었고, 영국의 보이스카우트운동은 이제 세계적으로 확산되어 그야말로청소년운동의 세계화를 가져왔다.

그런데 필자가 주목하는 것은 화랑도운동과 보이스카우트운동은 시대의 고금(古今)이 다르고, 양의 동서(東西)가 다른데도 불구하고 운동의정신만은 일치한다는 점이다. 즉, 보이스카우트운동은 놀랍게도 화랑도의 정신과 방법을 그대로 본떴다고 할 수 있을 정도로 같다는 사실이다.

이 같은 점에 착안하여 화랑도와 스카우트 정신을 살펴보는 것은 새로운 즈믄해(새 천년 : New Millennium)를 맞이하여 보이스카우트운동의미래를 전망하는 데 의미있는 기여가 되리라고 생각된다.

2. 화랑도 정신

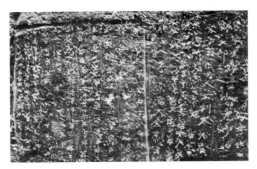

화랑도 비문

최치원(崔致遠, 857 ~?)은 그의 「난랑비서(鸞郎碑序)」에서, 우리 나라에는 고유의 '현묘지도(玄妙之道)'가 있다고 언급했다. 그러나 여기에서 우리 나라의 고유사상에 대한 구체적인 이야기는 하지 않고 다만 주체적인 입장에서 유·불·도의 3교를 다 포함하여 세계사조에 조화를 이룬 민중교화, 충효, 실천이 화랑의 본질임을 밝혀주고 있다.[1)

이러한 현묘지도의 본질은 다음과 같은 5계사상(五戒思想)에 이르러 화랑도의 정신으로 일반화되었다. 『삼국사기』에는 5계라는 말은 없으나, 원광법사(圓光法師, ?~630)가 화랑인 귀산(貴山) 등에게 가르친 계율인데다, 또 화랑들의 행적에는 5계사상이 잘 구현되어 있으므로 화랑도의 정신으로 여겨오고 있다.

귀산 등이 그 문하로 공손히 나아가 말하기를 "저희들 속사가 어리석고 몽매하여 아는 바가 없사오니 종신토록 계명을 삼을 일언을 주시기 바라나이다"고 하였다. 법사가 "불교에는 보살계가 있는데 그 종목이 열 가지

---

1) 이항령, 「한국사상의 원류」, 『신인간』 347, 1977, 32쪽, "흔히 말하기를 한국의 고유사상을 화랑도라고 한다. 최치원이란 분이 우리의 고유사상 가운데는 유·불·도가 다 포함되었다고 말함으로써 우리 고유사상의 입장을 밝히고 독특하고 편협한 것이 아니고 유·불·도라는 세계사상에 조화를 이룬 것이라고 갈파한 그분의 선지(先知)에 감탄하지 않을 수 없다".

이다. 너희들이 신자로서는 아마 감당하지 못할 것이다. 지금 세속5계가 있으니, 일은 임금 섬기기를 충으로써 하고[事君以忠], 이는 어버이 섬기기를 효로써 하고[事親以孝], 삼은 친구 사귀기를 신으로써 하고[交友以信], 사는 전쟁에 임하여 물러서지 않고[臨戰無退], 오는 생명체를 죽일 경우는 가려서 한다[殺生有擇]는 것이다. 너희들은 실행에 옮기기를 소홀히 하지 말라"고 하였다.[2]

이선근의 저서 『화랑도』

이 같은 오계의 내용을 살펴보면 그 기본 사상은 민족 고유의 전통적 신앙을 바탕으로 유·불·선교가 조화되어 이루어져 있는데, 여기에는 종교적 신앙운동의 요소, 도덕운동의 요소, 그리고 진충보국하는 열사적인 요소들로 그 사상이 함축되어 있다.

이선근(李瑄根, 1905~1983)에 의하면 우리 나라의 근대사상 중에서 특히 하나의 주의를 표방한 바 있는 동학당(東學黨)의 사상이 신라의 화랑도 정신에서 연유하였으며 유·불·선교 등의 진리를 포함하고 있어서 화랑도의 종교성과 대동소이하다고 하였다.

그러나 화랑도가 종교성에만 치중되었다면 필시 새로운 종파를 형성하였을 것이다. 화랑도는 이보다는 청소년들의 도의의 수양집단인 동시에, 국가와 민족을 결합시키고 배달겨레로서의 민족성을 정립하는 일까지 완수시킴에 충분한 청소년 수양집단이었다. 여기엔 나름대로 타의 추종을 불허하는 근본 정신이 있었다. 그것이 위에서 인용한 5계로서, 화랑도의 본질을 살 살린 정신이라고 보인다.

한편 화랑의 지도 방법과 방침을 보면, "혹은 서로 도의를 닦고 혹은

---

2) 『삼국사기』 권45, 열전5 귀산.

56

화랑 출신 김유신 영정(충청남도 예산 소재 화랑사에 봉안)

서로 가락으로 즐겁게 하고, 명산과 대천에 돌아다니어 멀리 가보지 아니한 곳이 없으매, 이로 인하여 그들 중에 나쁘고 나쁘지 아니한 것을 알게 되어 그 중에서 훌륭한 자를 가리어 조정에 추천하게 되었다."3)는 기록이 남아 있다. 이러한 과정을 통하여 김대문(金大問)4)이 『화랑세기(花郎世紀)』에서 지적한 바와 같이 한 국가의 동량이 모두 화랑도 중에서 배출된 것이다. 예를 든다면 사다함, 김유신, 죽지, 관창, 원술 등이 그 좋은 예이다. 물론 그들의 위업과 정신은 만대의 귀감으로 자리잡았다.

이러한 화랑도 정신이 지배했던 전성시기는 진흥왕(眞興王, 540~576)

3) 『삼국사기』권4 신라본기4 진흥왕.
4) 생몰년 미상. 진골(眞骨) 출신의 귀족으로, 신라 중대(中代)의 학자·문인이다. 성덕왕 3년(704) 한산주 총관(漢山州摠管)을 지냈다. 그 밖의 관직 경력에 대하여는 전하지 않는다. 『계림잡전(鷄林雜傳)』·『화랑세기(花郎世紀)』·『고승전(高僧傳)』·『한산기(漢山記)』·『낙본(樂本)』 등의 많은 저술을 남겼다. 저술들은 객관적이며 사실의 서술로 그치지 않고 때로는 그것에 대한 자신의 해석을 싣고 있다는 점에서 그 사학사적 의의를 갖는다. 또한 그가 생존한 시기는 대체로 신문왕·효소왕·성덕왕대인데, 이 시기 신라는 전제왕권이 확립되어 그 절정에 이르게 된다. 그는 이러한 시대적 상황에서 여러 저술을 통하여 귀족적 전통을 계승하여 발전시키려고 노력한 인물이라는 평가도 받고 있다(李基白, 「金大問과 그의 史學」, 『歷史學報』 77, 1978 ; 李基東, 「古代國家의 歷史認識」, 『韓國史論』 6, 국사편찬위원회, 1981 ; http://www.metro.seoul.kr/~seoul600/seoul-history/inmul/index01.html).

때부터 문무왕(文武王, 661~681) 때에 이르기까지의 약 1세기 동안이라고 볼 수 있는데 당시의 화랑의 수는 200명에 달했다. 여기에서 주목되는 것은 수십 명 단위에 한 사람씩의 지도교사 격의 상수(上首)가 배치되어 있었는데 이 상수의 지도과목 중엔 '집짓기 법'을 배우는 대목까지 있었다. 이로 미루어 화랑도 정신의 실천을 위한 훈련과 수양과목은 매우 광범위함을 엿볼 수 있다.

이처럼 여러 모로 귀감이 되고 있는 화랑도 정신은 신라에 의한 삼국통일(676)을 가능케 한 원동력으로 작용하였다. 그 후에도 고려의 건국(918), 윤관의 9성 개척(1109) 등에 반영되었으나 고려 중엽 서경천도의 실패(1135) 이후 그 정신은 점차로 쇠퇴해지고 말았다. 이에 1168년 의종(毅宗, 1124~1170)은 '혁구정신(革舊鼎新)'의 교서를 내렸다. 왕이 앞장서서 화랑도의 진흥을 꾀한 결과 고려 후기까지도 그 잔영이 남아 선랑(仙郎)의 지칭이 있는가 하면 국선(國仙)이라고 불리는 경우도 있었다.

그러나 역성혁명(1392)이 나고 주자학의 시대가 도래하자 화랑도는 쇠잔을 면치 못하였다. 하지만 조선 후기에 이르러서 다시금 변혁의 주체인 동학을 통하여 기사회생, 갑오동학민중혁명운동(1894)으로 분출되었다. 연이어 3·1민주혁명(1919)으로 전승되어 마침내 화랑도정신이 3·1민족정신으로 승화되기에 이르렀다.

따라서 3·1민주혁명의 영향으로 나타난 일제하의 한국보이스카우트운동이 민족주의적 경향으로 일관된 것은 민족적 시대적 요청의 부응일 것이다. 환언한다면 일제하에서 전개된 한국보이스카우트운동의 정신적 기반은 화랑도 정신에서 마련되었다고 말해도 좋을 것이다. 그 단적인 예는 일제하에서 보이스카우드운동을 일으킨 관산 조철호(冠山 趙喆鎬, 1890~1941)의 다음과 같은 언급으로 알 수 있다. 그는 항상 단원들에게,

너희는 민족의 화랑이다. 민족을 구하는 선봉이 되어라.[5]

한국보이스카우트 지도자 연수 기념(1972년 5월 7일)

라고 훈유(訓諭)하였다. 한국보이스카우트운동의 정신적 기반이 화랑도 정신에 있다는 사실을 입증하는 데 이보다 더 확실한 증거는 없을 것이다.

3. 스카우트 정신

초창기의 보이스카우트는 스카우트운동의 목적을 달성하기 위하여 품성의 향상, 신체 발달과 체력 증진, 유용한 기능 체득, 사회에 대한 봉사 등 네 가지 훈육 목표를 설정하였다. 그리고 국제적 운동으로서의 성격을 명백히 하기 위하여 1924년 8월 코펜하겐에서 개최된 제3회 보이스카우트 국제회의에서는 다음과 같은 「선서문」을 선택하였다.

---

5) 중앙교우회, 「소년군의 창설」, 『중앙60년사』, 중앙교우회, 1969, 121쪽.

나는 나의 명예를 걸고 다
음의 조목을 굳게 지
키겠습니다.
첫째, 하나님과 나라를
위하여 나의 의무를
다하겠습니다.
둘째, 항상 다른 사람을
도와 주겠습니다.
셋째, 보이스카우트의 규
율을 잘 지키겠습니
다.6)

『스카우팅』1999년 5월호 표지

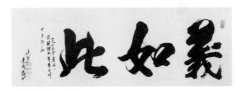

한국보이스카우트의 환호 '의여차'

그리고 이 선서문 셋째
항의 보이스카우트 규율로
"① 스카우트는 믿음직하
다. ② 스카우트는 충성스럽다. ③ 스카우트는 도움이 된다. ④ 스카우트는
우애스럽다. ⑤ 스카우트는 예의 바르다. ⑥ 스카우트는 친절하다. ⑦
스카우트는 순종한다. ⑧ 스카우트는 쾌활하다. ⑨ 스카우트는 근검하다.
⑩ 스카우트는 용감하다. ⑪ 스카우트는 순결하다. ⑫ 스카우트는 경건하
다."7)의 12개 항목을 설정하고 야외에 자연의 경지를 교육의 도장으로
하여 하이킹이나 캠핑을 하였다.

이 같은 야외활동으로 대원들은 대자연의 혜택에 눈을 뜨게 되고 고난
을 뚫고 나아가는 정신과 맑은 공기 속에서 단련된 신체를 갖는 씩씩한
청소년으로 성장해 간 것이다.

특히 보이스키우드 지도 방법 중에서 괄목할 것은 반제 교육과 진보제

6) 윤석봉, 「화랑도와 보이스카우트」,『한국의 소년운동』, 혜안, 1999, 325쪽.
7) 김정의, 「정성채의 소년운동」,『한국의 소년운동』, 혜안, 1999, 88쪽.

3대 선서

나침반의 북침(올바른 방향)
우리 나라 상징(용맹)
스카우트 이상(진리)
스카우트 이상(지식)
선서 다짐(실천)
웃는 모습(의무)
표어(차리고 있다)
매듭(1일 1선)

한국보이스카우트연맹 휘장의 의미

도이다. 소년들은 떼(群/gang)를 지으려는 본능을 가지고 있다. 이와 같은 집단의식은 여가만 있으면 떼를 형성하려는 데서 나타난다. 보이스카우트에서는 이러한 소년들의 집단의식을 살려서 6~8명 정도의 그룹을 반으로 편성하고 그들이 뽑은 지도자를 반장으로 임명하였다. 그리고 그들에게 유용한 진보과정과 흥미진진한 프로그램을 주어 각자에게 임무를 분담시켜서 책임감을 발휘하게 하는 데 주력하였다. 이러한 스카우팅 방식은 건전한 시민 내지는 훌륭한 지도자를 양성하는 데에 매우 이상적인 방법이라고 정평이 나 있다.

특기한 것은 정성채(鄭聖采, 1899~?)와 조철호에 의해서 발단된 한국의 보이스카우트운동은 보이스카우트의 창설자인 바덴 파우엘(Robert Baden-Powell)이 제정한 '준율'을 각각 일제하의 실정에 맞춰 재작성해서 스카우트운동을 전개한 바 있다. 이는 국제성을 살리면서도 우리의 주체성도 살리는 본보기라고 볼 수 있겠다.

4. 맺음말

위에 기술한 화랑도와 보이스카우트 정신 중에서 공통점을 살펴보면,

첫째, 화랑도운동과 보이스카우트운동의 궁극의 목적은 심신을 단련하고 사회에 유용한 인재를 양성하고 사회봉사에 힘쓴다는 사실이고,

둘째, 선서는 보이스카우트의 선서 내용이 하느님과 나라를 위하여

의무를 다하고, 항상 봉사할 것과, 규율 엄수로 되어 있음에 비하여 원광법사의 5계사상은 화랑도의 선서에 해당될 수 있겠다.

셋째, 스카우트에서 자연의 경지를 교육의 도장으로 하이킹, 캠핑을 함으로써 신체를 단련하고 대자연의 혜택에 눈을 뜨게 하는 환경친화적 수양방법과 화랑도에서 명산대천을 순례하여 심신을 단련하고 자연의 신비력을 체험시키는 환경친화적 수양방법은 문장상의 표현 어휘가 다르고 시대적으로 옛과 이제가 다를 뿐이지 근본은 같다고 볼 수 있겠다.

이처럼 화랑도운동과 보이스카우트운동은 양자가 목적 · 선서 · 운영의 묘에서 같은 점을 갖고 있는 것이다. 우리는 한국의 원류사상인 화랑도 정신을 배달겨레의 얼로 여기고 자긍심을 갖고 이어받아 가는 민족인만큼 여하한 청소년운동이나 국가 장래에 이 정신과 이념을 전승시킬 의무가 있는 것이다. 마침 화랑도 정신과 스카우트 정신이 서로 일치된다는 것은 주체성을 지니고도 국제적인 감각을 살릴 수 있는 청소년운동의 전개가 가능함을 알 수 있는 것이다. 이는 앞으로 보이스카우트운동이 새로운 시대의 조화로운 청소년운동으로 뻗어나가는 데 있어 호기를 얻었다고 볼 수 있겠다.

부연하면 보이스카우트운동의 원산지는 영국이다. 그러나 한국은 대승적인 차원에서 수용했다. 그리고 국제적인 보이스카우트운동에 보조를 맞추면서도 화랑도 정신을 접목 · 재현하여 한국적인 보이스카우트운동으로 성장시키는 데 성공한 것이다. 지난날 고등종교인 유교, 불교, 도교를 수용하였지만 마침내 한국적인 현묘지도를 중심으로 조화를 이루어 마침내 화랑도로 융합시킨 것처럼 말이다. 이러한 것이 진정한 의미의 주체성이고 세계화라고 생각된다.

일찍이 보이스카우트운동의 선구자인 관산 조철호는 미래의 주인공인 청소년들을 화랑으로 만들고자 노심초사하였다. 그가 보이스카우트 정신으로 승화시키고자 했던 화랑도 정신은 오늘날에도 여전히 한국보이스카

우트 정신의 원천이라고 생각된다. 따라서 2000년대 새 즈믄해에는 심기
일전 마음을 가다듬어 화랑도 정신으로 보이스카우트운동을 전개하는
것이 세계화의 지름길이 될 것이다. 그리하면 지난날 화랑도에서 국가의
동량이 많이 배출된 것처럼 앞으로는 보이스카우트에서 미래 문명을 선
도할 인재가 속출할 것이다.

『스카우팅』 99, 한국보이스카우트연맹, 1999

제3장 최제우 소년관의 발효

1. 머리말

한국 근현대소년운동의 근원은 어디에 있을까? 그리고 무엇이 효소(酵素)로 구실하여 어떻게 발효(醱酵)·숙성(熟成)되었을까? 그동안 한국 근현대소년운동사의 전반적인 연구는 관련 학자들에 의하여 그 윤곽이 대체로 드러났다. 그러나 모두(冒頭)의 의문점에 대하여는 아직도 그 해답이 미진하다고 생각된다. 그래서 이 의문점에 대하여 연구를 진행하고자 한다.

광복 후 지금까지의 연구 축적에 의하면 한국 근현대소년운동의 시원은 외래 소년운동 수용론과 내재적 소년운동 자생론(自生論)으로 대별할 수 있을 것이다. 즉, 외래적 수용론의 하나는 소년단(Boy Scout)운동이고, 또 하나는 무산소년운동(無産少年運動)이다. 그리고 내재적 소년운동 자생론은 소년회운동이라고 볼 수 있겠다. 이 세 줄기는 모두 한국 근현대소년운동에 지대한 공적을 남겼다. 그러나 어느 계열이 새로운 소년운동의 이념을 창출하고 그 이념으로 근현대적인 소년운동을 주도적으로 전개하였는가에 대해서는 학설이 분분하다.

필자의 견해로는 한국 근현대소년운동사의 근원은 수운 최제우의 소년관에 가서 닿을 것이란 가정을 해 볼 수 있다. 그것은 최제우가 특별히 소년관을 피력해서가 아니고 그가 창도한 동학의 교리로 보아 경전 속에 그의 소년관이 농축되어 있을 것이라고 생각되기 때문이다. 그리고 최제우가 갈파한 교리에 터하여 동학을 확대·발전시켰던 해월 최시형이나 그 후에 한국 근현대소년운동에 전심전력한 소춘 김기전이나, 소파 방정환의 활동 내용으로 보아 수운 최제우의 소년관 본지(本旨)를 밝힐 수 있을 것이라고 판단된다. 이는 마치 나뭇잎이 흔들리는 정도로 보아 바람의 강도를 인지하는 이치로 수운 소년관에 접근이 될 것으로 생각된다.

그러나 이 논문에서는 동학(東學)의 창도에 나타난 소년관 관련 종지(宗旨)와 최시형의 수운 소년관 전파활동까지만 살펴보고자 한다. 이 과정에서 근현대소년운동의 자생 여부의 기반이 드러날 것으로 기대된다. 그리고 수운 정신에 기초하여 김기전이 근현대소년운동의 초석을 다지는 이론 정립과 방정환이 수운의 이념에 바탕을 두고 근현대소년운동을 실행하는 최제우 소년관의 숙성과정은 이 논문에서는 생략하고자 한다. 그것은 그들의 업적이 원체 방대하여 각각 따로 장을 달리하여 고찰하기 위함이다. 따라서 이 논문에서는 최시형의 수운 소년관 전파까지만 고찰하고자 한다.

2. 수운 최제우의 동학 창도

우리 민족은 오랜 옛날부터 고유사상인 천신신앙(天神信仰)을 지녀오면서 고대, 중세, 근세의 천여 년 동안 유·불·선을 수용하였다. 근세 후기에는 서세동점(西勢東漸) 속에 천주교가 전래되는 혼란과 불안이 조성되었다. 이러한 상황에서 민족적인 전통사상의 바탕 위에 모든 종교사상을 수용하는 새로운 종교가 탄생했으니 이것이 곧 동학의 창도이다. 이는 분명 새로운 세상의 출발을 알리는 신호로 작용되었다.

동학은 물론 수운 최제우(水雲
崔濟愚, 1824~1864)가 신(神 : ᄒ
ᄂᆞᆯ님 · 한울님 · 天主)1)의 계시를
받아 1860년 4월 5일2) 창도한 데에
서 비롯된다.3) 『경전』에 의하면 한
울님께서 수운에게 천도(天道)를
내리면서,

　　　나의 마음이 곧 네 마음이니라
　　　(曰吾心則汝心也)4)

라고 깨우쳐 주었다 한다. 수운은
이 말을 듣고 정신에 기운이 들고
밝고 밝은 광명을 얻었다. 그리하

동학의 창도자 수운 최제우 초상화(배경은 동학의
경전)

여 스스로 무극대도(無極大道)의 이치를 밝히고 온 누리에 널리 포덕(布
德)에 착수하였다. 포덕한 지 3년째 되던 해(1863) 해월 최시형(海月 崔時
亨, 1829~1898)에게 도통(道統)을 전수하고 체포되어 다음 해에 순도(殉
道)하였다. 그동안 수운은 「용담가(龍潭歌)」, 「교훈가(敎訓歌)」, 「포덕문
(布德文)」 등을 펴냈다.5)

---

1) 동학의 신(神) 호칭은 'ᄒᆞᄂᆞᆯ님(한울님)'이고 한자로 표기할 때 '천주(天主)'라고
번역해서 쓴다(표영삼, 「동학의 종교사상」, 『동학연구』 창간호, 경주 : 한국동학
학회, 1997, 114쪽).
2) 천도교에서는 최제우가 동학을 창도한 원년을 기원 원년으로 삼고 '布德'이라는
기원을 사용해 오고 있다. 따라서 올해(단기 4339년/서기 2006년)는 포덕 147년에
해당된다.
3) 오지영, 『동학사』, 영창서관, 1940, 19~22쪽.
4) 「논학문」, 『동경대전』, 28쪽.
5) 오익제, 「동학사상의 태동」, 『동학민중혁명운동100년사(상)』, 동학민중혁명운동

수운 최제우의 태묘(용담성 근처 구미산 자락 소재)

수운이 득도한 기본 이념은 시천주(侍天主 : 한울님을 모신다) 사상이다. 수운은 스스로 시천주의 개념을 설명하였는데,

'시'라는 것은 안에 신령이 있고 밖에 기화가 있어 온 세상 사람이 각각 알아서 옮기지 않는 것이요, '주'라는 것은 존칭해서 부모와 더불어 같이 섬긴다.[6]

는 것이라고 하였다. '한울님을 모신다'는 것은 바로 한울님의 전능과 전지가 통할 수 있는 종교 경지인 것이다.[7] 이 시천주 사상은 제2세 교주 최시형에 의하여 인시천(人是天),[8] 제3세 교주 의암 손병희(義菴 孫秉熙, 1861~1922)에 의하여 인내천(人乃天)이라고 표현되었는데 모두 시천주 개념에 근거를 두고 있다.

시천주의 단어가 뜻하듯이 사람은 한울님을 모시고 섬기는 위치에 있으므로 한울님은 항상 사람보다 높으시고 위대하며 사람은 한울님보다 낮은 존재라는 것이 명백하다. 그러나 동학에서는 한울님을 내재적(內在

100주년기념사업회, 1994, 111~112쪽.

6) 「논학문」, 『동경대전』, 34쪽.

7) 최동희, 「한국 전통신앙과 동학」, 『동학민중혁명운동100년사(상)』, 동학민중혁명운동100주년기념사업회, 1994, 87쪽.

8) 「천지인·귀신·음양」, 『동경대전』, 268쪽, "사람이 바로 한울이요 한울이 바로 사람이다. 사람 밖에 한울이 없고 한울 밖에 사람이 없느니라. 마음은 어느 곳에 있는가 한울에 있고, 한울은 어느 곳에 있는가 마음에 있느니라. 그러므로 마음이 곧 한울이요 한울이 곧 마음이니, 마음 밖에 한울이 없고 한울 밖에 마음이 없느니라".

的) 신으로 여겼다.

> 나는 도시 믿지 말고 한울님을 믿었어라. 네 몸에 모셨으니 사근취원(捨近取遠)하단 말가.[9]

라고 수운은 강조하였다. 이 같은 '시천주' 사상 속에는 인간의 존엄성과 평등성의 의미가 충분히 암시되어 있다. 수운은 그의 생활에서 평등사상을 실천하였다. 두 여비(女婢)를 해방시켜 한 사람은 며느리로 삼고, 한 사람은 자기 딸로 삼은 것이 그 예이다. 그리고 수운은 제자들에게 참된 상하귀천은 부(富)와 교육과 사회적 배경과 지위에 의거한 것이 아니고, 도덕적 인격에 의존하여, 모든 사람을 동등하게 존경해야 한다고 가르쳤다.[10]

수운은 '시천주' 사상을 계속 키워 나갔다. 그는 동학교도들과 작별을 고하고 피신하면서도 '시천주'의 기본 사상을, "열석 자 지극하면 만권시서 무엇하리"[11]라고 하면서 13자의 주문(呪文)[12]을 다음과 같이,

> 시천주 조화정 영세불망 만사지(侍天主造化定永世不忘萬事知)[13]

라고 설파하여 한울님을 모신다는 강력한 의지를 표명하였다. 13자의 주문 속에는 한울님을 정성껏 받들고 따른다는 경천(敬天)과 존천(尊天)의 의미가 담겨져 있는 것이다.[14]

---

9) 「교훈가」, 『동경대전』, 142쪽.
10) 백세명, 『동학사상과 천도교』, 동학사, 1956, 122~123쪽.
11) 「교훈가」.
12) 주문은 원래 21자로 되어 있는데 8자로 되어 있는 앞 구절(至氣今至願爲大降)과 13자로 되어 있는 뒷 구절로 나뉘어져 있다(「논학문」, 『동경대전』).
13) 「주문」, 『동경대전』, 70쪽. 한울님을 모시면 조화가 이루어지고 한울님을 길이 잊지 않으면 만사가 깨달아진다(최동희, 앞의 글, 87쪽).

'나의 마음이 곧 네 마음이다', '시천주'의 사상으로 수운은 드디어 모든 인간의 위치를 한울님과 같은 반열에 올려 놓았음을 알 수 있다. 그는 스스로 여비를 해방하여 며느리와 딸로 삼았다. 그의 이 같은 대각(大 覺)은 이제껏 인간 이하의 대우를 받아오던 소년에게도 해방의 소식으로 받아들여졌다. 실제로 해월은 수운의 '사인여천(事人如天 : 한울님을 섬 기듯 사람을 섬겨라)' 가르침을 소개하고 어린아이에게도 '사인여천' 이 념을 행하여 모든 사람을 존경하라고 가르쳤다.15) 동학은 '나의 마음이 곧 너의 마음이다'에서 창도하여 '시천주' 사상을 교리로 삼았으니 '사인 여천'은 동학의 당연한 귀결점이 될 수밖에 없었다. 따라서 '사인여천'은 최제우 소년관의 본지(本旨)라고 여겨진다.

이에 대하여는 묘향산인(妙香山人)이 최제우의 소년관에 관한 속내를 꿰뚫어 본 다음과 같은 논거로 그 일단을 간파할 수 있겠다.

"귀신자(鬼神者)도 오야(吾也)라" 즉 "인(人)은 천(天)이라 한 종지(宗 旨)를 가진 우리 천도교는 당연히 소년 남녀의 인격을 시인하게 되는 것이며 무궁한 이을 속에 무궁한 내 아닌가" 하는 가사를 지어내여 인생의 무궁한 진전을 음미한 대신사께서는 머리부터 소년교도(少年敎導)가 여 하히 긴중(緊重)한 것임을 암시하셨다 할지니 미래를 말하는 니 소년을 제외하고는 인생의 무궁성을 상상할 수 업는 고(故)이웨다.16)

또한 수운은 동학이 민족주의적인 성격임을 분명하게 하였다. 사대모 화사상의 반감을 가짐은 물론 척양척왜의 양이사상(攘夷思想)을 지니고 반제국주의, 반침략주의 민족의식을 강하게 내세웠다.17) 그는 임진왜란

---

14) 우주는 지기로서 구성되었고 인간은 천주를 모시고 있으며 세계는 장차 지혜로운 방향으로 나아간다(이항령, 「동학의 우주관」, 『동학민중혁명운동100년사(상)』, 동학민중혁명운동100주년기념사업회, 1994, 195쪽).

15) 「내수도문」, 『동경대전』, 369쪽.

16) 묘향산인, 「천도교소년회 設立과 그 파문」, 『천도교회월보』 131, 1921, 16쪽.

이후의 대일본 감정을 "개같은 왜적놈"[18)이라고 폄허(貶下)하면서도 조국
에 대해서는 현세에서의 지상낙원을 실현코자 하는 이상론을 피력하였다.

국호는 조선이요
읍호는 경주로다
……

수세도 좋거니와
산세도 좋을시고
어화 세상사람들아
이런 승지 구경하소
기장하다 기장하다
이내운수 기장하다
구미산수 좋은 승지
무극대도 닦아내니
오만년지운수로다
……19)

수운 이후 동학·천도교의 지도자가 포교와 병행하여 민족주의적인
노선에서 소년존중운동, 소년해방운동, 소년인격운동으로 활발하게 발전
시켜 나간 원인을 알려 주는 관건이 다름아닌 수운의 인간관 내지는 소년
관인 민족주의적인 '사인여천'에서 연유했음이 충분히 감지된다. 그렇다
면 '사인여천'이 바로 한국 근현대소년운동을 자생시킨 효소라고 판단된
다.

---

17) 오익제, 「동학의 민족의식」, 『동학민중혁명운동100년사(상)』, 동학민중혁명운동
    100주년기념사업회, 1994, 276쪽.
18) 「안심가」.
19) 「용담가」, 『용담유사』.

3. 해월 최시형의 수운 소년관 전파

동학의 제2세 교주 해월 최시형

소년에 대한 근대적 인식은 조선 후기 실학자들에 의하여 부분적, 간접적으로 제기되었다.[20] 그 후 개화사상이 퍼지기 시작하면서 소년에 대한 인식도 점차 발전적으로 확산되어 갔다. 이러한 소년에 대한 인식은 동학의 지도이념 실현, 독립협회의 계몽활동, 애국계몽사상가들의 소년문제 제기, 그리고,『소년』지 등의 발간을 통해서 선양되었다. 당시 개화사상 구현의 최대관심사는 소년을 존중하고[21] 소년의 교육을 중시하고[22] 소년을 사회적으로 바르게 교도하여[23] 장차 자강독립의 역군으로 삼고자 함에 있었다.

이처럼 개화사상에 부각된 소년 애호사상은 동학의 소년존중, 독립협회의 소년교육 중시, 애국계몽사상가들의 소년교육 실시, 『소년』지의 간행 등으로 나타나 소년에 대한 인식이 한껏 고조되었다.[24]

이러한 흐름의 선구는 동학의 소년존중사상에서 비롯되었다. 동학은 일종의 민족종교로서 서학(천주교)을 의식하고 민족 고유의 정신에 토대

20) 김정의,「한국근대소년운동사의 역사적 배경에 관한 연구」,『백산 박성수교수화갑기념논총-한국독립운동사의 인식-』, 1991, 363~365쪽.
21) 최동희,「천도교지도정신의 발전과정」,『3 · 1운동50주년기념논집』, 동아일보사, 1969, 88~89쪽.
22) 한홍수,『근대한국민족주의연구』, 연세대학교출판부, 1977, 116쪽.
23) 「『소년』지 간행취지」,『소년』1, 1908. 11, 1쪽.
24) 김정의,『한국소년운동사』, 민족문화사, 1992, 23~24쪽.

를 두고 1860년 최수운(崔水雲)에 의해 창도되었다. 그 후 제2세 교조 해월 최시형을 거치면서 교세가 확장되어 민족종교로서 발전을 거듭하였다. 민족정신이 가장 잘 발휘되었던 것은 1894년 척양척왜(斥洋斥倭)를 내걸고 투쟁했던 동학민중혁명운동에서라고 보겠다. 이렇게 민족의 참다운 독립에 기여하여 겨레의 정신적 지주로서의 역할을 발휘한 동학의 지도이념에 소년존중사상이 골격을 형성한 것은 많은 사람들에게 소년존중관념을 심어주는 데 도움이 되기에 족했다. 1867년 해월은 「대인접물(待人接物)」에서 아동존중사상이 배어 있는 법설을 폈고,[25] 1885년에는 「포유문(布諭文)」을 통하여 어린아이의 말이라도 한울님의 말씀으로 알라고 가르쳤다.[26] 그는 또 1886년 「내수도문(內修道文)」에서도 소년 존중심을 고취하고 있다.

> 어린 자식 치지 말고 울리지 마옵소서. 어린아이도 한울님을 모셨으니 아이 치는 것이 곧 한울님을 치는 것이오니, 천리를 모르고 일행 아이를 치면 그 아이가 곧 죽을 것이니 부디 집안에 큰 소리를 내지 말고 화순하기만 힘쓰옵소서[27]

이처럼 어린아이를 때리는 것이 한울님을 치는 것과 같다고 설파할 정도로 소년 존중에 각별한 배려를 하고 있었다. 뿐만 아니라 그는 소년의 인격을 존중하여 한울님을 모시듯 성경신(誠敬信)으로 대하라고 역설하고,

---

25) 「대인접물」, 『해월선사법설』, 1867, 제6장, "도가의 부인은 경솔히 아이를 때리지 말라. 아이를 때리는 것은 곧 한울님을 때리는 것이니 한울님이 싫어하고 기운이 상하느니라……".
26) 「포유문」, 『동학·천도교략사』, 포덕 21년 5월.
27) 「내수도문」 5항.

72

잉태하거던 몸을 더욱 소중히 하라. 아무 것이나 함부로 먹지 말라. 만일 불결한 것을 먹으면 태아에게 해롭다.[28]

라고 태교의 중요성도 지적하였다. 또한,

갓난아기의 어리고 어림이여, 말은 못해도 부모를 아는데 어찌하여 앎이 없는고, 이 세상 사람이여 어찌 앎이 없는고.[29]

라고 탄식하며 어린아이의 천진(天眞)을 귀감 삼을 것을 일깨웠다. 해월은 성인들이 소년을 무관심 내지는 학대하는 것을 전통적인 고정관념이라고 질타·매도하면서 소년의 주장도 경청하는 진지한 생활태도를 취해야 할 것이라고 소년존중사상을 피력하였다.[30] 그리하여 동학도들에게 소년존중관이 움터 마침내 동학민중혁명운동 때(1894)는 소년이 동학군의 선두에서 진두지휘하였다는 신화적인 사실이 나타났다. 한 예로 18세의 소년인 팔봉접주 김구(金九, 1876~1949)는 700여 명의 동학군을 이끌고 해주성(海州城)을 공략하는 선봉장의 위용을 보여 한민족의 기백을 유감 없이 발휘하였다.[31]

이로써 동학은 종래의 전통적인 가치관을 근본적으로 타파하고 소년존 중운동을 통하여 실질적인 근현대 인식의 새로운 지평을 열어가기 시작 하였다. 천도교가 소춘 김기전이나 소파 방정환 같은 근현대소년운동의 주역을 배출하게 된 것도 실은 해월의 수운 소년관의 전파에서 연유된 것이다.

---

28) 「내수도문」 9항.
29) 「불연기연」, 『동경대전』, 62쪽.
30) 이현희, 『동학민중혁명운동과 민중』, 대광서림, 1985, 101쪽.
31) 김구, 『백범일지』, 백범김구선생기념사업회, 1947, 34~35쪽/도진순 주해, 『백범 일지』, 돌베개, 1997, 47~48쪽

우리 선생님(수운)의 가르침을 내가
어찌 꿈엔들 잊으리오. 선생님은 어느
때 '한울님을 섬기듯이 사람을 섬기라
(事人如天)'고 가르치셨다. 그러므로
나는 비록 부인이나 어린아이의 말이
라도 한울님의 말씀으로 알고 여기서
배울 것은 배운다.32)

이처럼 해월은 소년존중관의 원천이
최제우의 '사인여천'에 있음을 스스로
명쾌하게 천명(闡明)하고 있다. 여기서
간과할 수 없는 것은 최제우의 소년관
본지가 '사인여천'이라는 사실이다. 그

18세 때 동학군의 해주성 공략을 진두지휘했던 백범 김구(사진은 1919년 대한민국 임시정부 초대 경무국장 시절)

는 '사인여천'을 원천으로 소년존중사상을 전파시킨 것이다. 즉, 수운
소년관의 본지를 효소로 삼아 소년운동을 발효시킨 것이다. 따라서 해월
은 수운 소년관의 본지를 씨앗으로 소년운동의 싹을 틔운 선각자로 지칭
해도 무리가 없다고 생각된다.33) 동학의 소년존중사상은 한국 근현대소
년운동의 기저사상(基底思想)이라는 점에서도 뒷받침된다고 보겠다.34)
이와 같은 기저사상을 바탕에 둔 소년인식은 한말 국망(國亡)의 위기의
식 속에서 더욱 높아져 『소년한반도』나 『소년』을 펴내 소년을 새로운
국가의 주역으로서 인식하고 소년 교도에 박차를 가하였다.35) 뿐만 아니

---

32) 최동희, 앞의 글, 1969, 88~89쪽.
33) 김용덕도 해월을 소년운동을 태동시킨 선각자로 평가하였다(김용덕, 「해월의
   생애」, 『한국사의 탐구』, 을유문화사, 1975, 226쪽 참조).
34) 김정의, 「한국근대소년운동사의 역사적 배경에 관한 연구」, 『백산박성수교수
   화갑기념논총-한국독립운동사의 인식-』, 백산박성수교수화갑기념간행위원회,
   1991, 367쪽.
35) 위의 글, 371~374쪽.

라 1898년 자동회(子童會), 1908년 소년동지회까지 조직되어 안간힘을
썼으나36) 끝내 조국이 멸망하자 서당을 통해 민족교육을 실시하여 드디
어 소년도 3·1운동의 일정한 역할을 감당할 수 있게 되었다.37)

　그렇다면 외래적인 소년운동의 수용으로서 1917년 10월 5일 조직된
기독교청년회 소년부38)나 이를 모태로 1922년 9월 30일 정성채(鄭聖采,
1899~1950 납북)가 출발시킨 소년척후대,39) 같은 해 10월 5일 조철호(趙
喆鎬, 1890~1941)가 발단시킨 조선소년군,40) 그리고 일종의 무산소년운
동으로 1923년 3월 이원규(李元珪) 등이 조직한 반도소년회41)나 1925년
5월 24일 정홍교(丁洪敎) 등이 조직한 오월회42)보다도 해월 최시형의
내재적인 소년운동이 훨씬 먼저 자생적으로 숙성되어 가고 있었음이 입
증된다.

---

36) 오세창, 「일제하한국소년운동사연구」, 『민족문화논총』 13, 영남대학교, 1992,
　　166쪽.
37) 김정의, 앞의 글, 1991, 376~378쪽.
38) 신석호 외, 『한국현대사』 9, 신구문화사, 1972, 290쪽.
39) 『조선고등경찰관계연표』, 107쪽 ; 김정의, 「정성채의 소년운동」, 『논문집』 21,
　　한양여자대학, 1998, 142~143쪽.
40) 『동아일보』 1922년 10월 7일자 ; 조찬석, 「관산 조철호에 관한 연구」, 『교육논총』
　　12, 인천교육대학, 1981, 73~81쪽 참조.
41) 김정의, 「한국근대소년운동의 노선갈등과 일제탄압고」, 『실학사상연구』 3, 무악
　　실학회, 1992, 282쪽.
42) 신재홍, 「일제치하에서의 한국소년운동고」, 『사학연구』 33, 한국사학회, 1981,
　　101쪽 ; 신재홍, 「1920년대 한국청소년운동」, 『인문과학연구』 2, 성신여자대학
　　교, 1983, 109쪽.

4. 맺음말

이상으로 최제우 소년관의 숙성 과정을 고찰하였다.

우선 최제우는 동학 창도에서 '나의 마음이 곧 네 마음이다'·'시천주'·'사인여천' 사상을 득도하였다. 이들 교지를 통하여 볼 때 수운은 인간의 위치를 한울님과 동격(同格) 반열에 올려 놓았음을 알 수 있었다. 그는 스스로 여비를 해방하여 며느리와 딸로 삼았다. 이 같은 인간해방의 각성은 인간 이하의 대우를 받아오던 소년에게도 해방의 소식으로 받아들여졌다. 그것은 소년도 당연히 인간이기 때문이다. 실제로 해월은 수운의 '사인여천' 가르침을 소개하고 어린이에게도 '사인여천' 이념을 행하여 모든 사람을 존경하라고 가르쳤다. 따라서 '사인여천'은 최제우 소년관의 본지(本旨)라고 여겨진다. 그리고 수운 이후 천도교 지도자들이 포교와 병행하여 왜 소년존중운동, 소년해방운동, 소년인격운동을 활발하게 발전시켰는지를 알려 준 열쇠였다. 또한 천도교소년회운동이 한국 근현대 소년운동의 주류를 형성한 것도 수운의 인간관 내지는 소년관에서 연유했음을 입증할 수 있었다.

둘째로 최시형의 수운 소년관 전파에서는 소년존중관의 원천이 최제우의 '사인여천'에 있음을 확인하였다. 간과할 수 없는 것은 최시형 스스로가 그의 소년존중의 소년관이 최제우의 '사인여천'에 있음을 천명하고, 이를 바탕으로 소년존중사상을 전파시켰다는 사실이다. 따라서 해월은 수운의 소년관 본지를 씨앗으로 근현대소년운동의 싹을 틔운 선각자이다. 그가 한국 근현대소년운동의 선각자라는 사실은 동학의 소년존중사상이 바로 한국 근현대소년운동의 기저사상이라는 점에서도 뒷받침된다고 보겠다. 아울러 외래적 보이스카우트운동이나 무산소년운동보다 먼저 소년운동을 자생시켰음은 한국 근현대소년운동사상 그 의의가 크다고 보겠다.

이 연구 과정을 통하여 최제우 소년관의 본지가 '사인여천'임을 밝혔
다. 그리고 그 본지는 한국 근현대소년운동의 원천적인 효소로 구실하여
최시형의 공로로 발효되었음을 밝혔다. 결과적으로 한국 근현대소년운동
은 자생된 소년관을 근간(根幹)으로 외래적인 소년운동을 비판적으로
수용, 융화시키면서 변증법적으로 발전을 거듭했던 것이다. 이는 한국민
족운동사의 맥락에서도 근현대소년운동사의 위상을 재정립하는 데 일정
한 도움이 되리라고 생각된다.

『동학연구』 3, 한국동학학회, 1998

제4장 현대 한국소년운동의 이념

1. 머리말

한국소년운동의 기원은 주지하다시피 신라의 화랑도운동에서 찾을 수 있다. 그러나 화랑도운동은 역사적으로 연속성을 지닌 운동은 아니었다. 그것도 고대적인 성격을 지닌 운동이었을 뿐 시대를 뛰어넘는 소년운동으로 승화되지 못한 채 오랫동안 단절되었다. 18세기 들어서서야 실학자들에 의해 소년에 대한 근대적인 인식이 제고되었다. 이는 후에 동학에 의하여 제창된 소년존중운동의 사상적인 배경을 이루어 주었다. 동학의 소년존중운동은 사실상 한국근대소년운동의 출발이라고 볼 수 있겠다.

이후 근대소년운동은 점차 그 영역을 넓혀 갔다. 개화운동가들이 합세한 것이다. 그들은 상소문, 학교 교육, 신문·잡지 지면을 통하여 근대소년운동을 전개한 것이다. 박영효의 상소문, 이승훈의 학교 교육, 역사교과서의 화랑정신 고취,『독립신문』의 소년교육 강조,『소년한반도』와『소년』지의 소년교도 등은 그 좋은 예이다.

드디어 1898년에는 자동회(子童會)라는 명칭의 소년회가 소년층에 의하여 최초로 조직·활동하기 시작하였다. 1908년에는 윤철선에 의하여 소년동지회(회장 : 김규식)가 발기되어 좀더 체계적인 조직으로 소년운동을 전개하였다. 1914년에는 최남선에 의하여 소년에 대한 존중용어로

'어린이'라는 표현이 『청춘』지를 통하여 선을 보이기도 하였다. 그리고 1917년 10월 5일에는 기독교청년회에 소년부가 조직·가동되었다.

이들은 모두 통설보다 일찍 소년운동을 전개한 것이 틀림없지만 그러나 이 중에서 어느 시점을 택하여 오늘날과 맥을 같이하는 소년운동의 기점을 삼고자 하기에는 이론의 여지가 많다. 그것은 3·1민주혁명 이전까지의 소년운동은 여전히 근대화를 지향한 운동 범주에 속한다고 판단되기 때문이다.

한국사상 현대의 기점은 한국민족운동사의 축적된 연구 업적에 의하여 대체로 3·1민주혁명(1919)에 두고 있는 것이 오늘의 실정이다. 그렇다면 같은 선상에 있는 소년운동사의 현대적인 상한선을 3·1민주혁명 이전에 두는 것은 큰 테두리에서 벗어남을 알 수 있다. 그래서 오늘의 현대적인 소년운동의 기점을 3·1민주혁명 이후에 두려고 하는 것이다. 크게 보아 현대를 규정할 수 있는 이념은 민족독립에 있고, 나아가서 인간해방, 인권존중, 복지지향이 큰 요소라고 본다면 과연 소년운동이 어느 시점에서 이와 같은 요소를 모두 소년운동의 이념 속에 실질적으로 용해시키고 있느냐를 기준으로 삼아야 할 것이다. 현대 한국소년운동의 이념 추출은 그래서 긴요한 작업이라고 생각된다.

2. 소년운동의 전개

1) 소년회운동

1919년 3·1민주혁명의 기간 중 전국 곳곳에서 소년층이 만세운동에 직접 참여하였다.[1] 뿐만 아니라 국내의 남녀 소년단이 파리강화회의에

---

1) F.A.Mckenzie 저, 이광린 역, 『한국의 독립운동』, 일조각, 1969, 182쪽 ; 김정의, 「3·1운동시 소년의 역할과 그 여파」, 『역사의 시공을 넘나들며』, 도서출판 혜안,

청원서를 제출함으로써 소년운동계의 존재를 드러냈다.2) 이를 계기로 신한촌의 소년애국단이 조직됨을 효시로 국내에서도 안변소년회, 왜관소년회, 진주소년회가 연이어 조직되었다.3) 이 중 진주소년회의 조직과 활동이 도화선4)이 되어 소년운동다운 운동이 처음으로 고동치기 시작한 것은 『어린이』지가 다음과 같이 밝힌 천도교소년회의 탄생부터라고 보여진다.

　　재작년 봄 오월 초승에 서울서 새 탄생의 첫소리를 지른 천도교소년회, 이것이 어린동무 남녀 합 삼십여 명이 모여 짜온 것이요, 조선소년운동의 첫 고동이었습니다.5)

천도교소년회는 서울에 있는 천도교에서 김기전(金起田)이 교회 소년부원들을 중심으로 하여 가장 완전한 소년회를 조직함으로써6) 전국 소년운동계에 지대한 영향을 미치게 되었다. 그것은 천도교는 이미 3·1민주혁명의 모체였을 뿐만 아니라 그 조직이나 재정의 뒷받침도 가장 튼튼하였기 때문이다. 이러한 사실은 『개벽』지의 기록으로 보아 확인된다.7) 이에

　1995, 141~145쪽 참조.
2) 김정의, 『한국소년운동사』, 민족문화사, 1992, 279~280쪽 참조.
3) 위의 책, 91~94쪽 참조.
4) 「가하할 소년계의 자각」, 『개벽』16, 1921. 10, 57~59쪽.
5) 이정호, 「『어린이』를 발행하는 오늘까지」, 『어린이』, 1923. 3, 1쪽.
6) 같은 해(1921) 6월 5일에 이르러 다음과 같이 임원진이 구성되었다(천도교청년회, 『천도교청년회회보』 1921년 12월 20일자).
　　회장 구자홍
　　간무 김도현, 신성호, 정인엽, 장지환
　　총재 김기전
　　고문 정도준, 박사직
　　지도위원 이병헌, 박용회, 차용복, 강인택, 김상율, 조기간, 박래옥, 김인숙.
7) 「가하할 소년계의 자각」, 59쪽.

80

어린이사 기자들. 위는 『어린이』지를 만든 방정환,
아래는 우로부터 이정호 · 최영규 · 윤석중, 가운데
건물은 개벽사, 어린이사는 개벽사 내에 있었다.
경운동에 있던 개벽사 건물은 수운회관으로 개축되
면서 우이동으로 옮겨 복원되었다.

의하면 천도교소년회의 창립일은
1921년 5월 1일이다. 이것은 1921
년 7월 14일자『천도교회월보』에
게재된 묘향산인(妙香山人)의 기
고문에서도 뒷받침되고 있다.8) 그
러나 첫 시작은 이보다 앞선 1921
년 4월 천도교청년회 유소년부에
서 비롯된다.9) 이것이 모체가 되어
다음달 5월 1일 천도교소년회가 발
족되었다.

그리고 천도교소년회의 목적은
상해의 인성학교소년회와 마찬가
지로 지·덕·체를 겸비한 쾌활한 소
년을 만드는 것이었다.10) 이러한
목적을 달성하기 위한 방법으로 천
도교소년회는 유락부, 담론부, 학
습부, 위열부의 4부로 나누어 활동
했다. 회원이 한 일 중 특기할 것은 경어사용, 경조심방, 명승고적답사
등이고 회원의 자격은 7~16세의 남녀 소년으로 했다.11)

천도교소년회의 첫 출발시의 회원수에 대해서는『어린이』지 창간호

---

8) 묘향산인, 「천도교소년회의 설립과 그 파문」,『천도교회월보』131, 1921, 15쪽.
　묘향산인은 이 글 17쪽에 실린 사진의 이름으로 보아 김병연이라고 생각된다.
9) 성봉덕, 「천도교소년회운동과 소춘선생」,『신인간』428, 1985. 5, 27쪽. 발기일은
　1921년 4월 5일이다(앞의『천도교청년회 회보』).
10) 이 내용으로 보아 1919년부터 조직 활동하고 있던 인성학교소년회의 운영방식을
　본보기로 하여 설립된 듯하다(『동아일보』1924년 2월 18일자).
11) 「가하할 소년계의 자각」, 1921, 59쪽.

밤운거즐의라나어린어

어린이 나라의 즐거운 밤(『어린이』7-8 부록 『어린이 세상』32호 삽화. 1929)

(1923년 3월호)에는 30여 명으로 첫 고동쳤다고 했고, 『천도교회월보』
(1921년 7월 15일)에는 한달 후의 소년회 회원수가 320여 명이라고 했다.
그리고 『개벽』지(1921년 10월호) 「가하할 소년계의 자각」에서는 현재의
회원수가 발기 때보다 약 3배가 증가되어 370여 명이 되었다고 했다.
또 『신인간』(1975년 5~6월호)에서 이정호(李定鎬)는 방정환(方定煥)이
방학이 끝나고 다시 일본으로 건너갈 때쯤 되어서는 회원이 약 400~500
명이 된다고 하였으니, 이것은 무엇인가 잘못되어 있는 것 같고 여기에
나온 기록들만으로는 상세히 알 길이 없다.[12]

한편 천도교소년회는 1922년 5월 1일 천도교소년회 창립 제1주년 기념
일을 우리 나라 최초의 어린이날로 정하고 여러 가지 행사를 거행하였다.
그날 '항상 10년 후의 조선을 생각하십시오'라고 쓴 네 가지의 인쇄물이
시내에 배포되었다.[13] 여기에는 민족주의적 구국정신 고취와 어린이이
인격적 해방사상이 잘 드러나 있다.[14] 그 후에도 이 같은 천도교소년회의

12) 김정의, 앞의 책, 1992, 97~98쪽.
13) 『동아일보』 1922년 5월 1일자.
14) 안경식, 『소파 방정환의 아동교육운동과 사상』, 1994, 77쪽.

82

1925년 제정 「어린이날 노래」 악보(『어린이』 7-4, 1929)

이념은 변함이 없었다. 드디어 그들의 활동상은 서울, 지방 할 것 없이 소년사회에 지대한 영향을 주었다. 특히 천도교소년회가 표방한 '씩씩하고 참된 소년이 됩시다. 그리고 늘 서로 사랑하며 도와갑시다'라는 표어는 『어린이』지 1925년 4월호부터는 잡지 맨 뒷장 안쪽에 『어린이』 독자와 함께 게재되기 시작하여 세상에 널리 전파되었다. 이처럼 천도교소년회의 궁극적인 목표는 민족운동이었지만, 그렇다고 당시의 시대상황이 민족운동을 표방하고 나올 수는 없었다. 그래서 강령도 다음과 같이 종교적인 면을 내세워 일제의 눈길을 피해 전파시켰다.

1. 소년대중의 사회적 새 인격의 향상을 기함.
2. 소년대중의 수운(水雲)주의적 교양과 사회생활의 훈련을 기함.
3. 소년대중의 공고한 단결로써 전적(全的)운동15)을 지지함.16)

그리고 천도교소년회의 지도자는 지금까지 확인된 결과로는 김기전과 방정환이다. 이정호는 『어린이』지 창간호 겉장에서 "맨 먼저 우리를 지도

15) 전적운동은 "다시 개벽(開闢)운동"을 뜻한다. 다시 개벽운동을 일제의 제약된 여건으로 전적운동이라고 완곡하게 표현한 것이다(표영삼, 「천도교와 6·10만세운동」, 『1920년대 민족주의운동 재조명』, 한국민족운동사연구회, 1996, 145쪽 참조).
16) 신일철, 「천도교의 민족운동」, 『한국사상』 21, 1989, 58쪽.

하실 힘 있는 후원자 김기전 씨와 방정환
씨를 어덧슴니다"[17]라고 술회한 바 있고,
다시 100호기념에서 창간 당시를 아래와
같이 회상하고 있다.

「어린이날 노래」 가사 원문

　모든 난관을 돌파하고 이를 단행하기
로 하여 집단에 잇서서는 김기전 씨의
힘을 빌고 『어린이』 잡지에 잇서서는 개
벽사의 후원과 방정환 씨의 힘을 빌어
긔여코 지금으로부터 구 년 전인 1923년
3월 1일에 지금 이 백호의 시초인 창간호를 내엿슴니다.[18]

　여기서 천도교소년회의 유력한 지도자는 김기전[19]과 방정환이라는
확증이 잡힌다.[20] 그러나 창립 당시엔 김기전이 전적으로 도맡아 조직하
였고 그 후에 방정환이 가세하였음을 밝혀 둔다.[21]

---

17) 이정호, 「『어린이』를 발행하는 오늘까지」, 『어린이』, 1923. 3, 1쪽.
18) 이정호, 「백호를 내이면서 창간 당시의 추억」, 『어린이』 100, 1932. 10, 19쪽.
　　집단은 천도교소년회를 뜻함(이재철, 「아동잡지 『어린이』 연구」, 『신인간』 438,
　　1986. 4, 75쪽).
19) 김기전의 호는 소춘(小春), 1894년 6월 16일 평북 구성에서 출생, 보성전문학교
　　졸업, 1920년 『개벽』 편집국장에 취임, 1921년 천도교소년회를 조직하고 그 후
　　오심당 활동 등을 전개한 민족운동가, 1948년 북한에 피납됨(김석범, 「나의 아버
　　지 소춘 김기전」, 『신인간』 547, 1996, 41~47쪽 참조).
20) 김정의, 「소년운동」, 『동학혁명100년사(하)』, 동학혁명100주년기념사업회, 1994,
　　432~435쪽 참조.
21) 김기전은 천도교 교단내에서 의기가 통하는 박래홍, 방정환과 함께 천도교소년회
　　를 조직하려 했으나, 박래홍은 독립운동과 관련하여 중국에 가 있었고, 방정환은
　　일본에서 유학을 하고 있던 터라 김기전이 초창기의 천도교소년회의 일을 도맡아
　　할 수밖에 없었다(김정의, 『한국소년운동사』, 민족문화사, 1992, 98~104쪽 참
　　조).

2) 소년단운동

바덴 파우엘(Robert Baden-Powell)에 의해 세계적인 조직으로 확대되고 있던 보이스카우트운동을 우리 나라에서도 도입하여 그 정신과 활동 및 조직을 펴 보려던 인사들이 그 계획을 논의하게 되었다.[22]

바덴 파우엘의 스카우트 창설(1908)로부터 10여 년이 지나 국권피탈하에 있던 한국도 이 운동이 소개되고 조직을 장려하기 시작하였다. 이돈화(李敦化)는 다음과 같이 영국의 소년의용단(Boy Scout)을 소개하고 우리도 조직할 것을 제언하고 있다.

> 소년지도기관을 특설(特設)함이 필요합니다. 문명한 각국에 잇서서는 소년단체란 것이 각종의 형식으로 만히 있는 것은 누구나 다 아는 일입니다. 그러기에 영국에서는 소년의용단이라는 대장부적인 명패(名牌)를 가진 단체까지 잇습니다. 조선과 가티 아즉 계몽시대에 잇는 형편으로는 더욱이 소년의 모임이 지극히 필요합니다.[23]

이러한 흐름이 나타난 시기를 홍이섭(洪以燮)은 아래와 같이 파악하였다.

> 대체로 1920년대는 일제의 소위 '문화정책'에 따라 일면 유화책을 쓰며, 반대로 사상면에 대해서는 일반 강압책을 감행하던 때로, 한국인 자신의 정신상황도 1919년에 거족적인 행동을 통해 항쟁의 가능성을 측정하였으며, 민족적으로 또는 세계사적인 동향에 따라 국제적인 일원으로 신세대로 지향하는 심성이 강하게 작용하였다.[24]

---

23) 한국보이스카우트50년사편찬위원회, 『한국보이스카우트50년사』(미간행초고본), 1973, 37쪽.
23) 이돈화, 「새조선의 건설과 아동문제」, 『개벽』, 1921. 9, 28쪽.
24) 홍이섭, 『한국정신사서설』, 연세대학교출판부, 1975, 34쪽.

이와 같은 분위기에서 보이스카우트운동이 전 세계에 퍼져 가까운 인도, 중국, 일본에까지 조직되는 흐름 속에서 1917년 10월 5일 중앙청년 회 소년부가 조직되었다.[25] 1918년에는 이승만이 하와이에서 한인 보이스카우트를 조직 운영하였다.[26] 1919년 3월 10일에는 국내 한국남녀소년 단이 파리강화회의에 청원서를 제출하였다.[27] 여기에다 기존의 소년운동단체인 천도교소년회나 조선소년단의 자극을 받아 1922년 3월 말경부터는 본격적인 소년단(Boy Scout) 조직 준비활동이 시작되었다. 이 가운데 기독교청년회의 정성채(鄭聖采, 1899~1950 납북)와 중앙고등보통학교의 조철호(趙喆鎬, 1890~1941)가 제일 열띤 준비를 서둘러 한국소년운동계의 주목과 기대를 모으게 되었다.[28]

드디어 국제적인 성격을 띤 보이스카우트운동이 한국에서도 일어났다. 먼저 소년척후대(少年斥候隊)는 당시 중앙기독교청년회 소년부 간부의 직책을 갖고 있던 정성채에 의해 동 소년부원들을 중심[29]으로 1922년 조선소년군 창설 무렵에 조직을 하였고[30] 이 것이 본보기가 되어 전국적인 기독교청년회의 조직망을 활용하여 많은 소년척후대가 생겨나게 되었다.[31]

중앙기독교청년회는 일찍부터 서양문화를 소개하는 매체 역할을 많이 담당했던 터에 그 이념이 보이스카우트와 상통하는 점이 있으므로 정성

---

25) 김정의, 『한국소년운동사』, 민족문화사, 1992, 278쪽.
26) 한국보이스카우트60년사편찬위원회, 『한국보이스카우트60년사』, 1984, 179쪽.
27) 김정의, 앞의 책, 1992, 279~280쪽.
28) 앞의 『한국보이스카우트50년사』, 28쪽.
29) 소년척후대의 발대 당시의 중앙기독교청년회 소년부의 소년들은 다음과 같다.
이규홍, 정영채, 이범준, 이희준, 신태욱, 여운경, 이정모, 정영진 등 17명(앞의 『한국보이스카우트60년사』, 58쪽).
30) 위의 책.
31) 김정의, 「한국근대소년운동연구(Ⅱ)-초기 소년단운동을 중심으로」, 『논문집』 11, 한양여자대학, 1988, 61쪽.

채가 소년부에서 이 운동에 관심을 가지고 연구를 진행시켰다.

당시 소년운동은 아직 조직적인 활동을 펴기엔 여러 모로 어려움이 있었다. 그러나 중앙기독교청년회는 국제적인 종교단체라는 특수성의 이점을 살려 소년부 내의 소년들을 적절히 활용하여 국제적인 보이스카우트운동을 도입할 수 있는 여건을 갖추고 있었다. 더욱이 소년척후대가 창립되기까지 같은 직원이었던 현동완, 홍병덕, 이건춘, 김진수, 장권 등의 도움은 정성채에게 더없이 큰 힘이 되었다.[32]

창립일은 정성채가 기고한 다음의 내용을 보면 1922년 9월 30일로 밝혀져 있다.[33]

내가 본래 중앙기독교청년회 소년부 일을 보게 되엿슴으로 소년부원 어린이에게 이전부터 소년척후대의 정신은 만히 너어 주엇다. 차림차림을 쏫이 스카우트로 하고 나서기는 일천 구백 이십 이년 구월 삼십일이엿슴니다.[34]

또한『고등경찰관계연표』에도 소년척후대의 창설이 다음과 같이 1922년 9월 31일로 기록되어 있다.

大正十一年九月三十一日京城鐘路に第一虎隊中央基督敎靑年會少年斥候隊を組織す.[35]

그렇다면 조선소년군의 창설보다 앞서서 소년척후대가 창설되었음을

---

32) 앞의『한국보이스카우트60년사』, 59쪽.
33) 창립일은 당시의 사실 보도가 아니고 3년후의 기고문(『동아일보』1925년 10월 10일자)이기는 해도 본인의 언급이므로 믿어야 한다고 생각된다.
34)『동아일보』1925년 10월 10일자.
35)『조선고등경찰관계연표』, 107쪽. 1922년 9월 31일은 1922년 9월 30일의 오기로 추정된다.

알 수 있다.

발족 후 정성채는 보이스카우트운동이 국제적 청소년운동이라는 점을 중시하여 세계 보이스카우트의 활동 내용을 준수하려고 노력하였다. 즉, 본래의 이념과 방법을 있는 그대로 도입하여 순수한 입장에서 보이스카우트 활동을 전개한 것이 특색이다. 따라서 소년척후대는 조선소년군과 근원은 같지만 이념과 실천 방법에서는 차이를 드러냈다. 그것은 다음과 같은 소년척후대의 「주의 방침」을 보면 알 수 있다.

> 1. 도덕심을 기초로 소년을 지도할지니 엇더한 종교를 신봉하는 단체를 물론하고 각기 교리로써 인도하여 타인의 종교를 존중함.
> 2. 개성 본위의 훈련이니 소년 개인의 인격을 존중히 하야 강제적 훈련이나 군대적 훈련을 실시치 아니 함.
> 3. 사해형제주의를 공고케 하야 외국 소년척후와 상호 연락함으로 세계 평화를 촉진함.[36]

위에서 타인의 종교를 존중케 하고 강제적이거나 군대식 훈련을 금하며 사해형제주의를 표방, 외국 스카우트와의 유대를 통해 세계평화를 촉진시키려 한 점은 곧 세계 보이스카우트운동의 기본 방침에 부응한 것이며 소년척후대의 성격을 잘 나타낸 것이다.

보이스카우트운동의 양대 산맥으로서 좋은 대조를 보이면서 생장하고 있었던 조선소년군은 1922년 10월 5일 중앙고등보통학교 후원(後園)에서 김성수, 송진우, 정성채[37] 등의 내빈이 임석한 가운데 창립과 함께 경성 제1호대의 발대식이 거행되었다.[38] 여기에 참석한 대원들은 모두 8명[39]

---

36) 『동아일보』 1925년 10월 10일자.
37) 정성채가 조선소년군 발대식에 내빈으로 참석한 것은 그가 소년척후대의 지도자 였기에 초청됐다고 생각된다.
38) 『동아일보』 1922년 10월 7일자.

한국소년운동의 후원자 김성수 좌상(동아일보사 소재)

으로 이들은 사실상 우리 나라 소년단운동사상 최초의 정규대원이 된 셈이다. 이와 같이 한국소년운동사에 획기적인 조선소년군이 발족하자 사회 각계에서는 호응이 잇따랐다. 특히『동아일보』는 발대 3일째인 10월 8일자 사설에서「조선소년군의 조직 강건한 정신 건장한 신체」란 제목으로 다음과 같이 논하고 있다.

오인은 여차한 조직이 조선 전도에 포하고 여차한 훈련이 조선 전소년계에 급하야 장래 조선 민중의 전부가 그 의기에 재하야 강(剛)하고 중함이 태산과 여하고 그 신체의 건(健)하고 장함이 교목(喬木)과 여하기를 바라노라. 여차한 민족, 여차한 민중이면 그간에 자연히 위대한 문명, 위대한 사회가 발생될 것이 아닌가. 아! 소년군의 조직, 사소한 시험과 여하나 그실 영향의 급하는 바는 가히 그 대(大)를 측정하기 난하도다.[40]

이러한 격려 호응 속에서 활동에 들어간 조선소년군의 취지는 서양식 척후의 모방에 그치지 않고 세계적 조류 속의 민족의 건실한 의기발양이

---

39) 조선소년군 경성 제1호대의 최초의 조직은 단장(조철호) 아래 반장, 반원으로 구성되었는데 반장은 유명준(제일고보)이었다. 그리고 반원으로는 7명이 있었는데 이름을 알 수 있는 것은 오봉환(협성학교), 이범구(배재고보), 이경환(배재고보), 정길복(수송보통), 최병일(중앙고보), 김진악(중앙고보)의 6명이고 나머지 중앙고보생 1명의 이름은 미상이다(앞의 『한국보이스카우트60년사』, 44쪽).

40) 『동아일보』1922년 10월 8일자 ; 김정의, 「한국사의 문명사적 인식」, 『신편 한국 문명사의 이해』, 도서출판 혜안, 1997, 10쪽.

라는 다분히 민족운동의 일환이란 점을 다음과 같이 분명히 해두었다.

조선소년군은 우리 조선 사람도 세계적으로 향상하려는 새 기운이 들던
1922년 10월 5일에 창립된 것이니, 곧 세계 보이스카웃운동의 정신에
연유하야 종래에 문약에 흐르던 민족성의 결함을 보충 전환하야 세계적
선량한 사람으로 인격을 완성하려는 것이 그 목적이다. 그러므로 조선소
년군은 단히 군사조련의 조박이나 구미식 척후의 모방에만 그치지 않고
철저한 조선적으로 민족성을 개선하고 건실한 의기를 발양하야서 세계적
진전에 순응하기를 노력하는 바 순화사업인데 실로 인간개조를 목적하는
근본운동이라 할 것이다.[41]

당시 조철호는 일본 육군사관학교 26기 출신[42]으로 3·1운동 때 현역
에서 이탈하여 중앙고보의 체육교사로 재직하고 있었다. 그는 수업용어
조차 일본어는 쓰지 않을 정도로 민족정신이 투철하였다. 그가 재임기간
중에 조선소년군을 창설하고 이 운동에 심혈을 기울여 수원을 비롯하여
인천, 김천, 진영, 김해, 의령, 진주, 사천, 삼천포, 남해, 여수, 하동, 통영,
양산, 동래, 기장, 울산, 밀양 등을 순회하면서 그 취지와 아울러 그들의
사업을 공개하는 등 선전강연을 계속하였다. 그 결과 처음에 겨우 8명만으
로 출발했던 소년군이 불과 1년만에 전국 회원이 160여 명으로 늘어났고
모두 8개 호대로 확장시킬 수 있었다.[43] 이 중 서울에서는 2개 호대 74명
의 대원을 확보하게 되었다.[44] 그리고 1924년에는 보이스카우트의 열기

---

41) 중앙교우회, 『중앙60년사』, 민중서관, 1969, 121쪽.
42) 佐々木春隆, 『韓國獨立運動の硏究』, 東京 ; 圖書刊行會, 1985, 76쪽. 1913년 조철
    호와 함께 졸업한 26기생 중에는 지석규(청천), 홍사익, 신태영, 김준원, 유승열,
    박승훈, 안병범, 권영한, 염창섭, 안종인, 이응준, 이대영 등이 있었다(이형석,
    「남기고 싶은 이야기들」, 『동아일보』 1971년 2월 15일자).
43) 조찬석, 「일제하의 한국소년운동」, 『논총』 4, 인천교육대학, 1973, 68쪽.
44) 앞의 『한국보이스카우트50년사』, 45쪽.

가 크게 일어나 전국을 통하여 166개 호대로 신장되기에 이르렀다.[45]

3. 소년운동의 이념

『개벽』지에는 소년문제에 관한 논의가 호를 거듭하여 다양하게 게재되었다. 그 중에서도 이돈화(李敦化)의 소년보호문제 거론과 이광수의 소년수양문제 거론이 소년운동계에 커다란 논란이 되고 있었다. 이에 대하여 김기전(金起田)은 다음과 같이 강력히 반대의사를 표하고 소년해방을 목표로 삼아야 한다고 주장하였다.

> 가령 여긔에 엇던 반석(盤石) 밋헤 눌리운 풀싹이 잇다하면 그 반(盤)을 그대로 두고 그 풀을 구한다는 말은 도저히 수긍(首肯)할 수 없는 말이다. 오늘 조선의 소년은 과연 눌리운 풀이다. 눌으는 그것을 제거치 아니하고 다른 문제를 운위(云爲) 한다면 그것은 모다 일시일시(一時一時)의 고식책(姑息策)이 아니면 눌리워 잇는 그 현상을 교묘(巧妙)하게 옹호(擁護)하고져 하는 술책(術策)에 지나지 아니할 바이다.[46]

그는 소년을 햇순에 비유하여 새순처럼 대우주의 나날의 성장을 구가하는 희망이므로 이제부터는 어린이를 사회규범의 중심으로서 논의하자는 것이다. "나무를 보라 그 줄기와 뿌리의 전체는 오로지 그 적고 적은 햇순 하나를 떠받치고 잇지 아니한가"[47]라고 말함으로써 재래의 윤리적·경제적 압박으로 사회의 맨 밑에 깔려 있는 소년을 해방시켜 자연처럼 사회의 맨 윗자리로 끌어올리자는 것이다. 그 구체적 방안으로 먼저

---

45) 국사편찬위원회, 『한국독립운동사』 4, 1969, 406쪽.
46) 기전, 「개벽운동과 합치되는 조선의 소년운동」, 『개벽』 35, 1923, 26쪽.
47) 위의 글, 25쪽.

다음과 같이 윤리적으로 소년의 인격을 인정하여야 한다고 제안하였다.

첫째로 언어(言語)에 잇서 그를 경대(敬待)하자.……우리는 어린이의
인격(人格)을 인(認)하는 첫 표시로써는 몬져 언어에서 경대하여야 한다.
둘째로 의복, 음식, 거처 기타 일상생활의 범백(凡百)에 잇서 어린이를
꼭 어룬과 동격으로 취급하는 습관을 지녀야 한다.
셋째로 가정, 학교, 기타 일반의 사회적 시설에 잇서 반다시 어린이의
존재를 염두(念頭)에 두어서 시설을 행(行)하여야 한다.[48]

다시 경제적으로 생활의 평안을 보장하여 "첫째로 그들에게 상당한
의식(衣食)을 주어 자체가 영양불량의 폐에 빠짐이 없게 하며, 둘째로
유소년의 노동을 금하고 일체로 취학의 기회를 얻게 할 일이라"[49]라고
방안을 제시하였다. 이는 당시 소년운동의 목표를 가장 함축성 있게 드러
낸 표현이다. 그것은 1923년 5월 1일 제1회 어린이날이 선포될 때 다음과
같은 소년운동의 선언과 그 문맥이 일치된다는 점에서 중시된다.[50]

1. 어린이를 재래의 윤리적 압박으로부터 해방(解放)하야 그들에게 대
한 완전한 인격적 예우(禮遇)를 허(許)하게 하라.
2. 어린이를 재래의 경제적 압박으로부터 해방하야 만 십사세 이하의
그들에게 대한 무상 또는 유상의 노동을 폐하게 하라.
3. 어린이 그들이 고요히 배우고 즐거히 놀기에 족한 각양(各樣)의 가정
또는 사회적 시설(施設)을 행하게 하라.[51]

---

48) 위의 글.
49) 위의 글.
50) 김정의, 「소년운동을 통해 본 동학혁명」, 『동학혁명100주년기념국제학술대회논
문집』, 동학혁명100주년기념사업회, 1994, 91쪽.
51) 『동아일보』 1923년 5월 1일자.

즉, 위의 글로 보아 소년운동의 선언 기초자는 김기전임에 틀림이 없다. 그런데 소년운동의 선언은 세계 최초의 어린이 인권선언이기도 하다.[52] 따라서 『개벽』지에 실린 소년해방의 방안은 세계 최초의 소년운동선언의 초안인 셈이다.

당시 일기 시작한 한국 현대소년운동은 많은 소년운동계몽가들에 의하여 영향받고 있었다. 안창호의 무실역행의 인간개조사상이 도도히 흐르고 있었고, 이돈화의 소년보호사상도 묵과할 수 없었다. 그러나 김기전의 소년해방사상의 영향이 무엇보다도 지대했다. 그것은 소년운동의 선언이 소년운동의 정신을 대표하는 소년운동의 목표로 되었기 때문이다.

소년운동의 선언은 소년운동단체의 연합체인 소년운동협회[53]의 명의로 발표된 것으로써 소년운동가들에 의하여 합의된 선언문이었다. 물론 김기전의 소년해방 방안이 소년운동의 선언에 그대로 반영된 것은 그가 소년운동계에서 차지하는 비중이 그만큼 컸음을 뜻하는 것이다. 또한 소년해방 방안의 논리가 소년운동의 목표 설정에 의심 없는 본보기로 묵인된 점도 간과할 수 없다. 따라서 소년해방 방안은 소년운동의 목표 설정에 합의된 표본으로서 의미가 클 뿐만 아니라 소년운동의 획기적인 교육이념을 제공함으로써 소년운동을 활성화시키는 데 커다란 활력소가 되기에 족했다.[54]

---

52) 윤석중, 「동심으로 향했던 독립혼」, 『사상계』, 1962. 5, 266쪽.
53) 소년운동협회는 1923년 4월 17일 천도교소년회가 중심이 되어 형성된 일종의 소년운동단체의 연합체이다(『동아일보』 1923년 4월 20일자).
54) 김정의, 앞의 『한국소년운동사』, 81쪽.

4. 맺음말

1920년대는 한민족이 일제의 질곡 속에서도 독립을 향한 자신감이 넘치던 시기였다. 화랑도정신에서 연유된 소년들의 구국의지는 3·1민주혁명에서 여실히 확인되었다.

지난날 성인들에 의해서 망국에 길을 걸었다면, 독립의 희망은 소년에게서 구하는 것이 가장 확실한 지름길임을 깨우친 것이다. 드디어 소년운동을 통해서 민족정신, 인간정신을 배양하여 장차 독립의 역군으로 삼고자 하는 분위기가 고조되어 갔다. 마침 세계적으로도 인종·노동·여성·소년문제가 대두되어 소년문제 해결은 4대 현안으로 떠올랐다. 이 땅의 소년은 일제에 의한 민족차별에다 한술 더 떠서 전통적인 장유유서에 묶여 있었다. 더욱이 소녀는 남녀차별에 의하여 인간 이하의 대접을 받았다. 따라서 내일의 희망인 소년층을 방치하고서 민족독립을 염원할수는 없었다.

이를 주시한 김기전에 의하여 한국 근현대소년운동의 이념을 창출하기에 이르렀다. 그것이 바로 소년해방사상인 것이다. 소년해방사상은 잘 다듬어져 드디어 제1회 어린이날 「소년운동의 선언」으로 발표되었다. 그것이 이후 한국소년운동의 초석을 다지게 된 이념으로 자리매김 되기에 이르렀다.

『실학사상연구』 10, 1998

제5장 『개벽』지상의 소년운동론 논의

1. 머리말

3·1운동 후 일제의 이른바 문화정책에 의하여 창간된『개벽(開闢)』지는 주지하는 바와 같이 1920년대를 대표하는 언론종합잡지로서 그 영향력은 가히 왕자적인 위치였다.

이『개벽』지상(誌上)에는 빈번하게 전통사회의 소년관(少年觀)을 비판하는 논술 내지는 소년문제의 해결을 위한 논의들이 활발하게 일어났다. 그렇다면 1920년대에 전개된 한국 근현대소년운동은『개벽』지상에 나타난 소년운동론과는 어떠한 상관관계가 있을

『개벽』 창간호 ㅠ지(1920년 6월 25일)

것인가? 이 문제는 연구자들에 의해 간간이 제기되었을 뿐 오랫동안 미답(未踏)의 장으로 남아 있었다.

그래서 필자는 1920년 6월 창간호에서부터 1926년 8월 폐간호에 이르는 72권의 『개벽』지를 추적하여 『개벽』지상에서 전개된 소년운동론 논의를 집중적으로 천착(穿鑿)하여 분석하고[1] 선행의 소년관계 연구물[2]과 비교·고찰해 봄으로써 『개벽』지상의 소년운동론 논의가 실제 근현대소년운동 전개와 어떠한 상관관계가 있는가를 구명해 보고자 한다.

2. 전통사회 소년관의 비판적 논의

전통사회의 소년관 내지는 소년교육관 비판은 소춘 김기전(小春 金起瀍, 1894~1948)[3]에 의하여 본격적으로 불길이 일었다. 그는 『개벽』제2

1) 이 기간 동안 『개벽』지에 게재된 소년관계의 글은 이돈화, 「최근 조선에서 기하는 각양의 신현상」(1920. 6)을 비롯하여 소춘, 「금싹악·옥가루」(1920. 6) ; 김기전, 「의식의 구속보다도 애정 그대로」(1920. 6) ; 김소춘, 「장유유서의 말폐」(1920. 7) ; 이돈화, 「신시대와 신인물」(1920. 8) ; 잔물, 「어린이 노래」(1920. 8) ; 묘향산인, 「종래의 효도를 비판 하야써 금후의 부자관계를 성언함」(1920. 9) ; 박달성, 「세계와 공존키 위하여 교육문제를 재거하며 위선 서당개량을 절규함」(1920. 11) ; 백두산인, 「유년교육」(1921. 4) ; 노아, 「팔자설을 기초로 한 조선민족의 인생관」(1921. 8) ; 이돈화, 「생활의 조건을 본위로 한 조선의 개조사업」(1921. 9) ; 김기전, 「우리의 사회적 성격의 일부를 고찰하여서 동포형제의 자유를 촉함」(1921. 10) ; 백두산인, 「현대윤리사상의 개관」(1921. 10) ; 「아동 상호간의 경어 사용」(1921. 10) ; 「가하할 소년계의 자각」(1921. 10) ; 노아자, 「소년에게」(1921. 11) ; 백두산인, 「동양식의 윤리사상 변천개관」(1921. 11) ; 「청추의 소년운동회」(1921. 11) ; 이돈화, 「신조선의 건설과 아동문제」(1921. 12) ; 노아자, 「소년문제와 조선민족의 부활」(1922. 2) ; 노아자, 「소년문제와 그 구체적 고찰」(1922. 3) ; 세검정인, 「불쌍한 소년! 조선의 소년」(1922. 9) ; 이돈화, 「진리의 체험」(1922. 9) ; 소춘, 「5월 1일은 어떠한 날인가」(1923. 5) ; 기전, 「상하 존비 귀천」(1924. 3) ; 전영택, 「소년문제의 일반적 고찰」(1924. 5) ; 「5월과 세계」(1924. 6) ; 이돈화, 「어린이들과 결탁하라」(1924. 7) ; 노아자, 「농촌 부노를 대하여 재학하는 자녀에게」(1924. 8) ; 「어린이 날에 하고 싶은 말」(1926. 5) 등의 37편이 있다.

2) 제12장 「현대소년운동의 다양화」, 각주 1) 참조.

3) 김소춘의 소춘(小春)은 김기전(金起瀍)의 호이다. 그리고 김소춘, 소춘, 김기전(金

호에 실은 「장유유서의 말폐」에서 전통사회의 소년관을 신랄하게 비판함
으로써 포문을 열었다.[4] 그는 단호하게 장유유서의 말폐로 인하여 소년의
인격이 말살됐다고 진단하였다. 유교사회질서의 기득권을 유지하려고
공연히 각종 신분상의 대칭[5]을 만들어 온전한 사람에게 사회적 차별을
행사하였다는 것이다. 성인(成人) 대 소년(少年)의 구도를 만들어 성인이
소년의 인격을 능멸한 것도 같은 차원의 소산이라는 것이다. 이 같은
김기전의 전통사회에 대한 근본적인 모순 진단은 소년운동론을 활성화시
키는 데 원동력으로 기능하였다. 그것은 이후의 논의로 보아 그렇게 판단
된다.

묘향산인(妙香山人)[6]은 『개벽』 제4호에 실은 「종래의 효도를 비판하
야써 금후의 부자관계를 성언함」에서 부자관계의 일신책을 논의하였다.

그는 유교이념의 전통사회에서는 효(孝)를 윤리도덕의 대종으로 삼아
효를 생활화하는 데 치중했다고 지적하였다.[7] 이는 '충경(忠經)'은 없어
도 『효경(孝經)』은 있는 것으로 보아 납득이 간다.

이제 묘향산인의 의도를 좀더 구체적으로 이해하기 위하여 그의 논의
의 핵심을 짚어 보고자 한다.

유가에서는 부모와 자녀간의 윤서(倫序)를 일층 신중히 하고자 부위자

起瀍), 기전(起瀍), 김기전((金起田), 기전((起田) 등은 동일 인물이다(성주현, 「『
신인간』지와 필자, 그리고 필명」, 『신인간』 600, 2002, 74쪽).

4) 김정의, 『한국문명의 생명력』, 도서출판 혜안, 2002, 138~141쪽 참조.

5) 군신, 남녀, 장유, 친자, 노소, 현우, 귀천 등의 신분 대칭 구도가 그러하다(김소춘,
「장유유서의 말폐」, 『개벽』 2, 1920, 54쪽 참조).

6) 묘향산인(妙香山人)은 『천도교회월보』에 게재된 그의 기고문 속에 실린 사진의
이름으로 보아 봉훈 김병연(奉訓 金炳淵)이라고 생각된다(묘향산인, 「천도교소
년회의 설립과 그 파문」, 『천도교회월보』 131, 1921, 17쪽). 그러나 성주현은
'각종 잡지에 소개된 필명표'에서 묘향산인을 김기전이라고 밝혔다(성주현, 앞의
「『신인간』지와 필자, 그리고 필명」, 74쪽).

7) 묘향산인, 「종래의 효도를 비판하야써 금후의 부자관계를 성언함」, 『개벽』 4,
1920, 19쪽.

강(父爲子綱)을 삼강의 하나로 삼았고 부자유친(父子有親)을 오륜의 으뜸으로 삼아 이를 신성불가침의 천륜(天倫)으로 만들었다.8) 이리하여 효는 자녀에게 절대 명령이 되었으며 효도는 세상에 있는 최고 도덕으로 자리 매겨졌다. 그러면 왜 자식이 부모에게 효도하는가? 그 이유가 무엇인가? 그것은,

> 부혜생아(父兮生我)하고 모혜국아(母兮鞠我)하시니 욕보기덕(欲報基德)인데 호천망극(昊天罔極)이로다.9)

라고 읊은 『시경』의 「요아지시(蓼我之詩)」가 모범답안이다. 즉, 아버지께서 날 낳으시고 어머니께서 날 키우신 하늘 같은 은혜에 대한 보답인 것이다. 까마귀도 반포(反哺)를 알거든 어찌 인간이 까마귀만도 못해서 되겠는가? 이로 미루어 보아 효의 근본의(根本義)는 어버이에 대한 보은(報恩)임을 알 수 있다.

그러나 이로 인한 효의 치중은 적지 않은 문제점을 노출하였다. 이에 묘향산인(妙香山人)은 『개벽』지를 통하여 종래의 효도의 문제점에 대하여 통렬하게 비판하였다. 비판의 키워드는,

첫째로 종래 효도의 계술제일주의(繼述第一主義)에 대한 비판이다.

부모는 언제든지 그 자녀보다 앞선 세대인 만큼 그의 사상은 자녀시대의 신사상보다 매양 일보 뒤의 사상인데 이를 고수하면 인습의 형성이 아니면 반시대적인 것이 된다.

따라서 부모에게 효하라 함은 그 사상, 그 유산을 그대로 잉습(仍襲)하라 함이니 그 결과는 오직 선인의 유법이 있음을 아는 외에 후인의 건설이 경대(更大)할 것을 생각 못한 것이므로 보수의뢰의 악벽(惡癖)을 기르게

---

8) 위의 글, 20쪽.
9) 『시경』 육아편.

되기 마련이다. 한편 친족권, 노인벌(老人閥)의 자횡을 순치(馴致)하여 언론의 자유는 가정으로부터 박탈되고 사상의 독창은 사회로부터 억제되어 결국은 수구퇴영(守舊退嬰)으로 지리멸렬한 현상이 도출될 것이다.

둘째는 종래 효도의 위친제일주의(爲親第一主義)에 대한 비판이다.

부모에게 효하라 함은 부모의 심지와 신체가 있음을 알되 자기의 존재는 알지 못하는 처지이다.

부모의 신상에 관한 것은 물론이고 자신에 관한 크고 작은 일에 대하여 부모의 뜻으로 행해지다가 부모가 운명하면 천지간 죄인의 몸이 되어 3년 거상(居喪)하되 그 간에는 일체 자신의 판단에 의한 활동이 중단될지니 이에 어떤 사람이 약 50여 세까지 부모시하의 몸이 되고 그 후 부모의 상을 당하여 거상의 예를 봉한다면 그는 60년의 생을 살았다 하더라도 일생 중 자기의 생은 하루도 없는 셈이다.

셋째는 종래 효도의 회고제일주의(回顧第一主義)에 대한 비판이다.

부모에게 효하라 함은 자식된 자신의 자봉은 인정치 않음은 물론이다. 나아가서 자식된 그 사람의 자식에 대한 양육의 도를 다하지 못함이다. 효도의 소교(所敎)에 따르면 그저 자기 부모만 봉양하면 그만이다. 항상 부모부모하며 자녀의 장래에 대하여는 소홀하게 마련이다. 그러므로 자녀문제를 망각하고 그에 대한 책임감이 경감되니 실로 불상사가 아닐 수 없다.

묘향산인은 이처럼 효의 말폐에 대한 정곡을 꿰뚫어 보고 이의를 제기하였다. 그렇다고 해서 효의 대도를 무시하지는 않았다.

> 종래의 계술제일주의를 비(批)한다 하여 부모의 유업과 유지(遺志)에 대하여 무리하게 반대하라 함이 아니다.10)

---

10) 위의 글, 24쪽.

그가 비난하는 바는 오직 세간으로 하여금 그 어버이가 계신 외에 또는 그 어버이를 모시는 것 외에 다른 사람이 있음을 인정치 아니한 것을 문제 삼은 것이다. 즉, 위에 제시한 무슨무슨 제일주의라는 그 점이나 그것으로부터 파생되는 폐단을 비판하는 것 뿐이라는 것이다. 이 단서로 보아 묘향산인은 전통사회의 사회 분위기를 잘 읽고 있었음을 알 수 있다. 그렇기에 앞에서처럼 전통사회 체제 안에서의 비판을 가한 연후 아래와 같이 부모관계의 일신책을 제시한 것이다.

> 일(一), 자(子)의 친(親)에 대한 효의 정도는 천연으로 유출하는 그 감정의 유명(攸命)에 한하고 경(更)히 타의의(他意義)를 견강부회(牽強附會)함이 무(無)케 하라.
> 일, 부자간에 재(在)하야는 자가 부(父)를 위하고 그 부가 또 그 부를 위하는 종래 도덕의 회고주의(回顧主義)를 거하고 그 부가 그 자를 위하고 그 자가 또 그 자를 위하는 현금 도덕의 이상주의(理想主義)를 취하라.
> 일, 친(親)된 자는 그 자녀가 자기의 장중물(掌中物)이 아니오 완전한 인(人)임을 인(認)하며 자된 자도 역(亦) 자신은 타인의 자가되는 외에 독립한 인이된 것을 기(記)할 것이라.
> 일, 친되는 자는 그 자녀를 생(生)함과 공히 그 자녀를 충분히 기르고 가르칠 의무를 필부(必負)하되 그 의무를 이행치 못할 경우이면 녕(寧)히 자녀의 산출을 회피할 도를 강(講)할 것이며 또 친되는 자는 자신이 노쇠하기 전에 소(小)하여도 자신을 양(養)할 자산을 유(有)하여 그 자(子)에게 부양(扶養)을 요구치 안토록 할 것이니 그러치 못하면 그 자가 또 그 자에게 대한 책(責)을 진(盡)치 못하게 됨으로써라.[11]

이는 자식이 부모의 소유물에서 벗어나 하나의 독립적인 인격체로 예우되는 데 사회적으로 커다란 영향을 미쳤다. 오늘날 이 같은 현상이 일상화된 것은 실로 묘향산인 같은 선각자의 계몽에 힘입은 바가 큰 것이

---

11) 위의 글, 25~26쪽.

다.

어쨌든 그는 유교사회에서 그것도 효를 으뜸으로 치는 사회에서 유가들의 비난을 무릅쓰고 효의 말폐에 도전했음은 높게 평가된다. 더욱이 말폐를 지적함에 머물지 않고 부자관계의 일신책을 제시하여 신효도주의를 제창했음은 특히 주목된다.

백두산인(白頭山人)[12]은 『개벽』지상을 통하여 「나의 생각은 이러합니다」를 발표하여 세인의 주목을 끌었다. 이 글에서 그는 소년교육의 개선책을 적극적으로 모색하였다.

나무를 심음은 10년의 대계요, 사람을 교육함은 100년의 대계라 함은 고인(古人)이 우리에게 준 교훈이다. 따라서 민족으로의 백년대계를 세우려면 먼저 소년교육에 유의하게 마련이라는 것이다. 그러나 당시 현실은 청년 혹은 장년자의 교육과 수양방법에 대하여는 관심이 지대하나 상대적으로 소년교육에 대하여는 둔감하였다.[13]

이에 대하여 백두산인은 소년교육책을 제시하여 사회분위기를 환기하고자 시도하였다. 그는 주로 가정교육에서의 유년교육의 개선책에 대하여 지면을 할애하였다.[14]

첫째는 언어에 관해서다.

언어를 극히 신중히 사용하여 비록 책할 말이 있다 하더라도 '상말' 대신 상등 말로써 해야 된다는 것이다. 그리고 동화를 들려주는 것이 좋은 일이지만 주의할 점은 공포심, 경외심 혹은 위압, 기사(欺辭)로써 아동을 교훈함은 불가한 일이라는 것이다.

---

12) 백두산인은 이돈화(李敦化, 1884~1950)의 필명이다. 이돈화는 이외에도 야뢰(夜雷), 지암(猪菴), 단암(旦菴), 일기자(一記者) 등의 필명을 사용하였다. 일기자는 다른 필자들도 사용하였다(성주현, 앞의 「『신인간』지와 필자, 그리고 필명」, 74쪽).

13) 백두산인, 「나의 생각은 이러합니다」, 『개벽』 10, 1921, 47쪽.

14) 위의 글, 48~50쪽.

둘째는 유희품에 관해서다.

어린이는 천연적으로 성장하는 무의식의 충동을 갖고 있으므로 가만히 앉아 있고는 견디지 못한다는 것이다. 만약 성인과 같이 젊지 않은 태도를 갖고 있다면 그 어린이는 병든 어린이거나 천치라는 것이다. 만일 적당한 유희품을 어린이에게 주면 그는 거기에 흥미를 붙이고 거기에 기능을 발휘하느라고 정진한다는 것이다.

셋째는 의복침식에 관해서다.

의복은 어린이의 신체발육이나 활동에 편리하면 좋다는 것이다. 그렇지 아니하고 고가품으로 부모의 눈에 들도록 입히는 것은 어린이의 인격을 멸시하고 완롱물(玩弄物)로 여기는 것이라는 것이다. 음식도 어린이가 사랑스럽다고 함부로 진미(珍味)를 먹이는 것은 도리어 해롭다는 것이다.

넷째로 유치원과 소년단에 관해서다.

장래의 민족을 위하여 유치원 교육을 실시하는 상유치원(上幼稚園)과 소년단 조직을 촉구하였다.

이처럼 가정교육의 중요성을 역설하고 유치원과 소년단의 조직을 촉구한 것은 한국소년운동사상 '한국소년운동론' 논의에 백미라 할 수 있겠다.

한편 박달성(朴達成)은 『개벽』지를 통하여 서당개량을 역설하였는바[15] 이 또한 시의적절한 주장이었다.

당시 서당수는 21,629개로, 생도수는 서당 1개당 대략 10명씩 계산하여 216,290명으로 어림되었다.[16] 서당수 2만여 개는 많은 현상이지만 서당

---

15) 박달성, 「세계와 공존키 위하여 교육문제를 재거하며 위선 서당개량을 절규함」, 『개벽』 5, 1920.

16) 국권침탈 후 1911년에 사립학교가 1,467개 교에 학생수 57,532명이었던 것이 1917년에는 822개 교에 43,643명으로 감축되었다. 그러나 서당은 같은 기간에 1911년 16,540개 서당에서 생도수 141,604명에서 1917년에는 24,294개 서당에 생도수 264,835명으로 증가하고 있다(김정의, 「근대소년운동의 배경고찰」, 『논문집』 8, 한양여자대학, 1985, 16～17쪽). 박달성이 논술할 당시의 서당수는 21,629개로 줄어들어 있다(박달성, 위의 「세계와 공존키 위하여 교육문제를 재거

1개의 약 10명의 생도수는 당시 서당의 교육환경이 얼마나 열악한가를 잘 반증하고 있다. 이에 그는 이 문제를 포함하여 몇 가지의 서당 개량책을 제안하고 있다.

첫째, 학부형이 모여서 서당에 50~60명씩의 생도를 수용시켜 공부할 수 있도록 서당을 번듯하게 수리하여 글방다워 보이도록 할 것.
둘째, 순한노화(純漢奴化)된 훈장(訓長) 대신 우리 글을 알고 우리 역사를 알고 산술을 가리킬 수 있는 신구학(新舊學)을 겸한 훈장을 초빙할 것.
셋째, 학동(學童)의 머리를 깎아주며 세수를 시키는 등 위생에 유의하고 위협적 교수방법을 청산하고 유쾌활달한 성격을 양성하는 데 진력할 것.
넷째, 교과목은 천자문(千字文), 사서삼경(四書三經) 같은 한자만 넣지 말고 조선어, 산술, 지리역사 같은 과정도 포함할 것.17)

이와 같이 서당개량이 가능하도록 다각도로 모색한 것은 당시 조선총독부의 일본화교육을 감안한다면 소년교육의 개선을 실질적으로 촉진한 귀한 제안이라고 여겨진다. 특히 조선어, 조선사를 교과목에 포함한 것은 일제하의 그의 민족의식이 가늠되고 이를 교육을 통해 소년에게 일깨우고자 하는 충정이라고 이해된다. 나아가서 서당개량의 동기는 항일독립사상의 온상지로서의 기반 조성이라고 보여진다.

3. 소년운동론 논의

조국 잃은 식민지 국민들의 실의(失意) 속에서 그래도 실낱 같은 희망을

___

하며 위선 서당개량을 절규함」, 27쪽).
17) 박달성, 위의 글, 28~29쪽.

품고 산 것은 소년들에 대한 기대감에서였다.

앞에서 밝힌 바와 같이 전통사회에서 소년들에게 멍에가 되었던 삼강
오륜의 말폐를 여지없이 드러내어 소년의 입지를 만들어 주었다. 즉, 장유
유서(長幼有序)의 속박을 진단하여 소년의 인격존중 필요성이 거론되었
고 부자관계의 일신책이 논의되어 자녀가 부모의 소유물이 아니라 하나
의 인격체라는 것을 부각시켰다. 또한 소년에 대한 교육개선책이 논의되
어 가정교육과 사회교육의 중요성이 역설되었다. 서당개량을 통한 민족
교육의 온상지 확보책을 제안하기도 하였다.

이처럼 소년에 대하여 눈을 뜨게 계몽한 선각자들은 연이어 소년에의
기대감을 품고 민족의 장래를 설계하기 시작하였다.

노아자(魯啞子)[18)는 『개벽』 17호부터 게재하기 시작한 「소년에게」 첫
마디에서,

> 소년 여러분! 지금 12세 이내 되시는 여러 아오님들과 누의들이며 장차
> 아름다운 조선의 땅을 밟고 나오실 여러 아드님들과 따님들! 나는 가장
> 큰 뜨거운 사랑과 희망과 가장 공손한 존경으로 이 글을 여러분들에게
> 들입니다.[19)

라고 애정어린 필치로 소년에게 기대감을 드러냈다. 그는 식민지를 벗어
날 민족독립의 희망을 소년에게서 찾고자 하였다.

> 우리의 현재요 장래의 살 길을 위하여 긴급한 말씀을 들일 곳이 어대입
> 니까. 한울입니까, 한울에 말이 업습니다. 땅입니까, 땅에 손이 업습니다.
> 어른들입니까, 어른들은 늙고 힘이 업습니다. 그럼으로 이에 대한 설은
> 사정을 할 곳도 여러분이오 내두(來頭)의 큰 일을 부탁할 곳도 여러분밧게

---

18) 노아자는 춘원 이광수(春園 李光洙, 1892~1950)의 필명이다.

19) 노아자, 「소년에게」, 『개벽』 17, 1921, 25쪽.

업습니다. 여러분의 쪽으마한 손에는 무
한한 힘이 잇습니다. 우리를 살리는 이는
오즉 이 손이요 이 힘뿐입니다.[20]

「소년에게」를 발표한 노아자(원명은 이광수)

노아자는 현실타파의 방편을 소년에게
서 발견한 것이다. 조국을 잃은 것이 성인
이었다면 조국을 찾을 자는 오직 소년들
뿐이라고 믿고 있었다. 그는 마치 집안에
급한 병을 앓는 이가 있을 때에 곧 명의(名
醫)를 생각하는 모양으로 조국의 식민지
상황 타개를 위해 소년을 연상한 것이
다.[21] 그래서 그는 『개벽』지를 통하여 다
섯 차례에 걸쳐 「소년에게」라는 제하로
소년을 향하여 절규하였다.

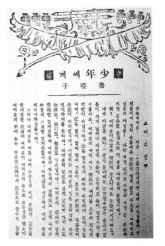

『개벽』에 연재된 「소년에게」 첫 회분(『개
벽』 17. 1921)

우리는 혼자 사는 사람이 아니오 사회
의 일원으로 사는 사람들이니 우리의 인
생관은 우리 민족의 인생관이오 우리의
직업은 우리 민족의 생활의 일기능입니
다.[22]

라고 말하고 있다. 즉, 개인의 인생관이나 직업을 정함에는 민족의 현상을
명확히 앎이 근본적으로 요긴하다고 보고 있는 것이다. 이렇게 그는 식민
지 상황의 타개책을 구체적으로 암시하고 있다.

---

20) 위의 글, 26~27쪽.
21) 위의 글, 27쪽.
22) 위의 글, 28쪽.

더욱이 그는 소년이야말로 우리의 운명으로서 우리 민족의 흥망이 소년에게 달렸다고 일깨우고 당시의 12~13세의 소년의 일생이 될 40~50년간이 우리 민족의 운명을 좌우할 시기로 내다보고[23] 이 일을 해내기 위한 신뢰할 만하고 능력있는 '범인(凡人)의 시대'를 만드는 것이 우리 민족이 살 길이라고 강조함으로써 독립국가 건설을 위한 소년에 대한 기대감을 두드러지게 표출하였다.[24]

한편 소년에의 기대감은 이돈화에게도 남달랐다. 그는 「신조선의 건설과 아동문제」에서 우리가 하는 모든 일은 적어도 10년을 단위로 시대와 같이 변하여 한 가지 사업씩 성취토록 해야 된다고 전제하고 10년 이후의 나를 위하여 현재의 나를 개조해야 한다고 말하고 있다.[25]

그가 그리고 있는 10년 후의 꿈은 "우리는 10년이라는 광명을 자못 1일의 조석과 가티 생각하야 곱흔배를 억지로 참고 각골정신으로 10년의 시간을 황금화하게 되면 10년 이후의 조선은 실로 괄목하고 대하게 될 것입니다."[26]이다.

이 같은 시각으로 조선의 개조사업을 펴 나갔는데 그가 가장 역점을 둔 것은 인간개조였다.

> 사업의 성패는 경영에 있고 인물의 실부실은 오로지 교육의 힘에 있는 것이니 그럼으로 인물의 양성은 모든 근본적 사업 중 가장 큰 근본사업이 되겠습니다.[27]

---

23) 노아자, 「소년에게(그4)」, 『개벽』 20, 1922, 58쪽.
24) 노아자, 「소년에게(그5)」, 『개벽』 21, 1922, 35쪽.
25) 이돈화, 「신조선의 건설과 아동문제」, 『개벽』 18, 1921, 19~21쪽.
26) 위의 글, 21~22쪽.
27) 위의 글.

라고 보았다. 그는 이어서,

> 조선의 개조사업이······먼저 인간개조에 있다면 그 개조의 목표는 '사
> 람' 본위에 있는 것이오. 그리하야 사람의 개조본위는 전히 아동문제에
> 잇다 합니다. 곳 아동을 해결함이 곧 장래세계를 해결함이오 장래 모든
> 문제를 해결하는 근본적 해결이 될 것입니다.[28]

라고 말함으로서 사람의 본위는 전적으로 소년문제에 있다는 것을 발견
하고 소년문제의 해결이 곧 장래문제의 근본적 해결방안이라는 데 인식
을 하게 된다.

그리하여 그는 장래의 조선을 위하여 장래의 조선민족인 소년들을
주도면밀한 자세로 바르게 키워 장래의 모든 책임을 질 인격을 양성하는
것이,

> 조선의 신조선될 근본적 해결책이며 기초적 준비술[29]

이라고 꿰뚫어 보았다. 이는 식민지 상황을 타개하고 광복의 신조선을
건설하는 데에 소년의 역할이 얼마나 중차대한가를 명료하게 알려주는
글로써 그가 조선의 독립쟁취를 위해서 소년에 대한 기대감을 얼마나
갖고 있는가를 잘 드러내는 표현이라고 보겠다. 그리고 이로 인한 여파로
소년에의 기대감이 사회 일반에 전파되고 그 분위기가 조성되어 갔다고
보인다.

1920년대에는 세계적으로도 소년문제가 노동문제, 여성문제, 인종문
제와 더불어 4대 문제 중의 하나였다.[30] 그만큼 소년문제는 중요한 이슈

---

28) 위의 글.
29) 위의 글, 24쪽.
30) 위의 글, 23쪽.

였다. 우리 나라도 예외가 아니었다.

전통사회의 굴레에서 소년을 해방하고 그들을 하나의 인격체로 예우하려는 풍토가 <표 1·2>와 같이 『개벽』지의 각별한 배려로 점차로 일반층에 인식되어 갔다.[31] 종래 조선의 소년문제는 원시상태를 면치 못했다. 다만 『개벽』지가 등장하면서 적극적으로 소년문제를 거론하기 시작하였다.

<표 1> 『개벽』지의 소년관계기사 연도별 수록빈도(1920~1926년)

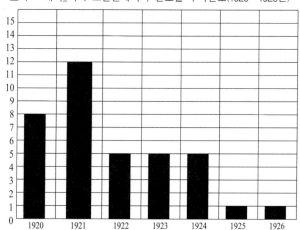

『개벽』1~72호에서 발췌작성

그 중에서도 특히 소년문제의 해결을 위한 김기전의 「유년남녀의 해방을 제창함」과 이돈화의 「신조선의 기초되는 아동문제는 여하히 해결할까」에는 종래의 전근대적인 소년관을 타파하고 새로운 소년관을 정립하는 데 상당한 기여를 한 논술이라고 평가되고 있다.[32]

---

31) 잡지 『개벽』은 1920년 6월 25일 창간되어 1926년 8월 1일 통권 72호로써 폐간된 일제하의 대표적인 민중을 위한 언론잡지(『개벽』 37호의 권두언 참조)로서 그 영향력은 가히 왕자적 위치였다(김근수, 「『개벽』지 압수원본선집 발간에 즈음하여」, 『『개벽』압수원본선집』, 현대사, 1980, 1쪽). 그동안 소년관계의 글은 37번 취급되었다. 이로써 소년관계이 비중을 짐작하게 한다.

김기전은 먼저 소년에 대한 어태를 고칠 것을 제안하고 있다. '이자식 저자식' 등 상소리 대신 일제히 경어를 사용하기를 바랬다. 그래서 우선 소학교 같은 곳에서 실시해 볼 것을 제안하였다.[33]

이 점에 대해서 이돈화도 소년에 대해 '이 자식 망할 자식' 더 심하면 '이 종간나 새끼' '저런 고약한 놈의 자식 뉘집 자식이냐' 따위의 상말을 예사로 쓰는데 이는 소년의 개성 발달을 막고 기(氣)를 꺾어 위축시킴이 우심한데 이에 대해 소년존경의 풍토를 조성해야 한다고 제안하였다.

> 신조선 건설의 제일보는 아동존경의 풍을 양성하야 그의 개성을 존중하며 그의 인격적 자유와 활기를 도와주어 완전한 인격의 사람본위의 아동을 양성함이 무엇보다도 먼저 할 일이라 합니다.

이는 당시 조선(祖先) 존경의 사회환경으로 보아 가히 혁명적인 가치관의 변혁으로써 소년문제 해결의 첩경으로 높이 평가되어 마땅할 것이다.

다음은 양생송사(養生送死)에 관한 의식의 전환과 남녀 소년의 차별해소 방안이다.[34]

이는 성인의 의식전환이 선행되어야 소년문제가 근본적으로 해결될 수 있다고, 소년문제 해결의 근원을 밝힌 점에서 크게 주목을 끌었다.

다만 초기에 『개벽』지상에 나타난 소년운동론은 다분히 관념론적이었다는 아쉬움이 있다. 그러나 점차 실행 가능한 현실적인 문제로 대두되었다. 그래서 소년운동의 필요성이 구체적인 대안을 갖고 제고되기 시작하였다. 이 제안은 이돈화와 노아자에 의해 앞서거니 뒷서거니하며 지면을 장식하였다.

---

32) 김정의, 앞의 『한국문명의 생명력』, 141~142쪽.

33) 김소춘, 앞의 「장유유서의 말폐」, 56쪽.

34) 이 점에 대하여는 제6장 「소춘 김기전의 소년해방운동」에서 상술하기로 하고 여기서는 생략한다.

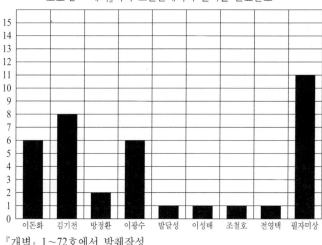

<도표 2> 『개벽』지의 소년관계기사 필자별 발표빈도

『개벽』1~72호에서 발췌작성

먼저 이돈화는 3가지의 구체적 방안을 제시하였다.[35]

하나는 미국의 아동학대폐지협회를 본떠서 아동보호기관을 설치 운영하자는 것이었다. 여기서 그는 아동학대 폐지를 목적할 뿐만 아니라 아동의 양심을 장해(障害)케 하는 사회의 모든 상태까지 처리케 하자고 주장하였다.

다른 하나는 영국의 소년의용단(Boy Scout)을 본떠서 소년지도기관을 특설해서 운영하자는 것이었다. 이것은 기왕에 있는 천도교소년회의 운영방식을 살려 순수하게 인간본위의 의미를 가지고 지력, 덕성, 체육을 목적하고 그것의 완성을 기하자는 것이다.

다른 또 하나는 빈아교육(貧兒敎育)에 힘쓰자는 것이었다. 자선가나 자선단체로 하여금 빈아를 구제하는 일방책으로 빈아에게도 평등의 교육을 받게 하자는 것이다.

이 같은 이돈화의 제안들은 근현대소년운동 논의에서 기록할 만한

35) 이돈화, 앞의 「신조선의 건설과 아동문제」, 27~28쪽.

대목들이다. 그것은 그가 『개벽』 18호(1921년 12월호) 지상에서 거론하였
는데 실제로 다음 해 9월에 정성채(鄭聖采, 1899~?)에 의해서 소년척후
대, 10월에는 조철호(趙喆鎬, 1890~1941)에 의해서 조선소년군이 창립
되었다는 사실이다.36)

다음 노아자는 「소년에게」 본론에서 세 차례에 걸쳐 조선민족의 경제
적 파산, 도덕적 파산, 지식적 파산을 논하고 네 번째, 다섯 번째에는
조선민족을 구하는 방도를 구체적으로 예시하였다.

조선민족의 운명은 과연 어디로 갈까? 홍일까 망일까? 그것은 전적으
로 소년남녀에게 달렸다고 보았다. "진실로 조선민족의 운명은 소년남녀
에게 달렸고 오즉 그네에게만 달렸나니"37)라고 말함으로써 희비가 엇갈
린 아슬아슬한 심정을 토로하고 있다. 계속해서 그는,

> 아아 조선의 소년들아
> 네 이름을 뭇는이 잇거드란
> 김지(金之)요 이지요 할줄이 잇스랴
> 우리는 조선의 운명이오라 하라38)

라고 하여 네요 내가 아니라 '우리'라는 일인칭 복수로 전민족의 운명을
걸머지길 바라면서,

> 그네가 바로 이때를 타서 조선의 땅에 조선의 사람으로 난 것은 진실로
> 큰 뜻이 잇스니 대개 작금 12~13세 이상 20세 내외의 소년남녀들의
> 일생이 될 40년 내지 50년간이 조선민족의 운명을 좌우할 시기일 것이외
> 다.39)

---

36) 김정의, 『한국의 소년운동』, 도서출판 혜안, 1999, 86~87쪽.
37) 노아자, 「소년동맹과 조선민족의 부활」, 『개벽』 20, 1922, 55쪽.
38) 위의 글, 58쪽.

라고 하여 그들 임무의 중대성을 일깨웠다. 이 일을 담당하기 위해 조선소
년의 할 일은 개조되고 신생된 조선민족의 민족적 생활을 조직하고 그
조직된 기관을 운전해야 된다는 일념으로 공부동맹의 조목을 다음과 같
이 제시하였다.

1. 소년들아 덕행 있는 사람이 될 공부를 하기로 굿게 동맹하자.
2. 소년들아 아모리하여서라도 보통교육과 전문학술의 교육을 바다
한 가지 직업을 할 수 있는 사람이 되도록 공부하기를 동맹하자.
3. 소년들아 건장한 신체와 기력을 가진 사람이 되도록 공부하기를
동맹하자.
4. 우리의 동맹으로 하여금 가장 공고하게 가장 신성하게 뭉쳐진 단체가
되어 민족개조의 대업을 성취하기에 위대한 힘을 내도록 공부하기를
동맹하자.40)

이 조목들은 덕육, 지육, 체육을 겸비한 전인공부를 강조한 것이고
특히 지육에서 교양교육과 전문교육 즉, 실용교육을 강조하였음은 대단
히 선견이라고 평가할 수 있겠다. 아무튼 이 같은 전인교육으로 무장된
조선의 소년남녀만이 조선의 운명의 지침을 돌릴 원동력이 있다고 확신
한 것이다. 그리고 그 힘을 발휘하기 위하여 공부하는 동맹을 맺자는
의미라고 보인다.

그는 내심 소년남녀들의 공부동맹이 발효(醱酵)하여 소년동맹의 행위
로 변하기를 고대하였다. 이러한 변화야말로 민족개조의 가장 확실한
방법이라고 믿고 사상 또는 관념의 전파에 머물지 않고 행위의 전파를
구상하였다.

---

39) 위의 글.
40) 위의 글, 62쪽.

1. 무실역행(務實力行)하기를 동맹하자.
2. 신의를 지키고 용기를 가지기를 동맹하자.
3. 단체생활의 훈련을 밧기를 동맹하자.
4. 보통지식과 일종 이상의 학술이나 기예(技藝)를 배우기를 동맹하자.
5. 위생과 운동을 일생에 쉬지 안키로 동맹하자.
6. 반듯이 일정한 직업을 가저 매일 일정한 시간의 노력을 하며, 금전을 저축하야 저마다 제 생활의 경제적 기초를 확립하기를 동맹하자.[41]

물론 이 덕목들은 그가 따르는 도산 안창호(島山 安昌浩, 1878~1938) 의 영향을 지대하게 받은 흔적이 역력하다.[42] 아무튼 이 같은 행위의 전파야말로 이상적인 민족개조의 덕목이라고 보고 이 덕목들을 실행하는 데 가장 파급 효과가 높은 방법이 소년동맹이라고 결론지었다.[43]

가령 2인이 이러한 동맹을 시작하여 첫 해엔 20인에 동맹을 얻었다 하고 매년 1인이 1인씩만 새로운 동맹원을 얻는다면 둘째 해에는 40인, 셋째 해에는 80인으로 기하급수로 동맹원이 증가하므로 10년째 해에는 10,240인이 되고 21년째에는 20,331,520의 동맹원을 얻어 조선 전 민족 을 얻게 된다는 계산이었다. 그러나 동맹원 중 혹 사망하는 자, 중도에 규약을 어겨 쫓겨난 자, 또는 1년에 1인의 새로운 동맹원을 얻지 못한 자가 있다고 가상하여도 10년에 10,240인이 될 것을 그 기간을 3배로 늘리기로 하면 틀림없을 것이라고 보았다.[44]

30년에 민족개조의 덕목을 갖춘 1만 명의 신뢰할 만한 도덕적인 전문가 를 얻어 10년간 다음과 같이 수양한다면,

---

41) 노아자, 「소년동맹과 그 구체적 고안」, 『개벽』 21, 1922, 32쪽.
42) 김정의, 『한국의 소년운동』, 도서출판 혜안, 1999, 28쪽 참조.
43) 노아자, 앞의 「소년동맹과 그 구체적 고안」, 31쪽.
44) 위의 글, 33쪽.

1. 그는 거짓말 안하기, 게으르지 안키, 바꿔 말하면 무실, 역행하기를
   10년간 힘썼고
2. 그는 신의 잇고 용기 잇기를 10년간 힘썼고
3. 그는 10년간 단체생활의 훈련을 바닷고
4. 그는 10년간 보통지식과 일종 이상의 전문기술이나 기예를 배우기에
   힘썼고
5. 그는 10년간 위생과 운동으로 건강을 수련하였고
6. 그는 10년간 저축하야 생활의 경제적 기반을 세웠고
7. 그는 공고한 단결의 규약을 확수(確守)한 1인 이외다.[45]

이만하면 이 사람은 영웅도, 호걸도, 성인도 아닐는지 모르지만 신뢰할
만한 일공민(一公民)임에는 틀림없다고 보았다.

　　신뢰할 만하고 능력있는 범인(凡人)[46]

영웅호걸이나 성인의 시대가 아니라 신뢰할 만하고 능력있는 '범인'이
전 민족은 못되더라도 1만인이라도 얻어야 살아 날 것[47]이라고 내다
본 것은 당시 범세계적인 시대조류를 바르게 반영한 것으로 보인다.[48]
민족독립운동사상(民族獨立運動史上) 범인의 역할 중요도를 간파하고
'범인의 시대'에 대비하여 범인 양성책의 비전을 제시한 것은 노아자의
탁견이 아닐 수 없겠다. 아무튼 그의 심중은,

만일 여러분께서 나의 이 가슴에 피를 찍어 쓴 편지에 공명(共鳴)하심이

---

45) 위의 글, 34~35쪽.
46) 위의 글.
47) 위의 글.
48) 이돈화는 1차대전 후의 세계를 가리켜 '평민시대'로 화하여 가는 시기라고 지적한
　　바 있다(이돈화, 「신시대와 신인가」, 『개벽』 3, 1920, 18쪽).

잇거든 그 날부터 그 자각대로 실행하기를 결심해 줍시오.49)

였다. 그의 심중의 절규(絶叫)는 소년동맹의 성패가 민족의 사활(死活)임을 소년들에게 공명하게 하는 것이었다. 그리고 소년동맹을 실행해주길 간절히 바라는 절규였다. 이는 소년운동의 필요성을 가장 극적으로 제고한 것으로 평가할 수 있겠다. 그것은 1920년대에 전개된 무수한 소년운동의 확산이 말해주고 있다.50)

4. 초기 소년운동의 전개

종래 전통시대를 지배하던 일그러진 소년관이 『개벽』지상을 통하여 계속적으로 비판되고 소년에의 기대감을 갖고 소년문제가 노동문제, 여성문제와 더불어 그 해결방안이 논의되고 나아가 소년운동의 필요성이 제고되는 가운데 소년계의 자각이 나타나기 시작하였다.

벌써 년전(年前)의 일로 기억된다. 경상남도 진주시내의 소년들이 소년회를 조직하야……그 사실은 조선소년으로서 자각의 첫소리가 되어섯다.51)

라는 기사를 실어 소년이 자각하여 스스로 소년운동을 시작하였다고 기록하였다.52)

---

49) 노아자, 앞의 「소년동맹과 그 구체적 고안」, 42쪽.
50) 1920년대 소년운동의 단체는 564개를 상회하였다(김정의, 『한국소년운동사』, 민족문화사, 1992, 148~155쪽).
51) 「가하할 소년계의 자각」, 『개벽』 16, 1921, 57쪽.
52) 『동아일보』1926년 12월 18일자와 1927년 8월 16일자에 의하면 안변소년회와 왜관소년회의 창립 해를 진주소년회의 창립보다 1년 앞선 1919년으로 싣고 있고,

이 소년회는 중도에 만세운동으로 지상에 누차 보도된 바 있어서 소년들 사이에서 뿐만 아니라 어른들의 사회에까지 상당한 영향을 끼쳤다. 소년집회는 혹은 단, 혹은 회, 혹은 구락부, 혹은 계의 명칭 등으로 여타 지역에서도 일어나는 계기를 마련해 주었다.[53] 『개벽』지는 이를 크게 반겨,

> 소년들이 스스로 각오하야 건전한 소년이 되겠다하며 건전한 소년이 될 일을 한다하도다. 이 얼마나 반가운 일이며 얼마나 훌륭한 일인가. 뜻이 있는 어룬이어든 한번 그들을 향하여 만폭의 동정을 기울여 가하며 이를 동기로 하여써 우리 어룬사회에서는 다토아 소년문제를 연구하며 소년에 대한 시설을 행할이 잇서야겠다.[54]

라고 고무하고 있다. 또한,

> 형제들이여 여러분이 우리사회에 훌륭한 노인이 가득하기를 요망하는가. 그러거든 먼저 그 노인의 밋둥인 장년청년이 훌륭하여야 할 것이며 또한 우리사회에 훌륭한 장년청년이 가득하기를 요망하는가. 그러거든 먼저 장년청년의 밋둥인 소년이 훌륭하여야 할 것이다. 그런데 이제 소년들이 훌륭하여지러 하도다.[55]

라고 하여 소년들의 기세(氣勢)를 높게 사고 있다. 이는 노소의 융합과 근본적 개조가 가능한 데서 나온 어세라고 보인다.

『한국보이스카우트60년사』에는 같은 해에 원산소년단(7월 9일 조직)을 모두에 싣고 있다. 또한 대한민국임시정부 및 동 교민단보관문헌 2년도 제14호에 의하면 해삼위 신한촌에는 소년애국단이 이미 1919년 3월에 조직되어 있었음을 부기한다.

53) 앞의 「가하할 소년계의 자각」, 57~58쪽.

54) 위의 글.

55) 위의 글.

어쨌든 진주소년회는 실천적인 소년운동 발생의 촉매제가 되어 소년회
운동과 소년단운동 같은 근현대적 소년운동 발생에 동인이 되었다.[56]

진주소년회에 자극되어 1921년 5월 급기야 천도교소년회가 발족되었
다. 천도교소년회는 교회 소년들을 중심으로 가장 완전한 소년회로 등장
하여 이후 전국 소년운동계에 커다란 영향을 미쳤다.[57]

천도교는 이미 3·1운동의 모체였을 뿐만 아니라 그 조직이나 재정의
뒷받침도 가장 튼튼하였다. 특히 이돈화나 김기전, 방정환(方定煥, 1899
~1931) 같은 소년운동에 대한 계몽가 내지는 실천가들을 망라하고 있었
음은 무엇보다도 강점이었다.[58]

천도교소년회의 목적은 지·덕·체를 겸비한 쾌활한 소년을 만드는
것이고 이러한 목적을 달성하기 위하여 규약을 규정하였다. 규약에는
유락부, 담론부, 학습부, 위열부의 네 부서를 설치하고 각 부서에 임무를
부여하였다.[59] 또한 회원간의 경어 사용,[60] 경조 심방, 명승고적 답사
등을 명시하였다. 그리고 회원의 자격은 7~16세의 남녀 소년으로 했
다.[61]

한편 1922년 발족한 소년단운동은 근현대 소년운동의 양축의 하나로
소년회운동과 나란히 일축을 담당하였다. 『개벽』지상에 토로된 조선소년
군의 창설자 관산 조철호의 소년단운동 발족 취지는,

---

56) 김정의, 「한국근대소년운동 고찰」, 『한국사상』 21, 한국사상연구회, 1989, 160~
   162쪽 참조.
57) 앞의 「가하할 소년계의 자각」, 59쪽.
58) 이돈화, 김기전은 천도교의 지도자이고 방정환은 천도교주인 의암 손병희의
   사위이다.
59) 천노교소년회 규약 9조(앞의 「가하할 소년계의 자각」, 59쪽).
60) 경어사용은 김소춘이 1920년 앞의 「유년남녀의 해방을 제창함」에서 제언한
   바 있다. 또 1921년에는 계명구락부가 조선총독부에 건의한 바 있다(「아동상호간
   의 경어사용」, 『개벽』 16, 1921, 56~57쪽).
61) 앞의 「가하할 소년계의 자각」, 59쪽.

내가 이 운동의 발흥이 잇기를 이와가티 전심력(全心力)으로써 암구(暗求)하는 것은 다른 뜻이 업습니다. 먼저 사람이라는 그 자체의 개조로부터 시작하여 이 사회의 모든 허식과 악습에 선전, 육박하자 함이외다. 그리함에는 먼저 사람의 시초인 소년의 개조에 착수하야 그들로 하여금 사회를 위하고 자기를 위하기에 최적절한 자각과 시련을 가지게 하자 함이외다.[62]

라고 하여 소년의 개조가 민족의 개조임을 분명히 하고 있다. 이로써 소년단 창단도 천도교소년회의 발족 사례와 마찬가지로 이돈화, 김기전, 이광수 등의 소년관 계몽으로부터 지대한 영향을 받았음을 드러내고 있다.

그리고 『개벽』지에 나타난 실천적인 소년운동의 신기원은 아무래도 소파 방정환의 '어린이'라는 표현 용례이다.

어린이 노래
　　　　잔물
……………………
아 ───────── 나는 이담에 크게 자라서
……………………
거리에서 거리로 돌아다니며
집집의 장명등에 불을 켜리라
(61년 8월 15일…………잿골집에서…………역)[63]

즉, 1920년 8월 25일자에 실린 번역동시 「어린이 노래」를 같은 해 8월 15일 잿골집에서 쓴 것이 방정환이 쓴 최초의 용례이다. 근대적인 표현으로서의 '어린이'라는 용어의 첫 사용은 이미 1914년 11월 육당 최남선(六

---

62) 조철호, 「소년군단! 조선보이스카우트」, 『개벽』 31, 1923, 84쪽.
63) 방정환, 「어린이 노래」, 『개벽』 3, 1920, 88~89쪽.

堂 崔南善, 1890~1957)이 『청춘』 창간호
에서 「어린이의 꿈」으로 선보인 바 있다.

그렇다 하더라도 방정환에 의한 '어린
이' 용어 사용은 각별한 평가가 요망된다.
그것은 소파 자신이 '애녀석', '어린애',
'아해놈'이라는 비칭 대신에 '어린이'라
고 호칭했고 이를 확산하기 위하여 그가
창간한 어린이를 위한 잡지의 제명을 『어
린이』라고 명명했다는 사실이다. 이는 어
린이날 행사와 더불어 결정적으로 '어린
이'라는 용어가 일반화되는 데 이바지한
바가 크기 때문이다.

최남선. 『청춘』 창간호(1914년 11월)에
서 '어린이'란 용어를 처음 사용하였다.

이처럼 어린이에 대한 존중심과 '어린이'라는 용어 확산에는 어린이날
운동도 큰 역할을 담당하였다.

1923년 4월 17일 서울에 있는 각 소년단체가 소년운동협회를 조직하고
지방에 있는 소년단체와 연락을 취하여 5월 1일을 어린이날로 제정[64]하
고 제1회 어린이날 행사를 1923년 5월 1일 행했다. 이 날에는 소년문제에
관한 선전지 20만 매를 가가호호에 살포하는 등 대대적인 행사를 하였다.
선전지에는 어른에게는 "어린이를 내려다보지 마시고 반드시 쳐다보아
주시오" 등 7개항을 어린이에게는 "돗는 해와 지난 해를 반다시 보기로
합시다" 등 7개항을 부탁하였다.[65]

이와 같은 소년문제에 관한 실천사항은 하나같이 눈길을 끌어 소년운
동에 대한 일반의 관심을 환기시키고 소년들의 자각을 고취했다.[66] 이는

---

64) 기전, 「개벽운동과 합치되는 조선의 소년운동」, 『개벽』 35, 1923, 20쪽.
65) 「5월 1일은 엇더한 날인가」, 『개벽』 35, 1923, 36쪽.
66) 『동아일보』 1923년 5월 1일, 3쪽.

『개벽』지 필진들. 김기전. 이돈화. 조기간. 박래홍

소년운동에 새로운 장거로 근현대 소년운동사상 기념비적인 날로 그 의
의가 크다고 생각된다.

5. 소년운동의 지향점 논의

『개벽』지에는 소년문제에 관한 논의가 호를 거듭하여 다양하게 게재되
어 있다. 그 중에서도 이돈화의 소년보호문제 거론과 이광수의 소년수양
문제 거론이 소년운동계에 커다란 주목을 받고 있었다.

그러나 이에 대하여 김기전은 강력히 반대의사를 표하고 소년해방을
목표로 삼아야 한다고 주장하였다. 그는 소년을 햇순에 비유하여 소년은
새순처럼 대우주의 나날의 성장을 구가하는 희망이므로 이제부터는 어린
이를 사회규범의 중심으로써 운위하자는 것이었다.[67]

그는 재래의 윤리적·경제적 압박으로 사회의 맨 밑에 깔려있는 소년
을 해방시켜 자연처럼 사회의 맨 윗자리로 끌어 올리자는 것이었다. 그
구체적 「소년해방의 방안」으로 먼저 윤리적으로 소년의 인격을 인정하
여,

---

67) 기전, 앞의 「개벽운동과 합치되는 조선의 소년운동」, 25~26쪽.

첫째로 언어에 잇서 그를 경대하쟈……우리는 어린이의 인격을 인(認)하는 첫 표시로써는 몬져 언어에서 경대하여야 한다.

둘째로 의복, 음식, 거처, 기타 일상생활의 범백에 잇서 어린이를 꼭 어룬과 동격으로 취급하는 습관을 지여야 한다.

셋째로 가정, 학교 기타 일반의 사회적 시설에 잇서 반다시 어린이의 존재를 염두에 두어서 시설을 행하여야 한다.68)

다시 경제적으로 그의 생활의 평안을 보장하여,

첫째로 그들에게 상당한 의식을 주어 자체가 영양불량의 폐에 빠짐이 업게하며

둘째로 유소년의 노동을 금하고 일체로 취학의 기회를 엇게할 일이라.69)

라고 방안을 제시하였다. 이는 당시 소년운동의 지향점을 가장 함축성있게 드러낸 핵심적인 표현이라고 보겠다. 그것은 1923년 5월 1일 제1회 어린이날 선포된 「소년운동의 선언」70)과 그 문맥이 일치한다는 점에서 매우 중시된다. 따라서 그 기초자는 앞의 「소년해방의 방안」을 만든 김기전임이 드러난 셈이다.

그런데 이 「소년운동의 선언」은 세계 최초의 '어린이 인권선언'이기도 하다.71) 그렇다면 『개벽』지에 실린 김기전의 「소년해방의 방안」은 세계

---

68) 위의 글, 25쪽.

69) 위의 글.

70) 1. 어린이를 재래의 윤리적 압박으로부터 해방하야 그들에게 대한 완전한 인격적 예우를 허하게 하라.

2. 어린이를 재래의 경제적 압박으로부터 해방하야 만 14세 이하의 그들에게 대한 무상 또는 유상의 노동을 폐하게 하라.

3. 어린이 그들이 고요히 배우고 즐거히 놀기에 족한 각양의 가정 또는 사회적 시설을 행하게 하라(『동아일보』, 1923년 5일 1일, 3쪽).

최초의 「어린이 인권선언」의 초안이라고 정리해 두어도 좋을 것이다.

아무튼 한국 근현대소년운동이 많은 계몽가들에 의해 영향 받고 있었지만 그 중에서도 특히 김기전의 소년해방사상의 영향이 무엇보다도 지대했다. 그렇다고 소년단운동에서 볼 수 있듯이 이광수의 소년개조사상의 영향을 과소평가할 수는 없는 것이다. 당시의 조류는 안창호의 '무실역행(務實力行)'의 인간개조사상이 도도히 흐르고 있었음을 관찰하여야 할 것이다. 또 이돈화의 소년보호사상을 묵과할 수도 없다.[72]

다만 근현대소년운동의 지향점을 설정하는 데 있어서 기록상으로 나타난 가장 분명한 자료는 여전히 「소년운동의 선언」인 것이다. 그것은 당시의 소년운동 정신을 대표하는 문서가 「소년운동의 선언」이기에 그러하다고 생각된다. 「소년운동의 선언」은 소년운동가들의 조직체인 소년운동협회 명의로 발표된 바로서도 입증된다. 즉, 당시 소년운동가들에 의하여 합의된 선언문이 「소년운동의 선언」인 것이다.[73]

물론 김기전의 「소년해방의 방안」이 「소년운동의 선언」에 그대로 반영되었다는 것은 그의 소년운동계의 비중이 그만큼 컸음을 뜻하는 것이다. 또한 「소년해방의 방안」의 논리가 근현대소년운동의 지향점 설정에 의심 없는 본보기로 묵인되었다는 점도 간과해서는 안 될 것이다.

따라서 「소년해방의 방안」은 당시 소년운동의 지향점 설정에 합의된 모본으로써 의미가 컸을 뿐만 아니라 소년해방의 뚜렷한 이념을 제공함으로써 근현대소년운동을 활성화시키는 활력소가 되기에 족했다.

---

71) 김정의, 앞의 『한국문명의 생명력』, 165~169쪽 참조.
72) 위의 책, 144쪽.
73) 위의 책.

6. 소년운동의 자성 논의

전영택(田榮澤, 1894~1968)에 의하면 최남선에 의한 1908년『소년(少年)』지 발간이 우리 나라 소년운동의 효시(嚆矢)라고 한다.[74] 그 후 연구 축적물은 계속 쌓였다. 그 결과 현재까지의 연구성과로는 1898년에 조직된 자동회(子童會)가 가장 빠르다.[75]

그러나 근현대소년운동으로서의 효시는 1919년 창립된 신한촌소년애국단과 원산소년단에서 비롯된다.[76] 그 후 천도교소년회, 조선소년척후대 등이 창립되어 1927년까지 소년단체가 전국에 적어도 247개 이상 설립[77]되어 있어서 이른바 '소년의 세기'[78]를 연상하게 하였다.

이렇게 외형적으로는 장족의 발전을 거듭하였으나 한편 자성(自省)의 소리도 높았다. 그것은 아직도 소년문제연구가가 태부족이라는 것이다. 전영택은,

> 우리의 어린이들은 참 가련합니다. (중략) 우리 가운데 우리의 어린이를 위하여 아동문제를 생각하고 아동교육문제를 생각하며 여기에 대하여 힘을 쓰는 이가 누구입니까.[79]

라고 자문하여 소년운동가의 출현을 갈망하였다. 나아가서 보통학교의

---

74) 전영택, 「소년문제의 일반적 고찰」, 『개벽』 47, 1924, 20쪽.
75) 오세창, 「일제하 한국소년운동사 연구」, 『민족문화논총』 13, 영남대학교민족문화연구소, 1992, 166쪽.
76) 주 52) 참조.
77) 조선총독부경부국, 「소년운동」, 『조선의 치안상황』, 1927, 4쪽. 그러나 필자의 조사로는 564개의 소년단체에 이른다(김정의, 앞의 『한국소년운동사』, 148~155쪽).
78) 전영택, 앞의 글, 18쪽.
79) 위의 글, 11쪽.

교육내용이나 교육제도, 교육자의 태도에 대해서도,

> 그것은 아동을 계발하기는커녕 도로혀 버려줍니다. (중략) 그것은 다
> 모처럼 아름다운 어린이들의 천성과 정조(情操)를 버려주고 지극히 귀한
> 지력을 문질러줄 뿐이외다.[80]

라고 비판하고 그 대안으로,

> 이에 대한 근본방안은 소년을 잘 기르고 지도하야 새사람 참사람 사람다
> 운 사람들을 만듦에 잇겟슴니다.[81]

라고 이광수의 민족개조론을 원용하고 자기 나름으로 소년문학을 장려해
야 된다고 제시하였다.

> 1. 미적감정을 길러줌
> 2. 아해들의 취미를 넓힘
> 3. 덕성과 지력을 배양함
> 4. 사상력(思像力)을 풍부하게 함.[82]

등의 효과가 크다는 것이다. 그러나 소년문학이 아동에 대한 감화력이
크고 교육적 가치가 높은 만큼,

> 첫째 문장과 언론에 대한 주의
> 첫째는 부자연하고 그릇된 말노 그 부드러운 순성(純性)을 해하지말고
> 둘째는 어머니 나라의 바른말과 문장의 본을 보히도록 할 것 이외도

---

80) 위의 글.
81) 위의 글, 12쪽.
82) 위의 글, 13쪽.

(중략) 엇든 유명한 동화를 낙다가 그것은 일어(日語)지 조선말이라고는 할수업는 직역된 것을 만히보고 (중략) 다음에 주의할 것은 그 재료의 선택이외다. 1. 엇든 무리한 목적을 두고 하지 말것. 2. 가장 청순한 재료를 택할 것. 3. 어린아해의 공포심을 더할만한 것이나 너무 잔인포악한 니악이는 피할것, 유탕심(遊蕩心)을 도울만한 것을 피할것, 너무 호기심을 모으는 것을 기재하야 허위사기(虛僞詐欺)의 악성을 길느지안토록 할 것83)

등은 주의할 점이라고 밝혀 소년문학의 지향점을 제시하였다. 그러나 아동 자신이 동화를 구하는 것은 지식, 수양을 구하기 위함이 아니고 본능적인 자연의 욕구로 보는 견해도 있음을 간과해서는 안될 것이다.84)

한편 다른 각도에서도 자성의 소리가 일었다.

첫째 소년운동의 의의를 이해하고 그 의의에 준하여 소년운동을 진행하여야 한다는 것이다. 예를 든다면 조선의 소년소녀를 재래의 윤리적·경제적 압박으로부터 해방시켜야 하는 본의를 살리지 못하고 단지 어린이날의 기념기분으로만 충만된다면 이는 일시의 호기심이나 유희감의 조장은 될지언정 소년운동이 모독될 염려가 있다는 것이다.

둘째 소년운동은 다른 운동과 달리 소년 자신이나 그 소년을 지도하는 몇 사람에 의해서 될 일이 아니라는 것이다. 그러니 소년운동을 어린 사람이나 또는 몇 명의 지도자에게만 맡기지 말고 모두가 함께 관심을 갖자는 것이다.

셋째는 재래의 우리 부모들은 자기 밑에서 자라나는 어린이에 대해서 "날 닮아라 날 닮아라"하여 재래의 전통이 주입되어 어린이에게 해독을 입힐 우려가 있다는 것이다. 따라서 현상에 내하여 적극적으로 비판하여 현상을 수정개혁하는 노력을 경주해야 한다는 것이다.85)

---

83) 위의 글 15~16쪽.
84) 소파, 「새로 개척되는 '동화'에 관하여」, 『개벽』 31, 1923, 20쪽.

즉, 일제의 식민지정책에 의해 나타날 사회현상을 도저히 조선총독부가 교육하는대로 그대로 시인할 수 없다는 것이다. 이 말은 어린이들을 반드시 독립역군으로 키워야 된다는 절규에 다름아니라고 이해된다.

7. 맺음말

3·1운동의 여파로 일제의 이른바 문화정책에 의하여『개벽』지는 1920년 6월에 창간되었다. 그리고 1926년 8월 그들의 언론탄압정책으로 폐간되었다. 그동안 72권이 간행된『개벽』지는 1920년대의 대표적인 언론종합지로서 37번에 걸쳐 소년관계의 내용을 비중있게 반영하였다.

『개벽』지는 처음에는 주로 소년의 인격이 무시되었던 전통시대 소년관의 실상을 드러내어 소년문제를 사회 일반에 제기하였다. 그리하여 민족운동의 차원에서 소년에의 기대감을 갖고 소년문제의 해결책을 논의하고 소년운동의 필요성을 제기하였다.

이돈화는 주로 소년보호, 이광수는 주로 소년개조, 김기전은 주로 소년해방의 시각에서 문제해결에 접근하였다. 이들의 계몽은 소년계에 커다란 호응을 일으켜 근현대소년운동의 양대축인 소년회와 소년단의 조직활동으로 나타나 각 지방의 소년단체 결성을 선도하였다.

나아가 이들 단체를 연합하여 1923년 4월 17일에는 소년운동협회로 형성하게 되었고 여기서 어린이날을 제정하여 1923년 5월 1일에는 제1회 어린이날 행사를 하게 되었다. 어린이날 행사는 소년을 재래의 윤리적, 경제적 압박에서 해방시키자는「소년운동의 선언」을 선포하였다. 이것은 물론『개벽』지에 실렸던 김기전의「소년해방의 방안」의 반영으로써 이후

---

85)「어린이날에 하고 싶은 말」,『개벽』69, 1926, 44~45쪽 참조(글쓴이는 글의 논조로 보아 김기전이라고 추측된다).

근현대소년운동의 튼튼한 길잡이가 되어 주었다. 더욱이 「소년운동의 선언」은 세계 최초의 '어린이 인권 선언'이라는 영예를 안게도 되었다. 한편 『개벽』지에 실린 방정환의 소년에 대한 존칭호칭으로서의 '어린이' 용어의 사용은 소년존중 분위기를 사회일반에 확산시키는 실질적인 기여를 하였다.

그러나 『개벽』지상에서는 소년운동의 다채로운 전개에 자족하지 않고 자성의 채찍도 끊이지 않았다. 유희로 머무는 행사나 소년 자신이나 몇몇 지도자만의 소년운동으로 화하는 것을 경계하고 모두가 함께 관심 갖는 민족독립운동으로서의 소년운동이 되도록 소년운동의 본의를 각성시켰다.

이로써 『개벽』지상의 소년운동론 논의가 실제상의 근현대소년운동과 밀접한 상관관계가 있었음을 상당부분 밝히게 된 점은 나름대로의 소득이라고 생각된다.

『학고 이상태박사 정년기념논총』, 2006

제6장 소춘 김기전의 소년해방운동론

1. 머리말

한국의 소년운동은 크게 보아 자생된 소년운동과 외래적인 소년운동으로 대별할 수 있는데 자생된 소년운동에는 소년회운동이 있고 외래적인 소년운동으로선 소년단운동과 무산소년운동을 들 수 있겠다. 이 중 소년회운동에서는 천도교소년회운동이 돋보이는데, 이를 조직하고 이끌고 또한 이를 기반으로 조선소년연합협회와 어린이날 제정에 크게 기여한 인물이 다름 아닌 소춘 김기전(小春 金起瀍, 1894~1948)[1]이다.

그동안 선행논문도 꽤 나왔다.[2] 그러나 김기전의 공헌에 비하여 많은

---

1) 김기전의 호는 소춘(小春), 1894년 6월 16일 평북 구성에서 출생, 보성전문학교 졸업, 1920년『개벽』편집국장에 취임, 1921년 천도교소년회를 조직하고 그후 오심당 활동 등을 전개한 민족운동가였고, 1948년 북한에 피납되었다(김석범, 「나의 아버지 소춘 김기전」,『신인간』547, 1996, 41~47쪽 참조).

2) 이제까지 김기전의 소년운동과 관계 있는 선행논문은 다음과 같다. 조찬석, 「일제하의 한국소년운동」,『인천교대논총』4, 1973 ; 윤석중, 「천도교소년운동과 그 영향」,『한국사상』12, 1974 ; 신재홍, 「일제치하에서의 한국소년운동고찰」,『사학연구』33, 1981 ; 성봉덕, 「천도교소년회운동과 소춘선생」,『신인간』428, 1985 ; 손인수, 「인내천사상과 어린이운동의 정신」,『신인간』428, 1985 ; 이재철, 「천도교와 어린이운동」,『신인간』439, 1986 ; 김정의, 「한국근대소년운동연구」,『한양여대논문집』11, 1988 ; 김정의, 「한국소년운동고찰」,『한국사상』21, 1989 ; 김정의, 「『개벽』지에 나타난 소년관에 관한 고찰」,『한양여대논문집』15, 1992 ; 오세창, 「일제하 한국소년운동사연구」,『영남대민족문화논총』

부분 타인의 업적으로 치부되는 경우가 허다하였다. 따라서 그의 업적을 온전히 그에게 되돌려 줄 필요를 느꼈다. 그래서 소춘 김기전의 소년운동에 관해서 특히 소년해방운동의 관점에서 정리하기로 하였다.

2. 장유유서의 모순 진단

동학의 창도는 한국인들의 사회적 생활에 의의를 부여하고 가치를 부여하는 계기가 된 분수령이다.3) 그러나 천도교소년회운동은 3·1민주혁명4)을 체험하고 난 연후에야 진주소년회운동에 자극 받아 근·현대적

13, 1992 ; 서은경, 「한국의 잊혀진 페스탈로찌 소춘 김기전」, 『우리교육』 39, 1993 ; 김정의, 「소춘 김기전의 소년운동」(상)·(하)·(종), 『신인간』 522·523·524, 1993~94 ; 김정의, 「소년운동」, 『동학혁명100년사』, 1994 ; 김정의, 「소년운동을 통해 본 동학혁명」, 『동학혁명100주년기념국제학술대회논문집』, 1994 ; 송준석, 「소춘 김기전의 아동 인격·해방운동의 교육사상」, 『한국교육사학』 17, 한국교육학회 교육사연구회, 1995 ; 윤해동, 「한말 일제하 천도교 김기전의 '근대' 수용과 '민족주의'」, 『역사문제연구』, 역사문제연구소, 1996 ; 김정의, 「어린이운동의 기점과 그 정신」, 『소파 방정환선생 서거66주년 기념심포지엄』, 1997 ; 이재철, 「소파 방정환과 어린이운동」, 『소파 방정환선생 서거66주년 기념심포지엄』, 1997 ; 김정의, 「현대초 한국소년운동의 교육이념」, 『연호노승윤박사화갑기념 교육학논총』, 도서출판 신서원, 1997 ; 김정의, 「최제우의 소년관」, 『동학연구』 3, 한국동학학회, 1998 ; 김정의, 「한국소년운동사의 시기 구분론」, 『윤종영 교장정년퇴임기념 한국사교육논총』, 무악실학회, 1999 ; 仲村修, 「방정환연구서론-동경시대를 중심으로-」, 『청구학술론집』 14, 일본한국문화연구진흥재단, 1999 ; 신재홍, 「청소년운동」, 『항일독립운동연구』, 신서원, 1999 ; 김정의, 「사회운동의 측면에서 본 소파 방정환」, 『아동권리연구』 3-2, 아동권리학회, 1999 ; 심국보, 「지금 우리가 신인간이 되려면」, 『신인간』 600, 2000 ; 성주현, 「『신인간』지와 필자, 그리고 필명」, 『신인간』 600, 2000.
3) 묘향산인, 「천도교소년회의 설립과 그 파문」, 『천도교회월보』 131, 1921, 16쪽.
4) 한국사상 현대의 기점은 한국민족운동사의 축적된 연구 업적에 의하여 대체로 3·1민주혁명(1919)에 두고 있는 것이 오늘의 실정이다. 그렇다면 같은 선상에 있는 소년운동사의 현대적인 상한선을 3·1민주혁명 이전에 두는 것은 큰 테두리에서 벗어남을 알 수 있다. 그래서 오늘의 현대적인 소년운동의 기점을 3·1민주

인 소년운동으로써 발생되었다.5) 이 시기
에 천도교소년회운동의 대표적인 지도자
의 한 분이었던 소춘 김기전은 『개벽』지
를 통하여 8차례에 걸쳐 소년문제를 제기
하며 소년운동계를 리드하기 시작하였
다.6) 그는 우선 전통사회의 윤리였던 장
유유서의 모순을 진단하고 그의 타개책에
골몰하였다.7)

천도교소년회 창설자 소춘 김기전

　일반적으로 조선시대에는 소년의 개념
이 성년의 대칭으로 파악되고 있었다. 즉,
미성년자를 가리킨 말로 성인의 대칭을
뜻하였다.8) 원래 성인은 중국의 고례(古例)를 모방하여 연령이 20세에
달하면 관(冠)을 쓰고 성인식을 행함으로써 성인의 자격을 부여하고 장자
로서의 권위를 인정하였다.9) 따라서 20세 미만의 미성년은 소년으로 취
급되었다. 그런데 20세의 가관(加冠)이 변형되어 차츰 가관은 혼인의 상
징으로 화하고, 부모의 위열제(慰悅制)로 화하여 조혼의 풍조가 퍼졌다.
그리하여 15세 내지는 11, 12세에 가관이 되므로 성인 되는 기준도 이

　　혁명 이후에 두려고 하는 것이다(김정의, 「현대 초 한국소년운동의 교육이념」,
　　『연호노승윤박사화갑기념 교육학논총』, 신서원, 1997, 305쪽).
　5) 「가하할 소년계의 자각」, 『개벽』16, 1921, 57~59쪽.
　6) 「금쌀악·옥가루」(1920. 6), 「의식의 구속보다는 애정그대로」(1920. 6), 「장유유
　　서의 말폐」(1920. 7), 「우리의 사회적 성격의 일부를 고찰하여서 동포형제의
　　자유처단을 촉함」(1921. 10), 「가하할 소년계의 자각」(1921. 10), 「개벽운동과
　　합치되는 조선의 소년운동」(1923. 5), 「5월 1일은 어떠한 날인가」(1923. 5), 「상
　　하·존비·귀천」(1924. 3).
　7) 김정의, 『한국소년운동사』, 민족문화사, 1992, 47~51쪽.
　8) 김소춘, 「장유유서의 말폐」, 『개벽』 2, 1920, 53쪽.
　9) 위의 글.

김기전의 모교 보성전문학교(현재 고려대학교의 전신)

가관여부에 따르게 되었다. 이제 입에서 젖 냄새 나는 아동이라도 혼인을 하였으면 일반적으로 그에게 성인의 예우를 해주었고, 노인일지라도 미혼이면 미성년이라 하여 소년으로 지목될 뿐 예우를 하지 않았다. 그러므로 부모는 위열을 구하는 외에 일면으로 자기 아손(兒孫)으로 하여금 성인의 예우를 받게 하려고 조혼을 선호하였다.[10] 이는 성인이라야 예우가 되고 소년의 인격은 말살된 데서 나온 자구책의 한 방도였다. 즉, 장유유서의 말폐(末弊)가 소년의 인격을 말살하게 되었고, 소년의 인격 멸시가 장유유서의 도덕적 폐해를 가져오는 부작용의 상승작용의 결과였다.[11]

유교 윤리에서는 군신(君臣), 남녀(男女), 장유(長幼), 친자(親子), 노소(老少), 현우(賢愚), 귀천(貴賤) 등을 설정하여 군(君), 남(男), 장(長), 친(親), 노(老), 현(賢), 귀(貴)가 신(臣), 여(女), 유(幼), 자(子), 소(少), 우(愚),

---

10) 위의. 글.
11) 김정의, 앞의 책, 48쪽.

천(賤)에 대하여 스스로 권리를 행사하게 되었다. 여기에는 아무 이유가
없었다. 다만 선천적으로 친(親)이 되고 남(男)이 된 까닭에 그 권리를
행사하는 것이고 또한 선천적으로 자(子)가 되고 여(女)가 된 까닭에 그
권리의 행사를 받는 것뿐이었다.[12]

이에 대하여 김기전은 첫째, 온전한 하나의 사람을 자(子)라, 소(少)라,
우(愚)라, 천(賤)이라 하는 등 여러 가지의 부스러기를 만들어 놓고 마는
것, 둘째, 이 부스러기 사람에 대하여는 스스로 능압을 가하게 되는 것의
두 가지를 유교 윤리의 결점으로 지적하였다. 나아가서 삼강오륜으로
그 명칭을 부여하고 다시금 절대위력을 부여하고, 그러한 즉 그를 악용한
독소가 세상을 병들게 하였다고 정곡을 찔렀다.[13] 예컨대 탐관오리가
인민의 고혈을 착취하는 구실마저도,

> 이놈, 형제불목(兄弟不睦)하였지 (중략) 부자상리(父子相離)한 놈 (중
> 략) 이소능장(以少凌長)[14]

이었다. 이렇게 삼강오륜의 미명 아래 비도(非道)를 감행하고 사욕을 자행
한 악한들의 소행이 민중으로 하여금 삼강오륜을 나쁜 것으로 믿게 만들
었다. 따라서 소춘은 성인이 소년에 대한 비도덕, 비인정도 장유유서 때문
이 아니라 그것이 오륜의 하나가 되었으므로 나타난 현상이니 환언하면
말폐의 소치라고 명료하게 진단하였다.

---

12) 김기전, 「우리의 사회적 성격의 일부를 고찰하여서 동포형제의 자유처단을 촉함」,
『개벽』 16, 1921, 8쪽.
13) 김소춘, 앞의 「장유유서의 말폐」, 55쪽.
14) 위의 글.

3. 소년문제의 해결책 논의

소춘 김기전의 혼인례 기념사진

소년문제의 해결책으로 소춘은 먼저 소년에 대한 어태(語態)를 고칠 것을 제안하고 있다. 실없는 말이라도 '이놈 저놈' 혹은 '이 자식 저 자식'하는 말 대신 일제히 경어(敬語)를 사용하기를 바라나 이것은 실현이 어려울 것이니까 우선 소학교 같은 곳에서 실시해 볼 것을 권하고 있다.15)

다음은 양생송사(養生送死)의 개선책이다. "아동 중에는 조선아동(朝鮮兒童)의 꼴이 세계 중 제일 너저질 하리이다."16)라고 심각성을 토로하고

소년이라고 천대할 이유가 없으니 반드시 양생에 관한 의식을 고쳐 조선 소년들로 하여금 자립(自立), 청신(淸新), 희열(喜悅)의 토양을 갖추어 줄 것을 촉구하였다.17) 송사의 경우도 마찬가지이다. 소년에 대한 짐승 취급과 같은 악풍을 청산하여 적어도 제1회 기념제는 지내어 주며 그의 묘소도 어른들처럼 봉분을 만들어 주는 것이 야만성을 벗어나는 길이라고 제안하고 있다.18)

셋째는 남녀 소년의 차별해소 방안이다. 같은 소년이라도 남자는 비록 사람의 대우는 못 받으나 유년의 대우와 아손(兒孫)의 대우는 받으나

15) 김소춘, 「장유유서의 말폐」, 『개벽』 2, 1920, 56쪽.
16) 위의 글.
17) 위의 글, 57쪽.
18) 위의 글.

여자에 있어서는 대개 그것도 없다.

　　저 따위 년은 더러 죽어도 좋으련마는[19]

하는 것이 부모된 사람의 상투어이다. 소년이라는 점에서 그 격(格)을
잃고, 여자라는 점에서 다시 쓴맛을 보는 경우이다.

　이에 대하여는 남녀 소년들 한 사람 한 사람이 2천만 형제 중의 한
사람이며 장래의 큰 운명을 개척할 일꾼의 한 사람이라는 사실을 깨닫고
그들의 인격을 인정하는 정신을 소유하게 될 때에 수백만 어린 남녀는
인습의 굴레에서 해방되고 소년문제는 해결될 것이라고 내다보았다.[20]
이는 성인의 의식전환이 선행되어야 소년문제가 근본적으로 해결될 수
있다고 소년문제 해결의 근원을 밝힌 점에서 주목된다.[21] 그리고 김기전
의 소년관이 최제우 소년관의 본지인 '사인여천'에서 연유했음이 드러나
있는 것도 중시된다.[22]

4. 근현대소년운동의 목표 설정

　『개벽』지에는 소년문제에 관한 논의가 호를 거듭하여 다양하게 게재되
어 있다. 그 중에서 이돈화의 소년보호문제 거론과 이광수의 소년수양문
제 거론이 소년운동계에 커다란 논란이 되고 있었다. 이에 대하여 김기전

---

19) 위의 글, 58쪽.
20) 위의 글.
21) 김정의, 「『개벽』지에 나타난 소년관에 관한 고찰」, 『논문집』 15, 한양여자대학,
　　1992, 15쪽.
22) 김정의, 「최제우의 소년관」, 『동학연구』 3, 한국동학학회, 1998, 80쪽 ; 김정의,
　　『한국의 소년운동』, 도서출판 혜안, 1999, 49쪽.

은 강력히 반대의사를 표하고 다음과 같이 소년해방을 목표로 삼아야
한다고 주장하였다.[23]

가령 여긔에 엇던 반석(磐石)밋헤 눌니운 풀싹이 잇다하면 그 반(盤)을
그대로 두고 그 풀을 구한다는 말은 도저히 수긍(首肯)할 수 업는 말이다.
오늘 조선의 소년은 과연 눌니운 풀이다. 눌으는 그것을 제거치 아니하고
다른 문제를 운위(云爲)한다하면 그것은 모다 일시일시(一時一時)의 고식
책(姑息策)이 아니면 눌리워 잇는 그 현상을 교묘(巧妙)하게 옹호(擁護)하
고져하는 술책(術策)에 지내지 아니할 바이다.[24]

라고 소년해방의 당위성을 설파한 후 소년을 햇순에 비유하여 소년은
새순처럼 대우주(大宇宙)의 나날의 성장을 구가하는 희망이므로 이제부
터는 어린이를 사회규범의 중심으로서 논의하자는 것이다.[25]

나무를 보라 그 줄기와 뿌리의 전체는 오로지 그 적고 적은 햇순하나를
떠 밧치고 잇지 아니한가.[26]

라고 말함으로써 재래의 윤리적, 경제적 압박으로 사회의 맨 밑에 깔려있
는 소년을 해방시켜 자연처럼 사회의 맨 윗자리로 끌어올리자는 것이
다.[27] 그 구체적 방안으로 먼저 윤리적으로 소년의 인격을 인정하여야
한다고 제안하였다.

---

23) 김정의, 앞의 『한국소년운동사』, 63~67쪽.
24) 기전, 「개벽운동과 합치되는 조선의 소년운동」, 『개벽』 35, 1923, 26쪽.
25) 김정의, 「동학문명을 통해 본 소년운동」, 『신문명지향론』, 도서출판 혜안, 2000,
90쪽.
26) 앞의 「개벽운동과 합치되는 조선의 소년운동」, 25쪽.
27) 김정의, 앞의 『한국의 소년운동』, 53쪽.

첫째로 언어(言語)에 잇서 그를 경
대(敬待)하자. (중략) 우리는 어린이
의 인격(人格)을 인(認)하는 첫 표시
로써는 몬저 언어(言語)에서 경대
(敬待)하여야 한다.

둘째로 의복, 음식, 거처 일상생활
의 범주에 잇서 어린이를 꼭 어룬과
동격으로 취급하는 습관을 지녀야
한다.

세째로 가정, 학교, 기타 일반의 사
회적 시설에 잇서 반다시 어린이의 존재를 염원(念願)에 두어서 시설을
행(行)하여야 한다.[28]

김기전이 초안을 작성한 소년운동협회 명의의
소년운동선언문(『동아일보』 1923년 5월 1일)

다시 경제적으로 그의 생활의 평안을 보장하여,

그들에게 상당한 의식을 주어 자체가 영양불량의 폐에 빠짐이 없게
하며, 유소년의 노동을 금하고 일체로 취학의 기회를 얻게할 일이라.[29]

라고 '소년운동의 방안'을 제시하였다. 이는 당시 소년운동의 목표를 가장
함축성 있게 드러내는 표현이다. 그것은 1923년 5월 1일 제1회 어린이날
선포된 다음과 같은 「소년운동의 선언」과 그 문맥이 일치된다는 점에서
중시된다.[30]

1. 어린이를 재래의 윤리적 압박으로부터 해방(解放)하야 그들에게 대
한 완전한 인격적 예우(禮遇)를 히(許)하게 하라.

---

28) 앞의 「개벽운동과 합치되는 조선의 소년운동」, 25쪽.
29) 위의 글.
30) 김정의, 앞의 『한국소년운동사』, 80쪽.

2. 어린이를 재래의 경제적 압박으로부터 해방하야 만 14세 이하의 그들에게 대한 무상 또는 유상의 노동을 폐(廢)하게 하라.

3. 어린이 그들이 고요히 배우고 즐거히 놀기에 족한 각양(各樣)의 가정 또는 사회적 시설을 행(行)하게 하라.[31]

당시 일기 시작한 한국 근현대소년운동은 많은 소년운동계몽가들에 의하여 영향받고 있었다. 안창호의 무실역행(務實力行)의 인간개조사상이 도도히 흐르고 있었고 이돈화의 소년보호사상도 묵과할 수 없었다.[32] 그러나 김기전의 소년해방사상 영향이 무엇보다도 지대했다.[33] 그것은 「소년운동의 선언」이 소년운동의 정신을 대표하는 근현대소년운동의 목표로 설정되었기 때문이다.[34] 뿐만 아니라 이 선언은 세계 최초의 어린이 인권선언이 되기도 하였다.[35]

5. 천도교소년회의 조직 운영

소춘은 그의 소년해방사상을 직접 구현하기 위하여 1921년 5월 1일 천도교소년회를 창립하였다.[36] 그러나 첫 시작은 이보다 앞선 1921년 4월 천도교청년회 유소년부에서 비롯된다.[37] 이것이 모체가 되어 다음달

---

31) 『동아일보』 1923년 5월 1일자.

32) 김정의, 앞의 「『개벽』지에 나타난 소년관에 관한 고찰」, 37쪽.

33) 송준석, 「소춘 김기전의 아동 인격·해방의 교육사상」, 『한국교육사학』 17, 한국교육학회 교육사연구회, 1995, 16쪽.

34) 김정의, 앞의 「김기전의 소년운동(상)」, 20쪽.

35) 윤석중, 「동심으로 향했던 독립혼」, 『사상계』, 1962, 266쪽.

36) 김정의, 「현대 초 한국소년운동의 교육이념」, 『연호노승윤박사화갑기념 교육학논총』, 도서출판 신서원, 1997, 309쪽.

37) 묘향산인, 「천도교소년회의 설립과 그 파문」, 『천도교회월보』 131, 1921년 7월 14일자, 15쪽. 묘향산인은 이 글 17쪽에 실린 사진의 이름으로 보아 김병연이라고

5월 1일 천도교소년회로 발족되었다.[38] 이 시점이 현금 쟁점이 되고 있는 한국 현대소년운동의 기점임을 필자는 다음과 같이 논증한 바 있다.[39]

첫째, 천도교소년회는 1921년 5월 1일 출범한 소년운동단체로 이후 천도교를 배경으로 전국적인 조직을 갖고 김기전, 방정환 등에 의하여 사실상 범민족적 소년운동을 지속적으로 주도하였다.

둘째, 소년척후대나 조선소년군도 전국적인 조직을 갖고 정성채, 조철호 등이 범민족적 소년운동을 지속적으로 전개했지만 소년척후대나 조선소년군의 창설일은 천도교소년회의 창설일보다 뒤의 일이다.

셋째, 소년운동협회는 천도교소년회가 중심이 되어 형성된 일종의 소년운동단체의 연합체로써 이 협회의 중심세력도 천도교소년회였다.

넷째, 1922년 5월 1일 천도교소년회 창설 1주년 기념으로 천도교소년회는 소년운동협회가 주관한 1923년 제1회 어린이날 행사보다 1년 먼저 독자적으로 제1회 어린이날 행사를 성대하게 전개하였다. 비록 단독 행사였지만 전혀 소홀히 여길 수 없는 점은 이 행사를 통하여 10년 후의 조선의 비전 등을 제시한 행사였다는 사실이다.[40]

생각된다.

38) 같은 해(1921) 6월 5일에 이르러 다음과 같이 임원진이 구성되었다.
   회장 구자홍
   간무 김도현, 신상호, 정인엽, 장지환
   총재 김기전
   고문 정도준, 박사직
   지도위원 이병헌, 박용회, 차용복, 강인택, 김상율, 조기간, 박래옥, 김인숙(『천도교청년회회보』 1921년 12월 20일자).

39) 1997년 4월 28일 한국프레스센터 20층에서는 사단법인 한국방정환기금 주최의 '한국어린이운동의 기점과 그 정신'이라는 공동주제를 놓고 심포지엄이 있었다. 이 날 현대 한국소년운동의 기점으로 이재철은 1922년 5월 1일 천도교소년회가 주최한 제1회 어린이날을 일찍부터 주장해 오던대로 거듭 주장하였고, 조찬석은 소년운동협회가 설정한 1923년 5월 1일을 타당하다고 의견을 개진했다. 이에 대하여 필자는 인용문처럼 1921년 5월 1일 천도교소년회의 발단을 그 기점이라고 발표하였다. 그리고 발표자와 토론자 상호간 및 방청자 사이에 열띤 토론이 있었다(필자 주).

　　다섯째, 소년운동협회가 주관한 1923년 5월 1일의 이른바 제1회 어린이날 행사 날이 바로 천도교소년회 창설 2주년 기념일임을 상기할 때 소년운동협회도 천도교소년회의 법통을 계승했음을 알 수 있다.

　　여섯째, 천도교소년회는 『개벽』지와 『어린이』지를 통하여 어린이운동의 이념을 창출하고, 소년운동 내지는 소년문예운동을 체계적으로 선도·확산시켰다.

　　일곱째, 천도교소년회의 설립 취지, 표어, 강령이 대부분 현대적인 소년운동의 실천적 본보기 이념으로 작용되었다.

　　여덟째, 1922년 5월 1일 어린이날 행사에서는 어린이날 전단이 살포되고, 1923년 5월 1일 어린이날 행사에서는 '소년운동의 선언'이 선언되었는데, 그 이념이 현대가 추구하는 인간해방, 인권존중, 복지지향을 모두 충족시켰다는 점이다.[41]

　　따라서 한국 현대소년운동의 기점은 1921년 5월 1일 천도교소년회 창설일에 두는 것이 합당하다고 생각된다.

　　그리고 천도교소년회의 목적은 상해(上海) 인성학교소년회나 마찬가지로 지·덕·체를 겸비한 쾌활한 소년을 만드는 것이었다.[42] 이러한 목적을 달성하기 위한 방법으로 천도교소년회는 유락부(遊樂部), 담론부(談論部), 학습부(學習部), 위열부(慰悅部)의 4부로 나누어 활동했다.[43] 그리고 강령은,

---

40) 따라서 어린이날의 기점은 현재 실행되고있는 1923년 5월 1일이 아니라 이보다 1년 소급된 1922년 5월 1일이되어야 옳다고 생각된다. 이재철도 같은 견해이다 (이재철, 「어린이날의 기점과 그 제정 정신」, 『신인간』, 1982. 5, 8~14쪽).

41) 김정의, 「한국 어린이운동의 기점과 그 정신」, 『소파 방정환선생 서거 66주년 기념 심포지엄』, 사단법인 한국방정환기금, 1997, 31쪽 참고.

42) 김정의, 「상해에서의 한인소년운동」(한국민족운동사연구회 제33회 연구발표회 발표문), 1994. 9. 17, 2쪽.

43) 앞의 「가하할 소년계의 자각」, 59쪽.

1. 소년대중의 사회적 새 인격의 향상을 기함.
2. 소년대중의 수운주의적(水雲主義的) 교양과 사회생활의 훈련을 기함.
3. 소년대중의 공고한 단결로써 전적운동(全的運動)44)을 지지함.45)

이라고 하여 동학의 이념 실현책을 구체적으로 명시하여 소년운동의 노선을 분명히 하였다.

다만 천도교소년회의 창립 당시 지도자에 대해선 잘못 알려져 있거나 베일에 가려져 있으므로 여기저기에 산견되는 기록들을 봄으로써 누가 지도자였나를 고증할 수밖에 없다. 이 점에 대해 1974년 부동귀(不同歸)는 「천도교소년운동사 연보」에서 1921년 5월 1일 천도교소년회 창립시 이 회의 지도위원은 방정환, 김기전, 이정호46)라고 간략히 정리해 두고 있다. 유홍렬은,

본격적인 소년운동은 1921년 여름방학 때 동경으로부터 돌아온 방정환이 천도교소년회를 창시한 데서 비롯된다.47)

고 하여 방정환을 지도자로 거명하였고, 윤석중은,

1923년 이전에도 소년단체는 있었다. 1921년 7월에 창립된 천도교소년회는 소파 방정환과 소춘 김기전을 지도자로 하였다.48)

44) 전적운동은 "다시 개벽(開闢)운동"을 뜻한다. 다시 개벽운동을 일제의 제약된 여건으로 전적운동이라고 완곡하게 표현한 것이다(표영삼, 「천도교와 6·10만세운동」, 『1920년대 민족주의운동 재조명』, 서울 : 한국민족운동사연구회, 1996, 145쪽 참조).
45) 신일철, 「천도교의 민족운동」, 『한국사상』 21, 한국사상연구회, 1989, 58쪽.
46) 부동귀, 「천도교소년운동사 연보(상)」, 『신인간』, 1974, 95쪽.
47) 유홍렬, 「3·1운동 이후의 국내의 민족운동」, 『3·1운동 50주년기념논집』, 동아일보사, 1969, 687~688쪽.

라고 언급하여 방정환뿐만 아니라 김기전까지도 방정환과 나란히 천도교 소년회의 지도자였음을 증언하고 있다.

사실 방정환은 자타가 공인하는 소년운동의 독보적인 인물이었다. 그의 외부로 드러난 활동은 그를 소년운동의 대부로 만들기에 족했다. 따라서 천도교소년회도 의당 방정환이 여름방학 때 귀국해서 비로소 조직되었다고 의심없이 믿어왔다. 그러나 이것은 착오이다.49) 기록에 의하면 그는 1921년 7월 10일(일요일) 천도교소년회 담론부 주최로 열린 소년강연회에 연사로 초청되어 천도교소년회와 첫 인연을 맺었다.50) 그렇다면 틀림없이 그를 초청한 주체가 있을 것이다. 그가 바로 천도교소년회를 이끌고 있는 사람이 될 것이다. 그런데 이정호는 『어린이』지 창간호 겉장에서,

맨 먼저 우리를 지도하실 힘있는 후원자 김기전씨와 방정환씨를 어덧습니다.51)

라고 술회한 바 있다. 다시 100호 기념호에서 창간 당시를 아래와 같이 회상하고 있다.

모든 난관을 돌파하고 이를 단행하기로 하여 집단에 잇서서는 김기전씨의 힘을 빌고 『어린이』 잡지에 잇서서는 개벽사의 후원과 방정환씨의 힘을 빌어 긔여코 지금으로부터 9년전인 1923년 3월 1일에 지금 이 100호

48) 윤석중, 앞의 「동심으로 향했던 독립혼」, 262쪽.
49) 1921년 7월에 '천도교소년회'가 창립되었다는 것은 기술은 이미 고찰된 바와 같이 5월 1일로 바로 잡아야 할 것이다(발기는 4월 5일. 앞의 『천도교소년회회보』, 4쪽). 마찬가지로 방정환이 '천도교소년회'를 창립했다는 내용도 정정이 요구된다.
50) 『동아일보』 1921년 7월 10일자.
51) 이정호, 앞의 「『어린이』를 발행하는 오늘까지」, 1쪽.

의 시초인 창간호를 내엿습니다.[52]

여기서 초창기 천도교소년회의 유력한 지도자는 김기전이라는 확증이 잡힌다. 따라서 단서는 윤석중 등이, 확인은 이정호가 제공해 준 셈이다. 여기에다 성봉덕[53]의 다음과 같은 술회에서 많은 시사점이 발견된다. 그는,

어린이 운동에 주력한 지도자로는 김기전, 방정환, 박래홍 선생을 꼽지 않을 수 없다. (중략) 초기 단계에서는 소춘 김기전 선생이 결정적인 역할을 담당 (중략) 김기전 선생은 세 분 선생 중 유일하게 국내에 계시면서 교회활동을 하신 분이다. (중략) 1921년 4월에 천도교청년회 포덕부에 유소년부를 설치 (중략) 뒤이어 5월에 천도교소년회를 조직한 것도 소춘 선생이 할 수밖에 없었다. (중략) 이 해 6월 5일에 발표된 천도교소년회 총재에 소춘 김기전 선생이 추대된 것은 우연한 일이 아니다. 바로 천도교소년회를 창시하는 데 이념적인 정립과 조직적인 역할에 앞장선 분이 소춘 김기전 선생이었기 때문이다. (중략) 이것을 계기로 나라의 장래, 교회의 장래를 소년계층과 관련시켜 생각하게 되었다. (중략) 소년운동만이 아니라 천도교의 장래를 기약할 수 있다는 신념 같은 것이 솟아났다. 소춘 선생은 지체없이 실천에 옮겼다.[54]

라고 하여 천도교소년회의 창립과정과 동기까지도 일목요연하게 증언하였다.

한편 윤석중의 다음과 같은 소파와 소춘에 대한 비교언급은 그들에 대한 이해에 도움이 되고 있다.

---

52) 이정호, 「백호를 내이면서 창간당시의 추억」, 『어린이』 100, 1932, 19쪽. 집단은 '천도교소년회'를 뜻함(이재철, 「아동잡지 『어린이』 연구」, 『신인간』, 1986. 4, 75쪽).
53) 성봉덕은 표영삼의 필명이다.
54) 성봉덕, 「천도교소년회운동과 소춘선생」, 『신인간』, 1985. 5, 27~28쪽.

144

해주요양원 시절의 김기전

소파가 소년운동의 실천가였다면 소춘은 이론가였다. 소파가 이상주의자였다면 소춘은 현실주의자였다. 소파가 나선 운동가였다면 소춘은 숨은 운동가였다.55)

이 두 사람은 다 같은 천도교인으로 『개벽』과 『어린이』 발행에 주력하면서 이론과 실천이, 그리고 이상과 현실이 소년운동에 조화되고 승화되었음을 말하고 있다. 그러기에 윤석중은 다음과 같이 결론지었다.

천도교소년운동의 불멸의 유산은 어린이 가슴마다 심어주는 3·1정신과 민족정기요, 해마다 맞이하는 어린이날에 모든 어린이 결의를 새롭게 하는 소년해방의 마음다짐이다. 천도교소년운동 만세! 어린이 3·1운동 만세! 어린이 해방운동 만세! 그리고 소파·소춘 만세!56)

그러나 소춘은 이론가로만 멈추지 않았다. 그는 천도교소년회를 창립 운영하였고, 『개벽』지를 통해 「장유유서의 말폐」등 소년운동 관계 기사에 많은 지면을 할애하며 소년운동을 활성화시키는 방향으로 편집을 주도하였다.57) 뿐만 아니라 천도교청년당 당두(黨頭)를 맡아 농민운동, 공생조합운동, 그리고 오심당 비밀결사를 통한 독립운동의 지도 등 다양하게 활동하였다.58) 따라서 김기전을 이론가로만 평한 것은 재고가 마땅하다.

55) 윤석중, 「천도교소년운동과 그 영향」, 『한국사상』 12, 1974.
56) 윤석중, 「『어린이』잡지풀이」, 『어린이(영인본)』 1, 보성사, 1976, 4쪽.
57) 김정의, 앞의 『한국소년운동사』, 61~64쪽.
58) 『조선일보』 1934년 12월 21일자 기사 참조.

김기전은 천도교인으로서 독자의 폐부를 찌르는 논평을 직접 『개벽』지에 게재하며 『개벽』을 주간한 뛰어난 언론인이었다. 더욱이 그는 소년문제와 관련하여 「금쌀악·옥가루」, 「장유유서의 말폐」, 「개벽운동과 합치되는 조선의 소년운동」을 집필하였고 천도교소년회, 조선소년운동협회 등을 조직 운영하였다. 특히 어린이날을 제정하고,[59] 세계 최초로 '어린이 인권선언'을 기초하여 소년해방론을 폄으로써[60] 근현대 한국소년운동의 방향을 뚜렷이 설정케 하였다. 그는 이론과 실천을 겸비한 탁월한 소년운동가였다.

6. 조선소년운동협회의 성립과 어린이날의 제정

3·1민주혁명 이후 각종 기치를 내세우고 경향 도처에 여러 종류의 소년운동단체들이 발족되었다. 이들 소년운동단체들은 처음엔 보잘 것 없었지만 김기전에 의하여 천도교소년회가 조직되면서부터 점차 활발한 양상을 띠기 시작하였다.

그러나 이때까지의 소년운동에 대해 식자들 간에는 아직도 인식이 부족한 상태였고 또 소년문제를 성심으로 연구하는 사람도 드물었다. 따라서 이를 안타깝게 생각하던 서울 시내의 각종 소년운동단체의 관계자들이 소년문제를 좀더 조직적인 방법을 통하여 세상에 널리 선전하고 이 문제를 열심히 연구하여 보자는 뜻으로 여러 차례 협의를 하였다. 드디어 천도교소년회가 중심이 되어[61] 1923년 4월 17일 오후 4시에 천도

---

59) 김정의, 『한국소년운동사 연구』, 성신여자대학교 박사학위청구논문, 1992, 91쪽 참조.

60) 김정의, 「사회운동의 측면에서 본 소파 방정환」, 『아동권리연구』 3-2, 한국아동권리학회, 1999, 134쪽.

61) 이재철, 「천도교와 어린이운동」, 『신인간』 439, 1986, 4쪽.

교소년회 안에 모여서 소년운동협회라는 일종의 소년운동단체의 연합기구를 형성하였다.[62]

이러한 당시의 돌아가는 형편에 대해서 1923년 4월 20일자『동아일보』는 「소년운동의 신기치 소년관계자가 모여 협회조직 오월 일일을 긔약하여 대선던」이라는 제하의 기사를 실어 당시의 실정을 다음과 같이 전해주고 있다.

압박에 지지 눌리어 말한마듸 소리 한번 자유로 하지 못하던 어린이(소년)도 이제는 그 무서운 텰사를 버서 날 때가 되었다. 종래 우리 사회에는 모든 일에 어른을 위주하는 동시 가뎡에서도 자녀되는 사람은 절대로 구속을 바다왓고 좀더 심하게 말하면 어른은 아해를 압박하지 아니하면 어른의 도리가 아니라는 듯이 왓지마는 이제는 문화가 날로 발달됨을 따라서 사회의 장래 주인되고 가뎡의 다음 어른이될 어린이를 위하야 어른의 모든 것을 희생까지라도 하지아니하면 아니되게 되얏다. 이에 비로소 수년 전부터 각처의 소년회와 또는 그와 비슷한 모임이 생기기 시작하얏스나 아즉까지 소년문제를 성심으로 연구하는 사람도 업섯고 일반 식자간에도 이 문제를 그다지 중대하게 보지는 아니하얏는데 최근에 이르러 경성시내에 잇는 각 소년단체의 관계자간에는 엇더한 방법으로든지 좀더 소년문제를 세상에 널리 선전하는 동시에 이 문제를 성심으로 연구하여 보자는 의사가 잇서서 수차 협의한 결과 지난 십칠일 오후 네시에 천도교소년회 안에 관계자가 모히어 소년운동협회라는 것을 조직하엿더라.[63]

이 기사에 이어서 어린이날을 제정했다는 내용의 기사가 다음과 같이 나와 있다.

---

62)『동아일보』1923년 4월 20일자.
63)『동아일보』1923년 4월 20일자.

소년운동협회에서는 소년에 대한 사상을 선전하는 동시에 전조선의 소년으로 하여금 서로 연락하기 위하여

제1회 어린이날 사용했던 종이 기(새싹회 간직)

1. 매년 5월 1일을 조선의 어린이날로 정하고 위선 5월 1일에 제1회 선전을 하되 소년문제에 관한 선전지 이십만 장을 인쇄하야 5월 1일 하오 3시에 조선 각디에 일제히 배포할 일.

1. 5월 1일 7시 반부터 긔념소년연예회와 소년문제 강연회를 주최하되, 연예회는 소년을 위하고 강연회는 어른을 표준하여 하기로 함 등의 계획을

어린이날 살포된 어린이운동 계몽 전단지

세우고 방금 여러 가지로 준비하기에 분주중이라더라.[64]

그러나 이보다 앞서 『동아일보』 1922년 5월 1일자 및 2일자, 그리고 『도교회월보』 1922년 5월호(51~56쪽)에는 천도교소년회가 소년회 창립 1주년을 어린이날로 선포, 대대적인 문화행사를 거행한 것으로 보도되어 있다. 이것은 소년운동협회가 정한 위 인용문의 어린이날보다 1년 앞서 제정된 것으로서 천도교소년회가 당시 소년운농의 리드단체였음이 다시금 드러난다.[65] 이와 같이 왕성한 활동을 하고 있던 천도교소년회가 중심

---

64) 『동아일보』 1923년 4월 23일자.

65) 김정의, 앞의 『한국소년운동사 연구』, 91쪽.

이 된 소년운동협회는 1923년 5월 1일 제1회 어린이날, 다음과 같은 내용의 선전지 20만 매를 가가호호에 살포하는 대대적인 행사를 하였다.

一. 어룬에게 전하는 부탁

1. 어린이를 내려다보지 마시고 반다시 처다보아 주시오.
2. 어린이를 늘 갓가히하사 자조 이야기하여 주시오.
3. 어린이에게 경어를 쓰시되 늘 보드럽게 하여 주시오.
4. 이발이나 목욕 또는 옷가라 입는 것 가튼 일을 때맛처 하도록 하여 주시오.
5. 산보와 원족가튼 것을 각금 각금 식히사 자연을 친애하는 버릇을 지여 주시오.
6. 어린이를 위하야 즐겁게 놀을 기관을 맨그러 주시오.
7. 이 우주의 뇌신경의 말초는 늙은이에게도 잇지 아니하고 젊은이에게도 잇지 아니하고 오즉 어린이 그들에게 잇는 것을 늘 생각하여 주시오.

二. 어린이에게 전하는 부탁

1. 돗는 해와 지난 해를 반다시 보기로 합시다.
2. 뒷간이나 담벽에 글씨를 쓰거나 그림가튼 것을 그리지 말기로 합시다.
3. 도로에서 떼를 지어 놀거나 휴지가튼 것을 버리지 말기로 합시다.
4. 꼿이나 풀은 꺾지말고 동물을 사랑하기로 합시다.
5. 전차나 기차에서는 어룬에게 자리를 사양하기로 합시다.
6. 입을 다물고 몸을 바르게 가지기로 합시다.
7. 어룬에게는 물론이고 당신들끼리도 존경하기로 합시다.

이와 같은 소년문제에 관한 실천사항은 하나같이 눈길을 끌어 소년운동에 대한 일반의 관심을 환기시키고 소년들의 자각을 고취했다.[66] 한편

---

66)『동아일보』1923년 5월 1일자.

해주 취야소년회 총회 기념사진(『어린이』 4-1 부록 『어린이 세상』 8. 1926)

당시 소년운동협회의 관련단체는 천도교소년회를 비롯하여 불교소년회, 조선소년군이 대종을 이루었다.67) 또한 이 협회의 중심인물은 김기전을 위시하여 김선(金善), 김일선(金一善), 유성준 등이 있었다. 이는 1923년 4월 28일 하오 7시 30분에 이 협회 주최로 경운동 천도교당에서 소년문제 강연회가 있었는데 여기에서 김기전이 개회사를 하였고 김선이 '어린이의 설움', 김일선이 '장래 행복은 별무도(別無道)', 유성준이 '사회개조의 근원'이란 제목으로 각각 강연했다는 기사68)로 보아 확인된다.

이와 같이 소년운동협회가 형성되어 각종 기념운동을 계획하고 그 준비활동을 진행함으로써 소년에 대한 일반의 관심이 점차로 고조되어 갔고 소년운동계 자체에도 획기적인 발전을 이룩하였다. 뿐만 아니라 소년운동협회의 형성활동은 한국 근현대소년운동의 새 기풍을 일으킨 경사로서 소년운동의 초석을 다지고 전통을 수립한 기점이 된다. 그것은 이 협회에서 1923년 5월 1일을 첫 어린이날로 정하고, 첫 어린이날 기념식 장에서 「소년운동의 선언」을 선포한69) 이래 오늘날까지도 어린이날 행사가 매년 시행되고 있다는 사실로서 잘 입증이 되는 것이다.

---

67) 『동아일보』 1923년 4월 26일자.
68) 『동아일보』 1923년 4월 30일자.
69) 『동아일보』 1923년 5월 1일자.

천도교안주학생회 강연 기념(1928년 3월 1일)

7. 소년운동의 반성

조국을 강탈당한 채 전통사회의 가난과 무지만을 고스란히 물려받은 식민지하의 우리 민족은 너나없이 조국을 찾겠다고 무슨 운동이던 운동에 몸을 담았다. 교육운동, 청년운동, 여성운동, 노동운동, 농민운동 등 가히 운동만능시대의 꽃을 피웠다. 그것은 모두가 일정하게 독립운동에 직·간접으로 연결되고 있었다. 소년운동도 마찬가지였다.[70]

소년을 민족독립의 새로운 희망으로 인식한 소년계몽가들은 많은 지면을 할애하여 소년운동을 고취하였다. 그리하여 1920년대에는 소년운동이 불같이 일어나 한민족에게 미래의 희망을 안겨주었다. 그러나 소년운동의 지반은 열악하였다. 물려받은 가난과 무지는 소년운동을 전국민적 운동으로 승화시키기에는 버거웠다.[71] 더욱이 일제강압 하에 모진 경제적 압박이 민중을 더더욱 궁색하게 만들었고, 이에 따라 소년을 노동현장으로 몰아갔다.[72]

---

70) 김정의, 앞의 『한국소년운동사 연구』, 171쪽.
71) 김정의, 앞의 「한국근대소년운동의 노선갈등과 일제탄압고」, 306쪽.

天道教年少年會一同

천도교평양소년회 총회기념

그 결과 선택된 소년은 극소수이고 공부하지 못하고 불우하게 일하는 소년의 수는 압도적으로 많아져 문제의 심각성이 드러났다. 이 같은 사실은 다음과 같은 김기전의 주장을 통해서도 알 수 있다.

> 우리 유소년으로 공부하는 동무가 (중략) 70만 명이 넘지 못할 것입니다. 그러면 6백만 명 동무 중에 530만 명이나 되는 우리 동무는 모다 눈 뜬 장님이 되고 잇는 셈입니다.[73]

이런 분위기였기 때문에 민중들에게 있어서 소년운동은 좀처럼 귓전에 들어오지 않았다. "엇던 때 동리에 무슨 강연회, 동화회, 토론회가 잇서서 (어린 사람들을 위해서 여는 회합에) 구경을 가려 하면 이런 것이 위험하니 가지말라"든가 또는 "공부하는 아해가 공부는 안하고 그까짓 것은

---

72) 주영철, 「직업소년들의 가지가지 설움」, 『어린이』 7-4, 1929, 15쪽.
73) 김기전, 「다갓치 생각해 봅시다」, 『어린이』, 1927. 12, 1쪽.

들어서 무엇 하느냐"하시면서 "긔여코 그런 곳을 못 가게 하시는 것이 상례이십니다."74)

이와 같은 시대 분위기를 체득하고 있는 김기전은 소년운동에 대한 반성도 게을리하지 않았다.75)

첫째, 소년운동의 의의를 이해하고 그 의의에 준하여 소년운동을 진행하여야 한다는 것이다. 예를 든다면 조선의 소년소녀를 재래의 윤리적·경제적 압박으로부터 해방시켜야 하는 본의를 살리지 못하고 단지 어린이날의 기념 기분으로만 충만된다면 이는 일시의 호기심이나 유희감의 조장은 될지언정 소년운동이 모독될 염려가 있다는 것이다.76)

둘째, 소년운동은 다른 운동과 달리 소년자신이나 그 소년을 지도하는 몇 사람에 의해서 될 일이 아니라 "각 가정이면 가정, 사회면 사회일반의 공동한 발의(發意)와 노력에 의하야 비로소 효과를 얻을 것인 즉, 적어도 사회의 일반복리를 염두에 두는 사람쯤이면 다가티 이 운동의 진행을 주시 독려하야"77) 이 운동을 어린 사람이나 또는 몇 명의 지도자에게만 맡기지 말고 모두가 함께 관심을 갖자는 것이다.

셋째는 재래의 우리 부모들은 자기 밑에서 자라나는 어린이에 대해서 그저 '날 닮아라 날 닮아라'78)하여 재래의 전통이 주입되어 어린이에게 해독을 입힐 우려가 있다는 것이다. 그렇다고 자기 되어 가는 그대로 보양(保養)하는 것도 문제가 있다는 것이다. 물론 어린 사람을 자기 생긴 그대로 보양해 갈 수가 있다고 말하면 좋겠지만 그렇게 하면 현 사회의 일체를 그대로 시인하고 옹호하는 결과가 되어 현상에 타협 복종할 염려

---

74) 승응순, 「네가지 하소연과 세가지 나의 요구」, 『어린이』, 1926. 5·6, 22쪽.
75) 김기전, 「다갓치 생각해 봅시다」, 『어린이』 5-8, 1927, 1쪽.
76) 「어린이날에 하고 십흔말」, 『개벽』 69, 1926, 44쪽.
77) 위의 글.
78) 위의 글.

가 있다는 것이다. 그러므로 현상
에 대하여 적극적으로 비판, 반항
하여 현상을 수정 개혁하는 노력을
경주해야 한다는 것이다. 『개벽』
69호에는 그래야 할 필요성이 다음
과 같이 게재되어 있다.

우리는 스사로 어린 사람을 자
기 생긴대로 커가게 한다하야 그
의 사상이나 감정이나 행동에 무
관심하는 태도를 위할 수는 업는
것이다. 할 수 잇는데까지는 재

천도교소년회운동의 산 증인 김응조

래의 전통이 뿌리박기 전 그 때에 일반의 노력을 하지 안홀 수 업는
것이다. (중략) 우리와 정반대의 경우에선 저들 지배자 측에서 이 소년들의
단속 교련(자기편에 유리하도록)에 어대까지 유의하는 점을 보아서도
추측할 수 잇는 것인즉 무릇 소년운동에 뜻을 머무른 사람은 다시금
이 점에 유의할 필요가 잇스리라 한다.[79]

이로써 이 글을 쓴 이[80]의 심중이 여실히 드러나 있다. 즉, 일제의
식민정책에 의해 나타난 사회현상을 도저히 조선총독부가 교육하는 대로
그대로 시인시킬 수 없다는 절규이다. 다시 말해서 어린이들을 반드시
독립역군으로 키워야 된다는 의지의 일단이다. 김기전은 민족운동으로서
의 소년운동의 의지를 이미 『개벽』지 창간호(1920. 6. 25)에서 「금쌀악 ·
옥가루」의 동요를 빌어 아래와 같이 은유적으로 드러낸 바 있다.

---

79) 위의 글, 45쪽.
80) 이 글의 내용으로 보아 김기전의 글이라고 보인다.

북풍설한 가마귀 집 귀한 줄 깨닫고 가옥가옥(家屋家屋) 하누나

유소불거(有巢不居) 저 — 가치 집 일흠을 부끄려 가치가치(可恥可恥)
짓누나

명월추당(明月秋堂) 귀뚜리 집일흘가 저히서 실실실실(失失失失) 웨놋
다.

황혼남산 부흥이 사업 부흥하라고 부흥부흥(復興復興) 하누나

만산모야(晚山暮夜) 속독새 사업독촉하여서 속속속속(速速速速) 웨이
네

경칩만난 개구리 사업 저 다하겟다 개개개개(皆皆皆皆) 우놋다.[81]

그러기에 그는 유희(遊戲)로 머무는 어린이날 행사가 그나마 소년 자신
이나 몇몇 지도자만의 소년운동이 되고 있음을 반성하고, 모두가 관심을
갖고 소년을 윤리적·경제적 압박에서 해방시키고자 하였다. 이를 위하
여 그는 새 시대·새 조국을 열어갈 수 있도록 민족독립정신이 깃든 소년
운동으로 거듭나야 된다는 뼈아픈 충언을 하기에 이른 것이다.[82]

8. 맺음말

위에서 논증한대로 소춘 김기전의 소년운동 업적은 한국 근현대소년운
동사에 커다란 획을 그었다. 이를 요약하면,

첫째, 전통시대 장유유서와 남녀 소년 차별의 모순점을 밝히고 그 해결
책으로 소년해방사상을 제시하였다.

둘째, 소년해방사상에 입각해서 천도교소년회를 창설하고 자체적으로

---

81) 소춘, 「금쌀악·옥가루」, 『개벽』 1, 1920, 37쪽. 이 글은 일제의 검열에 의하여
삭제되었던 내용이다(김근수, 「1920년대의 언론과 언론정책-잡지를 중심으로-」,
『3·1운동50주년기념논집』, 동아일보사, 1969, 733쪽.
82) 김정의, 『한국소년운동사』, 87쪽.

제1회 어린이날 행사를 가졌다.

셋째, 소년해방사상을 기저로 「소년운동의 선언」을 초안하여 소년운동의 목표로 자리잡도록 만들었다.

넷째, 소년해방사상을 확산시키기 위하여 소년운동협회를 형성하고 전국적인 제1회 어린이날 기념행사가 이루어지도록 주도적인 역할을 수행하였다.

다섯째, 해가 거듭될수록 소년운동이 형식적인 행사로 흐르자 소년해방사상의 본의가 살아나도록 진력하였다.

이로써 소춘 김기전은 소년운동의 뛰어난 이론가이자 실천가였음을 밝혔다. 특히 그의 소년운동은 소년해방운동 측면에서 불후의 일가를 이루었음을 구명한 것은 나름대로의 보람이라고 생각된다.

『실학사상연구』 15 · 16합집, 2000

제7장 정성채의 소년운동

1. 머리말

광복 후 한국사 연구 분야는 한국인 사학자에 의하여 새로운 지평을 열어갔다. 특히 민족운동사 연구에 대한 홍이섭의 선견은 1970년대를 넘기면서 드디어 폭발적인 연구 풍토를 이루는 데 커다란 기여를 하였다.[1] 이에 발맞춰 최근 30여 년 동안 한국소년운동사에 대한 연구열도 괄목할 만하였다. 이로써 한국소년운동사 연구분야가 거의 전 분야를 망라하는 쾌거를 거뒀다. 이 같은 결과에 힘입어 『고등학교 국사』 교과서에도 다음과 같이 반영되었다.

청년운동의 발흥의 영향을 받아 소년운동도 활발히 전개되었다. 소년운동은 천도교청년회가 소년부를 설치함으로써 본격화되었으며, 그 후 천도교소년회로 독립하여 어린이날을 제정하고, 기념행사를 거행함으로써 소년운동의 물결은 전국적으로 확산되었다.
그 후 소년운동의 전국적 조직체로서 조선소년연합회가 결성되어, 체계

---

1) 한국민족운동사 분야에 대한 홍이섭의 정열적인 강의, 강연, 저술 활동은 해방 후부터 1974년 3월 4일 59세로 유명을 달리할 때까지 독보의 굵은 자취를 남겼다. 특히 그의 민족사관이 개척적으로 반영된 『한국사의 방법』, 『한국정신사 서설』, 『한국근대사』 등은 한국민족운동사 연구 분야에 불후의 고전으로 평가되고 있다 (원유한 엮음, 『홍이섭의 삶과 역사학』, 도서출판 혜안, 1995, 17~422쪽 참조).

소년척후대를 창설한 정성채

적인 소년운동이 전개되었쪽. 특히 방정환과 조철호 등은 소년운동을 통해 어린이들에게 용기와 애국심을 북돋워 주었다. 그러나 지도자들 사이의 사상과 이념의 대립으로 소년운동도 분열되었다. 더구나 중일전쟁 발발 후 일제가 한국의 청소년운동을 일체 금지시킴으로써 청소년운동은 중단되고 말았다.[2]

그러나 아직도 몇 분야는 미개척 상태이다. 국외에서의 한인소년운동 그 자체와 국내와의 연계고리가 좀더 규명되어야겠고, 국내의 소년운동도 다른 민족운동과의 비교 고찰이 뒤따라야 하겠다.[3] 그리고 한국소년운동과 외국의 소년운동도 비교연구가 요망된다. 한편 소년운동가 개개인의 업적 천착도 뒤따라야 하겠다. 다행히 김기전(金起瀍), 방정환(方定煥), 조철호(趙喆鎬)의

소년운동 연구는 위의 선행논문에서 보여지는 것처럼 어느 정도 정리가 되었으나, 정성채(鄭聖采)나 정홍교(丁洪敎)의 소년운동 천착은 그들의 업적에 비해 미미한 상태이다. 특히 정성채는 소년단(boy scout)을 한국에

---

2) 교육부, 『고등학교 국사(하)』, 대한교과서주식회사, 1992, 159~160쪽.
3) 이현희, 「서평 ; 김정의지음, 『한국소년운동사』」, 『한국민족운동사연구』 7, 한국민족운동사연구회, 1993, 139쪽.

서울 종로에 위치한 중앙기독교청년회관(소년척후대 산실)

서 최초로 발대시킨 소년단운동의 창시자임을 상기할 때 연구의 필요성
은 더욱 절감된다고 보겠다. 그래서 우선 '정성채의 소년운동'을 이번
기회에 연구주제로 택하여 천착하고자 한다.

2. 정성채의 생애

소년척후대(少年斥候隊)를 창설한 정성채는 보이스카우트운동의 우
수성을 일찍이 깨달은 스카우팅의 위대한 개척자로서 소년과 함께 청춘
을 불사른 소년운동가이자 훌륭한 종교 지도자였다.

정성채는 1899년 4월 16일 지금의 서울 종로구 권농동 171번지에서
아버지 정윤수(鄭允洙)와 어머니 김애심(金愛心) 사이에 성채(聖采), 성
애(聖愛), 인애(仁愛), 영채(永采),[4] 명채(明采), 종애(宗愛)의 6남매 중

---

4) 정영채는 가형인 정성채의 지도 아래 최초의 소년척후대원으로 활동하였다(김정
   의, 「한국근대소년운동연구(Ⅱ)-초기소년단운동을 중심으로-」, 『논문집』11, 한

160

정성채의 모교 연희전문학교(현재 연세대학교의 전신)

장남으로 태어났다. 어릴 때 아명(兒名)은 구도(具道)라 불렸으며 성격이 온순하고 비교적 내성적으로 독실한 기독교 가문의 영향을 받으며 살았다.5)

13세가 되던 1912년, 미국인 선교사 언더우드(Underwood)가 설립한 경신학교(儆新學校)에 입학하였다. 재학 중에는 운동, 음악 등 다방면에 걸쳐 뛰어난 소질을 발휘하였는데, 야구를 무척 즐겨 왼손잡이 선수로 많은 활동을 하였다. 또 음악에도 남다른 소질이 있어 하모니커와 바이얼린 연주로 두각을 나타냈다. 이런 소질과 취미가 후일 홍난파(洪蘭坡) 등과 같이 악우회(樂友會)를 조직하여 활동하게 된 계기가 되었다.6)

당시 경신학교에서는 학생들이 학비 조달의 한 방편으로 교내에 수방(繡房)을 차려놓고 자수를 배우고 작품을 만들었는데, 정성채는 여기에도 남다른 재질을 나타내 당시의 화조(花鳥) 자수 한 폭이 지금까지 남아 있다. 이때 익힌 솜씨가 후일 소년척후대를 창설하여 부인과 같이 휘장과 기능장 등을 손수 수놓아 제작하는 데 많은 도움을 주었다.7)

1916년 3월, 경신학교를 졸업하자 곧 중앙기독교청년회관8) 영어과에

양여자전문대학, 1988, 60쪽).

5) 한국보이스카우트60년사편찬위원회, 『한국보이스카우트60년사』, 한국보이스카우트연맹, 1984, 66쪽.

6) 위의 책.

7) 위의 책.

8) 중앙기독교청년회관(1913)은 황성기독교청년회관(1906)의 후신으로 중앙기독교청년학관(1929)을 거쳐 1939년 경성영창학교로 개칭되었다. 해방 후 고급중학

들어가 이듬해 3월에 졸업하고 4월에 연희전문학교(延禧專門學校)에 입학하였으나 1919년 3·1민주혁명 때 중퇴하였다.[9] 그 후 정신여학교(貞信女學校)를 나온 정수면(鄭守冕)[10]과 혼인, 슬하에 장남 찬모(燦模)[11] 등 7남매를 두었다.

기독교청년회 회원농구대회(1923년)에서 우승한 소년부 팀. 뒷줄 왼편이 정성채

1921년 중앙기독교청년회의 소년부 간사가 되었으며[12] 그해 2월에는 숭동교회 집사가 되었는데, 기독교 가문의 성장과정과 기독교인으로서 남다른 신앙심을 두고 볼 때

교로 승격(1946)됐고, 1949년 구사립영창중학교를 모체로하여 성동공립중학교(6년제)로 거듭났다. 2년 후 1951년에는 중·고등학교로 분리되었다(이치선, 「아관성동」, 『성동』 4, 성동고등학교, 1957, 15~16쪽 참조).

9) 정성채가 1학년 때인 1917년에는 연희전문학교(4년제)의 학생 수가 89명이었지만 1919년에는 학생 수가 17명으로 급격히 줄었다. 이것만 보아도 3·1민주혁명의 여파가 얼마나 엄청났었는가가 여실히 입증된다. 정성채도 이때 중퇴하고 만다(연세대학교백년사편찬위원회, 『연세대학교백년사』 1, 연세대학교출판부, 1985, 153쪽 <표> 연도별 학생수 참조).

10) 정수면은 경기도 양주군 출신으로 사립정신여학교를 1917년 3월 27일 제9회로 졸업하였다(정신여자고등학교 졸업대장번호 제99호). 동기생으로는 김태순, 김영순, 김화진, 이명주, 박선근, 변복경, 정옥희, 정혜경, 주경애, 차재은, 최명복, 최순경, 한신견, 허혜윤 등 15명이다. 이 중 김영순과 주경애는 3·1민주혁명에 가담하여 옥고를 치렀다(주경애 소장, 사립정신여학교 제9회 졸업식순 팜플렛 ; 김광현, 『정신100년사』, 정신100주년기념사업회, 1989, 445~447쪽 참조).

11) 정찬모는 부친을 이어서 소년단 활동을 하였다. 특히 1971년 한국보이스카우트 사무총장에 취임하여 현 여의도에 있는 한국보이스카우트 회관 건립에 커다란 공적을 남겼다(앞의 『한국보이스카우트60년사』, 852쪽).

12) 전택부, 『한국 기독교청년회 운동사』, 범우사, 1994, 277쪽.

소년척후대 발대식(1922. 기독교청년회관)

종교 단체에 근무하게 된 것은 우연이 아니었다. 정성채는 소년부 간사직을 맡으면서 소년부원들을 대상으로 보이스카우트운동을 연구하고 적용하기 시작, 1922년 9월 30일에 드디어 소년척후대를 창설하였다.13) 이것이 사실상 한국 보이스카트운동의 효시이다.14)

1924년에는 조철호(趙喆鎬)의 조선소년군과 통합하여 당시 중앙기독교청년회의 총재였던 이상재(李商在, 1850~1929)15)를 총재로 한 소년척후단 조선총연맹을 발족시키고 조철호와 같이 부간사장의 직분을 맡았다.16) 1924년 중국 베이징(北京)에서 개최된 극동국제야영대회에 대표로 참가하였고,17) 1927년에는 일본 운선(雲仙)에서 개최된 지도자 훈련에 역시 조선 대표로 참가하였다.

1931년에는 YMCA대의 대장인 김수동(金壽東) 등과 같이『소년척후교범(少年斥候敎範)』을 집필, 발간했으나 단가(團歌)가 문제되어 일본

13)『동아일보』1925년 10월 10일자.
14) 김정의,「소년운동」,『경기도 항일독립운동사』, 경기도, 1995, 834쪽.
15) 이상재의 호는 월남(月南), 한산(韓山) 출신. 1898년 서재필과 함께 독립협회를 조직하여 부회장을 지내며 민중계몽. 후에 기독교청년회장, 소년척후단총연맹 총재, 조선일보사 사장 및 신간회 회장을 지낸 민족운동가(김을한,『월남 이상재 일대기』, 정음사, 1976, 202~205쪽 참조).
16)『동아일보』1924년 3월 21일자.
17)『동아일보』1924년 4월 14일자.

소년척후대 사열 의식

경찰에 의해 압수당하였다. 소년운동을 통한 독립운동에 관련이 되자 일경은 요주의 인물로 지목, 감시를 강화하니, 1936년 5월 끝내 소년부 간사직을 그만두고 6월 조선연예주식회사(후에 OK 레코드사) 부사장으로 전직하여 일본 데이지구레코드사 경성지점 차장을 겸임하였다.18)

1937년 2월 수송교회 장로로 피택되고 같은 해에 소년척후단 조선총연맹이 일제의 탄압으로 강제 해산당하는 비운을 맞았다. 한편 신흥우(申興雨)를 구심점으로 '적극 신앙단'을 조직,19) 기독교를 통한 사상운동을 전개하다가 서대문서에 투옥되고, 석방된 후 '흥업클럽사건'으로 재차

---

18) 앞의 『한국보이스카우트60년사』, 67쪽.

19) 적극신앙단은 1926년 신흥우를 중심으로 조직된 기독교연구회의 후신으로 1932년 적극신앙단운동으로 발전했다. 이 운동은 YMCA의 초교파적 교회 일치운동·토착화운동·민족교회운동·항일운동으로 추진되었다. 처음 단원이 된 사람은 정성채를 비롯하여 정춘수, 유억겸, 신공숙, 김인영, 박연서, 최석주, 엄재희, 김태원, 이건춘, 홍병덕, 구자옥, 함태영, 박용희, 권영식, 김영섭등 20여 명의 기독교계 지도자들이었다(전택부, 앞의 『한국 기독교청년회 운동사』, 376~381쪽 참조).

피검되어 옥고를 치르고 해방을 맞았다.

8 · 15광복이 되자 곧 보이스카우트 재건에 착수, 1946년 대한보이스카우트중앙연합회를 발족시키는 데 크게 기여하였다. 이어 중앙위원회 위원직을 맡았으며, 1947년에는 대한소년단으로 명칭이 변경되면서 제3대 간사장에 취임, 보이스카우트운동을 본궤도에 올려 놓았다.[20]

1945년에는 소년운동 및 종교계의 인물로 발탁되어 미군정청 민정관실 감찰과 차장을 거쳐 1946년에는 한국공사(韓國公社)를 설립, 부사장을 역임하였다. 1947년에는 영자신문『Union Democrat(合衆民報)』를 창간, 발행인 겸 편집국장으로 일하면서 동시에 재외동포협찬동지회를 조직, 부회장으로 활약하였다.[21]

1948년에는 미국 경제협조처(ECA)의 농림부 담당 한국 책임자에 임명되어 해방 후 한국 경제부흥에 힘썼고, 1950년에는 주일 한국대표부 전권대사 겸 주일본 연합군 사령부 파견 외교사절 단장 신흥우의 수석비서관으로 수행하였다. 이 해 한국전쟁이 일어나자 피난하지 않고 서울 고수를 주장하다가 8월 19일 서울 종로구 재동 54번지 10호 자택에서 북한 요원들에게 납치되었다. 피납된 후 그의 생사는 알 길이 없는 채 현재에 이르고 있다.[22]

정성채는 보이스카우트운동에 생애를 바친 소년운동가로서 또 일제에 맞서 투쟁한 종교 지도자로서, 철저한 신앙과 스카우팅을 통한 2세 교육으로 조국 독립을 달성하려 했던 한국 보이스카우트운동의 개척적인 지도자였다.

---

20) 앞의『한국보이스카우트60년사』, 67쪽.

21) 위의 책.

22) 위의 책.

3. 소년척후대의 창설

보이스카우트의 양대 산맥의 하나인 소년척후대(少年斥候隊)는 1921
년부터 중앙기독교청년회 소년부의 간사직23)을 맡고 있던 정성채가 동
소년부원을 중심으로 조직하였다.24) 이것이 본보기가 되어 전국적인 기
독교청년회의 조직망을 활용하여 많은 소년척후대가 정성채의 지도로
각각 생겨나게 되었다.25)

중앙기독교청년회는 일찍부터 서양문화를 소개하는 매체 역할을 많이
담당했던 터에 그 이념이 보이스카우트와 상통하는 점이 있으므로 정성
채가 소년부에서 이 운동에 관심을 갖고 연구를 진행시킨 것이다.26)

당시 소년운동은 아직 조직적인 활동을 펴기엔 여러 모로 어려움이

---

23) YMCA에는 종교부, 회우부, 사회부, 교육부, 체육부, 농촌부, 소년부 등 7개의
   사업부서가 활동을 하고 있었다. 이 중 소년부 간사는 1920년에는 홍병덕이었지
   만 1921년부터는 정성채가 시무하였다(『청년』, 1921년 4월호, 38쪽 ; 1926년 제5
   회 기독교청년회 회록, 10쪽). 그리고 YMCA에 소년부가 처음 조직된 것은 1917
   년 10월 5일이다(신석호 외, 『한국현대사』 9, 신구문화사, 1972, 290쪽).
24) 발대 당시 소년척후대원은 이규홍(李圭弘), 정영채(鄭永采), 이범준(李範俊), 이
   희준(李熙俊), 신태욱(申泰旭), 여운경(呂運慶), 이정모(李正模), 정영진(鄭永鎭)
   등 17명이다(앞의 『한국보이스카우트60년사』, 58쪽).
25) 현재 척후대 이름이 전해 오는 것은 기독교청년회 소년척후단을 위시하여 원산소
   년척후대, 청진청년회 소년척후대, 용정촌소년척후대, 정동소년척후대, 상조소
   년척후대, 부산소년척후대, 광활청년회 소년척후대, 함흥소년척후대, 당항리소
   년척후대, 평양기독교청년회 소년척후대, 복계소년척후대, 전주소년척후대, 의
   정부소년척후대, 개성소년척후대, 목포소년척후대, 강경소년척후대, 조양소년
   척후대, 안양소년척후대, 대구소년척후대, 대전소년척후대, 회령소년척후대, 철
   원소년척후대, 사리원소년척후대, 소년척후단 평남여맹, 진남포소년척후대, 광
   주소년척후대, 배재소년척후대 등 28개이나 광주소년척후대의 대증번호가 35번
   인 것으로 보아 이보다는 상회했을 것으로 보인다(앞의 『한국보이스카우트60년
   사』, 93~97쪽).
26) 김정의, 「현대 초 한국소년운동의 교육이념」, 『연호 노승윤박사 화갑기념논총』,
   1997, 328쪽.

있었다. 그러나 중앙기독교청년회는 국제적인 종교단체라는 특수한 이점을 살려 소년부 내의 소년들을 적절히 활용하여 국제적인 보이스카우트 운동을 도입할 수 있는 여건을 갖추고 있었다. 더욱이 소년척후대가 창립되기까지 같은 직원이었던 현동완(玄東完), 홍병덕(洪秉德), 이건춘(李建春), 김진수(金振秀), 장권(張權) 등의 도움은 정성채에게 더없이 큰 힘이 되었다.[27] 정성채의 시야를 넓힌 보이스카우트에 대한 식견으로 인하여 이들 동지들의 도움을 얻을 수 있었다. 또 자연스럽게 소년운동계에서 지도력을 발휘할 수 있는 계기가 된 것이다.[28]

소년척후대의 창립일은 정성채가『동아일보』에 기고한 다음의 내용을 보면 1922년 9월 30일로 밝혀져 있다.[29]

내가 본래 중앙기독교청년회 소년부 일을 보게 되엿슴으로 소년부원 어린이에게 이전부터 소년척후대의 정신은 만히 너어 주엇다. 차림차림을 이 스카우트로하고 나서기는 일천 구백 이십 이년 구월 삼십일이엿슴니다.[30]

또한『고등경찰관계연표』에도 소년척후대의 창설이 다음과 같이 1922년 9월 31일로 기록되어 있어서 위의 정성채의 기고 내용이 사실임이 뒷받침 된다.

大正十一年 九月 三十一日 京城鐘路に 第一虎隊 中央基督敎靑年會 少年斥候隊を 組織す.[31]

27) 앞의『한국보이스카우트60년사』, 58쪽.
28) 김정의,「소년운동사」,『한국문명사의 이해』, 도서출판 혜안, 1995, 143쪽 참조.
29) 창립일은 당시의 사실 보도가 아니고 3년후의 기고문(『동아일보』1925년 10월 10일자)이기는 해도 본인의 언급이므로 믿어야 한다고 생각된다.
30)『동아일보』1925년 10월 10일자.
31)『조선고등경찰관계연표』, 107쪽. 大正 11년은 서기 1922년에 해당된다. 그리고

그렇다면 조선소년군의 창설보다 앞서서 소년척후단을 발단시켰음을 알 수 있다.

발족 후 정성채는 보이스카우트운동이 국제적 청소년운동이라는 점을 중시하여 세계 보이스카우트의 활동 내용을 준수하려고 노력하였다. 즉, 본래의 이념과 방법을 있는 그대로 도입하여 순수한 입장에서 보이스카우트 활동을 전개한 것이 특색이다.[32] 따라서 소년척후대는 조선소년군과 근원은 같지만 이념과 실천방법에서는 차이를 드러냈다. 그것은 다음과 같은 소년척후대의 '주의방침'을 보면 알 수 있다.

1. 도덕심을 기초로 소년을 지도할지니 엇더한 종교를 신봉하는 단체를 물론하고 각기 교리로써 인도하여 타인의 종교를 존중함.
2. 개성본위의 훈련이니 소년 개인의 인격을 존중히 하야 강제적 훈련이나 군대적 훈련을 실시치 아니함.
3. 사해형제주의를 공고케 하야 외국 소년척후와 상호 연락함으로 세계평화를 촉진함.[33]

위에서 타인의 종교를 존중케 하고 강제적이거나 군대식 훈련을 금하며 사해형제주의를 표방, 외국 스카우트와의 유대를 통해 세계평화를 촉진시키려 한 점은 곧 세계 보이스카우트운동의 기본 방침에 부응한 것이며 소년척후대의 성격을 잘 나타낸 것이다.

이렇듯 소년척후단은 기독교를 중심으로 신앙적 분위기 속에서 스카우팅에 충실함으로써 세계 보이스카우트 본래의 순수성을 철저히 이행하는 데 솔선하였다.[34]

9월 31일은 30일의 오기로 추정된다.
32) 김정의, 『한국소년운동사』, 민족문화사, 1992, 170쪽.
33) 『동아일보』 1925년 10월 10일자.
34) 김정의, 앞의 「한국근대소년운동연구(Ⅱ)-초기소년단운동을 중심으로-」, 62쪽.

4. 조선소년군과의 통합과 분리

1) 소년척후단 조선총연맹의 성립

척후대 또는 소년군이라고 불리던 보이스카우트운동은 중앙기독교청
년회 소년부 간사인 정성채와 중앙고보 교사인 조철호가 각각 보이스카
우트운동의 지도자로 부상되어 1922년 가을부터 정식으로 사회활동을
전개하기 시작하였다.[35] 본래부터 이 운동은 청소년들에게 유니폼을 입
히고 사내다운 기상을 기르는 동시에 희생정신과 고상한 인격양성에 목
적이 있었다. 이는 한국과 같이 나라없이 군인이 될 기회가 없는 청소년들
에게는 가장 적절한 운동으로 받아들여지면서 급속히 진전되었다.[36]

그러나 영국의 바덴 파우엘(Robert Baden-Powell)이 제창한 보이스카
우트운동[37]이 이 땅에 소개되어[38] 척후대나 소년군이라는 각각 다른
이름의 조직체로 분리 생장되고 있다는 점에 유의하여 서로 통합을 위해
여러 차례 협의를 가졌다. 드디어 서울과 인천에 있는 4개의 척후대 대표
들이 1924년 3월 1일 중앙기독교청년회관에 모여서 상호 연락과 통일을
목적으로 중앙기관 설립을 의결하였다. 소년척후단 조선총연맹이 결성된
것이다.[39]

그리하여 비로소 소년척후단 조선총연맹 발기회를 갖고 「강령」과 「준
율」 및 「표어」를 제정하였는데 대개 세계 각국에서 통용되는 규칙으로
표준하였다. 이로써 소년척후단 조선총연맹은 보이스카우트의 세계 기준

---

35) 조선소년척후군은 1922년 10월 5일 중앙고등보통학교 후원에서 김성수, 송진우,
　　정성채 등의 내빈이 임석한 가운데 오봉환 등 8명의 대원으로 창설되었다(『동아
　　일보』 1922년 10월 7일자 기사).

36) 전택부, 앞의 『한국 기독교청년회 운동사』, 287쪽.

37) Robert Baden-Powell, *Scowting for boys*, Cathur Pearson L.T.D, 1967, 5~8쪽.

38) 이돈화, 「신조선의 건설과 아동문제」, 『개벽』 18, 1921. 12, 28쪽.

39) 김정의, 앞의 『한국소년운동사』, 171~172쪽.

헌장을 갖게 된 것이다.[40] 그 내용은 다음과 같다.

강령
1. 사회를 위하여 자기 직무를 다하며 단규를 엄수함.
2. 항상 타인 돕기를 준비함.
3. 항상 자기 덕성을 수(修)하며 신체와 정신을 건전하게 함

준율
1. 단원은 정직할지니 언어 동작에 신실하라.
2. 단원은 충성할지니 사회에 대하여 충실하라.
3. 단원은 도움이 될지니 매일 일건(一件) 이상의 선사(善事)를 행하라.
4. 단원은 우애할지니 타계(他界) 소년을 형제로 여기라.
5. 단원은 친절할지니 빈약(貧弱)한 자에게 더욱 친절하라.
6. 단원은 인자할지니 동물을 애(愛)하고 보호하라.
7. 단원은 순복(順服)할지니 부모와 상장(上長)에게 복종하라.
8. 단원은 쾌활할지니 곤란을 당할 때 더욱 쾌활하라.
9. 단원은 근검할지니 금전 급(及) 시간을 적당히 이용하라.
10. 단원은 용감할지니 위험을 당할 때 수립(竪立)하라.
11. 단원은 청결할지니 신체와 심지(心志)를 깨끗케 하라.
12. 단원은 경건할지니 타인의 종교심을 존중히 여기라.

표어
준 비[41]

특이한 것은 조선소년군의 「준율」 15개항[42]이 12개항으로 된 것, 또

---

40) 건택부, 앞의 『한국 기독교청년회 운동사』, 287쪽.
41) 한국보이스카우트50년사편찬위원회, 『한국보이스카우트50년사』(미간행 초고 본), 한국보이스카우트연맹, 1973, 45~47쪽.
42) 1922년 10월 5일 제1차로 제정된 조선소년군의 「준율」은 다음과 같다(앞의 『한국 보이스카우트60년사』, 52~53쪽).

소년척후단의 하나님께 서약하는 내용과 제2조의 종교를 가질 것을 요구하는 종교적 개념이 삭제된 점이다.[43) 이는 상호 절충과정에서 서로의 입장을 적극 반영한 결과이다.[44) 그러나 소년척후단 조선총연맹의 「준

---

1. 단원의 언어는 신성하다. 가령 그 새생명을 도(賭)하드래도 명예를 중히 녁이며 신(信)과 의를 행할 사.
2. 단원은 사회, 상장, 부모 또는 고용주 및 하인에 대하여 성실할 사.
3. 단원의 의무는 유위(有爲)하고 타인의 위조(爲助)됨을 본지(本旨)로 할 사.
4. 단원은 지위, 신분 여하를 불문하고 그의 우(友)이며 호상(互相) 형제로 생각할 사.
5. 단원은 예의를 중히 할 사.
6. 단원은 동물을 애호할 사.
7. 단원은 부모 상장의 명에 유유(唯唯) 복종하여라. 기율은 일반 이익과 질서 유지에 필요함을 요해(了解)할 사.
8. 단원은 쾌활하고 곤고(困苦)로 녁이지 말 사.
9. 단원은 근검할 사.
10. 단원은 사상, 언행, 조행(操行)이 공히 고결할 사.
11. 단원은 용감할 사.
12. 단원은 경건할 사.
13. 단원은 만사에 진취적이며 그 행동에 책임을 부(負)할 사.
14. 단원은 의협 용감하며 항상 약자를 조(助)하여 자기를 고(顧)치 말 사.
15. 단원은 1일 1선을 행할 사.

43) 소년척후단의 「척후준율」은 다음과 같다(앞의 『한국보이스카우트60년사』, 64~65쪽).
1. 척후는 정직할지니 언어 동작에 신실하라.
2. 척후는 충성할지니 신과 사회에 대하여 충실되라.
3. 척후는 도움이 될지니 매일 1건 이상의 선행이 잇스라.
4. 척후는 우애할지니 세계 소년을 형제로 녁이라.
5. 척후는 친절할지니 빈약한 자에게 더욱 친절하라.
6. 척후는 인자할지니 동물들을 애호하라.
7. 척후는 순복할지니 부모와 어룬에게 복종하라.
8. 척후는 유쾌할지니 곤난을 당할 때 더욱 쾌활하라.
9. 척후는 근검할지니 금전과 시간을 적당히 이용하라.
10. 척후는 용감할지니 위험을 당할 때 굿게 서라.
11. 척후는 정결할지니 신체와 심지를 깨끗케 하라.
12. 척후는 경건할지니 타인의 종교심을 존중히 녁이라.

율」은 조철호의 조선소년군 「준율」보다 정성채의 소년척후대 「척후준
율」이 대부분 그대로 수용되었음이 확인된다.

또한 당시 총연맹 기구는 총재, 부총재, 회계, 이사의 의결기구와 간사
장, 부간사장, 간사 등의 집행기구로 되어 있었는데 구성 진용으로 보아
결과적으로 이때부터 보이스카우트는 중앙기독교청년회의 직접 사업으
로 편입되었다.[45] 이것도 사실상 정성채의 세우세(勢優勢)를 입증한다.
그 임원은 다음과 같다.

소년척후단조선총연맹 초대총재 월남 이
상재

총　재 : 이상재
부총재 : 유성준, 박창한(朴昌漢), 신
　　　　홍우
회　계 : 김윤수(金潤洙)
이　사 : 장두현(張斗鉉), 이관용(李瓘
　　　　鎔) 외 8명
간사장(총무) : 유억겸(兪億兼)
부간사장(부총무) : 조철호, 정성채
간　사 : 장권 외 4명[46]

어쨌든 이상재를 초대 총재로 추대하고
양 단체가 통합하여 하나로 출범한 것은
국권침탈 하에 전개된 한국소년운동 성장에 매우 고무적인 현상이었
다.[47]

---

44) 김정의, 앞의 『한국소년운동사』, 173쪽.
45) 전택부, 앞의 『한국 기독교청년회 운동사』, 288쪽.
46) 앞의 『한국보이스카우트60년사』, 69쪽. 임원 명단의 직책이 『동아일보』 기사와
　　다르게 수록되어 있다. 참고로 『동아일보』 기사에서는 『한국보이스카우트60년
　　사』와는 다르게 유억겸을 간사로 조철호, 정성채를 부간사로 했고 그 밑에 다시
　　장권 외 4명이 간사로 나와 혼동이 된다(『동아일보』 1924년 3월 24일자). 필자의
　　생각은 기구조직으로 보아 『한국보이스카우트60년사』의 내용이 타당해 보인다.

소년척후단조선총연맹 가맹 대증

이들은 같은 해 3월 24일 총연맹 이사회를 개최하여 지방의 척후사업을 논의하였으며 연맹 사무실은 YMCA 회관에 두었다.[48] 또한 소년척후단 조선총연맹의 헌법을 제정하였는데 제1조에서 정식명칭을 그대로 소년척후단 조선총연맹으로 하였다. 제2조에서는

전 조선 및 외국 체류의 조선인 소년척후대로써 조직되야 호상 연락 통일을 보전하며 그 보급 발달을 원조하야 소년의 품성을 연마하되 관찰, 순종 및 자기 신뢰의 습성을 배양하며 충성 및 동정의 덕을 고상케하여 자기와 타인을 위하여 유용한 기능을 권장 훈련하며 신체의 발달을 증진케하야 덕성이 풍부하며 선량 건전한 시민을 양성함[49]

을 목적으로 규정하였다.

연맹의 표어는 역시 "항상 준비하라"이고 주의 및 방침은 타인의 종교를 존중할 것과 강제적 또는 군대식 교련 배제, 그리고 사해형제주의에 입각한 세계평화 촉진의 3개 조항을 천명하였다.[50]

---

47) 김정의, 앞의 『한국소년운동사』, 174쪽.
48) 앞의 『한국보이스카우트60년사』, 69쪽.
49) 위의 책.
50) 위의 책, 69~70쪽.

이로써 조선소년군의 영향보다는 소년척후단의 영향이 많이 작용됐음이 다시금 드러난다. 이러한 현상은 연맹 내에서 조철호의 세부족(勢不足)에 기인된 현상으로서 조선소년군의 조선식 보이스카우트운동에 제동이 걸린 것을 의미한다. 이에 조철호는 내심 승복하지 않았다. 따라서 통합활동은 이상론에 치우쳤다.[51]

2) 통합 이전 상태로의 회귀

척후대와 소년군은 통합에 따른 상호간의 입장 고집과 연맹의 세력 균형을 조정하기 위하여 정성채와 조철호를 다같이 부간사장으로 추대하였다. 총재가 있었고 간사장이 있었지만 이들은 대부분 척후대 측의 인사들이었고 실질적으로는 두 사람에 의해 운영되었다.[52] 그러나 두 단체는 곧 이상과 훈련 방법의 차이, 그리고 <표 1>과 같이 정성채와 조철호의 개인적인 성격 차이로 통합된 지 2개월 만에 다시금 통합 이전 상태로 돌아갔다.

그 직접 동기는 중국 베이징(北京)에서 열린 극동국제소년군대회의 참가로 비롯된다. 이 대회는 1924년 4월 18일부터 3일간 한국, 일본, 중국, 미국, 영국, 소련, 캐나다, 오스트리아 등이 참가하여 개최되었는데, 조선 대표가 일본 대표와 별도로 독립 대표 자격으로 참가하게 되었다. 조선 대표로는 총연맹에서 선출된 척후대 계열의 정성채, 박창한이 참가하였고, 뒤를 이어 소년군 대표로 조철호, 김주호가 국민적인 성원을 받으며 4월 14일 출발하였다.[53]

---

51) 김정의, 앞의 『한국소년운동사』, 175쪽.
52) 김정의, 앞의 「한국근대소년운동연구(Ⅱ)-초기소년단운동을 중심으로-」, 64쪽.
53) 『동아일보』 1924년 4월 14일자 참조.

174

<표 1> 정성채와 조철호의 신원 비교

	정 성 채	조 철 호
생 몰	1899. 4. 16~1950. 8. 29 납북	1890. 2. 15~1941. 3. 22
출 생 지	서울 종로구 권농동 171번지	경기도 시흥군 난곡리
어 버 이	정윤수・김애심	조중린・유씨
남 매	성채, 성애, 인애, 영채, 명채, 종애	정순, 철호, 후순, 명호, 선호
종 교	기독교	?
최종학력	1919년, 연희전문학교 중퇴	1913년, 일본 육군사관학교 졸업
중요경력	중앙기독교청년회 소년부 간사 소년척후대 창설 수송교회 장로 대한소년단 간사장 합중민보 발행인 겸 편집국장 ECA 농림담당관	오산학교 교사 중앙고보 교사 조선소년군 창설 대성・동흥중 교사 동아일보사 발송부장 보성전문학교 교관
어린시절의 소질	운동, 음악, 수예	총싸움, 대장놀이
성 격	온순, 비교적 내성적	문약을 싫어함
아 내	정수면	이윤돌
자 녀	찬모 등 7남매	외아들 원석

*출전 : 김정의, 『한국소년운동사』, 민족문화사, 1992, 175~176쪽.

그런데 베이징에서 정성채, 박창한이 입장식 때 미국 성조기(星條旗) 아래 입장을 한 것이 화근이 되었다. 이를 두고 조철호, 김주호가 독립성과 주체성을 잃은 행위라고 비난하게 되자 드디어 양측은 보이스카우트운동 의 이념문제까지 비화하는 논쟁을 벌였다. 조철호는,

서양식 그대로를 덕합치 못한 조선 아이들에게 구태여 쓰자는 데에서 나는 조선덕 소년군을 만들자.[54]

라고 주장하였다. 이에 대하여 정성채는,

---

54) 『동아일보』 1925년 10월 10일자 참조.

　뽀이스카우트는 세계덕인 것을 조텰호씨는 구태어 조선식으로 하자는
데 뎨일 질색입니다.[55]

라고 반박하였다. 즉 조철호는 적합치 않은 서양적인 방법을 그대로 조선
에 적용하는 것은 곤란한 것이니 조선식으로 고쳐야 한다는 것이고, 정성
채는 원래의 방법과 이념을 마음대로 고쳐서는 안 된다는 것이다. 따라서
세계성을 벗어나는 활동은 있을 수 없다는 주장이다. 이에 대해 조철호는
조선 어린이에게 자립적 훈련을 시키는 데는 용감한 활동과 의용(義勇)스
런 기개를 길러주어야 하며 그것을 길러주기 위해서는 야영생활을 통해
소년군 생활을 시키는 것이 제일이라는 견해이다.[56] 결국 이러한 이상의
차이 때문에 양측은 통합활동이 더 이상 전개될 수 없음을 피차 인지(認
知)하였다. 이에 조철호는 독자적으로 조선소년군 총본부를 설립하고
다시 출발하여 통합 이전의 상태로 되돌아갔다. 그러나 정성채는 통합
당시의 명칭인 소년척후단 조선총연맹을 그대로 지켜나갔다.[57]

　그 후 양 단체는 여전히 똑같은 단복을 입고 똑같은 보이스카우트운동
을 서로 특색있게 독자적으로 벌여 나갔다.[58] 이처럼 비록 통합 이전의
상태로 회귀(回歸)하였을 망정 이들 단체들의 조직과 활동은 경쟁적으로
확장하여 오히려 당시 소년운동계에 커다란 활력소가 되었다.[59] 그들은
자라나는 소년들에게 참 인격의 형성을 도움으로써 양 단체가 모두 민족
독립을 위한 실력배양에 온상이 되었었음은 의심의 여지가 없다고 보겠

---

55) 위의 신문.
56) 위의 신문.
57) 정성채는 이상에 치우치는 것보다 실제생활을 중시하였다. 전문적 혹은 정두에
　　넘치는 것은 장래 인간생활에 합치되지 못할 것이라고 우려하였다(『동아일보』
　　1927년 4월 30일자, 정성채의 기고문 요지). 분리 후 정성채는 간사장으로 직책이
　　바뀌었다(1933년 9월 29일 발급된 광주 소년척후대의 대증 참조).
58) 앞의 『한국보이스카우트50년사』, 47쪽.
59) 앞의 『한국보이스카우트60년사』, 72쪽.

다.[60) 그것은 1991년 강원도 고성(高城)에서 행해진 제17회 세계 잼버리 대회의 뿌리가 일제 하의 소년단운동에서 연유되었다는 사실이 이를 뒷받침하고 있다고 생각한다.

5. 척후 활동

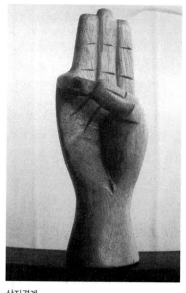

삼지경례

『소년대 대장교범』에서는 소년단의 독특한 활동을 '스카우팅(Scouting)'이라고 정의한 후 '스카우팅'은 놀이라고 풀이했다. 이 놀이는 재미있고 모험이 따르고 우정이 넘쳐서 소년들의 마음을 사로잡을 수 있어야 하지 그렇지 못하면 아무런 효과도 없다는 것이다.[61) 그래서 그들의 마음을 사로잡기 위해서 대자연을 무대로 삼고 심신의 단련과 재간의 활용, 기술의 연마 등 소년들의 호기심을 그대로 발현할 수 있는 놀이를 계발(啓發)한다는 것이다.[62) 소년척후단원들의 활동도 당시의 기록들을 분석해 보면 이러한 원리밑에서 이루어졌음을 알 수 있다. 우선 소년척후들은 <표 2>처럼 제복 및 장구에서부터 이색적이었다.

---

60) 김정의, 앞의 「한국근대소년운동연구(Ⅱ)-초기소년단운동을 중심으로-」, 65쪽.
61) 김정의, 「소년단 활동을 통한 '놀이'의 보급」, 『역사의 시공을 넘나들며』, 도서출판 혜안, 1995, 156쪽.
62) 한국보이스카우트연맹, 『소년대 대장교범』, 한국보이스카우트연맹, 1971, 3쪽.

<표 2> 소년척후단 제복 및 장구

품명	색	세식(製式)
단 표	도금색	모자 전면에 부착함
모 자	카키색	끈을 전면에 결치(結置)함
상 의	카키색 또는 회색, 청색, 여름에는 백색	셔츠식, 양편 가슴 부분에 뚜껑 있는 접친 주머니와 반짝이지 않는 단추
바 지	카키색 또는 청색, 흑색	무릎까지 오는 짧은 것
항 건	대(隊)마다 다르며 같은 대내의 색은 동일	사각건을 귀접어 삼각으로 만들어 상의 뒤로 둘러 맴
양 말	흑색 또는 무지, 같은 대는 동일색으로 통일	긴 양말
양 화	임의	임의
혁 대	임의	포제(布製)나 혁제(革製)
잡 낭	임의	배낭과 같은 것
소도(小刀)	·	대(帶)에 끈 매어 결착(結着)
반별장 (班別章)	각반이 서로 다른 색을 택하여 반색을 만듦	6촌(吋)의 색헝겊에 상의 우편 어깨 위에 박아 붙임
대별장 (隊別章)	검은 색	검은 색 헝겊에 대번호를 새기어 왼쪽 어깨에 박아 붙임
외 투	임의	추울때는 수웨터를 입는 것도 무방

*출전 : 한국보이스카우트60년사편찬위원회, 『한국보이스카우트60년사』, 한국 보이스카우트연맹, 1984, 159~160쪽.

이 같은 <표 2>의 제복 및 장구만을 보아서도 소년척후는 뭇 소년들에게 퍽 매력적이었을 것이고 소년척후 자신에게도 긍지를 갖기에 족했다. 거기에다 '삼지경례(三指敬禮)'[63)도 중인의 눈길을 끌 수 있는 요인이 되었다. 또 소년척후들에겐 야영생활에서 일어나는 여러가지 놀이가 그들의 마음을 즐겁게 해 주었다. 그것은 1924년 8월 24일자『동아일보』에 게재된 HRY생의 기고문 속에 담겨진 같은 해 7월 21일부터 4일간에 걸친 고양군 율도에서의 소년척후단 인도자들이 다음과 같은 야영생활로

---

63) '삼지경례'는 본고 제4절에 있는 소년척후단 조선총연맹이 제정한 <강령 3조목>을 실천하겠다는 표시임(『동아일보』 1924년 3월 22일자 및 신재홍, 「일제치하에서의 한국소년운동고」, 『사학연구』 33, 국사편찬위원회, 99쪽 참조).

미루어 알 수 있다.

　　두세 번 니여부는 호각소래에 취립(聚立)하여 대오를 정한 후에 다시
우리를 향하야 환영의 경례를 드리고는 결승법 신호법 등을 우리에게
실습……신준호(申埈昊)군은 밥을 짓기도 전에 자기가 제일이라고 야단
을 치는 동안에 성급한 장권(張權)군은 물지게를 메고 나가고 키큰 윤택수
(尹澤秀)군은 무슨 요리나 만드는 것가치 난도질이 한창인데 부지런한
유억겸(兪億兼)군과 주밀한 정성채군은 감독 겸 지배인 격인지 무불간섭
으로 분주할 때에 독창으로 유명한 심상복(沈相福)군은 어대서 구하였는
지 자기만이나 한 민어 한마리를 사 들고 드러와서는 2원 80전이란 파격염
가에 겨우 사왔노라고……"나는 20세되는 청년을 네번 합친 청년"이라고
장언(壯言)을 하든터이니 지금와서는 한층 나이가 어린 아이들의 벗이
되려고 즐겨 힘쓰는 그의 정성은 과연 감사하지 아니 할 수 없다.……그러
나 자기의 부족한 것은 어대서나 힘써 배우고 남의 부족은 최후까지
도와 주는 것이 이 소년 척후의 정신이라면 앗가 다녀간 80세의 소년을
다시금 경앙하고 싶다.……어린이들로 하여금 생산적 습관과 기능의 배양
을 돕기 위하여 매일 한시간 혹 반시간식 일정한 시간에 간이한 수공품
가튼 것을 계속하여 작업케 하면 일면으로 아이 자신과 척후단 경영의
사소한 비용도 보충할 수가 잇스리라는 의견은 오늘 저녁의 가장 유리한
의견이었다.[64]

　　이와 같은 야영생활의 단면이 기술되어 있는 것으로 보아 그들이 얼마
나 즐겁고 진지하게 야영생활에 열중하고 있느냐가 잘 엿보이고 있다.
특히 이러한 야영생활을 격려하기 위하여 이상재가 야영장 현장까지 들
른 것을 보면 야영생활의 비중도 비중이려니와 소년인도자들에게 사기를
북돋아 주려는 그의 지사적인 의지가 엿보인다. 또한 이상재가 다녀간

---

64) 『동아일보』 1924년 8월 4일자. 이 인용문중 의 "80세의 소년"은 이상재를 말하는
　　것이다(『동아일보』 1922년 10월 10일자 참조).

소년척후대 야영기념

뒤에는 간담회가 있었는데 이 간담회에서 있었던 내용으로 보아 야영훈련이 비록 놀이이긴 하지만 놀이에만 그치지 않고 구국정신이 그 기저에 깔려있는 의미있는 활동임이 엿보인다.

한편 야영생활과 더불어 소년단활동의 쌍벽을 이루는 뜻있는 독특한 활동을 든다면 그것은 틀림없이 기능장 취득활동이라고 보아진다. 이 기능장 취득활동에 대하여 당시 소년척후였던 김용우(金用雨)는 다음과 같이 회고하고 있다.

　본인은 1924年 서울 제3대 정동척후대에 입대하여 김기현 대장 밑에서 소년시절을 보냈으며, 진급과 기능장 취득을 위하여 온갖 정열을 바치며 나날을 보람과 즐거움 속에서 지냈읍니다.……자전거장 취득을 위하여는 먼저 자전거포에 가서 헌 자전거 두대를 분해하여 새로 한대를 조립하여 서대문에서 동대문까지 왕복한 뒤, 다시 단원 5명과 같이 인천까지 당일 왕복하는 것이었읍니다. 도중에서 고장난 자전거를 수리하면서 끝내 서울에 밤 늦게 돌아와 느끼던 그 성취감과 만족감을 지금도 잊을수 없는 추억입니다.65)

이 글 속에서 기능장 취득이 무척 험난한 과정으로 이루어지며 이 기능장을 취득할 때의 성취감과 만족감이 컸음을 알려주고 있다. 또한 하나의 기능장 취득 과정에도 온갖 역경을 부여하고 있음은 이러한 스카우팅을 통하여 나라잃은 민족의 장래를 소년에게 기대하는 마음 때문이었음을 엿볼 수 있다.66)

이토록 하나의 소년척후 생활에도 민족혼이 담겨져 있었음을 뒷받침하고 있는 것은 아래와 같은 당시 소년척후단 조선총연맹 '단가(연맹가)'를 보아서도 알 수 있다.

단가(연맹가)
[1] 금수강산 계림반도 내 사랑하는 집
억천만년 무궁토록 네일홈(이름) 빗나리.
[후렴] 무궁화 삼천리 화려한 동산에
아 우리 소년척후들 만세 만세 만세.
[2] 경신애인 사해형제 평화의 척후들
상뎨께서 보우하사 기리 왕성하리.67)

이렇게 민족혼이 배어있는 정성채 작사의 '단가(연맹가)'에서 보듯이 소년척후들의 최후 목적을 한국의 만만세에 두고 소년척후활동을 전개하고 있었음이 뚜렷이 엿보이고 있다.68) 따라서 기능장 취득 과정이 험난했던 것은 기실 투철한 민족정신의 반영으로 보아진다.

이토록 의미심장한 소년척후활동에는 앞에서 살펴 본 바와 같이 야영훈련이나 기능장 취득 활동이 본류를 이루고 있었고, 기타 당시 소년척후

---

65) 김용우, 「야영의 모닥불에 키워온 꿈」, 『서울연맹 20년사』, 한국보이스카우트 서울연맹, 1974, 27쪽.
66) 김정의, 앞의 『한국문명사의 이해』, 도서출판 혜안, 143쪽.
67) 앞의 『한국보이스카우트60년사』, 117쪽.
68) 단가(연맹가)게재를 빌미로 일제는 소년척후교범을 압수하였다(위의 책).

제7장 정성채의 소년운동 · 181

들에 의해서 전개된 사회활동에는 청소, 소방, 교량수축, 빈민구호, 재해복구, 민중경찰, 교통질서 확립, 농촌계몽운동, 공덕심 앙양활동 등이 있었다. 이는 물론 소녀척후에게 봉사 협동정신을 길러주기 위함이었다.[69] 이 같은 봉사활동에 대하여 당시 소녀척후였던 정영채는 다음과 같이 증언하고 있다.

> 당시의 소년척후단은 매 토요일과 일요일에 정기적으로 집회를 가졌으며, 이때 지난 일주일 동안 실시하고 일지에 기록한 1일 1선의 선행을 보고하였다. 그들은 날마다 착한 일을 하기 위하여 손수레 밀어주기, 휴지와 담배 꽁초 줍기, 길 안내하기 등을 했으며, 공설 운동장이나 넓은 장소에서 열리는 각종 큰 집회를 찾아다니며 자원 봉사로 입장과 장내 정리를 도와주었다. 또 매 토요일 집회시에는 한국역사 공부를 통해 애국심을 함양하였고, 여하한 곤궁에 처할 때라도 극복할 수 있는 각종 기능을 숙달시켰다.[70]

이 증언 중 토요일 집회 내용으로 보아 소년단운동을 왜 펼쳤었는가가 여실히 드러나 있다. 이 밖에도 건전한 정신과 신체단련을 위해 운동경기, 웅변대회, 동화회, 연극, 무용, 노래 등의 각종 행사의 놀이가 있었는데,[71] 이는 분명 이 땅에 건전한 놀이를 도입하고 보급한 면에서도 획기적인 것이었다고 보인다. 세계사적으로도, "근대화란 결국 놀이의 영역을 넓히고 놀이의 적극적 의의를 부여한 것"[72]이란 점을 감안해 볼 때 한국의 독립운동에서도 놀이의 부흥에서 시작한 소년척후들의 활동은 가히 선구적이었다고 보아진다.

69) 앞의 『한국보이스카우트50년사』, 82쪽.
70) 앞의 『한국보이스카우트60년사』, 198쪽.
71) 앞의 『한국보이스카우트50년사』, 82쪽.
72) 신일철, 「유희적 인간」, 『고대교육신보』 1977년 10월 4일자.

6. 맺음말

정성채는 한민족의 굴욕기를 살다 간 사람이다. 나라 잃은 조국에서 어떻게 사는 것이 진정 이 민족의 도움이 되는가를 인식하고 몸과 마음으로 실천한 사람이다. 남들이 노동운동, 농민운동, 무장독립운동 등 성인을 대상으로 한 거창한 민족운동을 내세우고 있을 때 그는 조용히 소년운동에 전력을 기울였다.

그는 소년에 대한 기대감을 신앙처럼 갖고 있었다. 지난 날 조국을 잃은 것이 성인이었다면 이제 조국을 찾을 수 있는 희망을 소년에게서 발견한 것이다. 그래서 소년운동으로 인생을 승부했다. 그것도 좀더 시야를 넓혀 국제적으로 공인된 보이스카우트운동으로 일생을 걸었다. 일제도 일본인 소년들에게 스카우트운동을 공인한 마당에 한국인이 한국인 소년에게 순수한 보이스카우트운동을 표방하는 것을 막을 수는 없었다. 바로 이 점을 착안한 것이다.

그는 1921년부터 중앙기독교청년회 소년부 간사직을 십분 활용하여 동 소년부원들을 중심으로 1922년 9월 30일 소년척후대를 창설한 것이다. 앞에서 고찰한 바와 같이 이것이 한국 소년단운동의 효시이다. 그러나 그는 소년단운동의 창시자였지만 그 점을 내세우지는 않았다.

그런 인물이기에 그의 소년운동은 외면보다는 내실을 중히 여겼다. 그것은 「척후준율」 12개항에 잘 드러나 있다. 하나님을 외경하고 타인을 존중하는 자세로 소년운동을 전개한 것이다. 율도에서 가졌던 인도자 야영대회 기록을 보면 그는 주변 동료들로부터도 존경을 받은 지도자였다.

그는 이미 조철호의 소년군 창단식(1922년 10월 5일)에도 김성수, 송진우 등과 함께 초청되어 임석할 정도의 인물이었다. 그러기에 일제는 그의 동태를 예의 주시하였다. 그래서 그는 일본 감시망을 피하고자 항상 보편사에 순응하는 순수한 소년운동을 표방하였다. 외면적인 민족운동을 기피한 것이다.

그러나 당시 척후단원들의 증언을 들으면 그는 기능장 훈련을 철저하게 하면서 역사교육을 통한 애국심 고취를 잊지 않았다. 일제가 이러한 사실을 모를 리가 없었다. 그래서 순수한 소년운동을 폈는데도 불구하고 단지 「단가(연맹가)」를 빌미로 소년운동에서 그를 물러서게 하였다.

사실 그는 3·1민주혁명 때 연희전문학교를 중퇴하고 기독교청년회를 통하여 사회운동에 나선 지사다. 그 때 그가 맡은 분야가 소년부였다. 그러니까 처음부터 소년운동하고는 불가분의 인연을 맺은 것이다. 그리고 그의 주변에는 늘 가까이 이상재, 홍병덕, 유억겸, 장권, 신홍우 등의 조력자가 있었다. 뿐만 아니라 부인 정수면, 아우 정영채, 아들 정찬모까지 모두 소년단운동에 투신하였다. 이것이 그가 소년단운동에 전념하는 데 크게 힘이 되었고 격려가 되었다. 실제로 소년척후대라는 묘목을 심어 착근시킨 것이 정성채라면 그 뿌리를 깊게 내리게 해서 거목으로 자랄 수 있도록 한 것은 이들의 공헌이었다.

이제까지의 연구작업을 바탕으로 그가 전념한 소년단운동의 의의를 결론적으로 요약한다면 다음과 같이 지적할 수 있겠다.

첫째, 한국소년단운동의 정통성을 세웠다.

그는 한국소년단운동의 창시자이다. 최근 1991년 잼버리 대회까지 한국에서 성공리에 개최했던 것을 상기한다면 그의 소년단운동의 출발은 무엇보다도 의의가 크다고 보겠다.

둘째, 세계 시민정신을 함양하였다.

국권침탈에 의기소침해진 한국 소년들에게 세계인의 일원이라는 새로운 생기를 불어넣어 새시대의 인류문명에 기여할 수 있는 덕성을 키워 나갔다.

셋째, 건전한 놀이를 보급하기 시작하였다.

놀이의 결핍, 놀이의 빈곤으로부터 벗어나 건전한 놀이를 통해 소년의 자질을 계발하고 소년의 지위를 향상시켜 건전한 한국인으로 성장할 수 있도록 도왔다.

넷째, 민족혼을 일깨웠다.

이는 당시 사회운동의 공통 핵심점이기도 했지만 특히 자라나는 2세에게 민족혼을 고취함으로써 일제의 통치로 인한 민족사의 단절위기에서 민족독립의 담당자를 육성하였다.

정성채는 보이스카우트운동에 생애를 바친 소년운동가로서 철저한 신앙과 스카우팅을 통한 2세 교육으로 조국 독립을 달성하려 했던 보이스카우트운동의 개척적인 지도자였다. 연구과정을 통하여 정성채의 소년운동이 민족운동의 커다란 귀감임을 확인한 것은 이 연구의 나름대로의 소득이라고 생각된다.

『논문집』 21, 한양여자대학, 1998

제8장 사회운동의 측면에서 본 소파 방정환

1. 머리말

올해(1999년)는 소파 방정환(小波 方定煥, 1899. 11. 9~1931. 7. 23)의 100주년 탄신 기념해이다. 그동안 방정환 관계의 논문은 꽤 속출하여 이제는 적어도 그에 관한 정리는 마무리 단계에 와 있다고 볼 수 있다. 그러나 방정환은 비록 32세의 짧은 생애를 살았지만 소년에 의한 소년운동, 언론·출판운동, 천도교소년회운동, 색동회운동, 어린이날운동 등을 통한 민족독립운동의 활동상이 원체 출중하고 다양하여 아직도 전모를 완결시켰다고는 볼

소파 방정환

수 없다. 뿐만 아니라 사회적으로도 방정환의 활동에 대하여 합당한 평가를 내렸다고 볼 수도 없다.

따리시 그에 관해서는 앞으로도 계속적으로 학문적인 천착이 요망되고, 또 사회적으론 이를 국내외적으로 널리 선양하여야 되리라고 생각한다. 그는 분명히 소년운동에 관한한 세계적인 인물이면서도 이제까지

소파 방정환 생가터 표지(서울 종로구 당주동 세종문
화회관 뒤편)

마치 우물안 개구리인양 내국에서만 요란했지 세계적으로 홍보하는 데는 미흡했던 게 사실이다.

그러고 보면 방정환에 대해선 여태까지는 그의 사상과 활동을 국내적으로 정리한 단계이고 이제부터 비로소 자긍심을 갖고 세계적으로 그의 사상을 보급해야 되는 게 아닌가 하는 생각이다. 이에 용기를 내어 마침 소파탄신 100주년 기념 논집을 마련하려는 한국아동권리학회의 뜻에 부응하여 소년인권에 대한 숭고한 정신이 깃든 방정환의 민족운동을 조망해 보고자 한다.

2. 소파 정신의 뿌리

소파 방정환이 소년운동을 위해 그토록 순교자적으로 헌신할 수 있었던 정신적 뿌리는 어디에 있을까? 그것은 아무래도 동학에 가서 닿을 것이라고 생각된다. 왜냐하면 그의 소년운동은 다분히 동학의 교리에 터해서 이루어졌기 때문이다. 그렇다면 먼저 동학의 소년관을 살펴보는 것이 논의의 순서일 것 같다.

소년에 대한 근대적 인식은 조선 후기 실학자들에 의하여 부분적, 간접적으로 제기되었다.1) 그 후 개화사상이 퍼지기 시작하면서 소년에 대한

---

1) 김정의, 「한국근대소년운동사의 역사적 배경에 관한 연구」, 『백산 박성수교수화

인식도 점차 발전적으로 확산되어 갔다. 이러한 소년에 대한 인식은 동학의 지도 이념 실현, 독립협회의 계몽활동, 애국계 몽사상가들의 소년문제 제기, 그리고,『소 년』지 등의 발간을 통해서 선양되었다. 당 시 개화사상 구현의 최대 관심사는 소년 을 존중하고,[2] 소년의 교육을 중시하고,[3] 소년을 사회적으로 바르게 교도하여,[4] 장 차 자강독립의 역군으로 삼고자 함에 있 었다. 이처럼 개화사상에 부각된 소년애 호사상은 동학의 소년존중, 독립협회의 소년교육 중시, 애국계몽사상가들의 소년 교육 실시,『소년』지의 간행 등으로 나타 나 소년에 대한 인식이 한껏 고조되었다.[5]

소파 방정환과 그의 정신적 뿌리인 해월 최시형

　이러한 흐름의 선구는 동학의 소년존중사상에서 비롯되었다. 동학은 일종의 민족종교로서 서학(천주교)을 의식하고 민족고유의 정신에 토대 를 두고 1860년 수운 최제우(水雲 崔濟愚, 1824~1864)에 의해 창도되었 다. 그 후 제2세 교조 해월 최시형을 거치면서 교세가 확장되어 새로운 민족통합종교로서 발전을 거듭하였다. 민족정신이 가장 잘 발휘되었던 것은 1894년 척양척왜(斥洋斥倭)를 내걸고 투쟁했던 동학민중혁명운동 에서라고 보겠다. 이렇게 민족의 참다운 독립에 기여하여 겨레의 정신적

　　갑기념논총-한국독립운동사의 인식-』, 1991, 363~365쪽.

2) 최동희, 「천도교지도정신의 발전과정」,『3·1운동50주년기념논집』, 동아일보사, 1969, 88~89쪽.

3) 한홍수,『근대한국민족주의연구』, 연세대학교출판부, 1977, 116쪽.

4) 「『소년』지 간행 취지」,『소년』, 1908년 11월호, 1쪽.

5) 김정의,『한국소년운동사』, 민족문화사, 1992, 24쪽.

지주로서의 역할을 발휘한 동학의 지도이념에 소년존중사상이 골격을 형성한 것은 많은 사람들에게 소년 존중관념을 심어주는데 도움이 되기에 족했다. 1867년 해월은 「대인접물(待人接物)」에서 아동존중사상이 배어 있는 법설을 폈다.

　　도가의 부인은 경솔히 아이를 때리지 말라. 아이를 때리는 것은 곧 한울님을 때리는 것이니 한울님이 싫어하고 기운이 상하느니라.6)

　1885년에는 「포유문(布諭文)」을 통하여 어린아이의 말이라도 한울님의 말씀으로 알라고 가르쳤다. 그는 또 1886년 「내수도문(內修道文)」 5항에서도 소년 존중심을 고취하고 있다.

　　어린 자식 치지 말고 울리지 마옵소서. 어린아이도 한울님을 모셨으니 아이 치는 것이 곧 한울님을 치는 것이오니, 천리를 모르고 일행 아이를 치면 그 아이가 곧 죽을 것이니 부디 집안에 큰 소리를 내지 말고 화순하기만 힘쓰옵소서.

　이처럼 어린아이를 때리는 것이 한울님을 치는 것과 같다고 설파할 정도로 소년 존중에 각별한 배려를 하고 있었다. 뿐만 아니라 그는 소년의 인격을 존중하여 한울님을 모시듯 성·경·신(誠敬信)으로 대하라고 역설하고,

　　잉태하거던 몸을 더욱 소중히 하라. 아무것이나 함부로 먹지말라. 만일 불결한 것을 먹으면 태아에게 해롭다.7)

---

6) 『해월선사법설』, 1867.
7) 「내수도문」 9항.

라고 태교의 중요성도 지적하였다. 또한『동경대전』의「불연기연」에서,

> 갓난아기의 어리고 어림이여, 말은 못해도 부모를 아는데 어찌하여 앎이 없는고, 이 세상 사람이여 어찌 앎이 없는고.

라고 탄식하며 어린아이의 천진(天眞)을 귀감 삼을 것을 일깨웠다. 해월은 성인들이 소년을 무관심 내지는 학대하는 것을 전통적인 고정관념이라고 질타 매도하면서 소년의 주장도 경청하는 진지한 생활태도를 취해야 할 것이라고 소년존중사상을 피력하였다.[8] 그리하여 동학도들에게 소년존중관이 움터 마침내 동학민중혁명운동 때(1894)는 소년이 동학민중군의 선두에서 진두지휘하였다는 신화적인 사실이 나타났다. 한 예로 18세의 소년인 팔봉접주 김구(金九, 1876~1949)는 700여 명의 동학민중군을 이끌고 해주성(海州城)을 공략하는 선봉장의 위용을 보여 한민족의 기백을 유감없이 발휘하였다.[9]

이로써 동학은 종래의 전통적인 가치관을 근본적으로 타파하고 소년존중운동을 통하여 실질적인 근현대 인식의 새로운 지평을 열어가기 시작하였다. 천도교가 소춘 김기전이나 소파 방정환 같은 근현대소년운동의 주역을 배출하게된 것도 그 실은 해월의 수운 소년관의 전파에서 연유된 것이다.

> 우리 선생님(수운)의 가르침을 내가 어찌 꿈엔들 잊으리오. 선생님은 어느 때 '한울님을 섬기듯이 사람을 섬기라(事人如天)'고 가르치셨다. 그러므로 나는 비록 부인이나 어린아이의 말이라도 한울님의 말씀으로 알고 여기서 배울 것은 배운다.[10]

---

8) 이현희,『동학혁명과 민중』, 대광서림, 1985, 101쪽.

9) 김구,『백범일지』, 백범김구선생기념사업회, 1947, 34~35쪽 ; 도진순 주해,『백범일지』, 돌베개, 1997, 47~48쪽.

이처럼 해월은 소년존중관의 원천이 최제우의 '사인여천'에 있음을 스스로 명쾌하게 천명(闡明)하고 있다. 여기서 간과할 수 없는 것은 최제우의 소년관 본지가 '사인여천'이라는 사실이다. 그는 '사인여천'을 원천으로 소년존중사상을 전파시킨 것이다. 즉, 수운 소년관의 본지를 효소로 삼아 소년운동을 발효시킨 것이다. 따라서 해월은 수운 소년관의 본지를 씨앗으로 소년운동의 싹을 틔운 선각자로 지칭해도 무리가 없다고 생각된다.11) 즉, 최제우는 수운 소년관의 본지를 득도했고, 최시형은 그 본지를 싹틔웠다. 김기전은 그 본지의 이론을 현대적으로 정립하였고, 방정환은 그 본지를 실행하였다고 볼 수 있겠다.12) 그리고 동학의 소년존중사상은 한국 근·현대소년운동의 기저사상(基底思想)이라는 점에서도 뒷받침된다고 보겠다.13)

이와 같은 기저사상을 바탕에 둔 소년인식은 한말 국망(國亡)의 위기의식 속에서 더욱 높아져 『소년한반도』나 『소년』을 펴내 소년을 새로운 국가의 주역으로서 인식하고 소년 교도에 박차를 가하였다.14) 뿐만 아니라 1898년 자동회(子童會), 1908년 소년입지회·소년동지회까지 조직하여 안간힘을 썼으나,15) 끝내 조국이 멸망하자 서당을 통해 민족교육을 실시하여 드디어 소년도 3·1민주혁명에서 일정한 역할을 감당할 수 있게 되었다.16)

그렇다면 외래적인 소년운동의 수용인 1917년 10월 5일 조직된 기독교

---

10) 최동희, 「천도교지도정신의 발전과정」, 『3·1운동50주년기념논집』, 동아일보사, 1969, 88~89쪽.

11) 김용덕, 『한국사의 탐구』, 을유문화사, 1975, 226쪽.

12) 김정의, 『한국의 소년운동』, 도서출판 혜안, 1999, 63쪽.

13) 김정의, 「근대소년운동의 배경 고찰」, 『논문집』 8, 한양여자대학, 1985, 12~13쪽.

14) 김정의, 앞의 「한국근대소년운동사의 역사적 배경에 관한 연구」, 371~373쪽.

15) 오세창, 「일제하 한국소년운동사연구」, 『민족문화논총』 13, 영남대학교민족문화연구소, 1992, 166쪽.

16) 김정의, 앞의 「한국근대소년운동사의 역사적 배경에 관한 연구」, 374~375쪽.

청년회 소년부나,[17] 이를 모태로 1922년 9월 30일 정성채(鄭聖采, 1899~
1950 납북)가 출발시킨 소년척후대,[18] 같은 해 10월 5일 조철호(趙喆鎬,
1890~1941)가 발단시킨 조선소년군,[19] 그리고 일종의 무산소년운동으
로 1923년 3월 이원규(李元珪) 등이 조직한 반도소년회나,[20] 1925년 5월
24일 정홍교(丁洪敎) 등이 조직한 오월회[21]보다도 해월 최시형의 내재적
인 소년운동이 훨씬 먼저 자생되어 숙성돼가고 있었음이 입증된다.

　여기서 간과할 수 없는 것은 수운 이후 동학·천도교의 지도자가 포교
와 병행하여 왜 민족주의적인 노선에서 소년존중운동, 소년해방운동,
소년인격운동으로 활발하게 발전시켜 나갔는지를 알려 주는 관건이 다름
아닌 수운의 인간관 내지는 소년관인 민족주의적인 '사인여천'에서 연유
했음이 충분히 감지된다는 사실이다.

　이 내재적인 '사인여천' 정신을 동학교도인 방정환은 외래적인 소년운
동 정신과 창조적으로 융합시키면서 새로운 현대소년운동으로 계승발전
시킨 것이다. 그렇다면 방정환 정신의 뿌리는 동학의 '사인여천'에 가서
닿음을 알 수 있다.

17) 기독교청년회 소년부의 조직은 하한선으로 잡아서 1917년 10월 5일이고, 이미
　　그 이전에 설치된 것으로 생각된다. 왜냐하면 1917년 10월 5일 이 부서가 주최로
　　고등예비과 야학을 신설했기 때문이다(신석호 외, 『한국현대사』 9, 신구문화사,
　　1972, 290쪽).

18) 김정의, 「정성채의 소년운동」, 『논문집』 21, 한양여자대학, 1998, 141~143쪽.

19) 조찬석, 「관산 조철호에 관한 연구」, 『교육논총』 12, 인천교육대학, 1981, 65~84
　　쪽.

20) 김정의, 「한국근대소년운동의 노선갈등과 일제 탄압고」, 『실학사상연구』 3, 무악
　　실학회, 1992, 282쪽.

21) 신재홍, 「일제치하에서의 한국소년운동고찰」, 『사학연구』 33, 한국사학회, 1981,
　　93~111쪽.

3. 소년에 의한 소년운동

김재은에 의하면 '소년운동' 개념은 두 가지로 해석이 된다. 그 하나는 '소년을 위한 운동'이고, 다른 하나는 '소년에 의한, 혹은 소년의 운동'이다. 전자는 어른이 운동의 주체이며 소년은 객체가 되는 경우이고, 후자의 경우는 소년 자신이 주체이고 동시에 객체가 되는 운동이다. 놀랍게도 최남선과 방정환의 사례에서는 '소년에 의한 운동'에서 '소년을 위한 운동'으로 발전했다는 특징이 발견된다.22)

한국소년운동 초창기의 대표적인 조직적 운동으로는 동학의 소년애호사상, 독립협회의 소년교육중시사상, 도산 안창호를 비롯한 애국계몽가들의 소년교육활동 등을 들 수 있고,23) 매체를 통한 운동으로는 『소년한반도』와 『소년』지 등의 소년교육사상 고취 등을 들 수 있으며,24) 대표적 인물로는 천도교소년회의 지도자 소춘 김기전, 방정환, 색동회 멤버들, 『소년한반도』의 창간 멤버인 이인직을 비롯한 4~5명의 인사들, 『소년』의 창간자인 육당 최남선 등을 들 수 있는데,25) 지금 최남선과 방정환에 관한 연보가 비교적 정확하게 남아 있지만 여기서는 논제관계상 방정환만을 중심으로 논의하고자 한다.

소파는 어렸을 때 한학을 공부하였고, 어릴 때부터 총명함을 인정받은 사람이다. 그리고 신학문을 공부하기 위해 일본에 유학을 갔고, 거기서 세계의 새로운 사조와 접하였다. 한결같이 지적으로나 사회적으로나 조숙하여서, 소년이 소년운동을 하였다는 점에서 확실히 선각자임에 틀림 없다. 방정환이 매우 조숙했다는 사실은, 개인적인 총명성도 있었겠지만

---

22) 김재은, 「어린이운동의 기점과 그 정신」(소파방정환선생서거66주년기념심포지엄), 한국방정환기금, 1997, 33~40쪽.

23) 김정의, 앞의 『한국소년운동사』, 23~33쪽.

24) 김정의, 앞의 『한국소년운동사』, 33~37쪽.

25) 김재은, 앞의 「어린이운동의 기점과 그 정신」, 34쪽.

개화기의 애국적 계몽의 영향을 받으면서 자랐고 청소년기에 일본통치 하에 들어가게 되면서 애국독립정신이 내심 싹트게 되고, 이러한 시대적 요청이 지도자로서의 자각을 고양했다는 배경을 지적하지 않을 수가 없다.[26]

1920년대 전후의 소년운동은 10대 후반에서 20대의 젊은이들이 주축이 되었다는 점에 주목할 필요가 있으며, 그 점에서 방정환은 일찍이 지도자 의식을 간직하고 있었다고 할 수 있다.[27]

방정환의 소년운동은 '소년에 의한 운동'인 동시에 '소년을 위한 운동' 이었다고 할 수 있다. 그는 보성소학교에 다니던 아홉 살 나이에 친구 9명을 모아서 소년들의 토론회인 소년입지회(少年立志會)를 만들었고 (1908), 일요일마다 대한문 맞은편 최씨 집에 모여서 토론회를 열었다. 소년입지회에는 자기보다 나이 많은 열네 살짜리도 있었으니 그의 지도력을 이해할 만하다. 이 토론회에서는 토론 주제를 내걸어 놓고 제각기 자기 의견을 펴도록 했다는 것이다. 그의 기록에 의하면, 그 때 그 소년들은 토론을 통해서 생각하는 사람, 남의 말을 귀담아 듣는 사람, 도덕적 활동을 할 줄 아는 사람이 되는 길을 목표로 한 소년운동을 했다고 한다.[28]

그런데 이 소년입지회를 조직하고 소년운동을 전개한 것은 '소년에 의한 소년운동'이기에 그의 조숙성(早熟性)에 놀라기도 하려니와 역사적으로 간과할 수 없는 것은 이 소년입지회 활동이 사실상 오늘날과 맥을 잇는 한국 근현대소년운동의 효시라는 사실이다. 우리는 방정환이 한국 소년운동에 금자탑을 쌓은 소년운동의 아버지라는 점에 이의가 없다. 그렇다면 그의 첫 사회적인 소년입지회는 한국 근현대소년운동의 효시임이 분명한 것이다. 물론 그 전에두 소년운동은 있었시반 그것은 산발적이

---

26) 위의 글, 34~35쪽.

27) 위의 글.

28) 방정환, 「나의 어렸슬 때」, 『어린이』 6-3, 1928, 44~46쪽.

고 점멸(點滅)하는 운동이었지 오늘날까지 맥락을 함께하는 소년운동이라는 점에는 대체로 회의적이다.

한번 내친 그의 소년운동은 18세 때 유광렬(柳光烈)과 함께 조직한 청년구락부라는 비밀결사운동으로 이어졌다. 그는 이 단체(부원 200명)를 중심으로 17~18세의 소년들은 모두 이 나라를 위하여 몸을 바치기로 상의하고 우리의 주권을 빼앗은 일본에 대항하여 우리의 얼을 되찾는 것을 목적으로 지하운동을 전개하였다.[29]

그에 관한 연보에서 확인할 수 있는 중요한 사실은, 그의 조숙성과 그가 시작한 '소년에 의한 소년운동'이다. 그러니까 소년이 자발적으로 소년운동을 발기했다는 사실은, 오늘날 우리의 소년 교육과 관련해서 시사하는 바가 크다.

즉, 오늘날 소년을 부정적으로 표현하는 예가 많은데, 그러한 표현이 매우 부적절하다는 사실은, 방정환의 행적에서만 확인할 수 있는 일이 아니고 오늘날의 심리학의 지견(知見)이 알려주는 바에 의해서도 부당하다고 생각된다.[30]

방정환이 비록 선각자였다 하더라도 그의 사례 자체는 소년에게 인식능력(cognitive abilities)이 있다는 사실을 증명해 주는 것이다. 아홉 살에 자발적인 토론회(그것도 그림 그리기와 스포츠와 같은 취미활동 클럽이 아니고)를 조직적으로 운영하였다는 사실은, 오늘날의 우리 소년들을 너무 미숙한 존재로만 인식하고 다루는 잘못된 시각을 바로 잡아주는 데 큰 의미가 있다고 하겠다.[31]

방정환의 사례에서 우리는 소년에게도 높은 수준의 자발성과 주도성(initiative)을 찾아볼 수 있으며, '소년에 의한' 활동이 충분히 가능하다는

29) 유광렬, 「소파와 나」, 『나라사랑』 49, 외솔회, 1983, 66~70쪽.
30) 김재은, 앞의 「어린이운동의 기점과 그 정신」, 35쪽.
31) 위의 글.

것을 알 수 있다. 따라서 방정환의 연보를 통해서 우리 어른들이 소년을 보는 시각을 교정해야 하고 편견을 바로 잡아야 한다는 것을 배우게 된 다.32)

대체로 소년운동이란 두 가지 갈래에서 이루어져 왔는데, 그 하나는 소년인권보호운동이다. 다른 하나는 넓은 의미의 소년문화운동이다. 인권보호운동은 일찍이 시작되었는데, 제1차 세계대전이 끝나고(1918) 6년 후, 세계가 새로운 질서 확립을 위해 움직이고 있을 때, 인권사상의 발전에 힘입어 영국에서 1922년 세계아동헌장을 선언하였다. 이어서 소년의 권리가 국제적 문서로 된 「아동의 권리에 관한 제네바 선언」이 발표되었다. 이 선언은 1923년 영국의 젭(Jebb)에 의하여 제정된 것을 국제아동구호기금(Save the Children Fund International)이 1924년 아동의 복지를 위한 5대 원칙을 포함한 제네바 선언으로 다음과 같이 발표되었고, 같은 해 9월 26일 제5차 국제연맹 총회에서 추인되었다.33)

1. 아동의 신체적, 정신적인 면에서 정상적으로 발달하는 데에 필요한 모든 수단들은 아동에게 반드시 제공되어야 한다.
2. 굶주린 아동에게는 음식이 제공되어야 하고, 병든 아동은 치료받아야 하고, 발달이 늦은 아동은 도와주어야 하며, 비행아동은 갱생되도록 하여야 하며, 고아와 부랑아는 주거와 원조를 받도록 하여야 한다.
3. 아동은 위험에 처한 경우 제일 먼저 구제를 받아야 한다.
4. 아동은 생계를 연명할 수 있는 위치에 있어야만 하며, 또한 모든 형태의 착취로부터 보호받아야 한다.
5. 아동은 아동이 지닌 재능의 발달이 결국 인류 동포에게 공헌한다는 인식 아래서 양육되어야 한다.34)

---

32) 위의 글.
33) 한국청소년개발원, 『청소년인권 보고서』, 인간과복지, 1997, 9쪽.
34) 김정래 역, 「아동권리 제네바 선언」, 『아동권리연구』, 3-1, 아동권리학회, 1999, 111쪽.

이것이 국제적으로 공인된 최초의 소년인권선언문 내용이다. 그러나 한국은 이보다 2년 앞서 천도교소년회 창립 1주년 기념으로 '어린이날'이란 이름을 짓고 시행한 제1회 어린이날 행사 때(1922. 5. 1) 다음과 같이 「소년인권선언」을 선포하고 선전지를 널리 배포하였다.

1. 어린 사람을 헛말로 속이지 말아 주십시오.
2. 어린 사람을 늘 가까이 하시고 자주 이야기하여 주십시오.
3. 어린 사람에게 경어를 쓰시되 늘 부드럽게 하여 주십시오.
4. 어린 사람에게 수면과 운동을 충분히 하게 하여 주십시오.
5. 이발이나 목욕 같은 것을 때맞춰 하도록 하여 주십시오.
6. 나쁜 구경을 시키지 마시고 동물원에 자주 보내 주십시오.
7. 장가와 시집보낼 생각 마시고 사람답게만 하여 주십시오.[35]

그런데 이 선언문은 지난해(1921) 5월부터 이미 실천하고 있었던 다음과 같은 「천도교소년회 행동강령」에서 유래하였다.

1. 회원 상호간에 서로 경어(敬語)를 사용하여 애경(愛敬)을 주(主)한다.
2. 회원 상호간의 우의를 심히 존중하여 질병이면 반드시 상문(相問)하고 경사(慶事)인 경우 반드시 상하(相賀)하되 그 중에 혹 불행(不幸)하는 동무가 있거든 추도회 같은 일까지를 설행(設行)하여 소년의 인격(人格) 자중심(自重心)을 기른다.
3. 일요일이나 기타 휴일에는 반드시 단체로 명승고적을 심방하여 그 심지(心志)를 고상순결(高尙純潔)케 한다.
4. 매 주간(週間)에 2차의 집합을 행하여 사회적 시련(試鍊)을 게을리 아니한다.[36]

---

35) 『동아일보』 1922년 5월 2일자.
36) 「가하할 가하할 소년계의 자각」, 『개벽』, 1921년 10월호, 59쪽.

또한 다음 해인 1923년 5월 1일 범민족적인 제1회 어린이날 행사에서는 소춘 김기전(小春 金起瀍, 1894~1948)이 짓고 소년운동협회 명의로 선포된 「소년운동의 선언」이 있었음을 상기해 둔다.[37]

　1. 어린이를 재래의 윤리적 압박으로부터 해방(解放)하야 그들에게 대한 완전한 인격적 예우(禮遇)를 허(許)하게 하라.
　2. 어린이를 재래의 경제적 압박으로부터 해방하야 만 14세 이하의 그들에게 대한 무상 또는 유상의 노동을 폐(廢)하게 하라.
　3, 어린이 그들이 고요히 배우고 즐거히 놀기에 족한 각양(各樣)의 가정 또는 사회적 시설을 행(行)하게 하라.[38]

이 문서들은 한국이 국제연맹 총회보다 먼저 소년인권을 선언함으로써 소년인권운동을 이끌어 가는 선도국으로서의 명예를 얻을 수 있는 실증적인 자료로서의 가치가 있다고 생각된다. 즉, 1921년의 「천도교소년회 행동강령」은 단독으로 세계 최초의 소년인권선언국임을 인정받을 수 있는 자료이고, 또한 1922년의 「소년인권선언」도 영국과 더불어 공동으로 세계 최초의 소년인권선언국임을 입증할 수 있는 자료가 되므로 그 의의는 결코 간과할 수 없겠다. 이 같은 창조적인 전통 계승은 멀리 화랑도의 「세속5계」나 가까이 동학의 「대인접물」이나 「내수도문」이 있었기에 가능했다고 여겨진다.

한편 당시의 소년문화운동은 소년인권선언과 맥을 같이하는 시대적 요청의 반영이었다. 한국에서는 방정환의 『어린이』지를 필두로 『신소년』 (1923~1934), 『새벗』(1925~1933), 『아이생활』(1926~1944), 『별나라』 (1926~1935), 『반도소년』, 『소녀소선』(1928~1929) 등 많은 아동잡지가 태어났다. 이것은 단순한 문예지거나 정보제공지로서의 구실만을 한 것

---

37) 김정의, 앞의 『한국소년운동사』, 131쪽.
38) 『동아일보』 1923년 5월 1일자.

이 아니라, 민족적 소년문화운동의 성격을 띠고 있었다고 할 수 있다. 여기에 관여한 유지들의 면면을 보면 일본 유학을 한 배경을 가진 언론인, 교육자, 사회운동가, 문학인 및 문학애호인, 잡지편집인 등이 대부분이다. 그래서 그들의 역할은 문화운동을 통한 소년의 인권운동이며, 독립운동이었다고 할 수 있겠다.39)

4. 언론 · 출판운동

잡지 · 신문 · 동인지의 발간 등으로 방정환이 사회에 미친 영향은 대단한 것이었다. 청년구락부의 『회보』(1917)와 그 기관지 『신청년』(1918), 최초의 영화잡지 『녹성』(1918), 여성잡지 『신여자』(1919), 국권침탈시기의 가장 투쟁적인 일제 저항지요 민족개조지인 『개벽』(1920), 최초의 본격적인 소년잡지 『어린이』, 『신여성』(1924) 및 『개벽』지의 뒤를 이은 『별건곤』(1926), 그리고 『학생』(1929), 『혜성』(1931) 등의 여러 잡지들을 그는 직접 편집하거나 창간하였던 것이다. 이 밖에도 그는 많은 잡지 · 신문을 통하여 다양한 문필활동을 함으로써 사회 개조, 계몽에 지대한 영향을 미쳐 소년운동가로서는 물론이고 언론인으로서의 면목도 한층 부각시켰다.40)

특히 3 · 1민주혁명이 일어나자 3월 1일자를 마지막으로 못 나오게된 보성전문학교의 『독립신문』(사장 윤익선)을 오일철 등과 함께 집에서 등사판으로 찍어 배부하고, 「독립선언문」을 돌리다가 일경에 피검된 일까지 있을 만큼 그는 투철한 언론인이요, 민족주의자였던 것이다.41) 사실

39) 김재은, 앞의 「어린이운동의 기점과 그 정신」, 38쪽.
40) 이재철, 「소파 방정환론」, 『나라사랑』 49, 외솔회, 1983, 20~21쪽.
41) 위의 글, 40쪽.

그는 의암 손병희의 셋째 사위이기도 하였다.

어쨌든 그의 언론 · 출판운동 중에서도 『어린이』지를 통한 소년운동 내지 사회운동을 통한 민족운동은 무엇보다도 돋보였다. 근현대소년운동이 내면적으로 강한 민족주의 운동이었다면, 그것의 모든 취지와 계몽선전의 무대였던 것은 두말할 나위없이 『어린이』지 였기 때문이다. 말하자면 동학의 민족정신이 반영된 소년운동의 실천무대였다는 점에서 이 잡지의 진가가 있는 것이다.42)

『어린이』지는 창간 때부터 그 출발이 천도교와 색동회를 배경으로 가지고 있었기 때문에 민족주의적 색채를 띠게 된 것도 당연한 일이었다.43) 더욱이 이 잡지를 주관한 방정환은 국권회복의 먼 장래를 전망하고 청년운동과 농민운동이 독립운동의 지름길이라는 다수의 주장에 무시당하면서도 끈덕지게 동학의 민족주의에 입각한 소년운동의 필요성을 설득 · 추진하였다.

> 자네 출세하면 뭘하나. 우리 세대는 말과 노래를 잃고 이렇게 울며 지내더라도 다음 세대에게는 우리 나라, 우리 문화, 우리 역사를 다시 찾아 주도록 해야 하지 않겠는가.44)

이 같은 자세로 적극적으로 소년운동을 실행한 소파는 한 방도로『어린이』지를 발간하기에 이르렀다.45) 그는 『어린이』지 창간을 앞두고,

> 어린이는 결코 부모의 물건이 되려고 생겨나오는 것도 아니고 어느

---

42) 김정의, 앞의 『한국소년운동사』, 107~116쪽.

43) 김상련, 「소파연구(상)」, 『신인간』 295, 1972, 77~92쪽.

44) 손인수, 「동학의 교육관」, 『동학혁명100년사』, 동학혁명100주년기념사업회, 1994, 259쪽.

45) 김상련, 앞의 글.

기성사회의 주문품이 되려고 나오는 것도 아닙니다. 그네는 훌륭한 한 사람으로 태어나오는 것이고 저는 저대로 독특한 사람이 되어갈 것입니다. 몇곱의 위압과 강제에 눌려서 인형제조의 주형(鑄型) 속으로 휩쓸려 들어가는 중인 소년들을 구원하여 내지아니하면 안됩니다. 그래서 자유롭고 재미로운 중에 저희끼리 기운껏 활활 뛰면서 훨씬훨씬 자라나게 합시다. 거기에 항상 새 세상의 창조가 있을 것입니다. 이러한 태도로 하지 아니한다면 나는 소년운동의 진의를 의심합니다. 소년운동에 힘쓰는 출발을 여기에 둔 나는 이제 소년잡지 『어린이』에 대하는 태도도 이러할 것이라 합니다. 『어린이』에는 수신강화같은 교훈담이나 수양담(특별한 경우에 어느 특수한 것이면 모르나)은 일체 넣지 말아야 될 것이라 합니다. 저희끼리의 소식, 저희끼리의 작문, 담화 또는 동화동요, 소년소설 이뿐으로 훌륭합니다. 경성소년들에게는 10전이 많지 못할는지는 모르나 지방에 있는 소년소녀에게 10전씩이란 돈은 그리 용이한 돈이 아닐 것 같습니다. 단 5전씩에 해서라도 한 소년이라도 더 볼 수 있도록 하는 것이 좋을 것 같습니다.[46)

라고 『어린이』지를 펴내는 신념과 편집방향, 어린이를 사랑하는 마음 및 소년의 인권옹호를 강하게 설파하였다. 이와 같은 신념과 어린이를 사랑하는 마음으로 펴낸 『어린이』 첫호 머리말에서,

새와 가티 꽃과 가티 앵도같은 어린 입술로 텬진란만하게 부르는 노래 그것은 고대로 자연의 소리이며, 고대로 한울의 소리입니다. 벼닭이와 가티 톡기와 가티 부드러운 머리를 바람에 날리면서 뛰노는 모양 고대로가 자연의 자태이고 고대로가 한울의 그림자입니다. 거긔에는 어른들과 같은 욕심도 잇지아니하고 욕심스런 계획도 잇지아니합니다. 죄업고 허물업는 평화롭고 자유로운 한울나라! 그것은 우리의 어린이의 나라입니다. 우리는 어느 때 까지던지 이 한울나라를 더럽히지 말아야 할 것이며 이 세상에 사는 사람사람이 모다 깨끗한 나라에서 살게 되도록 우리의

---

46) 방정환, 「소년의 지도에 관하여」, 『텬도교회월보』 1923년 3월 15일자.

『어린이』원본 표지들

나라를 넓혀가야 할 것입니다. 이 두 가지 일을 위하는 생각에서 넘쳐나오는 모든 깨끗한 것을 거두어 모아 내이는 것이 『어린이』입니다. 우리의 뜨거운 정성으로 된 『어린이』가 여러분의 따뜻한 품에 안길 때 거긔에 깨끗한 령(靈)의 싹이 새로 도들 것을 우리는 밋습니다.

라고 하여 어린이의 천진무구한 세계를 지켜주고 또 모든 사람이 이 천진무구한 마음가짐으로 살도록 하기 위하여 정성을 다하여 『어린이』지를 만들겠다고 함으로써 동학의 교지(敎旨)인 '시천주' 내지는 '사인여천'의 인내천 사상을 반영하고 있다.

또한 이정호는 『어린이』 창간호 겉장에서 「『어린이』를 발행하고 오늘까지 우리는 이렇게 지냈습니다」라는 글을 통해 다음과 같이,

맨먼저 우리를 지도하실 힘있는 후원자 김기전씨와 방정환씨를 어덧습니다. 두분은 누구보다도 제일 우리를 이해해주시고 또 끔즉히 사랑하시어서 우리를 위하야 어떠케던지 조케 잘되게 해 주시지 못하야 늘 안타까위 하십니다. 우리는 참말로 친형님가티 참 탐탐하게 밋고 매달리게 되었습니다. 사실로 소년문제에 관하야 연구가 만흐신 두 선생님을 엇게된 것은 우리 운동에 제일 큰 힘이엇습니다.

라고 기술하여 김기전과 방정환을 소년운동 지도자로 받들고 있음이 입
증되고, 『어린이』지 뒷장 안표지에 『어린이』 독자 사진과 함께 다달이
실리고 있는 "씩씩하고 참된 소년이 됩시다. 그리고 늘 사랑하며 도와갑시
다."라는 다짐 글은 2년 앞서 탄생된 천도교소년회의 구호와 일치하고
있고, 또 1923년 3월에 만들어진 색동회의 구호와도 일치하고 있어서
천도교소년회와 색동회, 그리고 『어린이』지는 소년운동에 대해서 긴밀한
보조를 맞추면서 유기적으로 활동했음을 알 수 있다.[47] 이렇게 출발한
『어린이』지는 그 후 1934년까지 장장 12년간에 걸쳐 소년운동의 실천무
대를 제공해 주었다.

이에 앞서 육당 최남선의 손으로 나온 『소년』(1908), 『붉은 저고리』
(1912), 『아이들보이』(1913)가 있었지만 『한국아동문학소사』에서도 지
적하다시피 비록 소년남녀를 표방하기는 하였지만 상투틀고 쪽진 청춘남
녀를 대상으로 한 것이어서 진정으로 어린이를 대상으로 한 근대적인
잡지로는 『어린이』지가 그 시초이다.[48] 『어린이』지야말로 알찬 민족주의
에 입각한 아동잡지로서 명실공히 어린이를 위한 알찬 마음의 벗이 되어
주었다. 그리하여 『어린이』지는 본격적인 아동문학의 발흥과 소년운동
육성에 밑거름으로서 그 구실을 단단히 하기 시작하였다.[49]

돈 안받고 거저 준다 하여도 가져가는 사람이 18명밖에 없던 창간
당시의 냉담한 반응도[50] 그들 편집자의 의지와 정열 앞에는 굴복하지
않을 수 없었던 것이니 호가 거듭될수록 독자들의 호응이 커져 갔거니와
『어린이』지가 주는 영향력도 지대했다. 당시 『어린이』지의 독자였던 권
오순은 『어린이』지를,

---

47) 정인섭, 『색동회 어린이 운동사』, 학원사, 1975, 37~39쪽.
48) 윤석중, 『아동문학의 지도와 감상』, 동아출판사, 1962, 174쪽.
49) 김상련, 앞의 「소파연구(상)」, 83쪽.
50) 방정환, 「아동문제 강연자료」, 『학생』 2-7, 1930, 8~12쪽.

안보면 못 견디고 잊으려도 잊을 수 없는 부모형제 벗들보다도 더 이끌려지는 살아 뛰는 핏줄의 이끌림이 있었다. 이것은 곧 부모에게서도 학교에서도 배울 수 없었던 민족혼의 이끌림이었던 것이다. 애국애족의 뜨거운 열기가 통해서였던 것이다.[51]

라고 술회하고 있는 것을 보아서도 알 수 있다. 『어린이』지의 편집경향은 다분히 민족 일반과 어린이의 주체의식을 확립하려고 하는 민족주의적 경향이란 점이다. 실제로 『어린이』지는 '조선 자랑호'[52] '소년운동호'[53]의 특집호를 내기도 했고 지면에도 다음과 같은 조국에 대한 자긍심을 일깨우는 글을 게재하였다.

북편에 백두산과 두만강으로
남편에 제주도 한라산
동편에 강원도 울릉도로
서편에 황해도 장산곶까지
우리 우리 조선의 아름다움은
맹호라 표시함이 13도로다.[54]

뿐만 아니라 김기전도 다음과 같은 글을 게재하여 소년소녀들에게 은연중에 민족혼을 고취하였다.

갑 : 필줄은 알아도 질줄을 모르는, 사시장춘(四時長春), 늘피는 꽃이 무슨 꽃일까
을 : 그러면 그러면 말이다. 뜰줄은 알아도 질줄을 모르는, 천년만년,

---

51) 권오순, 「『어린이』영인본 앞에서」, 『신인간』, 1977년 5월호, 89~90쪽.

52) 『어린이』 7-3, 1929, 1~72쪽.

53) 『어린이』 1-8, 1923, 1~15쪽.

54) 「조선 자랑가」, 『어린이』 7-3, 1929, 1쪽.

아츰하늘 비치는 땅이, 어느 땅일까.

무궁화 삼천리, 금수강산, 조—선 천지가 아니더냐[55]

이와 같은 편집태도는 소파 자신의 표현에서 여실히 드러나고 있다. 소파는 아래와 같이 호소하지 않고는 견디지 못했다.

어떻게 하면 한국의 소년소녀가 다같이 좋은 사람이 되어가게 할까! 실제의 소년운동을 힘써 일으키는 것도 그 때문이요, 온갖 괴로움을 참아 가면서 『어린이』잡지를 발행하여 오는 것도 오직 그것을 바라는 마음의 뜨거운 까닭입니다.[56]

소파는 민족적 긍지를 고양시키고 민족단합을 공고히 하기 위해 권두 사나 훈화를 통해서 직접 계몽하기도 했지만 우리의 애국적인 사료나 지리를 통해서도 다양하게 강조하기도 했다. 뿐만 아니라 소파는 자신이 전국 방방곡곡을 돌아다니면서까지 구술, 동화, 훈화를 통하여 지방민에 게 애향심이나 나아가서 애국심을 불러 일으키게 하였다.[57]
그는 바로 천도교소년회와 색동회의 구호, 즉,『어린이』의 다짐 말인 "씩씩하고 참된 소년이 됩시다. 그리고 늘 서로 사랑하며 도와갑시다."[58] 를 외치며 분주히 뛰어다니며 어린이를 사랑해야 하는 이유를 설득력있 게 설명하였다. 즉,

어린이는 앞으로 나아가는 사람이요 아버지는 뒤로 밀리는 사람이다.

55) 기전,「수수껍기 두마듸」,『어린이』1-8, 1923, 15쪽.
56) 방정환,「사랑하는 동무, 어린이 독자 여러분께」,『소파 수필선』, 을유문화사, 1974, 107쪽.
57) 김상련, 앞의 글, 90쪽.
58) 김정의,「한국근대소년운동고찰」,『한국사상』21, 한국사상연구회, 1989, 172쪽.

조부가 아무리 잘났어도 램푸불 밖에 켜지 못하고 자동차 비행기란 몽상
도 못하고 죽었다. 그러나 그 앞에서 코를 흘리며 자라던 어린이는 전등을
켜고 자동차를 타고 라디오를 듣고 있다.[59]

라고 하여 사람은 어린이를 앞장세우고 어린이를 따라가야 억지로라도
앞으로 나아가지 어른이 어린이를 잡아끌고 가면 앞으로 나갈 사람을
뒤로 끄는 것이라고 하였다. 그리고 뿌리(成人)는 일제히 밑으로 가서
새 사람 중심으로 어린이를 터주로 모시고 정성 바쳐 살자는 의미를 다음
과 같이 설명하였다.

　　뿌리는 싹을 위하여 땅 속에 들어가서 수분과 지기(地氣)를 뽑아 올려주
기 위하여 필요한 것이요, 귀중한 것이다. 그러나 한국의 모든 뿌리란
뿌리가 그 사명을 잊어버리고 뿌리가 근본이니까 상좌에 앉혀야 한다고
싹 위에 올라 앉았다. 뿌리가 위로 가고 싹이 밑으로 가고 이렇게 거꾸로
서서 뿌리와 싹이 함께 말라 죽었다.[60]

또 방정환은 같은 의식을 다른 표현으로 다음과 같이 갈파하였다.

　　어른이 어린이를 내리 누르지 말자. 삼십 년 사십 년 뒤진 옛 사람이
삼십 년 사십 년 앞선 사람을 잡아끌지 말자. 낡은 사람은 새 사람을
위하고 떠받쳐서만 그들의 뒤를 따라서만 밝은 데로 나아갈 수 있고
새로워질 수가 있고 무덤을 피할 수 있는 것이다.[61]

이와 같은 사상으로 그가 색동회, 『어린이』지, 소년운동협회, 조선소년
연합회 등을 통하여 근현대소년운동에 바친 정열은 대단하여 마치 소년

---

59) 방정환, 앞의 「아동문제 강연자료」, 8~12쪽.
60) 위의 글.
61) 세계어린운동발상지 표지비 배경글(1930년 7월 방정환 글).

운동을 위하여 태어난 사람 같았다.[62] 그러나 소년운동이 순항만 한 것은 결코 아니다. 『어린이』지에도 예외 없이 일제의 마수가 뻗쳤다. 『어린이』 지는 1923년 3월에 창간되어 1934년 7월에 통권 122호로 정간 당하였다. 137개월 동안 122호에 머물렀다는 것은 15회나 간행하지 못했음을 말해 주고 있다.[63] 『어린이』지에 대한 일제의 이와 같은 탄압상은,

> 민족의식을 고취하고 민족적 긍지를 심어 주자는 운동은 그렇게 평탄하고 용이한 일만은 아니었다. 일제는 검열, 삭제, 압수 따위로 민족문화 말살정책을 강행하기에 혈안이 되니 『어린이』지도 검열에 의하여 재조판, 재 문선 끝에 월간을 격월호로 내는 수난을 겪어야 했다. 뿐만 아니라 편집책임자인 방정환은 종로서 유치장과 서대문 형무소 미결수 감방을 자기 집 사랑방 출입하듯 하였던 것이다.[64]

그 중에서도 1926년 6월에서 1931년 5월 사이의 만 5개년 사이에 결간이 집중되어(15회) 그 결간율은 26.7%에 이르렀다.[65] 또한 삭제, 원고압수, 잡지압수, 인쇄소 바꾸기, 체제 변경이 비일비재하였다.[66] 1929년 『어린이』 5월호의 다음과 같은 '특고(特告)'의 내용을 보아도 당시의 수난사를 알 수 있다.

— 특 고 —

사진소설 『이엽초』 ⅢⅢⅢⅢⅢⅢⅢ(소설) ⅢⅢⅢⅢⅢ몽견초
어린이날! 어린이날! ⅢⅢⅢⅢⅢ(권두) ⅢⅢⅢⅢ이정호

---

62) 김정의, 「소파 방정환의 소년인권운동」, 『역사의 시공을 넘나들며』, 혜안, 1995, 154~155쪽.
63) 김정의, 앞의 「한국근대소년운동의 노선갈등과 일제 탄압고」, 281~321쪽.
64) 이재철, 「아동잡지 어린이 연구」, 『신인간』 438, 1986, 70쪽.
65) 김정의, 앞의 『한국소년운동사』, 225쪽.
66) 이재철, 앞의 「아동잡지 어린이 연구」, 59쪽.

어린이날을 맞으며 ▥▥▥▥▥▥▥(훈치) ▥▥▥▥▥▥방정환
남이장군 이약이 ▥▥▥▥▥▥▥▥(사설) ▥▥▥▥▥▥차상찬
제비와 개구리 ▥▥▥▥▥▥▥▥(이과) ▥▥▥▥▥▥천응규
독자담화실 ▥▥▥▥▥▥▥▥▥(통신) ▥▥▥▥▥▥독자중
편즙을 맛치고 ▥▥▥▥▥▥▥▥(여언) ▥▥▥▥▥▥편집인
어린이 독본 ▥▥▥▥▥▥▥▥▥▥(독본) ▥▥▥▥▥▥방정환
(이상의 여덟 가지는 원고 전부가 불허가 되어 엇절수 업시 실지 못함니
다)

　이처럼 여러 각도로 소년운동을 말살하고자 탄압을 늦추지 않았다.
그렇기에 소년운동으로 나타난 일제 하의 민족운동은 내적인 여러 문제
점을 안고도 더없이 소중한 민족의 정신사적인 자산으로 소파의 성가를
올렸다. 소파의 성가 중 특히 『어린이』지 발간의 공적은 백미였다. 소파는
『어린이』지를 발간함으로써 세상 사람들에게 '어린이'라는 용어의 개념
을 오늘날 사용되는 의미로 정착시킨 것이다. 그것은 『어린이』지의 독자
가 1925년에 이미 10만에 이르고 있다는 소파의 언급으로서도 알 수
있다.[67]

　이렇게 널리 불려지기 시작한 '어린이'라는 뜻은 아동을 존댓말로 표현
한 것이다.[68] 이 점에 대하여 소파는 "'애녀석' '어린애' '아해놈'이라는
말을 없애버리고 '늙은이' '젊은이'라는 말과 같이 '어린이'라는 새말이
생긴 것도 『어린이』 창간호부터의 일이요"[69]라고 말하고 있는데 '애녀
석' '어린애' '아해놈'의 비칭(卑稱) 대신에 사용된 존칭의 호칭이라고
정의하는 것은 지배적인 견해로 보지만 혹자는 평등호칭이라고 말한

───────────────

67) 방정환, 앞의 「사랑하는 동무, 어린이 녹자 여러분께」.

68) 조지훈, 「한국민족운동사」, 『한국문화사대계』 1, 고대민족문화연구소, 1964, 547
　　~836쪽 ; 손인수, 「인내천사상과 어린이운동의 정신」, 『신인간』 428, 1985년
　　5월호.

69) 방정환, 「7주년기념을 마지며」, 『어린이』 8-3, 1930, 2~3쪽.

다.[70) 그리고 '어린이'가 『어린이』지 창간호(1923. 3. 20)에서 새 말로 생겼다는 것은 오류임이 명백하다. 전통시대의 사용 용례[71)는 제외하더라도 소파 스스로가 1920년 8월 15일에 이미 사용한 바 있고[72) 그보다 먼저 1914년 11월 육당 최남선(六堂 崔南善, 1890~1957)에 의해서 간행된 『청춘』 창간호 <시가난>에 실린 「어린이의 꿈」에 이미 '어린이'라는 용어가 사용된 바 있다.[73)

하여튼 '어린이'라는 말은 그 후 어린이날이 제정되고 어린이날 행사가 범민족적으로 전개됨으로써 초기엔 일반인들 귀에 퍽 낯선 낱말로 나타났겠지만 사용빈도가 높아짐에 따라 서서히 어린이에 대한 인권사상을 심어 주었고, 소년 자신들에게도 '어린이'란 새 말이 보편화됨으로써 윤리적 압박으로부터 해방되어 점차로 인격적인 면에서 그 지위를 격상시키는 데 도움이 되었다.[74) 그리하여 소파하면 어린이, 어린이하면 소파 방정환이 연상될 정도로 소파야말로 한국소년운동사에 불멸의 발자취를 남긴 선구자로 부각되기에 이르렀다.[75)

---

70) 김응조, 「천도교의 문화운동」, 『인문과학연구』 2, 성신여자대학교, 1983, 57~81쪽.

71) "仁人義 士ㅣ '어린이'롤 익矜히 녀겨"(『家禮諺解』 6, 1632, 8b) ; "'얼운'은 '어린이'롤 어엿비 너기디 덧덧흔 거시라 아니ㅎ며"(『警民編諺解』 重刊本, 1958, 22b). 『훈민정음언해본』에 의하면 '어린 百姓'이 '어리석은 사람(愚民)'의 의미로 사용되었다. 그러다가 17세기에 들어와서 '어린이'가 '어린 사람(少人)'의 의미로 쓰이는 변화가 나타났다(이재철, 「소파 방정환과 어린이운동」(추가자료), 소파 방정환선생 서거66주년기념 심포지엄, 1997년 4월 28일).

72) 방정환, 「어린이 노래」, 『개벽』 8, 1920, 88~89쪽.

73) 안경식, 『소파 방정환의 아동교육운동과 사상』, 학지사, 1994.

74) 김정의, 앞의 『한국소년운동사』, 107쪽.

75) 김정의, 「소년운동」, 『동학혁명 100년사』, 동학혁명백주년기념사업회, 1994, 418~464쪽.

5. 천도교소년회운동

진주소년회의 조직과 활동이 도화선이 되어 소년운동다운 운동이 처음으로 고동치기 시작한 것은 『어린이』지가 다음과 같이 밝힌 천도교소년회부터이다.

> 재작년 봄 오월 초승에 서울서 새 탄생의 첫소리를 지른 천도교소년회, 이것이 어린동무 남녀 합 삼십여명이 모여 짜온 것이요, 조선소년운동의 첫 고동이었습니다.

천도교소년회는 서울에 있는 천도교에서 김기전의 지도로 그 교회 소년부원들을 중심으로하여 가장 완전한 소년회로 발족(1921. 5. 1)하게 됨으로써 전국 소년운동계에 지대한 영향을 미쳤다. 그것은 천도교는 이미 3·1민주혁명의 모체였을 뿐 아니라 그 조직이나 재정의 뒷받침도 가장 튼튼하였기 때문이다.[76]

방정환은 당시 일본에 유학 중이었으로 창립시에는 직접 동지들과 함께 활동하지 못했지만 여름방학이 되자 곧 천도교소년회운동에 합류하였다. 즉, 1921년 6월 17일 귀국하여 다음 날부터 전라도지방 순회강연을 시작하였고 7월 10일에는 서울에서 강연하였다. 그것은 1921년 7월 10일자 『동아일보』 기사에 "텬도교소년회 담론부 주최로 금 일요일 오후 세시경에 경운동 텬도교당 안에서 소년강연회를 열고 현재 동양대학생으로[77] 소년에 대한 연구가 만흔 방정환씨를 청하여 강연을 할터"라는 귀절이 나오는데, 이것이 천도교소년회와 관계되어 방정환을 보도한 최초의 기

---

76) 김정의, 앞의 『한국소년운동사』, 95쪽.

77) 방정환은 1921년 4월 9일 동양대학 전문학부 문화학과 청강생으로 입학하였다(仲村修, 「方定煥研究序論」, 『靑丘學術論集』 14, 日本 韓國文化硏究振興財團, 1999, 102쪽).

록이다. 여기에 의하면 그가 지도위원이 아닌 초청연사로 첫 번째로 천도교소년회와 인연을 맺었음을 알 수 있다. 그러나 비록 창립 당시에는 어떤 특정한 위치를 갖고 있었는지 불분명하나 강연이 있은 후부터 이 회의 지도자로서의 자리를 잡아가고 회세 확장에도 기여하는 것은 틀림 없는 것 같다. 그것은 천도교소년회가 5월에 발기된 후 1개월 후에는 320명이었고(『천도교회월보』, 1921. 7. 14), 6~7월에 방정환의 강연이 있은 뒤인 10월 현재의 회원수는 5월 발기 당시 회원수에 비하여 3배정도 증가한 370여 명이되어,[78] 방정환이 천도교소년회에서 해낸 역할이 짐작 된다. 이로 인해 그 후 천도교소년회에 깊이 관계하게 되었다. 이를 뒷받침 하는 것으로써 이정호는,

> 그리하여 우선 방학중에 귀국하시어 천도교회에서 뜻맞는 몇 분과 상의 하신 후 비로소 소년운동의 첫 봉화인 천도교소년회를 조직하시고 방학기 간이 찰 때까지 친히 나서서 열심히 회원을 모으고 조직을 튼튼히 하고 선전을 굉장히 하셨습니다. 그리고 그 때부터 어린사람에게 일체로 경어 를 쓰도록 하셨습니다. 선생의 노력이 헛되지 않아서 다시 일본으로 건너 가실 때쯤 해서는 회원이 약 사, 오백명이나 되고 기초도 큰 단체인 교회를 배경으로 하였기 때문에 제법 튼튼하게 자리가 잡혔습니다.[79]

라고 언급하여 방정환이 방학 중 귀국 이후에 천도교소년회의 지도자이 었음을 뒷받침하고 있다. 여기에 대하여 유홍렬도 다음과 같이 이정호의 견해와 거의 일치를 보이고 있다.

> 본격적인 소년운동은 1921년 여름방학 때에 동경으로부터 돌아온 방정 환이 천도교소년회를 창시한 데서 비롯한다. 아동문제와 아동예술을 연구

---

78) 「가하할 소년계의 자각」, 『개벽』, 1921년 10월호, 59쪽.
79) 이정호, 「파란많던 방정환선생의 일생」, 『신인간』, 1975년 5~6월호, 97쪽.

해온 방정환은 전국 각지를 순회 강연하면서 장래의 일군이 될 어린이를 존중할 것을 외치고,[80)

더욱이 윤석중은, "1923년 이전에도 소년단체는 있었다. 1921년 7월에 창립된 천도교소년회는 소파 방정환과 소춘 김기전을 지도자로 하였다."[81)라고 언급하여 방정환뿐만 아니라 김기전까지도 방정환과 나란히 천도교소년회의 지도자였음을 증언하고 있다. 다만 천도교소년회의 창설일은 창설시 각종 기록으로 보아 위의 증언은 오류이다. 실제의 창설일은 1921년 5월 1일임을 다시금 밝혀둔다.[82)

사실 방정환은 자타가 공인하는 소년운동의 독보적인 인물이다. 그의 외부로 드러난 활동은 그를 소년운동의 대명사로 만들기에 족했다. 따라서 천도교소년회도 의당 방정환이 여름방학 때 귀국해서 비로소 조직되었다고 의심없이 믿어왔다. 그러나 그것은 착오임이 드러났다. 기록상으로 그가 기존의 천도교소년회와 인연을 맺은 것은 1921년 7월 10일(일요일) 천도교소년회 담론부 주최로 열린 소년강연회에 연사로 초청되어 첫 인연을 맺은 것이다.[83) 그 후 방정환의 공헌은 놀라와 14년 후의 회세는 군단위의 기관이 1백 군데가 넘었으며 회원이 5천여 명에 이르렀다.[84)

한편 윤석중의 다음과 같은 소파와 소춘에 대한 비교 언급은 많은 것을 시사하고 있다.

소파가 소년운동의 실천가였다면 소춘은 이론가였다. 소파가 이상주의

---

80) 유홍렬, 「3 · 1운동이후의 국내의 민족운동」, 『3 · 1운동50주년기념논집』, 동아일보사, 1969, 687~688쪽.
81) 윤석중, 앞의 「동심으로 향했던 독립혼」, 262쪽.
82) 김정의, 앞의 『한국소년운동사』, 100쪽.
83) 『동아일보』 1921년 7월 10일자.
84) 신재홍, 『항일독립운동연구』, 신서원, 1999, 329쪽.

자였다면, 소춘은 현실주의자였다. 소파가 나선 운동가였다면 소춘은
숨은 운동가였다.[85]

이 두 사람은 다 같은 천도교인으로『개벽』과『어린이』를 꾸려내면서
이론과 실천이, 그리고 이상과 현실이 소년운동에 조화되고 승화되었음
을 말하고 있다. 그러기에 윤석중은 다음과 같이 결론지었다.

> 천도교소년운동의 불멸의 유산은 어린이 가슴마다 심어주는 3·1정신
> 과 민족정기요, 해마다 맞이하는 어린이날에 모든 어른이 결의를 새롭게
> 하는 소년해방의 마음 다짐이다. 천도교소년회운동 만세! 어린이 3·1운
> 동 만세! 어린이 해방운동 만세! 그리고 소파·소춘 만세![86]

이처럼 소파는 천도교소년회운동을 통해서도 자타가 공인하는 뚜렷한
족적을 남겼다. 그것은 어린이 가슴마다에 심어주는 3·1정신과 민족정
기요, 소년해방의 마음다짐이었던 것이다. 이로써 천도교소년회의 위상
을 확실하게 다지는 데 소파의 역할이 짐작된다.

이 기회에 위에서 논의했던 천도교소년회운동에 대하여 그 줄기를
정리해 둔다면, 동학의 창도자인 수운 최제우는 수운 소년관의 본지인
시천주(侍天主)를 득도했고, 최시형은 그 본지를 싹틔워 어린이 섬기기를
하느님 섬기듯이 성·경·신을 다하라고 전파했다. 김기전은 그 본지의
이론을 현대적으로 정립하여 소년해방사상을 낳았고, 방정환은 그 본지
를 몸소 실천하여 어린이 천국을 만들었다. 이 같은 수운 소년관의 숙성은
1921년 5월 1일 드디어 천도교소년회의 조직·발단을 마련해 주었다.
그 후 천도교소년회는 김기전과 방정환이 힘을 모아 무산소년운동과 경
쟁적으로 한국 근현대소년운동을 주도해 나갔다.[87]

---

85) 윤석중, 앞의 「동심으로 향했던 독립혼」, 261~267쪽.
86) 윤석중, 「『어린이』잡지풀이」, 『어린이』(영인본) 1, 보성사, 1976, 1~4쪽.

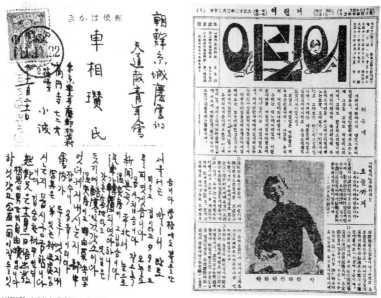

방정환이 일본 유학중 차상찬에게 보낸 친필 엽서　　『어린이』창간호 1쪽

6. 색동회운동

조선소년운동협회가 본국에서 형성될 무렵 도쿄에서는 방정환(方定煥) 등이 중심이 되어 색동회가 창립되었다. 즉 1923년 3월 16일 오후 2시 도쿄 센다가야(千駄谷) 온뎅(穩田) 101번지 방정환 집에서 어린이문제 연구단체인 색동회를 창립하였다.

색동회라는 이름은 윤극영(尹克榮)이 지었다. 창립동인으로는 방정환, 강영호, 손진태, 고한승, 정순철, 조준기, 진장섭, 정병기, 윤극영, 조재호 등이 있었고 그 뒤에 마해송, 정인섭, 최진순, 이헌구, 윤석중 등이 참가하였다.[88]

---

87) 김정의, 「최제우소년관의 숙성」, 『동학연구』3, 한국동학학회, 1998, 71~96쪽.
88) 조지훈, 앞의 「한국민족운동사」, 731쪽.

214

색동회 회원들. 윗줄 : 정순철, 정병기, 윤극영, 손진태. 앞줄 : 조재호. 고한승. 방정환. 진장섭(어린이』 1-2. 1923)

색동회 발회록(조재호 간직)

이렇게 창립된 색동회는 때때로 모여 여러 차례 어린이문제에 관하여 논의하다가 5월 1일의 어린이날을 기하여 발족식을 거행하였다. 이러한 사실들에 대해선 당시 『동아일보』에 다음과 같은 기사가 실려 있다.

동경 류학생 간에서도 이 운동을 돕기 위하야 얼마전부터 방뎡환(方定煥), 고한승(高漢承) 등 유지 구명이 모여서 '색동회'라는 어린이 문제를 연구하는 모임을 만들고 때때로 모여 의론하여 오던바 오월 일일의 어린이날을 긔약하야 성대한 발회식을 거행하리라더라.[89]

또 「색동회록」 5월 1일자에는 발족 상황이 다음과 같이 자세히 적혀 있다.

발회식
서기 1923년 5월 1일 오후 3시에 반자이바시역(萬歲橋驛)에 집합하여

89) 『동아일보』 1923년 4월 30일자.

스루가다이미와사진관(駿河臺三輪寫眞館)에서 기념촬영하니 출석하신 회원이 다음과 같다.

손진태, 윤극영, 정순철, 방정환, 강영호, 고한승, 진장섭, 조재호, 정병기

같은 날 오후 4시 니시키쵸오 나가세켄(錦町長勢軒)에서 축연을 열고 우리 일동은 장래를 견고하게 맹서하고 폐회하니 오후 6시 반이었다.

서력 1923년 5월 1일 위원 정병기[90]

색동회가 제작한 제1회 어린이날 기

특기할 점은 서울에서 첫 어린이날을 갖는 5월 1일 오후 3시와 때를 같이 하여 도쿄 유학생끼리 색동회를 발족시켰다는 사실이다. 그들은 사전에 소년운동협회 관계자들과 긴밀한 관계를 갖고 있었다. 천도교소년회에서 함께 활동한 김기전은 서울에서 소년운동협회를 조직하여 그 중심인물로 활동하고 있었고, 같은 천도교소년회의 지도자인 방정환은 도쿄에서 색동회 발족을 주동하였다. 천도교의 전국적인 조직기반을 바탕으로 조직활동한 천도교소년회는 당시 소년운동단체의 사실상 선도적인 위상을 점하고 있었다. 소년운동협회의 사무소는 천도교당내에 설치되어 매월 1회씩 회원이 모여 의논했고,[91] 연극회도 강연회도 천도교당내에서 하였다. 그들은 지난해(1922)에 이미 5월 1일을 어린이날로 선포하고 제1회 어린이날 행사를 독자적으로 가진 바 있었다. 이러한 소년운동의 축적된 기반을 십분활용, 전국적이며 통합적인 소년운동을 위하여 무엇보다도 전민족적인 어린이날의 필요성을 절감하고 국내외에서 동시적으로 어린이날의 의미를 새기는 행사를 한 것이다.

---

90) 『색동회록』1923년 5월 1일자.
91) 『동아일보』1923년 4월 20일자.

다시됨이년소된참고하씩씩
─다시갑아도 여하행사로서을 고머그─

(三十)相 貸 郞
校普公一郡州全

(八十)壽 明 金
里月高城固南慶

(五十)守 相 李
町境北區淸市阪大木日

(四十)楔 元 安
普公二第州海

(六十)科 陶 金
六普公娀固南慶

(五十)壽 信 慕
校女維明京南國中

매 호마다 실렸던 『어린이』지 표어와 독자 사진(『어린이』 4-8, 1926)

색동회는 발족 후 『어린이』지를 무대로 활동하였다.[92] 물론 '색동회'의 합의된 의견이 편집에 반영되었다. 그 중에서도 색동회를 이끌고 있는 방정환의 의견이 지배적이었다.[93] 그들은 지면을 통해 방정환의 「형제별」, 윤극영의 「반달」 등의 동요를 실어 겨레의 설움과 울분을 달랬다.

색동회는 조재호의 고안으로 만든 마크를 공식 마크로 정하고, 1924년 5월 1일 제2회 어린이날에는 색동회 마크를 그린 기(旗)를 들고 회원들이 시가행진을 하기도 하였다.[94]

뿐만 아니라 색동회원 윤극영은 1924년 봄에 동요단체로 따리아회를 만들어 색동회 사업실천에 직접 나서기도 했다. 그는 「설날」, 「고드름」, 「따오기」 등이 세상에 널리 불려지게 심혈을 기울였다. 이와 같이 따리아회는 색동회의 지회로써 활동했다.[95] 일제 압정하에서 따리아회는 봉건의 미개를 뚫고 혁신적으로 우리들의 동심을 되살렸다. 그들은 일제마저 공감을 사게 만들어 동요황금시대를 낳았다. 이것은 『어린이』지와의 공동의 성과였다. 왜냐하면 『어린이』지는 동요가 널리 보급되도록 지면을

---

92) 이재철, 앞의 「아동잡지 어린이 연구」, 63쪽.
93) 정인섭, 앞의 『색동회 어린이 운동사』, 37~39쪽.
94) 조지훈, 앞의 「한국민족운동사」, 731쪽.
95) 정인섭, 앞의 『색동회 어린이 운동사』, 72~80쪽.

할애하는 것을 잊지 않았기 때문이다.

색동회는 아동문학 동인단체로 불려질 정도로 아동문학의 산실이었고, 이를 『어린이』지를 매개로 하여 세상에 전파시켰다. 그리고 따리아회를 통하여 동요를 적극 보급하였다. 그 외에도 어린이날 제정에도 참여하였고, 어린이날 행사에도 적극적이었다. 그들은 민족주의적 소년운동 발흥에만 그치지 않고 문학을 통하여 특히 동요를 통해서 피부에 와닿게 한국 소년의 정서를 민족적 정서로 순화하였다.[96]

7. 어린이날 운동

소파 방정환은 일본 도쿄에서 색동회를 발족시켜 본국에서 형성된 조선소년운동협회와 더불어 제1회 어린이날 운동에 선구적인 역할을 수행했다. 그는 제2회 어린이날 기념행사부터는 본국에서 뜻있는 소년운동가들과 더불어 어린이날 운동에 신명을 바쳤다.

그들은 제2회 어린이날을 기념하고 선전하기 위하여 1924년 4월 21일 밤 경운동 천도교당에 모여 협의하였는데 여기서 5월 1일 하루 행사에 멈추지 말고 서양의 크리스마스처럼 하기 위하여 우선 5월 1일부터 4일까지 나흘동안 계속 열기로 계획을 세우고 그 준비위원으로 방정환, 김기전, 이종린, 이두성, 김옥빈, 조철호, 심상덕, 차상찬, 조기간, 강우 등을 뽑았다.[97] 이들 준비위원의 면모로 보아 어린이날 준비를 선도하는 단체가 천도교소년회, 색동회, 조선소년군 등 소년운동협회 회원단체임이 드러나고 방정환의 위치가 가늠된다.

그들은 행사 일정을, 첫 날(5월 1일)에 어린이대회 개최, 둘째 날(5월

---

96) 김정의, 앞의 『한국소년운동사』, 119쪽.
97) 『동아일보』 1924년 4월 23일.

의암 손병희. 방정환은 그의 셋째 사위다.

2일)에 어린이보호자대회, 셋째 날(5월 3일)은 동화회·음악회 개최, 넷째 날(5월 4일)에 직업소년위안회와 겸하여 야유회를 개최하고, 그네뛰기, 씨름, 찜푸 등의 경기를 갖기로 결정하였다.[98]

그리하여 첫날 천도교당 마당에서 거행한 성대한 어린이대회에서 방정환은,

과거를 도라다 보는 생활과 현재만을 생각하는 생활은 우리에게 아모 진보(進步)와 향상(向上)을 주지안는다. 오즉 장래를 내여다 보는 생활, 거긔에 우리의 진보와 향상과 유일의 희망이 잇다.[99]

라고 평소 그가 주장하는 지론을 설파하여 천여 명의 참석자에게 큰 감동을 주었다. 그리고 둘째 날, 셋째 날의 어머니대회, 아버지대회는 부모의 은공을 잊지말자는 의미의 대회로서 한국 초유의 어버이날 행사의 효시가 되었다. 어떻든 이 행사는 계획단계에서는 보호자대회였으나 실제 운영에 있어서는 둘째 날 어머니대회, 셋째 날 아버지대회로 분리 실시하였다.[100]

한편 선전지의 인기는 대단하여 예상을 넘어 34만 매를 어린이사가 주관하여 제작·배부했는데도 부족하여 어린이날 행사의 열기가 충천하고 있었음이 감지된다. 그것은 어린이날을 주관했던 소년운동협회에 많은 경축금이 답지[101]되었을 뿐만 아니라, 행사기간동안 소년을 위하여

98) 『동아일보』 1924년 4월 23일.
99) 『동아일보』 1924년 5월 3일.
100) 『동아일보』 1924년 5월 1일 및 5월 3일.
101) 『동아일보』 1925년 4월 25일.

할인판매하는 상회가 허다
했음에서도 확인된다.[102]
또한 평양, 인천, 개성, 광주,
진주 등 지방에서의 어린이
날 기념행사도 성황리에 각
각 진행되었다.[103]

이처럼 첫 해보다 둘째
해의 어린이날 행사가 성황
을 이루었다. 소년운동가들
은 둘째 해보다 더 성대한
셋째 해의 어린이날 기념이
되도록 준비를 갖추기 시작
하였다. 1925년 4월 24일 오
후 8시 천도교회의실로 소
년운동가 20여 인이 모여들
었다. 그들은 전국 160개 소

방정환의 번안시 「어린이 노래」(『개벽』 8. 1920)

방정환 어록 병풍석비(서울 종로구 경운동에 건립된 세계어린
이운동발상지 표지석 병풍석비)

년단체 약 10만여 명의 소년소녀를 총동원하여 4월 26일부터 어린이날을
예고하고 선전하기를 논의하고 제3회 어린이날 행사를 성사시키기 위하
여 그 준비위원으로 방정환 등 28명을 선정하였고 5월 1일부터 3일까지의
어린이날 행사일정을 계획하였다.[104]

이 같은 일정은 지난해 경험을 토대로 하루를 단축하여 사흘간으로
조정하였으나 질에 있어서는 더욱 알차졌다. 선전지를 지난해 34만 장에
서 40만 장으로 늘려 잡았고, 특히 소년소녀의 힘찬 기상을 상징하는

---

102) 『동아일보』 1925년 4월 29일.
103) 『동아일보』 1924년 5월 4일.
104) 『동아일보』 1925년 4월 23일.

선전기(宣傳旗) 행렬을 착안한 것은 소년운동 선전을 위하여 획기적인 발상이었다. 한편 어머니대회, 아버지대회를 이틀에서 하루로 잡은 것도 훗날 법정 어버이날로 가는 진보된 과정이었다. 더욱이 4일간의 행사를 3일로 축소하여 산만한 어린이날 행사에서 내실있는 어린이날 행사로 발전시키는 데 공헌하였다.105)

실제로 어린이날 행사에서는 선전지를 60만 장 이상 살포하였다. 이 전단 살포에는 가정주부와 여학생까지 가담하여 이채를 띠었는데, 11시에는 화포를 올려 축제분위기를 한껏 자아냈다.106) 특히 새로 제정된 「어린이날 노래」107)를 부르며 행진하는 장면은 제3회 어린이날의 또 하나의 개가로 민족의 미래를 밝게 비춰 주었다.

특기해 두어야 될 일은 제3회 어린이날 행사의 원만한 진행을 위하여 일본경찰과 사전협조로 양해를 얻어 놓았으나108) 신경과민된 그들에 의해 강화(江華)에서처럼 기념행사 자체가 중지당하기도 하였다.109) 이는 일제가 소년운동이 열화같이 일어나는 본질이 민족운동 내지는 사회운동에 있음을 꿰뚫고 여차하면 탄압하고자 하는 자세를 노출한 경우로 이후로는 좀더 노골적으로 탄압을 일삼았다. 이에 맞서 소년운동계 일각에서도 좀더 효율적인 소년운동을 전개하고자 전국적인 소년운동 상설조직단체의 구성이 필요하다고 제기하는 사회주의적 계통의 소년운동가들이 늘어나게 되었다. 이는 소년운동계의 변모의 분위기를 조성시키게 되었고, 변모는 단지 시간문제로 나타나게 되어 반석같이 다져진 소년운동의 기반 위에서 민족독립을 위한 새로운 도약의 당근질 같은 기운이 감돌기

---

105)『동아일보』 1925년 5월 1일.
106)『동아일보』 1925년 5월 3일.
107)『동아일보』 1925년 4월 30일(부록판).
108)『동아일보』 1925년 4월 30일(부록판).
109)『동아일보』 1925년 5월 3일.

시작하였다.110)

마침내 소년운동이 순수 내지는 민족소년운동가들에 의하여 주도되는
데 불만을 품어왔던 무산소년운동가들은 1923년 7월 소년지도자대회에
서 결의했던 연합단체 구성을 빌미로 주도권 쟁탈에 뛰어들었다. 1925년
5월 24일 반도소년회는 불교소년회와 공동 발기로 새벗회, 명진소년회,
선명청년회 소년부와 중앙기독교 소년부의 일부, 천도교소년회의 일부인
사를 끌어들여111) 불교소년회관에서 의장 정홍교(丁洪敎)의 사회하에
경성소년지도자연합 발기총회를 열어 회명을 가칭 오월회로 정하고, 창
립총회는 5월 31일로 연기하였다. 창립총회 준비위원으로 정홍교, 박준
균, 이원규, 김홍경, 장무쇠 등이 선출되었다.112) 그리고 일사천리로 결의
안, 강령, 선언을 채택하였다.113)

그리하여 1925년 5월 31일 5~6곳의 단체가 더 참가한 가운데 예정대로
창립총회를 개최하여 연합기관의 명칭을 경성소년총연맹으로 개칭하였
다. 그러나 경찰에서 경성소년총연맹의 사용을 불허하므로 연맹체의 이
름을 다시 오월회로 개칭하고 방정환, 고한승, 정홍교를 위원으로 하여
정식 발족하였다.114)

하지만 1925년 9월 15일 중앙소년소녀관에서 경성소년총연맹회 총회
를 열고 임시의장에 정홍교를 정점으로 하여 집행위원에 정홍교, 송몽룡,
최화숙, 고장환, 이유근, 노병필, 박준표, 김효경, 이정호를 선임하였다.
이로써 오월회의 창립시 복안대로 소년운동의 주도권을 사회주의 계열하
에 두고 사회주의 노선으로 소년운동을 집행할 의도를 분명히 했다. 이로

110) 김정의, 앞의 『한국소년운동사』, 142~143쪽.
111) 신재홍, 「일세치하에서의 한국소년운동고찰」,『사학연구』33, 한국사학회, 1981,
    93~111쪽.
112)『동아일보』1925년 5월 29일.
113)『동아일보』1925년 5월 29일.
114) 신재홍, 앞의 「일제치하에서의 한국소년운동고찰」, 93~111쪽.

부터 좌우의 갈등은 표면으로 부상되어 어쩌다가 미봉책이 강구되긴 하였으나 본질적으로 끝없는 소모전에 휘말려 들어갔다. 한국의 사회운동이 좌우의 분쟁에 휩싸이고 있는 마당에 소년운동만 평탄할 수는 없었다.[115] 이 점에 대하여 윤석중은,

> 민족진영은 좌익사상의 대두로 차차 분열, 대립을 보게 되었으니 1923년에 조선청년총연맹이 결성됨으로써 더욱 격화되었던 것이다. 어린이운동에 있어서도 공공연히 무산소년운동을 표방하게 되다가 1925년에 이르러서는 경성소년연맹이 생겼고 그 상설기관으로 오월회가 등장하여 방정환 주재의 조선소년운동협회와 맞서게 되었다.[116]

라고 증언하고 있다. 따라서 오월회의 등장은 소년운동협회에서 무산소년운동가가 독립하여 또 하나의 전국규모의 소년운동단체를 발족시킨 결과가 되어 소년운동계는 양분되었다.

무산소년운동가들은 그들이 중심이 되어 '오월회' 조직에 성공하자 발빠른 동작으로 세확장(勢擴張)에 나섰다. 1925년 9월 23일에 제주소년연맹을[117] 필두로 1926년 8월까지는 10여 개의 하부 연맹단체와 그 산하의 세포단체를 거느리게 되어 오월회의 막강한 세력을 과시하였다. 그들은 이 세를 바탕으로 어린이날 행사의 주도권을 잡고자 시도하였다. 그러나 1926년 제4회 어린이날 기념행사는 순종의 승하와 소년운동협회와의 불화로 예년에 행하여졌던 5월의 대대적인 어린이날 행사는 사실상 무산되고 단지 오월회측에 의한 추석날 어린이 행사 정도로 약화되었다. 1927년에도 화해의 빛이 없이 대립은 격화되어 마침내 양분되어서 어린이날 행사를 각각 거행하는 모습을 드러냈다.[118]

---

115) 신재홍, 앞의 『항일독립운동연구』, 343~346쪽.
116) 윤석중, 앞의 「동심으로 향했던 독립혼」, 263쪽.
117) 『동아일보』 1925년 10월 3일.

그러나 이와 같은 어린이날 행사로 인하여 따가운 여론이 일어나자 양대세력은 인식을 같이하고 통합을 모색하기에 이르렀다. 이에 정홍교 등 12인은 조선소년연합회라는 집중기관을 만들기로 발기하고 준비를 서둘렀다.[119] 이 준비과정은 특히 조선소년운동협회측의 천도교소년회, 명진소년회, 개운소년회 등의 열성과 오월회 측의 타협으로 열매를 맺게 되었다.[120]

이리하여 1927년 10월 16일 창립된 조선소년연합회는 위원장 방정환에 의하여 그동안의 불화를 씻고 하나의 조화로운 지도체제로 운영되었다. 그러나 이것도 과도기적인 조직에 불과하였다. 즉, 오월회가 1928년 2월 6일 해체되어 화학적인 결합의 길로 들어선 것으로 생각되었으나 그들의 핵심 멤버들이 2월 16일 경성소년연맹을 창립함으로써 급기야 분쟁의 신호탄이 터졌다.[121]

조선소년연합회 역시 사회주의자들이 이미 주도권을 확보하고 1928년 3월 25일 천도교기념관에 단체 대표 50여 명이 출석하여 제1회 정기총회를 개최하고 동회의 조직체를 자유연합체로부터 중앙집권적인 조선소년총동맹으로 변경할 것을 결의하였다. 그러나 조선소년총동맹의 명칭은 일제의 불허로 조선소년총연맹으로 고쳐썼다.[122] 그리고 다음날 제1회 신임 중앙집행위원회를 열어 사회주의 노선에 충실한 세부사항을 일사천리로 의결함으로써 다시금 분열을 야기시켰다. 이에 천도교 측에서는 152개 단체가 가맹하여[123] 구성된 조선소년총연맹(위원장 : 정홍교) 조

---

118) 김정의, 앞의 『한국소년운동사』, 194쪽.

119) 『동아일보』 1927년 7월 1일.

120) 『동아일보』 1927년 8월 1일.

121) 신재홍, 앞의 「일제치하에서의 한국소년운동고찰」, 105쪽.

122) 윤석중, 앞의 「동심으로 향했던 독립혼」, 263쪽.

123) 조선총독부, 『조선의 치안상황』, 1930, 21쪽 ; 국사편찬위원회, 『한국독립운동사』 4. 1970, 229쪽.

직원 중 이정호만 참가하고 방정환 이하 소년운동협회, 색동회측 인사는
모두 결별하였다. 이에 대하여 윤석중은 다음과 같이 성토하였다.

> 어린이날을 만든이는 밀려나고 당치도 않은 자가 앞장을 서게 되었으니
> 배주고 뱃속 빌려먹는 격이었다.[124]

그러나 최청곡(崔青谷)은,

> 조선소년총동맹의 결의가 잇슴에도 불구하고 급속히 선후책을 강구치
> 안코 왼책임을 그대로 내던져서 더구나 소년회로부터 나와 국외자 노릇을
> 하며 경솔하게도 중앙긔관으로부터 탈퇴를 하였다.[125]

등의 표현으로 신랄하게 민족진영을 비판함으로써 양측의 골이 돌이킬
수 없이 깊어만 갔다.

이 해에 제6회 어린이날 행사는 조선소년총연맹의 주관 하에 총연맹의
전국적인 조직망을 활용하여 대대적으로 기념행사가 베풀어졌다.[126] 그
러나 조선소년총연맹이 좌익성향과 자체의 분열로 범소년운동계의 지도
력을 상실하자 1929년의 제7회 어린이날 기념행사를 천도교소년연합회
는 천도교기념관에서, 조선소년총연맹은 수송공립보통학교에서 기념식
을 분리 거행함으로써 다시금 소년운동계가 양분되었다.[127] 이는 소년운
동계의 냉소적인 분위기를 자아냈다. 특히 극좌지도자들은 그들의 정치
운동에 소년단체를 이용함으로써 어린이날 행사 자체마저 금지당하는
현상이 도처에서 나타났다.

---

124) 윤석중, 앞의 「동심으로 향했던 독립혼」, 263쪽.
125) 『동아일보』 1928년 5월 6일.
126) 『동아일보』 1928년 5월 8일.
127) 『동아일보』 1928년 5월 5일.

소년운동의 위기감을 느낀 재경 소년운동지도자들은 1930년의 어린이날 행사를 원만하게 진행하기 위하여 재경일반소년운동단체대표자연합회를 결성하여 제8회 어린이날 기념행사를 가지기에 이르렀다.[128] 그러나 좌우의 불신은 여전하여 일반대중을 식상하게 만들어 여론이 비등해졌다. 하는 수 없이 1931년 3월 21일 재경소년단체 대표자들이 다시 모여 전조선어린이날중앙연합준비회를 결성하고 각각 부서를 맡았다. 이때 방정환은 중앙연합준비회의 총무부, 교섭부, 지방부, 고안부, 선전부, 재정부의 6개 부서중에서 정홍교, 고장환과 총무부를, 안준식, 정홍교와는 고안부의 중책을 맡아 제9회 어린이날 행사 준비에 들어갔다.[129]

그러나 전조선어린이날중앙연합준비회가 비록 어린이날을 총괄하기 위하여 탄생된 비상단체였지만 어린이날 기념을 위한 범소년운동의 구심점으로 격하되자 조선소년총연맹 산하단체의 반발이 격화되었다. 1931년 4월 2일 전조선어린이날중앙연합준비회를 반대하는 재경소년단체 대표가 광활소년회관에 모여 전조선어린이날중앙연합준비회 반대동맹을 결성하고 반대투쟁의 선봉에 섰다.[130] 이어서 4월 12일에는 통영소년연맹이,[131] 4월 19일에는 시천교소년회가[132] 격렬하게 반대하였고, 특히 밀양소년동맹은 중앙연합준비회의 어린이날 주관을 반대하고 어린이날의 계급성 앙양을 내세우고 어린이날 폐지를 외쳤다.[133] 이처럼 거센 반발에 부딪히자 중앙연합준비회는 위원회를 소집하여 격앙된 분위기를 진정시키고자 시도하는 한편 적극적으로 나서서 포스터, 선전문, 결의문, 선전기 등을 제작하여 어린이날 기념식을 통일적으로 가졌다.[134]

128) 신재홍, 앞의 「일제치하에서의 한국소년운동 고찰」, 109쪽.
129) 『동아일보』 1931년 3월 21일.
130) 『동아일보』 1931년 4월 5일.
131) 『동아일보』 1931년 4월 18일.
132) 『동아일보』 1931년 4월 21일.
133) 『동아일보』 1931일 5월 5일.

　그동안 어린이날 행사는 1923년 어린이날이 제정되고, 그 후 소년운동
계에 사회주의 이념이 유입된 이래 어린이날 행사를 놓고 다음의 <표
1>처럼 소년운동계는 주도권 쟁탈을 위해 격랑 속에서 영욕을 겪어야만
했다. 다만 방정환이 서거한 1931년 이후는 매년 이 준비회에서 주관하여
어린이날 행사의 명맥을 유지하였다. 1937년 5월 2일 30여 소년단체에서
2,000여 명이 휘문고보에 모여 행한 제15회 어린이날 기념행사를[135] 마지
막으로 생전의 방정환이 그토록 애정을 기울였던 어린이날 행사가 금지
되었고 중·일전쟁, 태평양전쟁에 시달리며 광복 때까지는 우리민족에
의한 정상적인 소년운동은 일제의 불법조치로 중단될 수밖에 없었다.

<표 1> 어린이날 행사 주관단체 변천표(1922~1931년)

횟수	년월일	어린이날 행사 주관단체	비 고
(1)	1922. 5. 1	천도교소년회	단일소년회 행사
1	1923. 5. 1	소년운동협회	연합행사
2	1924. 5. 1~4	〃	〃
3	1925. 5. 1~3	〃	〃
4	1926. 9. 21 (추석)	소년운동협회 : 오월회	순종승하로 우익무산 좌익 추석에 행사
5	1927. 5. 1	〃	좌우분리행사
6	1928. 5. 6	조선소년총연맹	좌익주도통합행사
7	1929. 5. 5	천도교소년연합회 : 조선소년총연맹	좌우분리행사
8	1930. 5. 4	재경성일반소년운동단체대표자연합회	우익주도행사
9	1931. 5. 3	전조선어린이날중앙연합준비회	좌익반대범소년연합행사

*출전 : 김정의, 『한국소년운동사』, 민족문화사, 1992, 213쪽.

---

134) 김정의, 앞의 『한국소년운동사』, 213쪽.
135) 『조선일보』 1937년 5월 3일.

8. 논의 및 맺음말

이상에서 사회운동의 측면에서 본 소파 방정환에 관해서 살펴보았다.

방정환은 일생을 바쳐 소년운동을 통하여 민족독립운동에 정력적으로 헌신했다. 그것은 그의 각종 사회운동으로 나타났다. 그는 이미 아홉 살 때 소년입지회를 만들어 소년에 의한 소년운동을 전개함으로써 오늘날과 맥을 같이하는 한국 근현대소년운동의 효시를 이루었다. 10대 후반부터 32세로 요절할 때까지 언론·출판운동을 통한 사회운동에 매진하였다. 그리고 1919년 3·1민주혁명 때에는 「독립선언서」를 인쇄하여 배포하는 등 민족독립운동에 직접적으로 공헌하기도 하였다. 이어서 천도교소년회 운동을 통하여 소년인권운동, 색동회운동을 통하여 소년문화운동을 전개하였다. 그리고 무엇보다도 어린이날운동을 지속적으로 전개하였다.

그 가운데 최초로 어버이날 행사를 실행하기도 하였다. 그러나 무엇보다도 방정환에 의한 소년운동의 백미는 『어린이』지의 발간과 어린이날의 행사를 통하여 소년에 대한 존중 표현인 '어린이'라는 용어를 일반화시킨 것이다. 방정환은 열린 마음으로 서구의 계몽사상을 접하면서도 한국적인 소년운동을 펼 수 있는 정신의 뿌리를 동학의 '사인여천'에서 발견했기에 그의 소년운동은 민족적인 성격을 강하게 띠는 것이 가능했다고 보아진다. 그래서 그는 종교적인 열정으로 소년운동을 통한 민족운동을 감행했던 것이다. 덕분에 세계사적으로도 소년을 '어린이'로 존칭하는 유일무이한 나라를 건설하게 되어 소년의 인권을 실질적으로 향상시켰다.

소파는 이처럼 소년운동을 통해서 사회운동 내지는 민족독립운동을 전개하였다. 이로 미루어 보아 방정환은 한국소년운동사의 부동의 큰 별이나. 뿐만 아니라 세계사적으로도 소년인권운동, 소년문화운동의 대표적 인물이라고 생각된다. 따라서 지리상의 발견하면 콜럼버스, 지동설하면 코페르니쿠스, 교육자하면 페스탈로치를 연상하는 것처럼 앞으로는

228

어린이의 동무 소파 방정환의 묘(서울 망우산 자락)

소파 방정환 시호석

이에 보태어 소년운동하면 소파 방정환을 떠올리는 세상이 올 것을 기대한다.

물론 이렇게 되도록 만드는 홍보는 한국인들의 몫이라고 생각된다. 그것은 소파 방정환이 어린이의 아버지로서 세계사의 관점으로도 불멸의 위인 자격이 있다고 믿기 때문이다. 따라서 한국인들만 방정환, 방정환 할 게 아니라 세계인의 방정환이 되도록 착실한 여건을 만들어가야 할 것으로 여겨진다. 그 여건에 가장 중요한 부분은 방정환의 비전(Vision)대로 한국을 어린이의 천국으로 만드는 것이다. 그렇게 될 때 세계가 한국인을 진실로 존경할 것이고 방정환은 절로 세계적인 인물

반열에 오를 것이다. 그러면 한국에 대한 부가가치는 그야말로 엄청날 것이다.

이와 같은 의식으로 앞으로 국내는 말할 것도 없고 세계적으로도 방정환하면 소년운동, 소년운동하면 한국의 방정환이 떠올려지는 날이 기필코 오도록 소파 탄신 100주년을 기념하여 서로서로 분발할 것을 제의한다.

『아동권리연구』 3-2, 한국아동권리학회, 1999

제9장 국권침탈기 경기지방의 소년운동

1. 머리말

1920년대는 한민족이 일제의 질곡 속에서도 독립을 향한 자신감이 넘치던 시기였다. 동학혁명 정신에서 연유된 소년들의 구국의지는 3·1 민주혁명에서 여실히 확인되었다.

지난날 성인들에 의해서 망국의 길을 걸었다면, 독립의 희망은 소년에 게서 구하는 것이 가장 확실한 지름길임을 깨우친 것이다. 드디어 소년운 동을 통해서 민족정신, 인간정신을 배양하여 장차 독립의 역군으로 삼고 자 하는 분위기가 고조되어 갔다. 마침 세계적으로도 인종·노동·여 성·소년 문제가 대두되어 소년문제 해결은 4대 현안으로 떠올랐다. 이 땅의 소년은 일제에 의한 민족차별에다 한 술 더 떠서 전통적인 장유유서 에 묶여 있었다. 더욱이 소녀는 남녀차별에 의하여 인간 이하의 대접을 받았다. 따라서 내일의 희망인 소년층을 방치하고서 민족독립을 염원할 수는 없었다.

드디어 소년운동의 불길이 국내외에서 일어났다. 경기도 지방은 서 울·인천을 에워싸고 있었기에 그 여파 또한 눈에 띄게 나타났다. 그러나 소년운동 연구축적이 원래 일천한데다 그나마 지방사 연구는 중앙사 연 구 여건에 비해 더욱 열악하였다. 실제로 필자가 조사한 바로는 당시 국내외의 한인 소년운동 단체는 모두 576개가 명멸했었다. 이 중 경기도는 서울특별시와 인천직할시로 분리되어나간 경성부와 인천부를 빼고도 121개의 소년운동단체가 조직, 운영되었다. 이토록 경기도의 소년운동이 왕성했었음에도 불구하고 현재 경기도의 소년운동사에 대한 인식은 실제에 크게 못미치고 있는 것이 현실이다.

이에 경기도에서 전개된 소년운동에 대한 실상이 좀더 자세히 알려지고, 뿐만 아니라 중앙사와 균형잡힌 지방의 소년운동사를 규명하기 위해서도 경기도의 소년운동사 연구는 그 일차적인 과제라고 생각된다. 그래서 우선 국권침탈기 경기도의 소년운동을 그 동안 연구자들의 연구를 지침으로 삼아 고찰하고자 한다.

편의상 경기도를 북부지역, 중부지역, 남부지역의 3개권역으로 나누어 천착하고, 이어서 중앙통제하 경기도의 소년운동에 대하여도 그 연계고리를 찾아보고자 한다.

2. 경기도 북부지역의 소년운동

1) 포천 · 연천 · 가평 · 양평군

① 포천군

포천군은 조선소년군 송우 제10호대, 포천 제14호대와 포천소년회 등 3개의 소년운동단체가 부침하며 소년운동을 민족운동으로 연결시켰다.

조선소년군 송우 제10호대는 1925년 4월, 송우리에서 대장 이운천이 설립하였다. 대원은 20명이고 1933년까지 활동하였다.[1]

조선소년군 포천 제14호대는 1925년 11월, 포천군 새말[新邑]에서 대

---

1) 한국보이스카우트연맹, 『한국보이스카우트60년사』, 한국보이스카우트60년사 편찬위원회, 1984, 81~85쪽 참조.

장 조무환이 설립하였다. 당시 대원의 수는 15명이었다.[2]

포천소년회는 1928년 3월 10일 포천군 새말에서 조무환의 발기로 창립되었다. 이때 임원은 회장 김종국, 부회장 조무환이다. 강령으로 "1. 참된 사람이 되자. 2. 배우며 일하자. 3. 선을 위하여 싸우자. 4. 대중의 종이 되자"[3]를 내세웠다. 여기에는 궁극적으로 민족독립의 참된 역군을 키우려는 의도가 담겨져 있다. 민족적으로 당시의 최선은 민족독립쟁취였다. 따라서 소년운동의 방향도 이처럼 무실역행의 인간개조 방향으로 제시되었다. 그리고 이에 부응하고자 1928년 5월에는 어린이날 기념행사를 거행하고 수원산으로 원유회를 다녀왔다.[4] 또 8월에는 조기등산을 실시하기도 하였다.[5] 그 밖에 송충이 잡이에도 나섰으며[6] 온 마을에 시간을 알리기 위하여 오전에 두 번, 오후에 두 번 타종을 하는 등[7] 활발하게 소년운동을 전개하였다.

② 연천군

연천군의 소년운동은 현재 남아 있는 기록으로는 연천소년체육회밖에는 없다. 연천소년체육회는 1927년 9월 이전에 회를 만들어 회의 명칭처럼 체육활동과 더불어 연예·오락 행사를 시행하였다.[8]

③ 가평군

가평군 역시 기록상으로는 가평소년회의 1개 소년운동단체만이 조직,

2) 위의 책.
3) 『동아일보』, 1928년 3월 27일자.
4) 조찬석, 「1920년대 경기지방의 소년운동」, 『기전문화연구』 7, 1976, 60~61쪽.
5) 『동아일보』, 1928년 8월 10일자.
6) 『동아일보』, 1928년 6월 6일자.
7) 『동아일보』, 1928년 4월 11일자.
8) 『동아일보』, 1927년 9월 6일자.

가평소년회 소식(『어린이』 1-2, 1923)

활동하였다.

　가평소년회는 이미 1923년 이전에 회장 김문성이 조직하였다. 1923년 1월에 엄동설한인데도 불구하고 '사업 성취에는 교육이냐 금전이냐'를 놓고 열띤 토론회를 개최하여 사회적인 이목을 끌었다.[9]

④ 양평군

상해한인척후단 고문 몽양 여운형

　양평군은 거국적으로 뛰어난 소년운동가이자 민족운동가인 몽양 여운형을 배출한 군이다. 몽양은 망명지인 중국 상해에서 인성학교를 만들어(1917) 교육구국운동을 벌이며 사회적인 소년운동으로 인성학교소년회를 육성하여 국내외에 커다란 영향력을 행사하였다.[10] 즉, 인성학교소년회의 설립목적인 "지·덕·체 삼육과 및 공부에 열심하는 결심을 고취하며 따라서 일후 사회공헌의 훈련을 하기로 주지로 삼고"[11]는 1920년대 국내외에서 발생한 대부분의 소년운동단체 설립목적의 본보기로 작용하였다.

---

　9)『동아일보』, 1923년 1월 23일자.
　10) 김정의, 『한국소년운동사』, 민족문화사, 1992, 97쪽.
　11)『동아일보』, 1924년 2월 18일자.

이같은 걸출한 소년운동가의 출신군에서 소년회 조직의 움직임을 보였다. 여기엔 다른 군과 달리 특별한 의미가 부여되기 마련이다. 이에 부응하여 양평소년회는 1924년 5월 이전에 읍내에서 창립되었다. 창립 후 그들은 커다란 긍지를 갖고 어린이날 기념행사에 참가하는 것을 잊지 않았다.[12]

2) 파주 · 고양 · 양주군

① 파주군

파주군은 파주소년회, 오금리소년회, 문산소년단, 금촌소년단 등 4개의 소년운동단체가 조직되어 소년운동을 전개하였다.

파주소년회는 4개의 소년운동단체 중 제일 먼저 1923년 7월 이전에 파주에서 설립되어 활동을 펼치기 시작하였다.[13]

오금리소년회는 1925년 12월 이전에 탄현면 오금리에서 조직, 지식보급을 위하여 야학을 두고 불우소년들을 모아 야학에 진력하였다.[14] 당시 전국적으로 600만 어린이 중 530만 어린이가 문맹임을 감안한다면 문맹퇴치운동은 매우 시의 적절한 소년운동이라고 간주된다.[15]

문산소년단은 1926년 9월 이전 문산에서 창단되었다. 창단후 체육대회를 개최하여 심신단련에 힘썼다.[16]

금촌소년단도 1926년 9월 이전 금촌에서 창단하여 체육행사를 가졌다.[17]

---

12) 『동아일보』, 1924년 5월 6일자.
13) 『동아일부』, 1923년 7월 25일자.
14) 『동아일보』, 1925년 12월 27일자.
15) 김정의, 앞의 책, 215쪽.
16) 『동아일보』, 1926년 9월 16일자.
17) 위의 신문.

파주군은 거국적인 소년운동가이자 민족운동가인 조소앙의 출신군이기도 하다. 조소앙은 상해(上海) 망명중 1929년 6월 한국독립당의 하부기구로 소년운동단체인 화랑사를 창립, 소년들을 화랑정신으로 무장시켜 독립운동에 많은 실적을 올렸다.[18]

이 사실은 파주군민에게는 물론이고 경기도민에게도 잊혀질 수 없는 자부심을 심어주었다. 나아가서 식민지하의 한국민에게 지속적인 소년운동을 전개할 수 있는 정신적인 양식이 되어 주기도 하였다.

② 고양군

고양군은 경성부를 감싸고 있는 군이라 중앙의 영향을 어느 군보다 많이 받았다. 그래서 마포소년회, 마포소년친목회, 동아소년수양회, 선창소년체육단, 광활소년척후단, 상조소년군, 마포청년회소년부, 신흥청년회소년부, 뚝섬소년구락부, 개운소년회, 열도소년부, 서빙고소년회, 고용소년회, 조양청년회소년부, 조양소년군, 서강소년회, 창천리소년회, 아현리엡윗소년회, 용두리여학교소녀회, 이태원소년회, 고성소년회, 의화소년회, 신공청년회소년부, 동공청년회소년부, 일신소년회, 햇발회, 조선소년군 제62호대 등 27개의 소년운동 조직체가 부침하였다. 이와 같은 소년운동단체수는 <표 1>처럼 도 전체에서 가장 많은 숫자이다.[19]

백분율로도 무려 22.3%를 차지하는 비율이다. 그러나 고양군에서 조직된 소년운동단체는 비록 조직활동할 당시의 행정구역은 경기도였으나 광복을 전후하여 모두 서울로 편입된 지역이므로 여기서는 소년운동단체명만 밝히고 다른 계제로 천착을 미루고자 한다.

---

18) 독립운동사편찬위원회, 『독립운동사자료집』 7, 1976, 1435~1436쪽.
19) 김정의, 앞의 책, 149쪽.

<표1> 군별 소년운동 단체수(1919. 3. 1~1945. 8. 15)

군 별	포천	연천	가평	양평	파주	고양	양주	개성	장단	시흥
수	3	1	1	1	4	27	4	21	1	11
군 별	부천	김포	강화	수원	용인	광주	안성	진위	여주	이천
수	3	0	5	7	1	5	8	2	4	11

기타 1개 포함 계 : 121개

출전 : 『조선일보』, 『동아일보』, 『어린이』 등에서 발췌 작성.

③ 양주군

양주군은 의정부소년회, 의정부소년척후대, 창동소년회, 유신소년회 등 4개의 소년운동단체가 조직되어 소년운동을 전개하였다.

의정부소년회의 조직 연대는 미상이지만 조직 후 1923년 11월 14일 의정부기독교청년회와 연합하여 '교육의 급무(急務)가 남자냐 여자냐'하는 주제로 열띤 토론회를 개최한[20] 것은 대단히 획기적인 행사였다고 평가된다. 그것은 소년들 스스로가 남녀평등에 눈을 떴기 때문이다. 소년들은 남녀차별을 타파하면서 민족운동을 전개하는 이중고를 감수한 것이다.

의정부소년척후대는 1925년 9월, 조선소년척후단의 산하 소년운동단체로 의정부에서 대장 차영석이 창립하였다.[21] 기독교계통의 소년운동단체로 중앙과 연계하여 일관되게 연예오락 등 스카우트에 치중하였다.[22]

창동소년회와 유신소년회[23]에 대하여는 광복을 전후하여 그 소재지가 서울로 편입된 지역이므로 고양군의 경우처럼 고찰을 생략하기로 하겠다.

---

20) 『동아일보』, 1923년 11월 17일자.

21) 앞의 『한국보이스카우트60년사』, 94쪽.

22) 조찬석, 앞의 글, 57쪽 참조.

23) 김정의, 앞의 책, 149쪽.

3) 개성·장단군

① 개성군

개성군은 이천군과 더불어 도내에서 소년운동이 가장 활발하게 전개되었다. 소년운동단체 수만 보아도 개성소년회를 비롯하여 개성중앙회관소년부(회), 쌍빈학교소년부, 개성기독교소년회, 남부엡웟소년회, 용화소년회, 태극소년회, 개성천도교소년회, 새벽회, 개성소년척후대, 적전소년수양회, 개성소년연맹, 개성중앙주일학교소년부, 송도소년회, 상조소년회, 지우소년회, 고려소년회, 고려소년척후대, 광명소년회, 개성소년동맹, 개성중앙여자관소년부 등 무려 21개 소년운동단체에 이르러 <표 1>처럼 고양군에 이어 그 다음을 차지하였다. 활동상황도 괄목할 만하였다.

우선 개성소년회의 조직변동을 살피면 창립은 1922년 6월경이다.24) 1923년 5월 현재의 회장은 공성집이고 학예부장은 박영호였으나,25) 1923년 10월 21일 임원개선에서 회장에 정경성이 선출되고 총무 임장수, 서무부장 김계환, 서무부원 김백훈, 학예부장 박일찬, 운동부장 최광진, 서기 김수천·백정흠, 사찰 공성집 등이 임원으로 뽑혔다.26) 그 후 1923년 11월 6일 임시총회에서 회장제를 폐지하고 이사제를 채택하여 이사장에 진교영을 선출하고 이사에 권진수, 박영호, 공성집, 김용선, 김은길, 임장수 등을 뽑았다.27) 그리고 1926년 11월 4일 집행위원회에서 서무부에 이상심과 이수길을, 학예부에 박무길과 김광균을 임원으로 선임하였다.28)

개성소년회는 활동에서도 선도적이었다. 1923년 10월 소년 잡지인 『소

---

24) 『동아일보』, 1925년 6월 28일자.
25) 『동아일보』, 1923년 5월 4일자.
26) 『동아일보』, 1923년 10월 31일자.
27) 『동아일보』, 1923년 11월 9일자.
28) 『동아일보』, 1926년 11월 7일자.

년』을 간행하여 소년운동을 계몽하며 소년문예운동을 폈다.[29] 더욱이 개성군은 개성소년회, 개성소년연맹, 새벽회, 고려소년척후대에서 모두 7차례에 걸쳐서 어린이날 행사를 개최하였다. 이 중 개성소년회는 강화소년회와 더불어 도에서 가장 많은 3회에 걸쳐서 어린이날 기념행사를 개최하였다.[30] 특히 1924년 4월 23일 개성소년회는 소년잡지 샛별사, 햇발사 유지 10여 명과 더불어 제2회 어린이날을 기념하기 위하여 다음과 같이 행사계획을 마련하였다.

1. 5월 1일 오후 3시부터 소년악대를 선두로 다수 소년소녀의 기행렬(어린 이날 표어기)로 시내를 순회하며 선전지를 배포할 일.
2. 오후 4시부터 어린이를 위하여 김수창, 고한승 양씨의 동화와 동요 가극 등.
3. 오후 8시 반부터 어린이를 위하여 동요, 음악, 가극과 한석원, 마해송 양씨의 동화.
4. 동 8시부터 부형을 위하여 고한승, 마해송, 장희순 3씨의 강연과 음악 등이 있을 터이라.[31]

이에 앞서 어린이날 기념음악회도 준비하였다.[32] 또한 4차례에 걸쳐서 강연회를 개최하였는데, 연제를 살펴보면 1923년 5월 정춘수의 '소년의 금일', 김종필의 '소년회의 선전에 대하여',[33] 1924년 1월 신공숙의 '소년 군',[34] 1924년 5월 마해송의 '어린이날의 의의와 요구', 김재선의 '활기있

29) 김정의, 앞의 책, 289쪽.
30) 이를 두 전체(20개군)로 보면 개성군은 28부의 7(25%)이고 개성소년회는 28부의 3(10.7%)에 해당되므로 단연 돋보인다.
31) 『동아일보』, 1924년 4월 24일자.
32) 『동아일보』, 1924년 4월 22일자.
33) 『동아일보』, 1923년 5월 4일자.
34) 『동아일보』, 1924년 1월 17일자.

는 인물을 요구하거던', 고한승의 '소년을 해방하라'[35] 등이 있었다. 이는 도 전체의 4/19로 21.1%에 해당되고 남부엡윗소년회, 개성중앙여자관소년부, 개성소년연맹의 각각 1회씩을 포함한다면 개성군의 강연회는 36.8%를 점하게 됨을 알 수 있다. 개성소년회는 이처럼 왕성하게 활동하여 전국적으로도 다른 소년회 활동에 귀감이 되었다.

개성중앙회관소년부(회)는 1924년경 창립되어 같은해 11월 평풍대회를 개최하였다.[36] 다음해 8월에는 여러 소년회와 연합원유회를 다녀왔다.[37]

쌍빈(雙斌)학교소년부는 1924년 흥교면 소재 사립쌍빈학교 학생들로 조직되어 각종 구제사업에 앞장섰다.[38]

개성기독교소년회의 조직 연대는 미상이나 1925년 1월 소년연극대회를 개최하였다.[39]

남부엡윗소년회는 1925년 7월 이전에 설립되어 노재명의 '우리 소년의 장래'라는 연제로 강연회를 개최하였다.[40]

용화소년회는 1925년 7월 5일 청교면 덕암리 용화지(龍化池)에서 박명득, 최덕겸, 조용실 등 뜻있는 소년 20여 명이 모여 창립하였다.[41]

태극소년회는 1925년 7월경 창립되어 소년회 활동을 전개하였다.[42]

개성천도교소년회의 발회 일자는 미상이나 1925년 11월 15일 임시총회에서 정인기, 이기득, 윤창순, 박여종으로 임원을 보선하였다.[43] 활동으

---

35) 『동아일보』, 1924년 5월 4일자.
36) 『동아일보』, 1924년 11월 17일자.
37) 『동아일보』, 1925년 7월 31일자.
38) 『동아일보』, 1924년 12월 7일자.
39) 『동아일보』, 1925년 1월 10일자.
40) 『동아일보』, 1925년 1월 10일자.
41) 『동아일보』, 1925년 7월 12일자.
42) 『동아일보』, 1925년 7월 31일자.

로는 동화회 등을 개최하였다.44)

새벽회는 1925년 9월 6일 용화소년회에서 개성천도교소년회, 개성중앙회관소년회, 남부엡윗소년회, 태극소년회, 개성소년회, 용화소년회 등 6개 소년단체 대표가 모여 각 소년단체의 단결을 위해 조직하였다. 이때 선출된 위원은 학예부에 이계옥, 박완수, 남천석, 주석남, 김세환, 허성업이고 사교부에 정인기, 김진호, 서무부에 민병휘, 이기환이었다.45) 그리고 1926년 1월 신년회로 음악무도회를 개최하여 소년운동을 흥미롭게 선전 소개하였다.46) 그 밖에 동화회를 개최하고 어린이날 기념활동에도 참가하였다.47)

개성소년척후대는 1925년 김광이 조직하여 9월에 총연맹에 가맹하였다.48) 대장은 하채성이다.49) 그러나 이보다 앞서 1920년 8월 이전에도 소년단들이 조직되어 맹렬한 활동을 전개한 일이 있었다. 즉, 1920년 8월 "개성시내 소년단의 용맹한 활동, 군대행진하는 모양으로 행진하다 체포"50)된 사례로 보아 일찍부터 소년운동이 지방으로부터 자생적으로 움텄음이 명백하다.

적전(籍田)소년수양회는 1926년 4월 10일에 창립하여 활동에 들어갔다.51)

개성소년연맹은 1926년 8월 16일 개성소년회 임시총회에서 발기하기

---

43) 『동아일보』, 1925년 11월 18일자.
44) 조찬석, 앞의 글, 52쪽.
45) 『동아일보』, 1925년 9월 12일자.
46) 『동아일보』, 1926년 1월 6일자.
47) 조찬석, 앞의 글, 61쪽.
48) 『한국보이스카우트60년사』, 94쪽.
49) 『동아일보』, 1925년 9월 22일자.
50) 『조선일보』, 1920년 8월 25일자.
51) 조찬석, 앞의 글, 44쪽.

로 하고, 같은 해 8월 26일 창립하였다. 참가소년단체는 개성소년회, 송도소년회, 상조소년회, 지우소년회, 고려소년회 등 5개 단체이며, 이때 집행위원으로 박광수, 박여종, 김용길, 백섬기, 조원계, 이윤근, 김복록 등이 선출되었다.[52] 연맹에서 한 활동으로는 소년들에게 신학문에 대한 자극을 주고 새로운 사상을 주입하려고 강연회를 1회, 동화회를 2회 개최하였다. 그 밖에 어린이날행사에도 2회에 걸쳐서 참가하였다.[53]

개성중앙주일학교소년부의 조직 연도는 미상이나 1926년 11월 음악연극대회를 성황리에 개최하였다.[54]

고려소년척후대는 1927년 4월 이전에 조직되어 척후대 활동을 전개하였다.[55]

광명소년회는 1927년 7월 2일 동면 대조족리 장대봉 집에서 최정득 외 4인의 발기로 창립되었다. 이때 위원으로 최정득, 이경춘, 장대봉 등이 선출되었다.[56]

개성소년동맹은 1927년 8월 20일 창립되어 다음 해 창립 1주년기념 동화회를 가졌다.[57] 개성소년연맹의 후신인 듯하다. 특기할 사항은 간도 대륙에 사는 한인소년 구호를 위하여 일반인사에게 1인당 1전 이상씩의 동정금을 걷기로 결의한 것이었다.[58]

개성중앙여자관소년부의 조직 연도는 미상이나 응변대회를 개최한 일이 있다.[59]

---

52) 『동아일보』, 1926년 8월 29일자.

53) 조찬석, 앞의 글, 61쪽.

54) 『동아일보』, 1926년 11월 20일자.

55) 『동아일보』, 1927년 4월 16일자.

56) 『동아일보』, 1927년 7월 17일자.

57) 『동아일보』, 1928년 8월 28일자.

58) 조찬석, 앞의 글, 63쪽.

59) 위의 글, 54쪽.

② 장단군

장단군의 소년운동단체로는 유일하게 진남(津南)소년회만 간략하게 기록되어 있다.

그 내용을 보면 진남소년회는 1923년 7월 이전에 창립되었고, 창립 후 강연회를 비롯한 소년회활동을 전개하였다는 것이 전부이다.[60]

3. 경기도 중부지역의 소년운동

1) 시흥 · 부천 · 김포 · 강화군

① 시흥군

시흥군은 소년운동가 조철호의 고향이기 때문에 수원보다도 먼저 1923년 7월 1일 시흥소년군을 발단시켰다. 그 밖에도 10개의 소년운동단체가 더 조직되어 활발한 활동을 전개한 군이다. 그 실체를 보면 다음과 같다.

안양소년군(안양소년척후대)은 1926년 3월 서이면 안양에서 김명우의 발기로 창립되어 조철호의 지침에 의하여 스카우트활동을 전개하였다.[61] 동화회를 개최하였고 특히 체육대회를 개최하거나 운동경기에 직접 참여하는 등 체육활동을 비교적 많이 하였다.[62] 이는 강건한 심신단련이 소년을 개조하여 조국을 되찾는 데 유용하다고 판단하였기 때문이다.

안양수양단은 1927년 6월 이전에 안양에서 창립되었다.[63] 안양소년군처럼 체육활동을 주로 하였다.[64]

60) 『동아일보』, 192/년 7월 23일자.
61) 『동아일보』, 1926년 10월 5일자.
62) 안양시지편찬위원회, 『안양시지』, 1992, 221쪽.
63) 『동아일보』, 1927년 6월 7일자.
64) 앞의 『안양시지』, 221쪽.

조선소년군 창설자 관산 조철호(경기도 시흥 출신)

능곡소년회는 1927년 6월 이전에 조직되어 소년회 활동을 전개하였다.[65]

죽율리(竹栗里)소년회는 1927년 12월 3일 군자면 죽율리에서 유지 김규영 등의 주선으로 조직되어 소년회활동을 전개 하였다.[66]

과천소년군 제22호대는 1933년 이전에 조직되어 총본부에 등록하였다. 1933년부터 1936년까지의 대장은 이윤영이었다.[67]

안양소년회의 조직연대는 미상이나 동화회를 개최한 일이 있다.[68]

흥동(興東)소년군, 잠실소년군, 노량진소년회, 하안리소년군 제17호대[69]는 고양군의 경우처럼 그 소재지가 광복 전후에 서울로 편입되었으므로 소년운동단체의 명칭만 밝혀 두고 실체파악은 생략하겠다.

② 부천군

부천군에서는 신도(信島)소년회, 모도(茅島)소년회, 기독교사각(四角)소년회 등 3개의 소년운동단체가 조직되어 소년운동을 전개하였다.

---

65) 『동아일보』, 1927년 6월 7일자.
66) 『동아일보』, 1928년 2월 17일자.
67) 『한국보이스카우트60년사』, 85~91쪽.
68) 조찬석, 앞의 글, 52쪽.
69) 김정의, 앞의 책, 150쪽.

신도소년회의 창립 연대는 미상이나, 북도면 신도에 있는 사립 신흥학교에서 동교 선생 황도문의 지도하에 조직되었다. 1923년 9월 현재 임원은 회장 전창실, 부회장 정정옥, 간사 나동한·김봉조이고 고문은 황도문이었다. 소년문제의 계몽을 위하여 강연회를 개최한 바 있다. 특기할 활동은 신도가 교통이 불편한 절해고도인데도 불구하고 동경진재(東京震災)와 서선수해(西鮮水害)의 참상을 듣고 그들 이재동포를 구하기 위하여 상당한 구호품을 모집하여 동아일보사에 기탁한 일이 있다.[70]

모도소년회는 1923년 9월 북도면 모도 감리교회내에서 조직되었다. 이때 임원은 회장 이성복, 부회장 유재열, 총무 김수악, 재무 홍기봉, 서기 유배근·황성원·조성준 외 5명이다. 모도소년회 역시 절해고도인데도 불구하고 신도소년회처럼 동경진재와 서선수해의 이재민 구호품 모집활동을 펴서 많은 감동을 안겨주었다.[71]

기독교사각소년회는 1926년 10월 9일 부천에서 조직되어 놀이를 통해서 선교와 민족정신을 암암리에 주입시켰다.[72]

③ 김포군

경기도 관내 20개군 중에서 유독 김포군에서만 소년운동 기록이 발견되지 않고 있다.

④ 강화군

강화군에선 성해(聖孩)소년회, 잠두(蠶頭)소년회, 강화소년회, 삼산소년회, 강화소년군 등 5개의 소년운동단체가 각각 조직되었다.

---

70) 『동아일보』, 1923년 9월 29일자.
71) 『동아일보』, 1923년 10월 9일자.
72) 오세창, 「일제하한국소년운동사연구」, 『민족문화논총』 13, 영남대학교민족문화연구소, 1992, 190쪽.

　　성해소년회는 1922년 12월 성현성공회에서 그 교회 주일학생들로 조직되어 '자녀교육의 필요는 학교교육이냐 가정교육이냐'로 열띤 토론회를 여는 등의 소년회 운동을 전개하였다.[73]

　　잠두소년회는 1923년 4월 이전에 조직되어 성해소년회와 연합하여 토론회를 개최하기도 하였다.[74]

　　강화소년회는 1922년경 조직[75]된 후 다방면에 걸쳐서 많은 활동을 전개하였다.

　　첫째로 <표 2>처럼 도 전체 토론회 15회 중 성해소년회가 1회, 강화소년회가 1925년 5월 '현대 오인의 요구가 금전이냐 학문이냐',[76] 1927년 8월 '소년운동의 완성은 물질에 있느냐 정신에 있느냐',[77] 그리고 1927년 11월 '현금에 있어서 우리의 요구하는 산업은 공업이냐 농업이냐'[78] 등을 포함하여 4회를 차지하여 강화군으로서는 33.3%, 강화소년회로서는 26.7%를 점하는 활동을 하였다. 더욱이 당시 민족독립과 민족 근대화의 근본적인 이슈를 거론한 것은 소년운동의 참뜻을 새길 수 있는 좋은 본보기가 되어주기에 족했다.

<표 2> 군별 토론회 개최횟수(1919. 3. 1~1945. 8. 15)

군별	가평군	고양군	양주군	시흥군	강화군	안성군	여주군	이천군	계
횟수	1	3	1	1	5	2	1	1	15

출전 : 『동아일보』, 『조선일보』, 『어린이』에서 발췌 작성.
비고 : 여기에 없는 군은 토론회 실적 기록을 발견하지 못한 군임.

---

73) 『동아일보』, 1923년 4월 29일자.
74) 『동아일보』, 1923년 4월 29일자.
75) 조찬석, 앞의 글, 43쪽.
76) 『동아일보』, 1925년 5월 13일자.
77) 『동아일보』, 1927년 8월 25일자.
78) 『동아일보』, 1927년 11월 17일자.

둘째로 연예오락에서도 활발한 활동을 하였다. 도 전체의 24회 중 강화군이 4회(16.7%)였고 이 중 3회(75%)가 강화소년회에서 개최한 것이었다.

셋째로 어린이날 행사를 적극적으로 주도하였다. 모두 3회에 걸쳐서 개최하였는데 이 횟수는 개성소년회와 더불어 도 전체 20개군 중에서 가장많은 참가 기록이다.

삼산소년회는 1925년 5월 9일 삼산면 석모리(石毛里 : 돌모루) 삼산학원에서 창립되었다. 이때 위원장은 이현일 외 14인이며 지도자는 김상규 외 3인이다.[79]

강화소년군은 1925년 9월 강화중앙청년회에서 소년군 조직을 추진하기로 하고 박순실, 유성배, 이광전 등이 음악, 수영, 위생 등을 분담하고,[80] 1926년 7월 30일 결단식을 거행하였다.[81] 그 후 각종 활동을 활발하게 전개하였다. 강연회, 연예오락회, 어린이날 행사 등을 각각 1회씩 개최하였고, 특히 동화회는 무려 4회를 개최하여 도 전체의 동화회 개최횟수 17번 중의 23.5%를 차지하여 도 전체 중에서 최고기록을 보유하게 되었다. 뿐만 아니라 강화소년회의 2회를 포함한다면 강화군의 동화회 개최 비율은 35.3%로 상승된다. 이는 개성군의 6회와 같은 횟수로 역시 최고기록이다(이 밖에 고양군과 시흥군이 각각 1회, 이천군이 3회로 도합 17회가 된다). 또한 체육활동도 3회(도 전체는 46회)나 실시하여 수준급이었다. 1926년 8월에는 여름철 이동야영연습을 하였고,[82] 1927년 8월에는 월미도에서 실제로 야영생활을 하였다.[83] 그리고 1927년 11월에는 조기회를

---

79) 『동아일보』, 1925년 5월 19일자.

80) 『동아일보』, 1925년 9월 1일자.

81) 『동아일보』, 1926년 7월 14일자에는 7월 26일을 발단일로 보도했지만 『한국보이스카우트60년사』 84쪽에는 본고 제5절 중앙통제하 소년운동단체의 조직에서 인용한 것처럼 1926년 7월 30일을 발단일로 기술하였다.

82) 『동아일보』, 1926년 8월 14일자.

발기하기도 하였다.[84]

2) 수원 · 용인 · 광주군

① 수원군

수원군은 수원소년군, 화향회, 경성애우소년학우회 수원지부, 화성소년군(회), 원리소년저축조합, 발안소년회, 수원소년동맹 등 7개의 소년운동단체들이 조직되어 소년운동을 활발하게 전개함으로써 민족일반에게 희망을 안겨주었다. 그 중에서도 가장 왕성하게 활동한 소년운동단체는 수원소년군이었다.

수원소년군의 시작은 1923년 7월 23일 김장성 외 몇 사람이 인도하여 상업강습소에서 '빗의 모임'이라는 소년단체를 조직한 데서 비롯되었다.[85] 그 후 1923년 여름에 고인관의 인도로 소년군으로 개칭하고 같은 해 9월 8일 제8호대로 정식 발족하였다.[86] 1927년 현재의 인도자는 김로적이다.[87] 수원소년군은 여러 활동 중 특히 체육활동을 활발히 전개하여도 전체의 소년단체 체육활동 중 46회분의 4회(8.7%)를 평택소년회와 더불어 기록했다. 화성소년군의 1회를 합치면 수원군은 <표 3>처럼 5회 (10.9%)로 증가된다. 내용을 보면 1927년 5월 제1회 경남소년야구대회를 개최하였고,[88] 같은 해 9월 제2회 경남소년야구대회를 개최하였다.[89] 1928년에는 중선소년축구대회를 개최하였고,[90] 다음 해 6월에는 제2회

---

83) 『동아일보』, 1927년 8월 12일자.

84) 『동아일보』, 1927년 11월 8일자.

85) 『동아일보』, 1923년 7월 28일자.

86) 『한국보이스카우트60년사』, 79쪽.

87) 『동아일보』, 1927년 1월 20일자.

88) 『동아일보』, 1927년 6월 4일자.

89) 『동아일보』, 1927년 9월 27일자.

중선소년축구대회를 개최하였다.[91] 어린이날 기념행사도 가졌다. 또한 도 전체의 25회분의 연예오락 행사 중 3회(12%)의 연예오락 행사를 개최 하였다. 더욱이 연예오락 행사가 단순히 무엇을 기념하기 위하여 또는 소년들을 교육시키거나 즐겁게 해주는 차원을 넘어 자체 소년군의 경비 를 충당하기 위하여 1927년 2월 순회 활사(活寫)대회를 연 것[92]은 의미있 는 소년군 활동으로 평가된다.

<표 3> 군별 체육활동 개최횟수(1919. 3. 1~1945. 8. 15)

군별	포천	고양	파주	개성	시흥	강화	수원	안성	진위	여주	이천	계
횟수	2	7	2	7	8	3	5	1	4	2	5	46

출전 : 『동아일보』, 『조선일보』, 『어린이』에서 발췌 작성.

화향회(華香會)는 1924년 11월 25일 삼일여학교 어린이들이 자기학교 강당에서 창립하였다. 이때의 임원은 회장 안성의, 부회장 정봉수, 서기 김주희 · 차아명, 회계 표덕성 · 정마서이고 고문은 그 학교 교직원들이 다.[93]

경성애우소년학우회 수원지부는 1927년 4월 이전에 조직되어 어린이 날을 개최하는 등 활동을 하였다.[94]

화성소년군(회)은 1928년 4월 21일 조직되었고, 신임 간사는 단장 박서 태, 사령 우성규, 호대장 정광수, 부대장 배남선, 이사 박봉득 · 장보라 · 하상점 · 함석종이었다.[95] 어린이날 기념행사를 가졌다.

원리(園里)소년저축조합은 1928년 2월 성호면 원리 소년들이 조직하

---

90) 『동아일보』, 1928년 6월 13일자.
91) 『동아일보』, 1929년 6월 5일자.
92) 『동아일보』, 1927년 2월 17일자.
93) 『동아일보』, 1924년 12월 2일자.
94) 『동아일보』, 1926년 4월 16일자.
95) 『동아일보』, 1928년 5월 1일자.

여 저축활동을 펼쳤다.[96)]

발안(發安)소년회는 1928년 3월 2일 향남면 발안리 송송복 씨 집에서 조직되어 소년회 운동을 전개하였다.[97)]

수원소년동맹은 1929년 12월 1일 창립되었다. 주로 무산소년들의 권익 옹호를 위한 소년운동을 전개하였다. 이때 집행위원장은 종봉출이었 다.[98)]

② 용인군

용인군에서는 오직 경성애우소년학우회 용인지부만 조직되어 활동하 고 있었는데 그것도 다른 군의 활동과 비교하면 부진을 면치 못했다. 경성애우소년학우회 용인지부는 명칭에서 알 수 있듯이 서울과 인접한 까닭에 본부와 밀접한 관계를 맺고 있었다.[99)] 그래서 독자적인 활동은 활발하지 못했다. 그러나 어린이날 기념행사만은 행하였다. 아무튼 이러 한 소년운동단체의 활동은 오직 지·덕·체의 함양을 위한 교육에만 국한 되지 않고, 한 국가의 일원인 소년들의 항일사상과 애국심 고취에 그 진정한 목적이 있었으므로 소년운동단체의 활동은 거시적인 독립운동의 한 방편이라고 할 수 있다.[100)]

③ 광주군

광주군은 광주소년회, 여수리소년단 제63호대, 신원소년단, 송파소년 단, 염곡소년단 등 5개의 소년운동단체가 명멸하며 소년운동을 전개하였

---

96) 『동아일보』, 1928년 2월 29일자.
97) 『동아일보』, 1928년 3월 11일자.
98) 조찬석, 앞의 글, 42쪽.
99) 『동아일보』, 1927년 4월 16일자.
100) 용인군지편찬위원회, 『용인군지』, 1990, 130~131쪽.

다. 그 실상을 파악해 보면 다음과 같다.

광주소년회는 1928년 8월 14일 천도교 종리원에서 발기, 같은 해 8월 26일 대외적으로 창립을 알리고 소년회 운동에 들어갔다.[101]

여수리소년단 제63호대는 1936년 7월 현재 새로이 총본부에 등록하였다. 대장은 홍순영이다.[102]

신원소년단, 송파소년단, 염곡소년단 등 3개의 소년운동단체[103]는 고양군의 예처럼 지금은 서울로 편입되어 있는 지역이므로 서술을 유보하겠다.

4. 경기도 남부지역의 소년운동

1) 안성 · 진위군

① 안성군

안성군은 도내 최초의 소년운동단체인 안성기독교소년회를 위시하여 안성소년단, 안성천주교소년회, 안성소년회, 동신소년회, 양성소년회, 적호(赤虎)소년단, 안성면려(勉勵)기독소년회 등 8개의 소년운동단체가 부침하며 소년운동을 펼쳤다.

먼저 안성기독교소년회는 1921년 1월 안성기독교회에 병설된 유년주일학교 생도들이 지·덕·수양과 기독교 전도를 목적으로 조직하고[104]

---

101) 『동아일보』, 1928년 8월 20일자.
102) 『한국보이스카우트 60년사』, 91~92쪽.
103) 광주군은 소년단 운동이 비교적 활성화되어 있는 지역이지만 대부분 서울로 편입되었다. 여기에 밝힌 3개의 소년단 소재지도 서울로 편입된 지역이므로 분석은 생략한다.
104) 『동아일보』, 1921년 4월 10일자. 필자의 견해로는 이 소년회가 경기도 최초의 소년운동단체이다.

같은 6월 '인재양성에 체육이 지육을 승(勝)한다'는 제목으로 토론회를 개최하였다.[105] 그 후에도 토론회는 1차례 더 가졌다. 임원 현황은 1923년 1월 현재 회장 함수홍, 총무 이용운, 고문 김상덕·김태영, 명예회장 윤철주 등이다.[106] 강연회도 2차례에 걸쳐 개최하였다. 그 중 1923년 1월 김태영의 '우리 소년을 위하야'라는 강연은 청중에게 많은 호응을 얻었다.[107] 또한 연예오락도 개최하는 등 경기도 최초의 소년운동단체답게 많은 활동을 하였다.

안성소년단은 1924년 1월 10일 여러 소년들의 발기로 서리 장로교회당에서 발기하고,[108] 다음과 같은 선서문을 발표하였다.

선 서 문
1. 거짓말과 속이는 행실이 없게 할 일.
2. 옳은 줄 생각한 일과 의무라고 생각한 바를 부지런히 실행할 일.
3. 의리와 허락을 반석같이 지키는 충성되고 신의있고 용기있는 사람이 될 일.
4. 옳은 일 작정한 일이어든 만난을 무릅쓰고 나아갈 일.
5. 제일 제가 하고 남에게 의뢰하지 말며 오늘 일 오늘 하고 다음 날로 미루지 말 것.
6. 어른에게 친절하고 공손함은 물론이어니와 소년들끼리도 서로 공경하고 친절히 할 일.
7. 넓히 인류를 사랑하며 초목과 동물도 수호할 일.
8. 개인보다 단체, 사(私)보다 공을 중히 여기며 사회를 위하야 힘쓰는 사람이 될 일.
9. 보통 상식을 가지고 일 종 이상의 전문학술이나 기예를 배워 일종

---

105) 『동아일보』, 1921년 6월 5일자.
106) 『동아일보』, 1923년 1월 23일자.
107) 『동아일보』, 1923년 1월 6일자.
108) 『동아일보』, 1924년 1월 8일자.

이상의 직업을 가질 일.

10. 자유자급의 정신을 가지고 근검 저축하야 제 생활의 기초를 확립하는 사람이 될 일.

11. 위생의 법칙에 합치되는 생활과 일정한 활동으로 건강한 체격의 소유자가 될 일.

12. 본단과 단원을 사랑하며 마음과 뜻으로 합하야 일치단결 할 일.[109]

위의 내용은 당시 『개벽』지를 통하여 논의되고 있었던 김기전, 이돈화, 이광수, 조철호 등의 논설 논조[110]와 대부분 그 맥을 같이하고 있음이 발견된다. 아무튼 출발 초부터 소년운동의 이념을 분명하게 밝히고 소년운동을 전개한 것은 매우 바람직한 현상이겠다.

같은 해 3월 28일 총회에서는 임원진으로 단장 김태영, 부단장 박용태, 총무 우종안이 뽑혔다.[111] 그들은 안성소년단의 목적을 "1. 덕·지·체 3육의 무(務)할 사(事), 2. 건전한 사상으로 단결할 사, 3. 산업을 진흥할 사, 4. 문화진운에 공헌할 사"라고 하여 그 이념을 더욱 명료하게 하고 소년운동에 임했다. 그런데 이 내용으로 보아 그들의 소년운동 목적은 상해인성학교소년회나 천도교소년회의 목적과 일치하고 있음을 알 수 있다.[112] 이는 식민지하 한국인들 정서의 공감대가 어떻게 형성되어 있는가를 읽을 수 있는 좋은 본보기이다.

그들이 전개한 활동으로는 다른 소년회나 마찬가지로 강연회나 연예오락 행사를 개최하는 것은 물론이고, 더 나아가서 식목사상을 배양할 목적으로 동리(東里)에 있는 비봉산에 식림지를 정하여 단원 일동이 나무를 심기도 하였다(1926. 4. 6).[113] 1926년 12월 26일에는 명예단장 김태영,

---

109) 『농아일보』, 1924년 1월 27일자.

110) 김정의, 앞의 책, 47~87쪽 참조.

111) 『동아일보』, 1924년 4월 2일자.

112) 김정의, 앞의 책, 97쪽.

단장 박용구, 총무 정중모, 서무 이사만, 문예 임시배, 교양 윤만봉, 체육 이회영으로 임원진의 폭을 넓혀서 개선하고 가일층 소년운동의 활성화를 시도하였다.[114]

안성천주교소년회는 1924년 2월 읍내에 거주하는 천주교소년과 신도 일동이 합심하여 조직하였다.[115]

안성소년회는 1924년에 창립되었다. 1926년 현재 회장은 김종원이다.[116]

동신소년회는 1925년 1월 보개면 동신리 소년들이 조직하였다. 임원으로 회장 도선준, 부회장 김사복, 간사 박상옥·김한룡을 뽑았다. 특이한 활동으로는 동리를 순회하며 도박을 금지하는 계몽활동을 전개한 점이다.[117]

양성소년회는 1926년 4월 양성면의 여러 유지들이 발기하여 창립준비를 하였다.[118]

적호(赤虎)소년단은 1926년 7월 11일 이죽면 장계리 율림광장에서 소년학생 30여 명이 창립하였다.[119]

안성면려(勉勵)기독소년회는 1927년 3월 이전에 조직되어 웅변대회를 개최하는 등 소년운동을 활발하게 전개하였다.[120]

② 진위군

113) 『동아일보』, 1924년 4월 3일자.
114) 『동아일보』, 1924년 12월 29일자.
115) 『동아일보』, 1924년 2월 8일자.
116) 『동아일보』, 1926년 7월 11일자.
117) 『동아일보』, 1925년 1월 14일자.
118) 『동아일보』, 1926년 4월 27일자.
119) 『동아일보』, 1926년 7월 14일자.
120) 『동아일보』, 1927년 3월 20일자.

진위군은 평택소년회와 경성애우소년학우회 진위지부 등 2개의 소년
운동단체가 창립되어 소년운동을 전개한 군이다.

평택소년회는 원래 1923년 10월경 평택소년야구단으로 조직되었으나
다음 해 4월 평택소년회로 개칭하였다. 이때의 회장은 김수혁이고 회원은
38명이었다.[121] 그리고 1925년 10월 현재의 총무는 김귀갑이다.[122] 1924
년부터 1927까지는 매년 여름 중선(中鮮)소년정구대회를 개최하여[123]
도 전체의 체육활동 46회 중 4회(8.7%)를 기록하여 단위소년운동단체로
는 수원소년군과 더불어 동률 수위를 차지하였다. 한편 강연회도 1차례
개최하였다.[124]

경성애우소년학우회 진위지부는 1927년 4월 이전에 조직되어 소년우
애운동을 폈다.[125]

2) 여주 · 이천군

① 여주군

여주군은 신천지소년회, 여남소년회, 홍진소년회 등 3개의 소년운동단
체가 조직되어 소년운동을 전개하였다.

신천지소년회의 창립 년월일은 미상이나 1925년 6월 25일 개선된 임원
은 회장 김준룡, 총무 김수영, 덕육부장 이영식, 지육부장 신성룡, 체육부
장 장수만, 서기 신성룡 · 최고라, 회계 이은형 · 오립경 · 정영규 · 박용
환 · 김용준 · 최창엽이었다.[126] 부서조직은 홍진소년회와 더불어 천도

---

121) 『동아일보』, 1927년 4월 23일자.
122) 『동아일보』, 1925년 10월 29일자.
123) 조찬석, 앞의 글, 56~57쪽.
124) 위의 글, 51쪽.
125) 『동아일보』, 1927년 4월 16일자.
126) 『동아일보』, 1925년 6월 30일자.

256

교소년회 조직을 모본으로 하였다.[127] 1925년 7월 최을순을 연사로 '신천지소년회를 향한 나의 희망'이란 강연을 들었다.[128] 강연회는 1차례 더 열었다. 그 밖에 토론회와 체육회를 1회씩 개최하였다.

여남소년회는 1925년 8월 1일 상동면 청안리 상동공립보통학교에서 창립되었다.[129]

홍진소년회는 1926년 6월 13일 홍천면 복대리에서 창립되었다. 이때 임원은 회장 이윤수, 총무 이명호, 덕육부장 한홍수, 지육부장 김동길, 체육부장 김해영, 사교부장 이윤수, 고문 이홍범·이계윤이었고 창립 후 체육행사를 가졌다.[130]

② 이천군

이천군에서 조직 운영됐던 소년운동단체는 이천소년단, 권학회, 이천소년구락부, 이천소년회, 협성소년회(소년운동구락부), 장호원소년회, 장호원유년주일학교소년회, 샛별소년회, 장호원소년단, 효천소년회, 장호원소녀동우회 등 11개 소년운동단체에 이르러 개성군에 이어서 매우 왕성한 소년운동을 전개한 군이다.

이천소년단은 1924년 10월 1일 창립되었다.[131] 창립 당시의 임원은 미상이나 1924년 12월 18일 개선된 임원은 단장 유정준, 부단장 최종훈, 간사 홍간표, 이공성, 회계 유병의, 서기 김계출이다.[132] 같은 달 남선지방의 한해동포를 구제하기 위하여 한재(旱災)구제 가극대회를 준비하였고,[133] 다음 해 1월에는 동화음악대회를 개최하였다.[134] 매우 바람직한

127) 김정의, 「한국근대소년운동 고찰」, 『한국사상』 21, 1989, 163～164쪽.
128) 『동아일보』, 1925년 7월 19일자.
129) 『동아일보』, 1925년 8월 12일자.
130) 『동아일보』, 1926년 6월 19일자.
131) 조찬석, 앞의 글, 40쪽 참조.
132) 『동아일보』, 1924년 12월 24일자.

소년운동이라고 평가된다. 1925년 2월에는 회를 발전적으로 해체하고 조직연대 미상인 권학회, 이천소년구락부와 합해서 이천소년회로 재조직하였다.135)

이천소년회는 1925년 2월 위의 3단체가 합동하여 창립되었다. 이때 임원은 회장 유정준, 부회장 최종훈, 총무 김병출, 회계 유병의 · 홍선표, 서기 김계출 · 이용우, 문예부간사 이경재 · 송재식, 음악부간사 홍영표 · 천약한, 운동부간사 송순형 · 최일철이다.136) 같은 해 7월 소년개인정구대회를,137) 9월에는 소년각희(脚戱)대회를 각각 개최하였다.138) 1925년 10월 5일 보궐 임원선거에서는 총무 임회순, 문예부간사 양효성, 운동부간사 지성룡이 선출되었다.139) 같은 해 11월 경로회를 개최하였고,140) 1927년 6월에는 음악대회도 1회 개최하였다.141)

협성소년회는 1923년 7월 10일 이천읍 중리 감리교회에서 소년운동구락부로 창립되었고 1926년 협성소년회로 개칭하였다.142)

장호원소년회의 조직연대는 미상이다. 1925년 3월 현재 임원은 회장 김백운, 부회장 박병문, 총무 이상옥, 운동부장 권완식, 서기 김봉제 · 임기현, 회계 김진용, 간부 이한우 · 홍순옥 · 김을선이다. 이들은 의견을 모아 강연회와 동화회를 각각 개최하였다.143) 또 1926년 5월에는 어린이

---

133) 『동아일보』, 1924년 12월 21일자.
134) 『동아일보』, 1925년 1월 30일자.
135) 『동아일보』, 1925년 2월 5일자.
136) 『동아일보』, 1925년 2월 6일자.
137) 『동아일보』, 1925년 7월 4일자.
138) 『동아일보』, 1925년 7월 21일자.
139) 『동아일보』, 1925년 10월 11일지.
140) 『동아일보』, 1925년 11월 5일자.
141) 『동아일보』, 1927년 6월 9일자.
142) 『동아일보』, 1926년 7월 30일자.
143) 『동아일보』, 1925년 3월 27일자. 그러나 『동아일보』, 1926년 3월 4일자에는 장호

날 기념 소년극을 열어 청중의 갈채를 받았다.[144]

원래의 장호원유년주일학교소년회는 1926년 2월 샛별소년회로 개칭
되었다.[145] 개칭된 샛별소년회는 같은 해 8월 제1회 하기연예대회를 개최
하고 연예대회에서 얻은 동정금으로 청미교(淸美橋)에 등대를 세웠으
며,[146] 그 밖에 체육대회도 여는 등 활발하게 소년회 활동을 전개하다
발전적으로 해체하고 같은 해 9월 12일 장호원소년단과 합쳐서 효천소년
회로 거듭났다.[147] 이때 임원으로 회장 조성진과 총무 홍순옥을 뽑고,[148]
합병기념으로 연극대회를 개최하기로 결의하였다.[149] 다음해 11월에는
제1회 서화 전람회를 개최하여 사회의 주목을 받았다.[150] 그리고 강연회
와 동화회도 각각 열어 호응을 얻었다. 또 '재승어근(才勝於勤)'이란 연제
로 토론회를 개최, 청중의 커다란 호응을 얻기도 하였다.[151] 한편 샛별소
년회의 전통을 이어받아 체육활동도 왕성하여 1927년 8월 제2회 중선소
년정구대회[152]와 1928년 8월 제3회 중선소년정구대회를 개최하였다.[153]

이색적으로 장호원소녀동우회는 1926년 4월 이전에 소녀들로만 조직
되어 소년회활동을 전개하였다.[154]

원소년회가 1926년 2월 27일 회중기독교회에서 창립총회를 연 것으로 되어 있다.
이때 선임된 임원은 회장 김복길, 간사 경채봉·안정숙이다. 따라서 창립연대와
초기의 임원현황은 좀더 고찰이 요망된다.

144) 『동아일보』, 1926년 4월 25일자.
145) 『동아일보』, 1926년 2월 21일자.
146) 『동아일보』, 1926년 7월 29일자.
147) 『동아일보』, 1926년 9월 15일자.
148) 『동아일보』, 1926년 9월 15일자.
149) 『동아일보』, 1926년 9월 14일자.
150) 『동아일보』, 1927년 10월 25일자.
151) 『동아일보』, 1926년 9월 20일자.
152) 『동아일보』, 1927년 8월 13일자.
153) 『동아일보』, 1928년 8월 18일자.
154) 『동아일보』, 1926년 4월 25일자.

5. 중앙통제하 소년운동단체의 조직

1) 조선소년군의 경기지방 조직

초기의 단위로는 지부와 그 산하에 분단으로서 단위 대인 호대(虎隊)를 두었다. 도시에는 지부를, 시골 마을에는 분단을 설치하였는데, 임원으로 평의원, 고문, 부단장, 부분단장, 간사 그리고 교관 약간명을 두고 특별한 경우 명예 고문과 단장을 두었다. 그러나 1925년

1922년 10월 5일 창립 당시의 조선소년군기

일부를 개정, 지부를 지방 본부라 하고 지방 본부에 단장, 부단장, 대장, 간사와 필요에 따라 고문, 간사, 평의원을 위촉하였다. 이러한 체제 아래 조선소년군은 1922년 최초로 1개 호대 8명으로 시작했으나[155] 그 해 연말에는 2명만 남아 겨우 명맥을 유지하다가 1923년부터 선전대를 조직, 지방을 순회하며 본격적인 선전을 한 결과 단세는 급격히 증가하기 시작하였다. 창립 1년 만인 그 해 10월에는 8개 호대에 160명으로 증가하였고, 이후부터 단세는 계속적으로 상승 추세를 보였다.[156]

이 중 경기지방은 같은 해 7월 1일 시흥에서 처음으로 소년군이 조직되었다. 수원에서도 같은 달 23일 상업강습소에서 '빗의 모임'이라는 명칭의 소년군이 주직되었다. 이것이 제8호대로서 정식 발족한 것은 9월 8일이었다.[157] 이 날 수원 종로예배당에서는 수원지부 발회식을 저녁 8시에

---

155) 『동아일보』, 1922년 10월 7일자.
156) 『한국보이스카우트60년사』, 79쪽.

개최하려 했으나 동경대진재시 조선인 대량 학살로 민중궐기를 우려한 나머지 일경에서 집회를 강제로 제지하여 불행히 중지되고 말았다. 당일 모인 군중은 700여 명에 달하였다.

1924년 들어서면서 포천 송우리소년군이 대장 이운천에 의해 조직되었다. 이 해에 수원에는 조선소년군 지부가 설치되었다.[158]

1925년부터는 소년군의 조직이 본격적으로 확산되어 열기를 띠기 시작하였다. 그들은 명산대천을 찾아 야영을 하면서 용맹스런 기상과 항일정신을 일깨우며 나라 잃은 설움에 잠긴 소년들의 욕구를 충족시켰다. 4월까지 전국의 12개 호대가 조직되었는데 이 중 수원읍에서는 단원 20명으로 제5호대로, 포천 송우리에서는 단원 20명으로 제10호대로 중앙에 등록하였다. 11월에는 전국적으로 38개 호대로 확산되었다. 이 중 경기지방은 수원읍의 제8호대, 포천 송우리의 제10호대, 포천 새말의 제14호대(대장 조무환, 단원 15명), 여주 동면 당우리의 제34호대(대장 유지형)로 증가되었다.[159]

1926년에도 조직은 계속 확장되었으나 조철호 총사령장이 6·10만세 운동으로 옥고를 치르는 등의 영향으로 전 해와 같이 활발하지는 못하였다. 그러나 7월 30일 강화소년군이 조직되었다. 만 9세에서 20세까지의 지원자 중에서 우수 청소년만 선발했는데, 강화학교에서 발단식을 거행한 후 오후 8시부터는 남두예배당에서 주민 500여 명이 참석한 가운데 축하회를 베풀어 강화도를 축제 분위기로 만들었다.[160]

그 후 답보상태에 있다가 간도로 망명했던 조철호 총사령장이 1930년 돌아오면서 소년군의 조직은 다시 활기를 띠며 점차 확장되었다. 1933년

---

157) 위의 책.
158) 위의 책, 81~82쪽.
159) 위의 책, 82~83쪽 참조.
160) 위의 책, 84쪽.

10월에는 전국의 75개 호대 중 17개 호대로, 1934년 6월에는 전국 76개 호대 중 경기도의 소년군은 18개 호대(23.7%)로 증가하여 조직의 절정을 이루었고 1935년 11월에는 전국 80개 호대 중 경기도는 18개 호대를 유지하였다.

1936년 7월에는 모두 79개 호대 중 13개 호대로 감소되었고,[161] 그나마 1937년 9월에는 일제에 의하여 일제히 강제해산당하고 광복 때까지 지하활동으로 들어갔다.[162]

한편 기독교청년회 내의 소년부원 17명으로 1922년 시작한 소년척후단[163]에서는 그 특수한 종교적 조직과 배경에 힘입어 주로 각지의 기독교청년회와 교회를 중심으로 지방조직을 착실히 해나간 것이 특징이다. 그 규모는 비록 조선소년군에는 미치지 못해서 경기지방도 1925년 의정부에서 대장 차영석에 의해서 조직된 의정부소년척후대와 개성에서 김광에 의해 조직되어 9월에 총연맹에 가맹한 개성소년척후대에 불과하였다.[164]

2) 경기소년연맹의 창립

1928년 5월 어린이날 행사를 조선소년총연맹 주도하에 성사시킨 총연맹측은 6월 3일 제2회 집행위원회를 서울 견지동 시천교당에서 개최하였다.[165] 여기서 당면 제 문제를 다음과 같이 결의하여 지도노선을 확립해 나갔다.

161) 위의 책, 84~93쪽 참조.
162) 김정의, 「한국근내소년운동의 노선갈등과 일제탄압고」, 『실학사상연구』 3, 1992, 316~319쪽 참조.
163) 『동아일보』, 1925년 10월 10일자.
164) 『한국보이스카우트60년사』, 93~97쪽 참조.
165) 김정의, 앞의 책, 205쪽.

1. 방향전환 배격.

1. 1면 1소년회제 채용.

1. 도에는 도연맹, 군에는 군연맹을 둠. 동(同) 연맹의 재조직시까지 이 동맹을 군동맹으로 간주함.

1. 6, 7, 8월중에 체육장려 및 임간 강좌를 실시하도록 지시할 것.[166]

이후 총연맹은 강령에 따라 전국적인 조직작업에 들어갔다. 그 중 경기소년연맹 창립에 대해서는 1928년 6월 조선소년총연맹 중앙상무위원회에서 7월중에 조직할 것을 결의하였다. 이때 조직위원으로 정홍교, 윤소성, 고장환, 남천석 외 1명이 선임되었고, 준비 및 교섭위원으로는 최신복, 정홍교가 선임되었다.[167] 그 후 1928년 7월 29일 당초 수원에서 조직하려던 것을 변경하여 서울 견지동 시천교당에서 수원, 개성 등 각지의 대의원 30여 명이 모여 도조직을 결성하고, 신임 간부에 위원장 고장환, 총무 최영윤, 상무서기 안정복·최영윤, 위원 홍순기·유시용·민병회, 검사위원장 최병호, 검사위원 김형배·이해운 등을 선출하였다.[168]

한편 다음과 같은 사업안을 통과시켰다.

가. 단일 군부동맹 재조직의 건.

나. 1면 1소년회 조직촉성의 건.

다. 군부연맹 조직촉성의건.[169]

그런데 경기소년연맹의 결의사항은 다른 도의 결의사항과 일치하여 조선소년총연맹의 상의하달의 획일성을 드러냈다. 이와 같은 획일성은 군동맹과 마찰을 빚었다. 군동맹에선

166) 『동아일보』, 1928년 6월 6일자.

167) 『동아일보』, 1928년 6월 16일자.

168) 『동아일보』, 1928년 7월 31일자.

169) 『동아일보』, 1928년 7월 11일자.

1. 1면 1소년회제를 절대 반대함.
2. 군단위 1동맹의 전국적 조직완성을 기함.[170)

이라고 결의하였다. 따라서 총연맹과 지방소년동맹 사이에 갈등의 조짐
이 표출되었다. 설상가상으로 일제의 제동이 걸렸다. 아무튼 도연맹이
탄압을 받고 또 도연맹 임원들이 수난을 당하는 동안 군단위 소년동맹
조직이 추진되었다. 따라서 총동맹의 의도였던 총연맹 — 도연맹 — 부군
동맹 — 면 소년회의 단일조직체 결성은 군동맹의 추진으로 작동을 못했
다. 그나마 총동맹과 군동맹이 경쟁적으로 좌경화 경향을 노골적으로
드러내자 순수소년단체들은 통합에 불응하였다. 소년단체의 전국적인
조직망을 갖고 있던 천도교, 기독교, 불교 등의 종교단체와 소년군에서는
총연맹의 지방조직에 개의하지 않고 본래의 소년운동을 지향하였다.[171)
따라서 도단위의 소년운동계를 총연맹측의 복안대로 주도하겠다는 당초
의 계획은 사실상 무산되고 자체 내분에 들어갔다.[172) 이로써 경기소년연
맹의 위상도 크게 손상을 입었다.

6. 맺음말

이상에서 국권침탈기 경기지방의 소년운동에 대하여 고찰하였다. 그
결과 다음과 같은 소득을 얻었다.

첫째, 경기지방에서 조직된 소년운동단체들이 내세운 소년운동 이념은
소년의 인격을 존중하려는 중앙의 소년운동 이념과 근본적으로 일치하고

---

170) 『동아일보』, 1928년 8월 1일자.
171) 신재홍, 1981, 「일제치하에서의 한국소년운동고」, 『사학연구』 33, 107~108쪽
    참조.
172) 김정의, 앞의 책, 209쪽.

있다. 그것은 안성소년단의 선서문과 포천소년회의 강령에 잘 드러나 있다. 즉, 중앙에서 제1회 어린이날 선포된 「소년운동의 선언」 내용과 그 맥을 같이하고 있다.

둘째, 경기지방에서 조직된 소년운동단체의 부침은 20개군에서 무려 121개 단체에 달했다. 이는 같은 기간 전국의 소년운동단체 576개 단체 부침의 21%에 해당된다. 경성부와 인천부를 빼고도 이토록 많은 것은 경기도의 소년운동 열기를 읽을 수 있는 확실한 증거이다.

셋째, 소년운동단체조직부서가 대부분 천도교소년회의 유락부, 담론부, 학습부, 위열부를 본떴다. 그리고 지·덕·체를 겸비한 쾌활한 소년양성을 추구한 것은 전국적인 현상이었는데 경기지방도 마찬가지였다.

넷째, 소년운동단체의 활동은 강연회 19회, 동화회 17회, 토론회 15회, 웅변회 6회, 체육회 46회, 연예오락회 25회, 어린이날 기념행사 28회, 기타 20회로 조사되었는데 이 중에서 26%가 체육관계행사였던 것으로 미루어 보아 체육활동에 가장 힘썼음이 드러난다.

다섯째, 김포군만 빼고 소년운동은 각 군에서 모두 전개됐지만 그 중에서도 소년운동이 활발했던 군은 개성군과 이천군이었다. 그리고 소년운동단체별로는 강화소년회와 수원소년군의 활동이 돋보였다. 이는 강화군이나 수원군의 소년운동도 개성군이나 이천군의 소년운동에 버금감을 이름이다.

여섯째, 중앙통제의 소년운동으로서 조선소년군의 활동도 다른 도에 비하여 왕성한 활동을 전개하였다. 그것은 1934년 현재 소년군 총본부에 등록된 76개 호대 중 23.7%에 해당되는 18개의 소년군이 경기지방에서 조직되어 활동한 것만 보아도 알 수 있다.

일곱째, 경기도소년연맹이 창립되고는 일사분란한 체계로 소년운동이 활성화된 것이 아니라 좌·우의 마찰 및 도연맹과 군연맹의 알력으로 인한 부작용이 노출되어 관심자로 하여금 안타까움을 더하게 했다.

여덟째, 조철호, 여운형, 조소앙 같은 걸출한 소년운동 지도자들을 배출한 것은 경기지방 소년운동의 위상을 높이는 데 일정한 기여를 하였다.

이 연구과정에서 경기지방의 소년운동 비중이 전국적인 소년운동과 비교해서 매우 높음을 확인하였다. 다만 경기지방의 다른 분야에서의 민족운동과 비교해서 어느 정도의 비중을 차지했는지를 유보한 것은 이 논문의 한계점이다.

「국권침탈기 경기도의 소년운동」, 『한국민족운동사연구』 11, 1995

제10장 국외에서의 한인소년운동

1. 머리말

19세기 후반 국내정세의 불안정과 북한지방의 흉작으로 인하여 굶주리는 많은 동포들이 살 길을 향하여 낯선 신천지를 찾아 집단 이민하는 현상이 속출하였다. 20세기 초에는 일제의 침략에 대항하여 애국계몽운동과 의병전쟁을 가열차게 벌였으나 역부족으로 망국에 이르자, 국외에 독립운동기지를 건설하려는 민족운동사의 차원에서 다시 한 번 집단 이민이 초래되었다. 그들이 주로 향했던 해간도(海間島)의 북간도·서간도·연해주, 미주의 본토와 하와이, 그리고 상해로 집결하여 선주 이민 한인과 합세하여 각각 한인촌을 구축하고 한인사회의 권익을 위하여 간민회(墾民會), 경학사(耕學社), 권업회(勸業會), 대한인국민회, 대한민국 임시정부 등을 구성하였다. 그들은 선결과제로 한인 2세의 교육문제 해결에 역점을 두고 명동학교, 신흥학교, 한민학교, 한인소년병학교, 인성학교(仁成學校) 등 숱한 학교를 건설하고 교육하였다. 이는 물론 정차 독립역군을 양성코자 하는 민족지사들의 강한 의지의 산물이었다.

여기까지는 그농안 선학들의 천착에 힘입어 상당 부분 그 실상이 규명되어 학계에 보고되었다. 그러나 국외의 있어서의 소년운동 관계사는 독립운동사 관계 논문들에서 간간이 산결될 뿐 미답의 상태다. 그 당시

민족지사들의 강한 독립의지로 볼 때 틀림없이 소년에게 기대를 걸고 소년운동을 전개하였을 것임이 분명한데 그 모습이 그야말로 오리무중으로 남아온 것이다.

이에 필자는 사금을 모으는 심정으로 사료를 추적하여 국외에서의 소년운동의 모습을 밝히고 그 의미를 찾아보고자 한다.

연구 과정상 대상지는 독립운동의 교두보였던 상해, 해간도, 미주로 한정하고 해간도는 독립운동의 정형을 보여준 북간도에 중점을 두고자 한다.

한편 국외에서의 한인소년운동사가 독립운동사에서 어떠한 위치를 점하고 있는가를 알기 위해 각각의 사례를 분석·파악하고, 또 각 지역의 한인소년운동이 다른 지역과는 어떻게 연관되고 어떠한 공통점이 있는가 등도 살피고자 한다. 특히 국내와의 연계 고리를 찾아 한국근대소년운동사의 전모를 밝히는 데 일조가 된다면 더없는 보람으로 생각하겠다.

2. 상해에서의 한인소년운동

1) 인성학교의 민족주의 교육

1905년 을사 5조약으로 국권이 근본적으로 흔들리게 되자 항일구국의 병전쟁과 더불어 자강적(自强的) 애국계몽운동이 활성화되었다.[1] 그럼에도 불구하고 1910년 국권이 상실되자 애국지사들은 독립운동의 거점을 찾아 간도, 연해주, 상해, 미주 등으로 망명하기 시작하였다. 망명지사들은 독립전쟁을 감행하는 동시에 국권회복의 방책을 다각적으로 강구하였다. 그 가운데 소년들에게 민족혼을 심어주는 민족교육의 필요성이 당연지사로 제기되었다.[2]

---

1) 이현희, 『한국근대사의 모색』, 이우출판사, 1982, 33쪽.

상해에서 설립된 인성학교는 이
같은 사상이 반영된 대표적인 실례
(實例)다. 원래 인성학교는 여운형
(呂運亨, 1885~1947)[3]에 의해
1917년 2월 상해 공동조계 곤문로
재복리 75호에서 설립되어 재상해
한국인 자제를 대상으로 교육을 실
시하였다.[4] 그러나 기본재산도 없
고 뚜렷한 수입원도 없었던 까닭에
1919년 대한민국임시정부의 산하 단
체인 대한교민단(大韓僑民團)으로
경영권이 이관되어 운영되었다.[5] 하
지만 어려움은 여전하여 교민단은
이사회를 열어 그 타개책으로,

상해인성학교 교장 이유필 부부.

　　인성학교 경비에 관하여 의원 전원의 연서로 교민 일반에게 동정을
　구할 것[6]

2) 서굉일, 「1910년대 북간도의 민족주의 교육운동(2)」, 『백산학보』 30 · 31 합집,
　1985, 239~242쪽 ; 홍종필, 『'만주'에서의 조선인 농업이민의 사적연구』, 교토대
　학 박사학위논문, 1987, 239~242쪽 ; 윤병석, 『국외 한인사회의 민족운동』, 일조
　각, 1990, 19~23쪽.

3) 여운형의 호는 몽양(夢陽), 경기도 양평 태생, 중국 금릉대학(金陵大學) 중퇴,
　1917년 상해에서 인성학교를 설립했고 1919년에는 서병호(徐丙浩), 이광수 등과
　신한청년당을 조직했으며, 이 해 5월 대한민청단 단장, 8월에 임시정부 외교차장
　이 되는 등 독립운동에 헌신하였고 1944년에는 건국동맹을 조직 · 지도한 독립운
　동가.

4) 김혜경, 「대한민국 임시정부의 외교정책 연구」, 『성신사학』 8, 성신여자대학교,
　70쪽.

5) 위의 글.

을 결의하기에 이르렀다. 이 또한 여의치 않자 1928년 1월 학부형 및 유지 170여 명으로 인성학교유지회를 조직하고 동회로 경영권을 이양하였다.[7] 이러한 방법에도 불구하고 6월 이후로는 유지비의 미납자가 속출하게 되었다. 하는 수 없이 임정의 의무교육 실시책에는 배치되지만 부득이 한 학생당 한 학기에 10원씩의 수업료를 징수하여 학교를 경영하는 고육지책을 쓰기에 이르렀다.[8] 이처럼 많은 어려움으로 인하여 교사(校舍)를 자주 이전하게 되었다.[9] 또한 학급 규모도 매우 영세하여 1919년의 경우 남학생 10명, 여학생 9명의 총 19명이었다. 학년별로는 고등과 1명, 3학년 7명, 2학년 3명, 1학년 5명, 예비급 3명에 불과했다.[10]

1920년에는 학생 수가 약간 증가하여 30명으로 늘었고[11] 교민단의 노력[12]으로 계속해서 학생 수는 증가했지만 1935년까지의 졸업생 총수가 유아원 졸업생 150명을 포함하여 245명[13]에 그친 것으로 보아도 그 운영이 극도로 영세했음을 알 수 있다.

설상가상으로 일제의 강압은 날로 심해졌다.[14] 이러한 상황에서 안정적인 교육이 실시되기를 바랄 수는 없었다. 그래도 민족혼을 살리기 위한 설립의도의 기본정신은 변함이 없었다. 인성학교 제7대 교장인 이유필(李

6) 독립운동사편찬위원회, 『독립운동사자료집』 7, 1976, 1357쪽.
7) 김혜경, 앞의 논문, 74쪽.
8) 현규환, 『한국유리민사』, 어문각, 1967, 679쪽.
9) 김혜경, 앞의 논문, 74쪽의 표 '인성학교 이전 내용'에 의하면 1917년 2월 설립 이래 1935년 11월 폐교 시까지 모두 9차례에 걸쳐 학교가 이전하는 영세성을 드러냈다.
10) 『독립신문』 1919년 9월 13일자.
11) 『독립신문』 1920년 3월 25일자.
12) 1924년 교민단 학무위원회를 소집하여 학무위원장에 김두봉(金枓奉)을 임명하고, 학령에 도달한 아동과 소학교육을 받지 못한 아동을 반드시 인성학교에 입교시키도록 권유하고 있다(앞의 『독립운동사자료집』 7, 1359쪽 참조).
13) 김혜경, 앞의 논문, 72쪽.
14) 위의 논문, 75쪽.

상해한인척후단 고문 백범 김구의 어린이 사랑은 남달랐다. 김구는 대한민국임시정부의 주석이었지만 공식적인 기념사진에서도 어린이를 앞세우고 촬영하였다.

裕弼)15)은,

　　백만장자나 학사·박사를 양성함이 아니고 우리들 자제로 하여금 이민족의 교육을 받기 전에 확고한 민족의식을 주입하는 데 있다.16)

고 『독립신문』에 기고하여 인성학교가 민족성을 발휘하기 위한 기관으로 종족보존에 기여하고 있음을 밝히고 있다. 이러한 기본정신은 교육방침

---

15) 인성학교의 역대 교장은 여운형 이래 김태연(金泰淵), 손정두(孫貞道), 안창호(安昌浩), 김인전(金仁全), 도인권(都寅權), 이유필, 조상섭(趙尙燮), 오운형(吳運亨), 선우혁(鮮于爀)으로 이어졌다(위의 논문, 73쪽 ; 앞의 『독립운동사자료집』 7, 1365쪽 ; 김형석, 「상해거류한인기독교도들의 민족운동」, 『용암 차문석박사 화갑기념사학논총』, 1989, 592쪽 참조).
16) 『독립신문』 1924년 2월 28일자.

3·1절 19주년 기념 유흥조 일동(1938년 3월 1일 장사)

에서도 그대로 드러나고 있다.

　　학과에는 '조선혼'을 넣어주는 것으로 근본 뜻을 삼기 위하여 조선어와
　역사를 중요하게 가르치며……17)

라고 하여 민족적 원기를 길러주는 데 역점을 두고 있음을 분명히 하고
있다. 이러한 민족교육은 자주독립의식을 고취하는 데 커다란 기여를
했다고 생각된다. 그것은 민족교육에 대한 교민들의 호응도가 매우 높아
졌고 또한 조인제(趙仁濟) 등의 졸업생이 후에 광복군으로 활동했음을
보아서도 확인되는 것이다.18)

2) 상해소년회의 창립 및 성향

　인성학교의 민족주의 교육은 자연스럽게 소년회 배태의 온상이 되어
1919년 인성학교 학생을 주축으로 재상해 학생을 포함하여 '상해소년

17) 「상해의 모범소학교」, 『동아일보』 1924년 1월 4일자.
18) 『조선일보』 1923년 11월 20일자 ; 김혜경, 앞의 논문, 73쪽.

3 · 1유치원 추계 개학기념(1941년 10월 10일 중경 우리촌)

회'[19])가 탄생되기에 이르렀다. 이에 대하여 1924년 2월 18일자『동아일
보』는,

> 인성학교에서 공부하는 어린 학생을 근본으로 하여 그 외의 상해에
> 있으면서 공부하는 어린 학생을 망라하여 조직한 소년회는……지금부터
> 다섯 해 전에 설립되야……[20])

라고 보도하고 있다. 따라서 상해소년회의 설립은 국내에서의 원산소년
단이나 안변소년회, 왜관소년회의 탄생과 시기적으로 그 궤를 같이하고
있음을 알 수 있다. 그러나 같은 해의 국내 소년단체들의 설립 목적은
추측만 될 뿐 불문명한 데 비하여 상해소년회의 설립목적은 분명히 명기
되어 있다. 즉,

---

19) 상해소년회의 회장은 한규영(韓奎永)이다(「상해소년회」,『동아일보』1924년 2월
   18일자).
20) 위의 신문.

274

　　지덕체 삼육(智德體三育)과 및 공부에 열심하는 결심을 고취하며 따라
서 일후 사회공헌의 훈련을 하기로 주지로 삼고……21)

라고 밝히고 있다. 이는 후에 탄생된 숱한 국내외 소년단체들의 설립목적
설정에 귀감이 되었을 것이다. 굴지의 국내 소년단체인 천도교소년회가
1921년 5월 창립되면서 이 회 규약 둘째 조에,

　　본회는 회원의 덕성을 치고 헴수를 늘리며 신체의 발육을 꾀하여서
쾌활건전한 소년을 짓기로써 목적한다.22)

라고 상해소년회와 같은 주지를 내세웠고 그 후에 설립된 많은 소년단체
들이 이를 표방한 데서 상해소년회의 영향을 받았음이 입증된다. 당시
상해와 국내가 연통제를 매개로 유기적으로 움직였음을 감안한다면23)
이 사실은 더욱 뚜렷해지리라고 생각된다.
　　아무튼 상해소년회는 인성학교의 민족주의적 교육에 힘입어 조직되었
다.24) 그리고 지덕체를 겸비하여 사회에 공헌할 수 있는 소년수양단체로
서 민족주의적 성향을 강하게 추진하였다. 그 시대의 사회공헌은 두말
할 것도 없이 조국광복투쟁이었던 것이다. 그러기에 상해소년회는 정기
총회25)뿐 아니라 수시로 집회를 갖고 회원 상호간의 친목 및 주의를

---

21) 위의 신문.
22) 「가하할 소년계의 자각」, 『개벽』 16, 1921, 59쪽.
23) 연통제의 활동기간은 1919년 7월 기구설치 이후 1921년 후반기까지 국내외를
　　연결, 통제적 사명을 띤 통합민주정부의 기능을 분명하게 수행했다(이현희, 『3·
　　1독립운동과 임시정부의 법통성』, 동방도서, 1987, 310쪽).
24) 상해소년회 조직 당시의 인성학교 교장은 여운형이었다(김혜경, 앞의 논문, 73쪽.
　　'교직원 상황 표' 참조).
25) 1924년 2월 7일 인성학교 안에서 열린 정기총회에서 회장 한규영의 사회하에
　　임원진의 전면 개편이 있었는데 새로운 회장에는 서재현(徐載賢)이 선출되었다
　　(『동아일보』 1924년 2월 18일자).

상해한인소년척후대(1928).

통합해 나갔다.

　　지난 이월 삼십일 밤에는 '나라를 찾는 데는 돈이냐 피냐'하는 문제로써
토론회를 개최하야 두 편의 열변이 있었다더라.[26]

　　이와 같이 상해소년회가 전개하였던 소년운동은 바로 민족독립운동으
로 직결되고 있음이 간파된다.

3) 상해지역 소년운동의 활성화

　　인성학교 학생을 중심으로 조직된 상해소년회는 임시정부의 후원 속에
성장을 거듭하던 중 1925년 7월 7일 발전적으로 해체되고 '상해한인소년

---

26) 위의 글.

상해한인소년척후대 후원자 도산 안창호

회'로 거듭났다. 새로 태어난 상해한
인소년회는 조직 후에 '상해한인동
자군'으로 개칭했다가 다시 1928년
에는 '상해한인소년척후대'로 명칭
을 바꾸고27) 다음과 같이 임원을 선
정하였다.

고 문 : 김구, 여운형, 나우
대 장 : 이규홍
부대장 : 박성근, 안창남
대 원 : 위요섭, 여봉구, 최윤상, 옥인
　　　　찬, 이만영, 여홍구, 김양수 등28)

소년회를 척후대로 개칭한 것은 소년회나 척후대가 모두 민족정신을
함양하는 데야 마찬가지지만 좀더 조직적으로 국제성을 띤 척후대가 민
족운동의 행동화에 현실적이라고 판단한 지도자들의 배려라고 생각된다.
상기 고문으로 추대된 김구, 여운형, 나우(羅宇) 등의 성분을 고려한다
면29) 이는 더욱 확실하리라고 생각된다.

실제로 나타난 활동상을 보면 그들은 보이스카우트의 제복을 갖추고
야영을 통해 심신을 단련했으며,30) 각종 행사의 경호 및 연락, 독립지사들

---

27) 한국보이스카우트연맹, 『한국보이스카우트60년사』, 1984, 178쪽. 비슷한 무렵
　　상해에는 1925년 8월 15일 '우리청년단 소년부'(위원 : 박호정, 장종진)가 조직(『
　　신민보』1925년 8월 9일자)되었고 그 밖에 다른 소년단체도 더 있었을 것으로
　　보인다.
28) 한국보이스카우트연맹, 위의 책.
29) 상해한인소년대가 등장한 때 국무령 김구를 위시한 여운형, 나우는 모두 임시정부
　　의 상위 지도자였다.
30) 보이스카우트 제복을 입고 1928년 11월 산서성(山西省) 태원(太原)을 탐방한
　　기념으로 촬영한 박성근(朴性根), 안창남(安昌男) 등의 면모에서 보이스카우트

의 전령 역할 등도 담당했다. 더욱이 1931년 9월 18일 발발한 만주사변에 대처해서 9월 21일 오후 임시정부 청사에서 병인의용대, 노병회, 교민단, 학우회, 여자청년동맹, 애국부인회, 독립운동청년동맹, 흥사단, 임시정부 등의 상해 한인각단체대표대회가 개최되어,

　　소년척후대원으로써 선전대를 조직하여 「격고중국민중서」를 인쇄 · 살포할 것[31]

을 결의한 바 있는데 이로 미루어 보아 소년척후대의 위상을 극명하게 알 수 있다. 이 밖에도 식장 정리, 한인청년회가 발행하는 『임시시보』의 무료 배달 등의 봉사활동을 하였다. 또한 국제행사에도 파견하였는데 특히 영국의 해밀턴 캠프에 참가하여 국위를 선양하기도 하였다.[32] 그리고 한인소년척후대에는 소년뿐만 아니라 소녀 등의 낭자군도 함께 참여하여 활동하였다.[33]

　특기할 것은 1932년 4월 29일 상해 홍구공원에서 윤봉길(尹奉吉, 1908~1932)의 투탄의거가 있은 직후 도산 안창호는 그 날 오후 2시 이유필의 아들 이만영에게 약속한 척후대 기부금 2원을 마련하여 하비로에 있는 그의 집을 방문하였다가 일본 영사관 경찰과 합세하여 수색하러 나온 프랑스조계 경찰에게 체포되었다.[34] 이 사실을 통해 평소 무실역행을 역설한 그가 소년척후대의 후원자이기도 했다는 점을 알 수 있다. 이처럼 뛰어난 민족지도자들이 국내의 소년운동에서와 마찬가지로 국외에서도 소년운동의 후원세력이었기에 소년척후들은 독립의 역군으로서 자라날

　　의 기상이 엿부인다(한국보이스가우트년맹, 앞의 책, 178쪽).
31) 대한민국국회도서관, 『한국민족운동사료』, 1976, 689~690쪽.
32) 한국보이스카우트연맹, 앞의 책.
33) 위의 책.
34) 위의 책, 179쪽.

수 있는 기반을 다지게 되었다고 생각된다.

어쨌든 상해한인소년척후대는 상해한인소년회보다는 진일보한 민족운동으로서의 소년운동을 폈지만 그래도 본래의 소년운동에 충실해야하는 이중성을 지녔다. 이에 조소앙(趙素昻, 1887~?)[35]은 1929년 3월 한국독립당을 창립하고 그 하부기구의 하나로 같은 해 6월 소년단체인 화랑사를 창설하였다.[36] 조소앙의 의도는 물론 화랑정신으로 민족의식을 고취시켜 독립운동에 헌신할 수 있는 인재양성을 목적으로 하였음이 명백하다. 그것은 <표 1>과 같이 화랑사가 창립된 후 전개한 일관된 민족운동에서 입증된다.

<표 1> 화랑사의 중요활동

연 월 일	화랑사의 활동내용
1929년 8월 29일	「제19회 국치일을 당하여」 발포
10월 3일	「건국기원절을 당한 우리들의 각오」 발포
12월 4일	「건국 24주년 기념에 즈음하여」 및 「5개조약의 시대성」 발포
1932년 3월 1일	「3·1절 기념에 제하여」 격문 발포

*출전 : 독립운동사편찬위원회편, 『독립운동사자료집』 7, 1976에서 발췌 작성.

특히 1929년 12월 4일에 발포한 「5개조약의 시대성」에서,

　　지금부터 24년전 러일전쟁이 종료되자 일본은 조선에 보호조약(5개조)을 제출하였다. 그 시에 민족을 위하여 생명으로서 독립정신을 우리들에게 심어준 민선생 등 7의사 순국 24주년 기념일이 곧 금일이다. 우리들은 이 날을 기념하는 동시에 더한층 활발한 활동을 전개하여야 할 것이다.[37]

---

35) 조소앙은 경기도 교하 태생으로 본명은 용은(鏞殷)이다. 명치대학 법과를 졸업한 후 1909년 한광학회를 창립했으며 1918년에는 「무오독립선언서」를 작성했고 1919년에는 한국독립당을 창당하고 '삼균주의'를 제창하였다. 또한 화랑사를 조직하고 청소년을 훈련하는 등 독립운동에 헌신하였다.

36) 강만길, 『조소앙』, 한길사, 1982, 16쪽, 304쪽 참조.

37) 독립운동사편찬위원회편, 앞의 책, 1435~1436쪽 참조.

라고 하여 충정공 민영환이 생명을 바쳐 보여준 독립정신을 기려 더한층 활동할 것을 선양하고 있다. 그런데 화랑사는 1932년 2월 18일 총회에서 이 회의 간부를 경질하고 있다.

집행위원장 : 김덕근
위원 : 이규서, 민○○, 연충열, 신해균[38]

또한 화랑사는 1932년 3월 1일에 「3·1절기념에 제하여」라는 격문을 반포하고 특별위원으로,

원세훈, 김광련, 박영석[39]

을 선임하고 있다. 한편 1932년 상해에서 발간된 「한국독립당의 근황」에는 상해 한인독립당의 각종 단체와 기관으로,

1. 한국 임시정부 · 임시의정원 · 한민단
2. 한국 ○○○본부
3. 애국부인회
4. 여자청년동맹

---

38) 한국보이스카우트연맹, 앞의 책, 178쪽에는 1929년 2월 김덕근이 화랑사를 조직하였다고 했는데 앞의 『조소앙』, 304쪽에는 조소앙이 조직한 것으로 되어 있다. 그런데 위의 『독립운동사자료집』 7, 1459쪽에는 이 인용문처럼 화랑사 총회의 간부 경질에 의해서 김덕근이 집행위원장이 된 것으로 나타나 있다. 또한 앞의 『한국보이스카우트60년사』, 178~179쪽에는 화랑사가 1930년 8월 1일 이만영, 옥인섭 등이 중심이 되어 상해소녀척후대와 통합된 것으로 되어 있으나 앞의 『독립운동사자료집』 7, 1459쪽에는 1932년 2월 18일에도 여전히 화랑사 총회가 열리고 있음을 확인할 수 있고, 뿐만 아니라 본고 주 39)에는 1932년 3월 1일에 「3·1절 기념에 제하여」라는 격문을 반포하고 특별회원으로 원세훈, 김광련, 박영석을 선임하고 있음을 부기해 둔다.
39) 독립운동사편찬위원회, 앞의 책, 1460쪽.

5. 청년당
6. 소년동맹
7. 화랑사
8. 인성학교
9. 척후대
10. 병인의용대
11. 노병회
12. 홍사단
13. 상업회의소
14. 직업동맹회[40]

를 들고 있다. 그렇다면 화랑사는 적어도 1932년까지는 존속되고 있었음이 확실하다. 뿐만 아니라 분투노력하여 그 효과가 자못 컸던 것이다.[41]

이제 상해한인소년동맹의 조직과 위상에 관해서 살펴 보겠다.

1930년 8월 1일 좀더 능률적인 소년운동을 전개하기 위하여 이만영이 중심이 되어 상해한인소년동맹을 다음과 같이 조직하고,

집행위원장 : 이만영
지도자 : 옥인섭, 조이제, 차영선, 김양수, 이규홍, 박성근, 조시제[42]

활동에 들어갔다. 그러한 가운데 1931년 4월 18일 상해한인소년동맹은 상해한인여자청년동맹, 병인의용대, 상해애국부인회, 한국노병회의 5단체 연서로 「6부회의 2000년 기념선언」을 발표하여 기개를 높였다.

---

40) 강만길, 앞의 책, 15∼16쪽.

41) 위의 책.

42) 한국보이스카우트연맹, 앞의 책, 176쪽. 그러나 조선총독부경무국, 「국외조선인 불온단체분포도」,『조선의치안상황』, 1930, 별지에 의하면 집행위원장은 이재청, 집행위원은 조시재 외 7명으로 나타나 있어서 이만영과 이재청, 조시제와 조시재는 동명이인이 아닌가 생각한다.

우리들이 통일적 주권행사를 실행하지 않고서는 이적의 침략을 저지할 수 없다. 또 동족의 발전을 도모하기 힘들기 때문에 우리들 중에서 덕이 있는 주권자를 추대하여 대국가의 건설을 결의하려고 한다. (중략) 박혁거세는 알천회의 후 13년 신라국의 시조가 되었다. 오늘이 알천회의 2000년의 기념일이다.[43]

상해한인소년척후대가 합법을 가장한 소년단체라면 상해한인소년동맹은 일제가 보기에는 비합법적인 단체였다. 그래서 조선총독부 경무국은 이를 국외의 조선인 불온단체로 파악하고 소년동맹원은 감시·체포의 대상이 되었다.[44]

한편 1931년 7월 10일에는 1931년 7월 9일 임시정부 국무회의 결의를 토대로 한인소년동맹이 소년척후대와 같이 흥사단, 애국부인회, 병인의용대, 한인예수교회 대표 30여 명과 더불어 상해 한인각단체연합회를 조직하고, 이 회 명의로 만보산사건으로 인한 한국 내에서의 중국인 배척사건에 대한 해명 성명을 발표하는 데 동참하고 있다.[45] 이는 상해한인소년동맹의 위상을 잘 드러내고 있는 좋은 실례로 보인다.

상해한인소년동맹은 『조소앙』에서도 1932년 당시 한국독립당 산하 14개 기구의 하나로 적시된 바 있는 독립운동단체[46]로서 활동을 전개하다가 같은 해 상해 프랑스조계에 있는 대한교민단 사무소에서 연도 미상의 소년운동 관계 문서 다수를 일경에 압수 당한 바 있다.

· 『새싹』 창간호 1부
· 「한인소년동맹 가맹청원서」 11부

---

43) 독립운동사편찬위원회, 앞의 책, 1449~1451쪽.
44) 조선총독부경무국, 앞의 자료.
45) 국사편찬위원회, 『한국독립운동사자료』 3(임정 Ⅲ), 1968, 469쪽.
46) 강만길, 앞의 책.

· 「한인소년동맹 어린이날기념 의연록」 1부
· 『노동소년』 12부47)

위의 압수된 문서들로 미루어 보면 한인소년동맹이 가맹청원서에 의해
회원을 가입시켰고, 어린이날 기념을 위해 의연금을 받았고, 회지로『새
싹』과『노동소년』을 발간했던 산하 소년회가 있음을 알 수 있다. 따라서
한인소년동맹은 소년척후대와는 달리 좀더 엄격하고 적극적인 민족운동
의 노선을 걷고 있었다고 생각된다.

3. 해간도에서의 한인소년운동

1) 한인단체의 조직과 민족지향적 교육운동

을사조약과 경술국치를 전후하여 한인 망명동지들은 두만강, 압록강을
건너 해간도48)로 대거 모여들기 시작하였다. 그것은 의병전쟁이나 애국
계몽운동을 집요하게 실행하였음에도 불구하고 역부족으로 망국에 이르
게 되자 새로운 국외 독립운동기지의 건설이 절실한 과제로 떠오르게
된 데 기인한다.

그리하여 그들은 새로운 독립운동기지를 물색하여 해간도 도처에 한인
촌을 건설하고 선주 한인(先住韓人)49)과 더불어 보다 조직적이고 효과적

---

47) 독립운동사편찬위원회, 앞의 책, 1508쪽.

48) 항일민족운동자들은 1910년 경술국치를 전후하여 한인 망명지사들이 모여들기
   시작한 서·북간도와 연해주에 걸친 한인의 신천지를 연해주의 '해'자와 서·북
   간도의 '간'자를 합쳐 '해간도'라 부르기도 하였다(윤병석, 앞의 책, 서문 참조).

49) 간도지방으로의 한인 집단 이민은 1870년대 북한지방의 흉년에서 비롯되어
   1903년에는 한인 이민 수가 이미 10만 명에 달하였다. 이들의 이민 동기는 경제문
   제가 지배적이었다(동양척식회사, 『간도사정』, 1918, 84쪽과 이훈구, 『만주와
   조선인』, 1931, 102~103쪽 참조).

독립운동의 본거지 용정의 장날 풍경

인 활동을 추진할 사회단체의 성립을 절감하여 북간도의 간민회[50]를 위시하여 서간도의 경학사[51]와 부민단(扶民團)[52] 그리고 연해주의 권업회 등을 조직하게 되었다.

이들 사회단체의 활동은 간민회의 경우 창립 목적은 사상계몽, 단결, 상호연락과 친목이었고, 업무는 이주 한인을 대표하여 관청에 교섭하는 일, 한인들의 신원을 보증하는 일, 한인 소유토지에 관한 사항 등이었

---

50) 1909년 김약연(金躍淵), 이동춘(李同春) 등이 청국의 변무사 오록연의 인가를 얻어 이주 한인들의 공적단체로 간민회를 조직하였다(국사편찬위원회, 「국외항일운동」, 『한국독립운동사』 1, 1965, 54쪽 참조).

51) 1911년 4월 이철영, 이회영, 이시영의 3형제와 이동녕, 이상룡, 이광 등이 봉천성 유하현 삼원보에서 군중대회를 개최하고 조선인민의 자치단체로 경학사를 주직하였다(심의환, 「만수에 있어서 초기독립전쟁의 고안」, 『한국학논총』, 1974, 22쪽 참조).

52) 1922년 가을, 압록강 대안의 서간도지방에 풍작이 들자 산재해 있던 조선인 이민자들이 재차 모여 이상룡이 중심이 되어 통화현 하니하에서 자치기관으로 부민단을 조직하였다(홍종필, 앞의 논문, 97쪽).

김약연의 집에 모인 간도 교포들(3 · 1운동 전 김약연의 생일기념)

다.[53] 그런데 김약연,[54] 박무림, 정재면 등은 1909년 명동학교(明東學校)를 설립함과 동시에 간민회를 설립함으로써 간민회와 명동학교를 불가분의 유기체로 만들었다.

간민회의 첫 활동은 개화를 촉진하는 개혁의 뜻에서 이주 한인들에게 단발령을 실시하였다. 단발령은 이주 한인들의 자발적인 참여로 순조롭게 진행되었다.[55] 이것은 민족지사에 의하여 이주 한인의 힘을 모을 수 있었던 좋은 선례가 되었다.

간민회는 이주민에게 무엇보다도 선결 문제였던 학교의 설립도 동포의 힘에 의하여 가능하다는 자신감을 주었다. 그들 지도부는 시국강연회를 개최하여 동포들의 각성을 촉구하였고, 지도자들을 각 촌락에 파송하고 학교 설립을 주관하게 하여 1911년 한 해에 36개 교를 짓는 등 교육사업에서 업적을 나타냈다.[56] 이제 이주 한인들은 간민회를 정부와 같이 신뢰하고 모든 법회에 따랐으며 의무금을 납입하였다.

53) 서굉일, 앞의 논문, 239쪽.
54) 주민들은 독립운동가요 교육가인 김약연을 '동만주의 대통령'이라고 불렀다(양
    성우, 「윤동주」, 『진리와 자유의 기수들』, 연세대학교출판부, 1982, 229~230쪽).
55) 서굉일, 앞의 논문 ; 이지택, 「북간도」, 『중앙일보』 1972년 10월 28일자 참조.
56) 서굉일, 위의 논문.

김약연이 북간도 화룡현에 세운 명동학교(1920년 10월 20일 훈춘사건 때 일본군이 방화)

그러나 1914년 5월 중국대륙에 원세개의 독재체제가 등장하자 자치기
관이었던 간민회는 활동을 계속 수행할 수 없게 되어 간민교육회로 개명
하고, 간민회의 지방조직을 바탕으로 지방회와 지회를 설치하고 활동은
지역 교회의 책임자들에게 맡겼다. 그리하여 간민회 때와 마찬가지로
학교는 계속 증가하여 1918년까지는 <표 2>처럼 137개 교를 헤아리게
되었다.

간민교육회의 교육내용은 외면적으로는 괄목할 만한 학교 수의 팽창을
꾀했고 내면적으로는 민족주의 교육을 위하여 진력하였다. 교명마저 대
부분 조국을 뜻하는 이름이었다.

그들은 두 가지 방향으로 교육목표를 설정하였다. 그 하나는 신학문,
신문화의 수용과 발달을 위한 근대시향적 측면이며, 또 하나는 민족의
자주독립과 보존을 위한 민족지향적 측면이었다. 따라서 근대화·민주화
를 이루기 위해 인간덕성, 실업, 민주시민, 법률경제, 과학, 사범, 외국어,

<표 2> 북간도지방의 한인학교 일람표(1905~1918)

연길현 (59개교)	광성, 창동, 상군, 정동, 동흥(구룡평), 배영, 영신, 진명(연동사), 흥동(간장암촌), 제동, 한성, 양성, 협동, 근성, 중동, 조양, 육영, 동신, 영실(사향), 영실(용정촌), 영신, 숭신, 진동, 봉명, 보진(수곡향이도구), 보흥(하내성), 명신, 신흥, 광신, 영창, 흥동(하양리), 교향, 광흥, 명신, 이성, 진동(우학동), 흥동(장흥동), 보진(상리사이도구), 명신(소오도서), 진흥(하내성남구), 경애, 유신, 협정, 영동, 창흥, 숭신, 명신(노도구서구), 진동(금불사대구), 신성, 영생, 배문, 봉명, 동창, 동성, 동흥(광제촌), 중정, 명성, 의성, 광진
화룡현 (70개교)	명동(명동촌), 광동, 명동(남평), 청호, 동일(평강), 독흥, 동흥(영화사학성), 보신, 보순, 대흥, 회흥, 야소(오룡동), 창동, 영동, 남양, 만동, 청일(청파호), 명신, 광동, 덕흥, 신동, 양진, 동흥(소후망동), 철동, 동흥(후정동), 동창, 개척, 금곡, 중어, 야소(양무후자), 연신, 용동, 덕성(태양촌), 청일(명신사), 숭신, 창신, 명동여, 영동, 송동, 광동, 청호, 정동, 동동여, 금성, 청하, 덕신, 영성, 목흥, 인성, 원동, 흥동, 용신(윤천포), 은성, 양성, 학성, 화흥, 대성, 화성, 조양, 소성, 덕성(남양촌), 덕성(대소동), 청일(상리사삼도구), 동일(상리사이도구), 광신, 용신(용신사), 광종, 의흥, 보명, 노동
왕청현 (6개교)	진성, 명동, 광동, 고소, 태흥, 창동
훈춘현 (2개교)	개량, 입신

*출전 : 동양척식주식회사, 『간도사정』, 1918 ; 홍종필, 「만주조선인 교육문제 소고」, 『백산학보』 28, 1984에서 발췌작성.

한학교육을, 국혼과 민족의식을 일깨우기 위해서 국어, 애국심, 신앙, 역사교육을 실시하였다.

이와 같이 하여 민족적·사회적 자아를 확립하여 국가사회 발전에 필요한 인간을 양성하고자 하였다.[57]

실제 교육현장에 나타난 단적인 예로 윤동주는,

그곳은 새로 이룬 흙냄새가 무럭무럭 나선 곳이요, 조국을 잃고 노기(怒氣)에 찬 지사들이 모이던 곳이요, 학교와 교회가 새로 이루어지고, 어른과 아이들에게 한결같이 열과 의욕이 넘친 기상을 용솟음 치게 하던 곳이었

57) 조동걸, 「1910년대 민족교육과 그 평가상의 문제」, 『한국학보』, 1977, 129쪽.

습니다.[58]

라고 용솟음치는 교육현장을 실감
나게 묘사하고 있다. 또한 문익환
은,

> 작문시간에는 어떤 제목이 나
> 오든 조선독립으로 결론을 내리
> 지 않으면 점수를 안주던 이기창
> 선생의 모습에서 우리는 민족의
> 식과 애국심을 배웠다.[59]

민족시인 윤동주. 연희전문학교 졸업기념사진

라고 민족의식과 애국심을 익히게
된 경위를 토로하고 있다. 특히 문
재린(文在麟)은 입학시험 때 한문시험문제로,

생生생生이而생生생生 사死사死이而사死사死 인人당當사死생生난難[60]

이 출제되었음을 회상하고 있다. 이러한 예들로 미루어 보아 민족지향적
교육이 투철하였음을 확인할 수 있다. 이런 민족지향적 교육들은 기라성
같은 무수한 인물을 배출하였다.

용정이 키워낸 인물들은 참 많다. 박계주, 윤동주, 윤극영, 안수길 등
문학과 예술의 선구자들이 많았고 조국을 지키는 간성이 되고자 군에

---

58) 문익환, 「동주형의 추억」, 『하늘과 바람과 별과 시』, 정음사, 1967, 216쪽.

59) 문익환, 「태초와 종말의 만남」, 『크리스찬문학』 신춘호, 1973, 65쪽.

60) 서굉일, 앞의 논문, 267쪽.

뛰어든 용사들도 많아서 정일권을 필두로 하여 김백일, 강문봉, 박임항, 김동하 (중략) 같은 명장들이 모두 용정이 키워낸 인물이다. 그리고 종교지도자들도 많이 배출했다. 문재린, 김재준, 강원용, 안병무, 문익환, 문동환, 전택보 등이 그들이다.[61]

이와 같은 북간도에서의 민족지향적인 교육운동과 그 성과는 서간도의 경학사와 부민단, 연해주 권업회의 교육활동과 성과에서도 대동소이한 현상으로 나타났다.[62] 예를 든다면 서간도지방에서 교육을 받았던 원의상은,

애국가나 교가를 앞산 뒷산이 마주 울리도록 우렁차게 부르는 젊은 생도들 앞에 여준 교장은 양 눈에 망국한의 뜨거운 눈물을 흘리곤 했다.[63]

고 감명 깊게 상기하고 있다.

또한 연해주의 한민학교의 창가를 보더라도 애국가를 비롯하여 보국가, 대한혼, 국기가, 운동가, 소년건국가, 한반도가 등으로 어느 것이나 민족의식 내지는 독립정신을 고취시키는 것들임을 알 수 있다.[64]

이처럼 북간도를 위시한 서간도, 연해주에서 상기의 사회단체가 조직되어 적지않은 학교를 설립하고 민족지향적인 교육에 진력한 것은 결과적으로 3·1운동 후 1920년대의 가열찬 독립군 투쟁을 가능하게 하였고 나아가서 그 후의 독립투쟁과 독립조국 건설의 근간으로서 튼튼한 반석역할을 해주었다고 생각된다.

---

61) 김창준, 「혜란강에 비오면 다정하던 님」, 『여성동아』 260, 1985, 73쪽 참조.
62) 윤병석, 앞의 책, 23~46쪽과 199~201쪽 참조.
63) 원의상, 「신흥무관학교」, 『독립운동사자료』 10-1, 독립운동사편찬위원회, 1975, 19쪽.
64) 윤병석, 앞의 책, 201쪽.

2) 해간도지방의 한인소년운동

전술한 대로 북간도, 서간도, 연해주를 망라한 해간도지방은 독립지사들의 헌신적 노력으로 독립운동기지로서 기반이 다져졌다. 민족혼이 충천하는 해간도의 민족주의 교육 풍토는 소년운동에서도 선구적인 단체를 낳았다.

연해주에는 일찍이 3 · 1운동이 나던 1919년에 신한촌을 무대로 하여 소년단이 조직되었다.

```
명   칭 : 소년애국단
소   재 : 해삼위 신한촌
목   적 : 결사구국
단원수 : 42명
회   장 : 정창선
부회장 : 김운학65)
```

간명하게 남겨진 이 문서가 바로 연해주에서 소년운동이 선구적으로 일어났다는 귀중한 증거다. 당시 연해주는 이동휘 지사의 거점이었다. 그러한 곳에서 결사구국의 소년단체가 창립되어 임정에 충성스럽게 독립운동으로서의 소년운동을 전개하였다는 것은 신한촌의 권업회와 한민회의 민족지향적 교육의 소산이라고 생각된다. 한민학교에서는 소년건국가 등을 가르치며 민족혼을 일깨우고 있었다.

---

65) 이 내용은 1932년 4월 29일 윤봉길 의사가 적장 시라카와 대장을 홍구공원에서 폭살시키자 일경은 이를 수사하기 위하여 상해 프랑스조계 당국과 협력, 농 조계내의 용의 장소 수 개소에 손을 댔을 때 동 조계 마랑로 보경리 제4호 대한교민 단 사무소에서 압수된 문헌에 있는 내용으로 대한민국 원년 중에 일어난 여러 사항 중 임시정부 계통으로 동 정부의 명령에 복종하는 46개 단체들에 대한 내용이 열거되어 있는데 소년애국단은 42번째의 증거품 2년도 제14호로 기재되어 있다(『독립운동사자료집』 7, 1117쪽 및 1195쪽 참조).

아무튼 연해주에서 처음 일어난 소년운동의 파급효과는 국내외에 다같이 영향을 미쳤다고 생각된다. 위 주 65)에서 밝혔듯이 신한촌 소년애국단은 자연발생적인 소년단이 아니라 임정이 공인한 합법적인 임정의 산하 소년단체였다. 시기적으로 한반도와 연해주 일대에서는 가장 빨리 조직되었다.66)

따라서 같은 해에 일어난 국내의 원산소년단, 안변소년회, 왜관소년회나 상해의 인성학교소년회는 신한촌 소년애국단의 고고성에 촉발되어 조직된 소년단체들로 보인다. 신한촌 소년애국단은 3·1운동이 일어나던 1919년 3월에 조직되었고, 그 후 국내에서 원산소년단(7월 9일),67) 안변소년회(일자 미상), 왜관소년회(일자 미상)가 탄생되었고, 상해에서 인성학교소년회(일자 미상)가 조직되었음이 이를 뒷받침한다고 생각된다.

이어서 간도지방의 소년운동과 그 성격을 살펴보고자 한다.

간도는 우리 민족사에서 아주 독특한 위상과 의미를 지닌 지역이다. 고조선, 고구려, 발해 등 먼 옛날 조상들의 삶의 터전이었다. 그런가 하면 청나라 개국 뒤로는 '봉금령(封禁令)'에 의해 한민족은 접근조차 금지되었던 곳이다.68)

19세기 말부터는 우리 민족들이 다시 들어가 개간하여 살기 시작함으로써 흡사 국경 밖의 국토처럼 특수한 지역이 된 곳, 그리고 일제에 의해 나라를 잃은 뒤로는 독립운동사상 가장 치열한 대일 무장항쟁이 전개되었던 곳69)

---

66) 앞의 『한국현대사』 9, 300쪽에서 신한촌 소년애국단은 1919년 3월에 조직되었다고 기록해 놓았음.

67) 한국보이스카우트연맹, 앞의 책, 41쪽.

68) 홍종필, 앞의 「만주조선인교육문제 소고」, 7쪽.

69) 송우혜, 「하늘을 우러러 한점 부끄럼 없기를」, 『진리·자유』 2, 연세대학교, 1989, 122쪽.

이다. 따라서 이곳에서 전개된 소년운동은 다른 지역보다도 의미심장하게 생각된다. 간도에서 처음 소년척후대가 조직된 것은 1924년 용정촌에서의 일이다. 간도소년척후대는 그해 6월 26일 정식으로 소년척후단조선총연맹에 가입하였다.[70]

그 밖에도 서·북간도에서는 이미 조선소년군이 조직되어 1931년 10월까지는 <표 3>과 같이 5개 호대에 이르렀다.

그러나 2년이 경과한 1933년 10월에는 제59호대(대장 : 김극모)만 남은 것[71]으로 보아 만주사변(1931. 8. 18)을 겪는 동안 소년군의 조직 유지가 어려웠던 것으로 생각된다.

<표 3> 간도의 소년군 상황(1931년 10월 현재)

호대번호	소 재 지	대 장
제50호대	북간도 용정촌	
제51호대	길림성 영안현 동경성 한인촌	이우상
제52호대	길림성 돈화현 이두양자	이원해
제58호대	길림성 영안현 황지번 한인촌	
제59호대	봉천서탑대가삼 조선인청년회	김극모

*출전 : 한국보이스카우트연맹, 『한국보이스카우트60년사』, 1984, 177쪽

그러나 1934년 6월 안동현에서 제31호대(대장 : 이동찬)가, 1935년 4월에는 개원에서 제58호대(대장 : 강병언)가 조직되어 명맥을 이어갔다.[72]

이들 간도지방의 소년단원들은 다른 지역의 소년단원과 마찬가지로 소년단 고유의 가두선전, 봉사활동, 구호법 익히기, 동화대회, 야영대회, 모험·탐험, 각종 체육경기, 오락 등을 실시하여 미래를 위하여 심신을 단련하였다.

---

70) 한국보이스카우트연맹, 앞의 책, 176쪽.
71) 위의 책.
72) 위의 책.

특기할 것은 6·10만세운동에 연루된 소년운동 지도자 조철호가 출감
후 1927년 간도로 망명하여 1930년까지 대성중학과 동흥중학에서 교편
을 잡은 일이 있었다.[73] 조철호는 그간 교육운동, 민족운동, 소년운동에
몸바쳐 온 것으로 보아 틀림없이 간도지방에서도 소년운동을 전개했을
것으로 보이지만 당시 조철호가 하숙했던 집의 자녀였던 김창준(金昌俊)
은,

> 소학교 때 늘 선생님의 배갈 심부름을 했는데 조선독립의 이야기로
> 한정없이 배갈을 드시다가 취하시면 혁명가를 불렀다. '산에 나는 가마귀
> 야 시체 보고 우지마라 몸은 비록 죽었으되 혁명정신 살아있다.' (중략)
> 조 선생님은 이 노래를 부르며 비통해 하시다가 조선독립을 외치며 울음
> 을 터뜨리곤 하셨다.[74]

라고 증언하여 그의 기개는 여전하였으나 망국한에 처절한 감정을 억제
하지 못하고 있었음을 알려주고 있다.

조철호의 심정은 소년들에게도 이심전심 마찬가지였다. 길림소년회
(지도자 : 손원일) 회원이었던 손원태의,

> 소년회 활동도 주로 항일전쟁 놀이나 웅변대회 등을 열어 나라 잃은
> 설움을 달랬지요.[75]

라는 회상에서 지도자나 소년회원이 모두 망국한에 치를 떨며 조국광복
을 염원하며 소년의 놀이도 전쟁놀이를 할 정도로 간도의 분위기는 독립
기지다웠음을 전해주고 있다.

---

73) 조찬석, 「관산 조철호에 관한 연구」, 『교육논총』 12, 인천교육대학, 1980, 69쪽.
74) 김창준, 앞의 글, 79~80쪽.
75) 손원태, 「길림소년회 회상」, 『주간조선』 1991년 8월 11일자.

<표 4> 간도의 소년운동단체 상황(1930년 현재)

소재지	소년운동 조직체 이름
길 림	길림소년탐험대(대장 : 김일영, 제1반장 : 허성, 제2반장 : 진규삼)
반석현	재중국한인청년동맹소년탐험대(위원장 : 오해추, 서무부장 : 주광, 조직부장 : 유영빈, 선전부장 겸 소년부장 : 아북성, 검사부장 : 이병화) 재중국한인동맹(소년부위원 : 주광)
유하현	조선이소년탐험대
청원현	요동연합회소년부(최영덕)
신빈현	국민부소년단 적제소년신보(주필 : 박재)

*출전 : 조선총독부경무국, 「(비)국외조선인불온단체분포도」, 1930에서 발췌작성.

그러기에 <표 4>처럼 1930년대 간도지방의 소년운동은 순수한 소년운동을 넘어 독립운동의 전위로서 자리 매겨졌다. 국내의 소년운동이 일제의 직접적인 압박으로 온건으로 가장하였으나 내심으로는 장래에 독립운동하는 것을 암암리에 익혀갔다면, 간도의 소년운동은 유사시에 즉각적으로 투입될 수 있는 독립운동 전위로서의 강력한 소년탐험대 조직으로 그 임무가 숙지되어 있었다. 이러한 항일소년군사운동의 전통은 일찍이 1919년 3월 신흥학교의 다물단(초대단장 : 김석, 다물단은 후에 신흥학우단으로 개명) 조직에서 유래되었다고 생각된다. 그들은 목적을,

혁명대열에 참여하여 대의를 생명으로 삼아 조국광복을 위해 모교의 정신을 그대로 살려 최후의 일각까지 투쟁한다.[76]

고 하여 독립투쟁에 몸바칠 것을 다짐하였다. 이 전통이 면면히 전수되고 전파되어 1930년대에는 간도 도처에 소년군사운동 조직제가 굳건히 세워져 「복수가」가 천지에 진동하였다.

---

76) 원의상, 앞의 책, 238쪽.

단군성손 우리 소년 국치민욕 네 아느냐
부모장사할 곳 없고 자손까지 종되었네
천지 넓고 넓건만 의지할 곳 어데냐
간 곳마다 천대고 까닭없이 구축되야
이젓느냐 이젓느냐 우리 원수가
합병수치를 네가 이젓나
자유와 독립을 다시 찾기로
우리 헌신에 잇도다
나라잃은 우리 동포 살아 잇기 붓그럽다
땀흘리고 피흘려서 나라 수치 씻어놓고
뼈와 살은 거름되여 논과 밭에 유익되여
우리 목적 이것이니 잊지말고 나아가세
부모친척 다 버리고 외국나온 소년들아
우리 원수 누구러냐 이를 갈고 분발하여
백두산에 칼을 갈고 두만강에 말을 먹여
앞으로 갓 하는 소리에 승전고를 울려
둥둥 만세 만세 만세 만세 만세 만세 만세[77]

　이와 같이 다물정신으로 다져진 죽음을 불사하는 복수심으로 불타는 소년들의 항일정신이 항일투쟁에 직접적인 기여를 하게 되었다고 생각된다.

4. 미주에서의 한인소년운동

1) 한인단체의 결성과 민족교육운동

　한인의 국외 신천지 개척은 1870년대 이래 북간도를 위시하여 서간도·연해주, 그리고 멀리 미주(美洲)에까지 미쳤다.

---

77) 국사편찬위원회, 『속사』 1, 1974, 20쪽.

미주로의 집단 이민은 1902~1905년 사이에 하와이 사탕수수 농장에
이주한 7,200여 명의 노동이민자에서 비롯되었다.[78] 그들의 구성성분은
기독교인, 학생, 선비, 군인, 머슴, 역부 및 건달 등으로 각계각층의 출신
인물들로 구성되어 있었다.[79]

그들은 열악한 조건에서,

> 한국인은 급속히 성장했다. 하와이는 그들에게 기대한 가능성의 땅이었
> 다. 농장의 일꾼이 되기 위한 수련을 쌓게 되었다.[80]

하와이는 그들에게 거대한 농업학교로 이민초기 미국사회를 익히는
데 도움이 되었다. 여력이 생기기 시작하자 1903년 신민회 결성을 필두로
1907년까지 와이파후공동회, 혈성회, 자강회, 공진회 등 약 20여 개에
달하는 각종 사회단체를 만들어 미국사회에 적응하여 갔다. 이들은 1907
년 한인합성협회로 통합되었다. 그리고 미국 본토에서는 1903년 안창호
등에 의해 샌프란시스코 친목회가 조직되었다. 이는 1905년 공립협회로
확대·발전하여 연해주, 간도, 치타 등지에 지회를 설립하기도 하였다.[81]
이처럼 하와이와 미주 본토에 산재해 있던 한국인 단체들은 보다 효과
적인 항일운동을 위해서는 공동전선을 구축할 필요가 있음을 느꼈다.
때마침 장인환·전명운 의사의 스티븐스 암살의거가 일어나자 이를 계기
로 재미 한인의 단결이 공고해졌다. 아울러 1909~1910년 망명지사의
쇄도와 발을 맞춰 1909년 2월 하와이의 한인합성협회와 미주의 공립협회
가 대한인국민회로 통합되면서 한인사회의 이권 보장과 조국광복을 위한

---

78) 유병석, 앞의 책, 232~234쪽 참조.
79) 김원용, 『재미한인50년사』, Readly Calif, U.S.A, 1958, 7쪽.
80) 윤병석, 앞의 책, 244쪽 재인용.
81) 박영석, 「한인소년병학교 연구」, 『한국독립운동사연구』 1, 독립기념관한국독립
운동사연구소, 1987, 81쪽.

활발한 활동을 벌여나가게 되었다.[82] 드디어 1912년 11월 해외에 거주하는 한인 대표 12명이 모여 샌프란시스코에서 '대한인국민회의헌장'을 제정하게 되었다.[83]

이들은 억점사업의 하나로 재미한인의 교육사업으로 이민시대의 성인교육과 2세 자녀들에게 모국어와 한국문화를 교육하는 민족주의 교육에 중점을 두었다. 그 결과 1905년부터 1925년까지 20년 동안 각 지방 교회마다 국어학교를 설립하여 매일 몇 시간씩 교수하였다. 이와 같이 민족교육을 시행하는 필요성에 대하여 쾌설당은,

> ᄌ녀를 교육하되 특별히 조국강토를 귀히 녁이고 우리 민족의 가장 비참ᄒᆫ 정형을 생각ᄒᆞ여 닛지 안케ᄒᆞ며 ᄌ긔가 이러ᄒᆫ 국가와 민족에 대ᄒᆞ야 엇더ᄒᆫ 의무가 잇는 것을 알게ᄒᆞ며[84]

라고 하여 민족주의 이념을 계발하려고 분발하였다.

2) 미주지방의 한인소년운동

전술한 것 같이 대한인국민회는 미주 한인사회의 권익 옹호에 멈추지 않고 본국과 상해, 해간도 등과 긴밀한 연계를 갖고 독립운동을 추진해 갔다. 이의 구현을 위해 미주의 한인사회가 그들의 자치와 민족의 근대적인 역량을 향상시켜 가면서 조국의 독립 쟁취를 최상의 목표로 하는 강력한 조직체로 대한인국민회를 조직하고 이를 통해 민족교육에 역점을 두

---

82) 위의 글.
83) 이에 참가한 해외한인 대표는 북미 : 이대위, 박용만, 김홍균. 하와이 : 윤병구, 박상하, 정원명. 연해주 : 김병종, 유주규, 홍신언. 간도 : 안창호, 강영소, 홍언 등 12명이다(앞의 책, 315쪽).
84) 「재미한인자제의 교육방침」, 『신한민보』 1913년 11월 28일자.

고 독립운동을 추진해 갔다. 이와 같은 열기 속에 민족정신으로 무장된
한인소년군사운동이 <표 5>와 같이 미주 도처에서 일어났다.

<표 5> 미주 한인군사훈련학교 상황(1910~1914년)

설 립 일	장 소	주당훈련	주 관 기 관	임 원
1910. 6	네브래스카 커니농장	6일	소년병학교	27명(교장 : 박용만)
1910.10. 3	클레아몬트	3일	훈련반	
1910.10. 8	롬폭	6일	의용훈련대	
1910.11.10	캔서스	6일	소년병학원	
1910.11	하와이 각 섬	6일	국민회 연무부	200여명
1910.11.17	멕시코 메리다	6일	숭무학교	118명(이근영 등)
1910.12. 5	슈퍼리어(와이오밍)	6일	청년병학원	
1914. 6.10	하와이 오아후, 가할루	6일	국민군단	박용만

*출전 : 박영석, 「한인소년병학교 연구」,『한국독립운동사연구』1, 독립기념관
한국독립운동사연구소, 1987, 82쪽 표.

이 중 대표적인 한인소년군사운동이 바로 박용만(朴容萬, 1881~1928)
의 한인소년병학교였다. 한인사회를 기반으로 하고 대한인국민회의 성원
속에 박용만,[85] 백일규(白一奎), 박처후(朴處厚), 이종철(李鐘澈) 등은 좀
더 실현 가능한 독립운동 방안으로 한인소년군사운동을 구상하고 네브래
스카 헤스팅스(Nebraska Hastings)에 한인소년병학교를 설립, 그곳에서
독립전쟁의 실천책으로 소년군사교육을 실시하고자 하였다.[86]

1909년 6월 마침내 네브래스카 헤스팅스에 박용만을 비롯한 박처후,
임동식(林東植), 이종철, 백일규, 정한경(鄭漢景), 김장호(金長浩) 등[87]은
그 지역 한인사회의 지원으로 미국인 소유의 커니(Kearney) 농장을 빌려

85) 박용만의 호는 우성(宇醒), 1877년 철원 출생, 경응의숙 중퇴, 한말 애국계몽운동
에 투신하였고, 미국방면 후 대한인국민회 조직, 한인소년병학교를 건립,『신한민
보』주필 등을 역임하는 등 미주한인사회에서 이승만과 쌍벽을 이루었던 독립운
동가.
86) 윤병석, 앞의 책, 393~395쪽 참조.
87) 노재연,『재미한인사략(상)』, 1951, 51쪽.

298

네브래스카의 한인소년병학교 전경

소년병학교 교련장으로 이용하고 네브래스카 주청의 묵허까지 얻어 무예교육을 실시하게 된 것이다.[88] 미주 한인사회가 독립을 쟁취하고자 대한인국민회를 성립시킬 무렵의 일이었다. 마치 간도에서의 간민회와 명동학교, 경학사와 신흥학교처럼 대한인국민회와 한인소년병학교는 불가분의 관계임을 시사하고 있다.

　박용만은 그가 한인소년병학교를 주도해서 세울 무렵 요동지방에다 독립전쟁론에 입각한 독립운동기지를 설립하기 위하여 그곳으로 국민회의 중임을 받고 파견된 이상설과도 밀접한 관계에 있었고 블라디보스토크에서 독립운동기지화에 매진하던 정순만과는 결의형제를 맺은 사이였다. 이와 같은 박용만의 신변을 고려해 볼 때 그가 주도적으로 설립하여 교장이 된 한인소년병학교는 미국 내에서 자신의 독자적인 사업으로 추진된 것이라기보다는 국내와 요동, 그리고 미주에 온 한민족이 망라되어 추진한 1910년대 독립전쟁론의 구현을 위한 일선도사업[89]

이었다고 지적하여 본국, 해간도와 미주의 한인사회가 대한인국민회로 연결되어 밀접한 유대 속에 있었음을 밝히고 있다. 따라서 국민회는 한인소년을 사관으로 만들어 독립전쟁을 효율적으로 쟁취하고자 한인소년병학교를 설립했다고 생각된다.

88) 『신한민보』 1914년 2월 19일자.
89) 윤병석, 앞의 책, 406~407쪽.

1910년 여름에는 27명의 학생이 헤스팅스 대학 학장 존슨(Johnson)의 후원으로 그 학교의 교사와 운동장을 사용하게 되었다. 뿐만 아니라 존슨은 헤스팅스 대학의 기숙사 및 취사도구 등을 무료로 제공함과 동시에, 한국인들이 일할 수 있는 농장도 제공하고, 아울러 농장을 경영할 수 있는 자본까지도 빌려준다는 것이었다.90)

그러나 여기에는 조건이 있었다. 즉, 한국인에게 성경을 가르칠 수 있어야 한다는 것이었다. 헤스팅스 대학은 장로교계의 기독교 학교였으므로 그들은 선교사업의 일환으로서 한국인들에게 군사훈련의 편의를 제공하였던 것이다.91)

아무튼 박용만은 헤스팅스 대학의 도움을 받아 군사훈련을 실시할 수 있었고 아울러 농장을 경영하게 되었다. 그 농장의 경영 담당자는 유은상, 권종흠, 김병회였다.92) 여기에 소년병학교유지단까지 생겨 보다 안정적인 교육이 가능해졌다.93) 소년병학교는 처음부터 여름학교 체제로 운영되었다.94) 학생들은 낮에는 농장에서 일하고 저녁과 야간에 국어 국문, 영어영문, 한문, 일어, 역사, 수학, 지리, 이과학 등 교양과목과 군사학을 이수하였다.95) 이 같은 교과편성은 국어와 역사를 통해 민족의식을 고취시키고 군사학을 통해 독립전쟁 발발시 직접적으로 독립전쟁의 역군으로 만들고자 하는 강한 의도의 일단이라고 생각된다. 더욱이 박용만에 이어 교장에 취임한 박처후는,

오인의 급선무는 재숭무(在崇武)96)

---

90) 박영석, 앞의 글, 87쪽.
91) 위의 글.,
92) 위의 글.
93) 윤병석, 앞의 책.
94) 『신한민보』 1914년 4월 16일자 및 8월 20일자.
95) 『신한민보』 1914년 4월 16일자.

라고 하여 숭무주의에 입각한 소년군사운동의 절박성을 강조하였다.

또한 이종철은,

> 우리의 먼저 일은 활동ᄒᆞ는 긔백과 무예덕 정신으로 져딜과 죽고 살기를
> 내기 홀것 뿐이라. (중략) 아 아 소년남자들아 우리 대한국소년들아 소년병
> 학을 바리고 어디로 가라나뇨[97]

고 소년들에게 호소하였다. 지도자들의 마음은 소년들에게 그대로 전류
처럼 전달되었다. 지도자와 소년들의 의기는 한 통속이었다. 그것은 한인
소년병학교 군가에서 그대로 드러나고 있다.

1. 이 몸 조선 국민되여
   오늘 비로소 군대에 바쳐
   군장입고 담총하니
   사나이 높음 처음일세.

후렴 : 종군락 종군락
   청년 군가 높이하라
   사천년 영광 회복하고
   이천만 동포 안녕토록
   이 군가로 우리 평생

2. 군인은 원래 나라의 번영
   존망과 안위를 담당한 자
   장수가 되나 군사가 되나
   나의 직분 나 다할 것

---

96) 『신한민보』 1914년 9월 22일자.
97) 『신한민보』 1914년 3월 5일자.

3. 나팔소리 들릴 때마다
　곤한 잠을 쉬히 깨네
　예령 동령 부를 때마다
　정신차려 활동하라

4. 우리 조련 이같이 함은
　황천이 응당 아시리라
　독립기 들고 북치는 소리
　대장부 사업 이뿐일세[98]

　이와 같은 소년군사운동의 정신은 비약해 본다면 멀리 고구려의 상무정신이나 신라의 화랑정신과 맥을 같이 한다고 생각된다.
　아무튼 1912년에는 13명의 첫 졸업생을 배출하였다.[99] 그리고 1914년 여름 학기까지 6년간 계속된 미주에서의 소년병학교 경영은 이민 2세들의 민족혼을 앙양시키는 데 더없는 공헌을 하였다.

　　학교에 드러오는 쟈는 완석이라도 금상석이 되며 슈쇠라도 금떵이가 되느니[100]

　이와 같은 성과를 거둔 미주 한인사회의 소년병학교 교육은 정규교육이 아닌 여름방학 때, 그것도 낮에는 농장에서 일하고 밤에야 조국을 찾겠다는 향학열로 상무정신을 불태운 소년군사운동의 귀감이라고 생각된다.
　한편, 미주에서의 한인소년운동은 보이스카운트운동에서도 기억해 둘 만하다. 1907년 영국의 로버드 바넨 파우엘이 보이스카우트운동을 일으

---

98) 박영석, 앞의 글, 88~89쪽.
99) 박영석, 앞의 글, 87쪽.
100) 『신한민보』 1914년 7월 16일자.

1918년 한국인 최초로 한인보우스카우스를 설립한 이승만(앉아 있는 사람)

킨 이래 소년 정서에 알맞은 이 운동은 빠른 속도로 전 세계에 퍼져나갔다. 한국에서는 이 운동이 1917년 10월 5일 YMCA에 소년부가 조직되면서 시작되었다.[101] 그 후 격식을 갖추고 소년단운동이 발족된 것은 1922년 9월 30일 정성채에 의해서 소년척후대가 출범하면서부터이다.[102] 이는 통설상 조선소년군을 조철호가 처음 창설했다는 1922년 10월 5일[103]보다 빠른 것이라 주목된다. 따라서 소년단운동의 기점은 당연히 1922년 9월 30일로 당겨져야 될 것이다.

그러나 한국 땅은 아니지만 한말 국난기에 많은 민족지사들이 독립운동의 기지를 건설코자 국외로 망명하여 새로운 신천지에서 한인사회를 건설하고 독립의 역군을 길러냈다. 미주의 하와이도 그 중의 하나였다. 사회단체를 만들고 학교도 세웠다.

> 대한인국민회 하와이 총회는 2월 1일 대한인국민회 창립 더구회 긔념경축을 굉장히 쥰비함으로 듕앙학원, 왜슬네홈, 셩루가학교, 호항녀학원, 국민회학교, 태평양학원 생도들이 성황을 도웁기 위하야 야외경쥬 운동을 쥰비한다더라[104]

101) 신석호 외, 『한국현대사』 9, 신구문화사, 1972, 290쪽.
102) 『동아일보』 1925년 10월 10일자 및 『조선고등경찰관계연표』, 107쪽.
103) 『동아일보』 1922년 10월 7일자.
104) 『신한민보』 1918년 2월 7일자.

위의 글은 1918년 2월 현재 대한인국민회 하와이 총회 산하에 적어도 6개교 이상의 학교가 조직·운영되고 있음을 알려주고 있다. 그리고 그들에게 야외경주 운동 등의 놀이가 있다는 실체도 보여주고 있다. 그러한 학교교육을 바탕으로 하여 하와이에서는 국내외를 막론하고 한인 최초로 한인들만의 스카우트가 조직되어 활동하였다.

> 1918년 한인기독교학교의 당시 교장인 이승만 박사가 최초의 '한인보이스카우트'를 조직하여 스카우트 활동을 통해 단원들에게 애국심을 고취시켰다.[105]

당시 이승만(李承晩, 1875~1963)[106]은 한인소년병학교의 교원 경력을 갖고 하와이에 와서 기독교학원을 설립(1914)하고,[107] 그 교장으로서 1918년 한인보이스카우트를 만들고 한인 2세에게 탐험훈련을 시켜 백두산을 넘어 본국으로 상륙할 날을 꿈꾸고 있었다.

여기서 유념할 것은 한국인의 한국인 2세를 위한 소년단의 역사는 국내에서 1921년 9월부터 소년단운동을 실시[108]했다 하더라도 3년은 바로 잡아야 될 것이라는 점이다. 단지 외국에서 시행된 것이므로 폄하하는 것은 시정이 요망된다. 단 1917년 10월에 YMCA에 조직된 소년부의 성격을 어떻게 규정하느냐만이 관건이 된다고 생각된다.

하여간 하와이 한인보이스카우트는,

---

105) 한국보이스카우트연맹, 앞의 책, 179쪽.

106) 이승만은 1875년 황해도 평산 출신, 호는 우남(雩南), 1908년 하버드대학에서 석사, 1910년 프린스턴대학에서 철학박사 학위 취득. 한말 독립협회운동을 했고 미주에 망명하여 기독교학원 설립, 한인보이스카우트를 창설했으며 임시정부가 수립되자 초대 대통령에 취임했던 독립운동가(박성하, 『우남노선』, 우남전기편찬위원회, 1958, 8~77쪽 참조).

107) 박성하, 위의 책, 66·309쪽과 『신한민보』, 1914년 5월 14일자.

108) 한국보이스카우트연맹, 『스카우트교범』, 1953, 6쪽.

　　1919년에는 한국인으로서는 최초로 1917년 미국 보이스카우트 호놀룰
루 제14대에 입대하여 반장으로 활약하던 월터 정이 이승만의 권유에
따라 한인보이스카우트에서 지도자로 활약하기도 하였다.109)

라는 대목도 주시해야 될 것이다. 이 글에 의하면 한국인 최초의 스카우트
와 스카우트 지도자는 모두 월터 정으로부터 시발했다고 판단된다.

　　미주는 영미권이다. 영국에서 발생한 보이스카우트운동을 탐구심 많은
미국인이 재빨리 받아들였고 이를 관망하던 신천지의 한인 민족지도자들
이 한인 2세에게 본격적인 소년운동으로서 소년단운동에 시동을 건 것이
다. 그리고 이 소년단운동을 민족운동으로서 일치시킨 것이다.

　　한편 조국의 스카우트운동을 지원하는 일도 잊지 않았다.

　　1926년 1월 미국 애리조나에 거주하는 최춘홍, 이승민, 노재호, 서성선,
안정순, 오태선, 한경서, 홍순진, 현목우 등 12명의 교포들은 미화 35달러
를 최춘홍의 이름으로 소년척후대 조선총연맹의 이상재 총재에게 보내와
총연맹에서는 이 자금을 연맹 기본금으로 영구보존할 것을 결정할 정도로
감동케 한 일이 있었다.110)

　　이 글로 보아 미주의 소년단운동과 국내의 소년단운동은 끈끈한 연계
고리가 형성되어 있었고 비록 국토는 달리해서 살았지만 한민족은 하나
로서 어디에 살든지 하나의 동포관을 지니고 살고 있었음을 알 수 있다.

---

109) 박성하, 앞의 책.
110) 한국보이스카우트연맹, 앞의 책, 180쪽.

5. 맺음말

이상 국외에서의 한인소년운동을 고찰해 보았다.

상해에서는 이미 임시정부 수립 이전인 1917년부터 여운형에 의하여 재상해 한국인 자제를 대상으로 인성학교가 설립되어 민족주의 교육에 역점을 두고 교육을 실시하였다.

인성학교의 민족주의 교육은 자연스럽게 소년회 배태의 온상이 되어 1919년 인성학교 학생을 주축으로 재상해 학생을 포함하여 상해소년회를 탄생시켰다.

상해소년회는 임시정부의 후원 속에 성장을 거듭하던 중 1925년 발전적으로 해체되고 상해한인소년회로 거듭났다. 새로 태어난 상해한인소년회는 조직 후에 상해한인동자군으로 개칭했다가 다시 1928년에는 상해한인소년척후대로 명칭을 바꾸어 활동했다. 상해한인소년척후대는 상해소년회보다는 진일보한 소년운동을 전개했지만 그래도 본래의 소년운동에 충실해야 하는 이중성을 지녔다. 이에 조소앙은 1929년 한국독립당을 창설하고 그 하부기구의 하나로 소년단체인 화랑사를 창설하여 화랑정신으로 독립운동에 헌신할 수 있는 인재를 양성하고자 했다.

1930년에는 좀더 능률적인 소년운동을 전개하기 위하여 상해한인소년동맹을 조직하고 활동에 들어갔다. 상해한인소년척후대가 합법을 가장한 소년단체라면 화랑사나 한인소년동맹은 좀더 민족적인 전선을 추진한 소년단체로 성인들의 사회단체와 어깨를 나란히 했다.

북간도, 서간도, 연해주를 망라한 해간도지방은 독립지사들의 헌신적 노력으로 독립운동기지로서 초석을 다졌다. 민족혼이 충천하는 해간도의 민족주의 교육 풍토는 소년운동에서도 선구적인 단체를 낳았다.

연해주에는 일찍이 3·1운동이 나던 1919년 신한촌을 무대로 하여 소년애국단이 조직되었다. 그들은 결사구국의 정신으로 임정에 충성하며 독립운동에 선봉이 되었다.

북간도에서는 1909년 간민회가 조직되어 명동학교 등 적지않은 학교 창건을 주도하여 민족지향적 교육을 실시함으로써 숱한 인재를 배출하였다.

1924년부터는 간도소년척후대가 조직되어 소년단운동이 시작되었고 1928~1930년 사이에는 국내의 대표적인 소년운동가 조철호가 망명해 와 독립심을 북돋았다. 이 무렵의 소년회운동은 길림소년회의 경우에서처럼 군사놀이가 주종을 이루었다.

서간도에서는 1919년 다물단이 조직되어 다물정신으로 조국을 찾겠다는 용맹스러운 소년군사운동이 전개되어 그 성가를 높였다. 1930년대에는 각종 동맹의 전위 조직으로 등장한 소년탐험대의 복수가가 천지에 진동하였다.

미주의 이주민들은 1909년 대한인국민회를 조직하고 미주 한인사회의 권익옹호에 멈추지 않고 본국과 상해, 해간도 등과 긴밀한 연계를 갖고 독립운동을 추진해 갔다. 이의 구현을 위해 박용만은 1909년 여름방학 때 네브래스카에서 낮에는 농장에서 일하고 밤에는 교양과목과 무예를 익히는 한인소년병학교를 하계학교 형태로 개교하였다. 마치 서간도의 다물단이나 상해의 화랑사처럼, 고대 고구려의 무사도, 신라의 화랑도 운동 같은 소년군사운동의 성격을 강하게 계승하였다. 그리하여 민족혼을 앙양시키는 데 지대한 공헌을 하였다.

또한 하와이에서는 한인기독교학교의 이승만에 의해서 1918년 한인 최초로 한인에 의한 한인만의 한인보이스카우트가 조직되었다. 그는 세계 보편적인 스카우트정신을 빌려 애국심을 고취함으로써 범세계적인 소년운동을 민족운동으로 일치시켰다.

이처럼 국외에서 한인소년운동은 국내의 소년운동이 일제의 직접적인 강압으로 인하여 소년개조운동, 소년해방운동, 소년문예운동, 소년놀이운동을 통하여 내면적으로 민족혼을 각성시킨 데 비하여 그들은 순수한 소년운동을 넘어 언제라도 전선이 형성되면 전선에 투입될 수 있도록 강인한 소년군사운동을 동반하고 있었음에 그 특성이 있었다. 그리고 그들 상호간에는 긴밀한 연계를 갖고 있었는데, 국내와도 연통제 등 비밀 통로를 이용하여 연락하고 있었다.

실로 국외에서의 소년운동은 독립운동의 전위로서 그 역할이 대단히 막중하였다. 소년운동은 그 자체로서 가장 유용한 민족독립운동이었다. 사료의 영세성으로 인하여 비약된 해석도 있었을 것이다. 그러나 불모지 의 분야에서 의외의 실체들을 밝히고 그 실체에 접근하여 의미를 반추한 것은 이 연구의 성과라고 생각한다.

『한국민족운동사의 제문제』, 범우사, 1992

제11장 한국소년운동사의 시기 구분론

1. 머리말

국권침탈기 한국소년운동사는 매우 활발하게 전개된 바 있었다. 이에 비해 전문 연구자들에 의한 한국소년운동사 연구는 1960년대까지 전무한 상태였다. 그러다가 1970년대에 이르러서야 김상련, 조찬석, 이재철 등에 의해서 부분적이나마 연구되기 시작하여였다. 그 후 한국소년운동사는 꾸준한 연구가 진행되고 또 연구 인력도 계속적으로 증가돼 갔다. 1980년 대에는 신재홍, 김정의가 가세하였고, 1990년대에는 오세창, 안경식도 가담하여 연구 인력을 보탰다. 그러나 아직까지도 연구 인력 및 여건은 열악하지만 그들에 의해서 연구 발표된 논문은 40여 편에 이르러 한국소년운동사의 초석을 다지는 데 각각 일조를 하였다.[1] 그 중에는 매우 알찬 업적도 있다. 다만 아쉽게 생각하는 것은 논문마다 시기 설정이 각인 각색이라는 점이다. 때로는 동일 연구자마저 논문을 발표할 적마다 시기 설정이 다르게 나타난 점이다. 따라서 이에 대한 종합적인 검토의 필요성을 느꼈다.

한국소년운동사의 시기 구분을 처음으로 시도한 사람은 정홍교이다. 그는 실제로 소년운동을 실천했던 소년운동가 출신이다. 그래서 그의

---

1) 이제까지 한국소년운동사 관계의 축적된 선행논문은 제12장 주 1) 참조.

시기 구분은 오랜 동안 한국소년운동사 시기 구분에 준거가 되었다. 그러나 그 후 전문 연구자들인 신재홍, 김정의, 오세창, 이재철 등에 의해서 계속적으로 시기 구분이 발전적으로 논의되어 오늘에 이르렀다.

이제 이들의 시기 구분 논의를 중심으로 삼고 기타 논설, 논문, 저서 등에 나타난 시기 구분과 관련된 글을 참고하여 한국소년운동사의 시원에 관한 논의를 먼저 살펴보고 이어서 근현대소년운동의 시기 구분론을 고찰하고, 마지막으로 현재 쟁점 현안이 되고 있는 한국소년운동의 기점론을 살펴보고자 한다.

2. 한국소년운동사 시원론

소년운동의 깃발을 높이 든 소년(『어린이』
4-3 부록 『어린이세상』. 1926)

한국소년운동사의 시원은 어디에 있을까? 그리고 한국소년운동사의 정신적 기반은 어디에 있었을까? 주지하다시피 그 동안 한국소년운동사의 시원은 신라의 화랑도운동이라는 데 별 의심의 여지가 없었다.

그러나 신채호(申采浩, 1880~1936)는 화랑도운동은 신라에서 시원한 것이 아니고 이미 단군조선 시대에 삼랑성 축조 때까지 연원이 거슬러 올라간다고 강력히 신라 시원설을 거부하였다.[2]

체계적인 한국소년운동사 연구를 처음

---

2) 신채호, 「단군조의 업적과 공적」, 『개정판 단재 신채호 전집 상』, 단재 신채호선생 기념사업회, 1987, 383~387쪽.

소년운동사 관련 저서들(정인섭의 『색동회 어린이운동사』, 김정의의 『한국소년운동사』와 『한국의 소년운동』. 안경식의 『소파 방정환의 아동교육운동과 사상』)

으로 천착했던 조찬석은 그의 「일제하의 한국 소년운동」에서 한국소년운동의 시발은 삼국통일을 가능케 했던 신라의 화랑도운동에서 비롯되었다고 언급했으나,[3] 화랑도운동이 언제부터 연원되었는지에 대한 언급은 없었다. 그러나 근대적 의미에서의 한국소년운동의 출발은 3·1운동 이후로 설정하여[4] 통사적인 고대의 소년운동과 근대적인 소년운동의 성격을 구분하여 근대적인 소년운동사의 시기 구분을 시도하였다.

김정의는 신라의 화랑도운동이 언제부터 시작되었는지는 불분명하다고 하면서 단지 『삼국사기』 신라본기 제4에 '시봉원화(始奉源花)'라는 말이 나오므로 흔히들 진흥왕 37년(576)을 화랑도운동의 시초로 본다고 전제하였다.[5] 그리고 이보다 먼저 화랑도운동이 고조선이던 혹은 고구려에서 시작했던 간에 구애받지 않고 그것이 근현대소년운동의 시원은 아니라는 것이다. 화랑도운동은 역사적으로 연속성을 지닌 운동이 아니기 때문에 그렇다는 것이다.[6] 그것은 고대적인 성격을 지닌 운동이었을 뿐

---

3) 조찬석, 「일제하의 한국 소년운동」, 『논총』 4, 인천교육대학 교육연구소, 1973, 61쪽.

4) 위의 글.

5) 김정의, 「한국근대소년운동사의 역사적 배경에 관한 연구」, 『백산박성수교수화갑기념논총-한국독립운동사의 인식』, 백산박성수교수화갑기념논총 간행위원회, 1991, 358쪽.

312

시대를 뛰어넘는 소년운동으로 승화되지 못한 채 고려 중엽 서경천도의 실패(1135) 이후 사실상 화랑도운동은 쇠퇴하고,[7] 중·근세의 오랜 기간 동안 단절되었기 때문에 근현대소년운동의 시원으로 볼 수는 없다는 것이다.[8] 근본적으로 조찬석과 같은 견해를 표명했다고 볼 수 있다.

그러나 김정의는 근현대소년운동의 시원이 화랑도운동이라는 점에는 회의를 표명했지만 한국 근현대소년운동의 정신적 기반은 화랑도정신(花郎道精神)에서 구하려고 하였다. 그것은 근현대소년운동 선도자들의 공통적인 견해였다는 것이다. 즉, 조선소년군(朝鮮少年軍)의 창설자인 조철호(趙喆鎬, 1890~1941)는 항상 단원들에게,

　　너희는 민족의 화랑이다. 민족을 구하는 선봉이 되어라.[9]

고 훈유(訓諭)했고, 조선소년총연맹(朝鮮少年總聯盟)을 이끌었던 정홍교(丁洪敎)는,

　　우리 나라 소년운동에 있어서, 가정교육과 사회교육을 가장 순수하고 힘차게 보여준 것이, 옛날 고구려, 백제를 정복하고 대신라를 건설한 화랑도 정신에서 찾아볼 수 있다고 하겠다.[10]

라고 언급하였다는 것이다. 한편 민족운동가였던 조소앙(趙素昻, 1887~1950 납북)은 그가 상해에서 만든 소년운동의 단체명을 아예 '화랑사'라

---

6) 김정의, 「현대 초 한국소년운동의 교육이념」, 『연호노승윤박사화갑기념 교육학논총』, 신서원, 1997, 304쪽.

7) 김정의, 앞의 「한국근대소년운동사의 역사적 배경에 관한 연구」, 361쪽.

8) 김정의, 앞의 「현대 초 한국소년운동의 교육이념」, 304쪽.

9) 중앙교우회, 「소년군의 창설」, 『중앙60년사』, 1969, 121쪽.

10) 정홍교, 「한국소년운동과 사회성」, 『현대교육』 1969년 5월호, 42쪽.

고 이름지었다는 것이다.[11] 이를 근거로 그는 화랑도운동이 근현대소년
운동의 정신적 기반이 된 것이 분명하다고 논했다. 그리고 근현대소년운
동의 시원에 대해서는 조찬석의 3·1운동 이후설과는 달리 개항 해인
1876년으로 보았다가[12] 다시 동학의 창도 연대인 1860년으로 소급시켰
다.[13] 이것은 새로운 견해로 주목되었다.

　오세창도 한국소년운동사의 시원을 신라의 화랑도에서 그 연원을 찾고
자 고심하였다. 그는,

　　바덴 파우엘(Robert S. Baden-Powell)이 창설하여 전세계적으로 보급되
　고 있는 보이스카우트가 놀랍게도 화랑의 교양내용과 그 방법을 그대로
　본땄다고 할 수 있을 정도로 같은 점에 주목을 해야 할 것이다.[14]

라고 하여, 근대소년운동과 화랑도운동의 성격을 일치시키고자 했다.
그러나 그도 화랑제도가 바로 소년운동의 시원이라고 보는 데는 상당한
논란이 따른다고 자인하였다. 그것은,

　　화랑제도가 이루어진 역사적 배경과 화랑제도 자체의 문제점도 있겠지
　만, 고려·조선으로 맥락을 연결시켜 근대소년운동으로 접합시키는 데는
　무리가 뒤따를 수 있기 때문이다.[15]

라고 하여,[16] 대체적으로 김정의와 같은 견해를 표명하였다. 그러나 그는

---

11) 강만길,『조소앙』, 한길사, 1982, 304쪽.
12) 김정의,「한국소년운동고찰」,『한국사상』21, 한국사상연구회, 1989. 157쪽.
13) 김정의,『한국소년운동사』, 민족문화사, 1992, 271~272쪽.
14) 오세창,「일제하 한국소년운동사연구」,『민족문화논총』13, 영남대학교, 1992,
　　159쪽.
15) 위의 논문.
16) 윤석봉은 "화랑도의 정신은 한민족 고유의 전통과 이념의 발로인 만큼 신라의

세계어린이운동발상지 표석비(서울 종로구 경운동 88번지)

이미 신라시대에 화랑제도와 같은 조직적이고 발달된 청소년 수양집단이 있었다는 엄연한 사실과 그 역사적 정신이 근대한국의 소년운동을 발현시킨 민족적 긍지와 전통성을 전적으로 부인해서는 안될 것이라고 하였다. 그러나 그도 근대소년운동사는 1860년대로 보는 것이 당연한 귀결이라고 할 수밖에 없었다.[17] 이는 조찬석의 3·1운동 이후 시원설보다는 전향적인 것으로써 김정의와 전적으로 일치하는 견해이다.

대체적으로 비소년운동사 연구자들은 한국소년운동사의 연원을 의례적으로 신라의 화랑도운동에 두었고, 소년운동사 전문 연구자들은 더욱

멸망과 더불어 소멸되지 않고 고려와 조선을 통하여 면면히 계승되어 국가 유사시에는 독립 애국정신의 상징으로서 민족의 피 속에 힘차게 존속되어 왔다."라고 오세창과 상반된 의견을 개진했는데 그의 견해가 학문적으로 고찰된 것은 아니다 (윤석봉, 「화랑도와 보이스카우트」, 『새충남』 1-8, 충청남도행정개발연구소, 1972, 174쪽).

17) 오세창, 앞의 「일제하 한국소년운동사연구」, 160·185쪽.

깊은 연구가 이루어질 때까지 소년운동의 시원을 단정하는 것을 주저하였다. 앞으로 학문적 논증이 이루어져 그 역사적 계승성이 밝혀져서 한국소년운동사의 연원이 화랑도운동으로 이어지길 희구한다. 잠정적이지만 한국소년운동사 시원의 상한선은 1860년까지 소급할 수 있다는 것이 현재까지의 학문적인 성과이다.

3. 근대 한국소년운동사 시기 구분론

근대 한국소년운동사의 시기 구분은 국권침탈기 소년운동에 직접 투신했던 정홍교에 의해서 처음 시도됐고 이 시기 구분은 조찬석에 의해 「일제하의 한국 소년운동」 연구에 원용되었다.[18] 정홍교가 나눈 시기 구분은,

> 제1기(1920~1924년)는 민족소년운동의 자연발생기이고, 제2기(1925~1930년)는 전성기였으며, 제3기(1931~1935년)는 수난기였고, 제4기(1936~1937년)는 왜정 탄압으로 해산당하던 시기이며, 제5기(1945~1947년)는 신민족소년운동의 배태기였고, 제6기(1948년 이후)부터는 민족민주주의 소년운동의 발족기라고 보겠다.
> 이와 같이 몇 기로 나누어 본 것을 다시 대별해 보면, 제 1, 2, 3, 4기까지는 비합법적인 소년운동이었으며, 또한 혁명적인 운동이라고 말할 수 있고, 그 다음 5, 6기부터는 민족민주주의 소년운동기라 말할 수 있다.[19]

이를 정리해 보면, 정홍교의 시기 구분은 다음과 같이 6분법으로 구분되었다.

---

18) 조찬석, 「일제하의 한국소년운동」, 『논총』 4, 인천교육대학, 1973, 62쪽.
19) 정홍교, 「한국소년운동과 사회성」, 『현대교육』 1969년 5월호, 43쪽.

Ⅰ. 비합법적인 소년운동기 또한 혁명적인 운동기

제1기(1920~1924년) : 민족소년운동의 자연발생기

제2기(1925~1930년) : 전성기

제3기(1931~1935년) : 수난기

제4기(1936~1937년) : 왜정 탄압으로 해산당하던 시기

Ⅱ. 민족민주주의 소년운동기

제5기(1945~1947년) : 신민족소년운동의 배태기

제6기(1948년 이후) : 민족민주주의 소년운동의 발족기

정홍교에 의하면 전자에서는 왜정의 쇠사슬에서 구속과 박해를 받으면서 오직 제2세들에게 독립정신과 민족의식 고취에 모든 일을 기울였으며, 후자에서는, 자유해방된 분위기 속에서 새 국가건설을 위하여 싸웠고, 정부수립 후부터는 새로운 민주국민으로서의 기본성을 길러 주는 민주소년운동 전개에 힘찬 발족을 본 것이라는 것이다. 이것은 신생 대한민국의 지상명령이며, 온 겨레의 요구이고, 새로운 사회건설, 국제관계, 그리고 새 시대의 절실한 요청이기 때문에 그렇다는 것이다.[20]

이것은 마치, 정부가 수립될 때까지는 우리 나라의 민족운동이 그 주권 회복과 국체형태(國體形態)의 정비를 위한 혁명적인 운동이었던 것이, 정부가 수립된 이후부터는 국가주권의 강력한 발휘와 국가내용의 충실에 있는 것과 같이, 우리 소년운동도 여기에 발맞추어, 과거 왜정에 항거투쟁 하던 때는 이미 지났으므로, 광복 후부터는 자라나는 소년소녀로 하여금 국가민족이 요구하는 새 일꾼이 되도록 정신적 교육과 육체적 단련을 힘차게 실현해야 할 것이라는 의미로 시기 구분 설정의 변을 토했다.[21]

이 같은 정홍교의 6단계 시기 구분은 이후 소년운동사 연구에 시기 구분 준거가 되어 이후 소년운동사 연구에 일정한 영향을 끼쳤다. 특히

---

20) 위의 글.

21) 위의 글.

광복을 전후하여 소년운동을 대별한 것은 후에 김정의나 이재철이 광복을 기준으로 한국소년운동사를 근·현대로 대별하는 시기 구분법에 직접적인 영향을 끼쳤다.22) 그러나 후에 김정의는 「현대 초 한국소년운동의 교육이념」에서 현대 한국소년운동의 기점을 1919년 3·1운동으로 소급시켰다.23) 그리고 정홍교가 1937년부터 1945년까지 공백기로 남겨놨던 기간은 훗날 김정의의 연구에 의하여 그 공백이 '지하 소년운동기'로 메워진 바가 있다.24)

신재홍은 대별하지 않고 그가 연구한 「일제치하에서의 한국소년운동고」 범주에 속하는 기간만 다음과 같이 시기 구분을 하였다.

첫째, 1919년 3·1운동으로부터 1924년 소년운동협회의 성립까지로 민족운동 지도자들에 의하여 추진된 소년운동 발흥기

둘째, 1925년 '오월회'의 조직서부터 1928년 조선소년연합회의 창립까지로 이 시기는 무산소년운동자의 대두와 좌우 연합기

셋째, 1928년 조선소년총연맹의 결성에서 1931년 전조선 어린이날 중앙준비연합회의 결성까지로 이때는 좌우의 대립과 소년운동의 분열기

넷째, 그 이후 1937년까지는 일제의 탄압으로 인한 소년운동의 쇠퇴기로 잡을 수 있다.25)

정홍교가 1920~1924년을 '민족소년운동의 자연발생기'로 본 데 비하여 신재홍은 1919~1924년을 '소년운동 발흥기'로 보았다. 이는 소년운동 발생기를 정홍교의 시기 구분보다 1년 소급 적용했음을 알 수 있다. 이는 신재홍이 논문을 발표할 때까지의 연구 성과로 미루어 보아 타당하다고

---

22) 김정의, 앞의 「한국소년운동고찰」, 157쪽 ; 이재철, 「한국 어린이운동 약사」, 『아동문학평론』 88, 1998, 13쪽.

23) 김정의, 앞의 「현대 초 한국소년운동의 교육이념」, 305쪽.

24) 김정의, 앞의 『한국소년운동사』, 272쪽.

25) 신재홍, 「일제치하에서의 한국소년운동고」, 『사학연구』 33, 1981, 111쪽.

보겠다. 그것은 후에 김정의, 오세창, 이재철의 시기 구분에서도 답습한 소이가 되기도 했다.

김정의는 두 차례에 걸쳐서 1·2차로 시간을 두고 소년운동의 시기 구분을 시도하였다. 1차 구분은 그가 언급한대로 논문 서술의 편의상 시기 구분을 했고, 2차 구분은 논저 서술 결과로 나타난 것을 참고하여 시기 구분을 한 것이다. 그의 1차 시기 구분은,

제1기(1876~1909) : 개화사상을 통한 소년애호심 고취기
제2기(1910~1918) : 근대소년운동의 역량축적기
제3기(1919~1923) : 근대소년운동의 발생기
제4기(1924~1930) : 근대소년운동의 전성기
제5기(1931~1937) : 분열·수난으로 인한 붕괴기
제6기(1938~1944) : 지하잠적기
제7기(1945~1948) : 현대소년운동으로의 과도기
제8기(1948~1980) : 현대소년운동의 성장기
제9기(1981년 이후) : 현대소년운동의 각성기[26)]

로 9시기로 세분하였다. 소년운동 첫 시기를 앞의 연구자들보다 소급하여 1876년부터 잡은 것은 당시까지의 보편사의 성과와 일치하는 것으로 소년운동사 연구의 진일보를 뜻한다고 볼 수 있는 시기구분이라고 할 수 있겠다. 그가 2차로 구분한 시기 구분은,

제1기 : 소년인식 계몽기   1860. 4~1905. 11
제2기 : 소년운동 역량축적기   1905. 11~1919. 3
제3기 : 근대소년운동 발생기   1919. 3~1923. 4
제4기 : 근대소년운동 전성기   1923. 5~1930. 5
제5기 : 근대소년운동 수난기   1930. 5~1937. 9

---

26) 김정의, 앞의 「한국근대소년운동고찰」, 157쪽.

「소파 방정환선생 서거 66주기 기념 심포지엄」(『한 국어린이운동의 기점과 그 정신』표지)

제6기 : 지하 소년운동기
　　1937. 9~1945. 8[27])

라고, 1차 때의 9시기에서 6시기로 나누었다. 이는 연구 성과가 전무 한 광복 이후를 생략한 데서 오는 자연스런 결과였다.

　여기서는 소년운동사의 첫 시기 를 1876년에서 다시 소급하여 1860년 동학의 창도로 소급됐다는 점이다. 이는 물론 연구 결과에 의 한 성과였다. 그리고 1937~1945 년을 선행 연구자들과는 달리 '지

하 소년운동기'로 구분한 것은 특기할 만하다. 그는 그 시기에 전백, 오봉 환, 이기원, 장봉순, 장권 등 숱한 소년운동가들이 독립운동에 직접 헌신하 였고, 진남포소년척후대의 경우는 지하소년운동을 전개한 사실이 발굴된 데 힘입어 적극적으로 시기 구분을 한 것이다.[28]) 이는 한국소년운동사의 단절을 막고 소년운동사의 정통성을 광복 후로 계승시켰다는 사실에서 의미가 있다고 볼 수 있겠다.

　오세창도 한국소년운동사 시기 구분에 참가하였다. 그의 연구성과인 「일제하 한국소년운동사연구」에서 다음과 같이,

　　제1기(1860~1910) : 여명기
　　제2기(1910~1918) : 암흑기

---

27) 김정의, 앞의 『한국소년운동사』, 272쪽.
28) 김정의, 앞의 『한국소년운동사』, 271쪽.

「소파 방정환선생 서거 66주년 기념 심포지엄」(주제 발표자 : 조찬석 · 이재철 · 김정의 · 김재은)

제3기(1919~1924) : 발흥기
제4기(1925~1931) : 이합 분열기
제5기(1932~1937) : 쇠퇴기[29]

6시기로 구분하였다. 제1기를 1860년까지 소급한 것은 김정의와 일치하는 성과로 한국소년운동사의 시원을 1860년으로 보는 데 시각을 같이하였다. 이로써 오랫동안 현안으로 남겨졌던 소년운동사의 시원 구명에 사실상 종지부를 찍는 결과를 초래하였다고 볼 수 있겠다. 다만 1937년부터 1945년 광복 때까지를 정홍교, 신재홍이나 마찬가지로 시기 구분에서 생략한 것은 아쉬움으로 남는다고 할 수 있겠다.

이재철 또한 한국소년운동사 시기 구분에 참가하였다. 그는 다음과 같이,

제1기 소년애호 인식계몽기(1867~1919)
제2기 근대소년운동 발생기(1919~1923)
제3기 근대소년운동 전성기(1923~1930)
제4기 근대소년운동 수난기(1931~1937)
제5기 소년운동 지하잠적기(1937~1945)
제6기 현대소년운동 과도기(1945~1948)

29) 오세창, 앞의 「일제하 한국소년운동사연구」, 184쪽.

제7기 현대소년운동 성장기(1948~1962)
제8기 현대소년운동 전환기(1962~1975)
제9기 현대소년운동 춘추기(1975~)[30]

의 9기로 구분하였다. 대체로 제6기까지는 김정의의 1차 구분과 일치함을
알 수 있다. 그러나 8·9기만은 다른 견해를 갖고 있는데 여기에 대해서는
제4절에서 다시 언급하고자 한다.

이제까지 논술한 근대 한국소년운동사의 시기 구분론을 표로 만들면
다음과 같다.

<표 1> 근대 한국소년운동사 시기구분표

	정홍교	신재홍	김정의 2차	오세창	이재철
제1기	1920~1924 자연발생기	1919~1924 발흥기	1860~1905 계몽기	1860~1910 여명기	1867~1919 계몽기
제2기	1925~1930 전성기	1925~1928 좌우연합기	1905~1919 역량축적기	1910~1918 암흑기	1919~1923 발생기
제3기	1931~1935 수난기	1928~1931 분열기	1919~1923 발생기	1919~1924 발흥기	1923~1930 전성기
제4기	1936~1937 해산기	1931~1937 쇠퇴기	1923~1930 전성기	1925~1931 이합분열기	1931~1937 수난기
제5기			1930~1937 수난기	1932~1937 쇠퇴기	1937~1945 지하잠적기
제6기			1937~1945 지하소년운동기		
비고 (출전)	「한국소년운동과 사회성」, 1969	「일제치하에서의 한국소년운동고」, 1981	『한국소년운동사』, 1992	「일제하 한국소년운동사 연구」, 1992	「한국 어린이운동 약사」, 1998

<표 1>에 의하면 정홍교, 신재홍은 4분법을, 오세창, 이재철은 5분법을,
김정의는 6분법을 사용하였다. 그러나 1919년 내지는 1920년부터 기산하

---

30) 이재철, 「한국어린이운동 약사」, 『아동문학평론』 88, 1998, 13쪽.

면 오세창은 3분법을, 나머지는 모두 4분법을 사용하였다. 다만 김정의, 오세창, 이재철은 새로운 통사의 시대 구분에 입각하여 한국근대사가 1860년 내지는 1876년설에 입각해서 근대 소년운동사의 출발도 적극적으로 해석하여 소급시킨 것으로 볼 수 있겠다.[31] 여기엔 사료의 뒷받침이 예시된 것은 물론이다. 따라서 1919년 이전의 한국소년운동은 보는 시각에 따라서 1~2개의 시기를 추가한 것으로 보면 되겠다. 그래서 근대 한국소년운동사의 시기 구분이 5분법 내지는 6분법으로 늘어나게 되었다.

한편 근대 한국소년운동사 시기 구분은 정홍교가 근대 한국소년운동사의 발생 연대를 1920년으로 잡았으나 그 후 신재홍, 김정의, 오세창, 이재철은 모두 발흥기 혹은 발생기라는 이름으로 1919년을 발생기로 설정하여 발생연대의 정설로 굳혔다. 다만 김정의가 1860년을 한국소년운동사의 계몽기의 출발 연대로 삼은 것을, 후에 오세창이 여명기라는 이름으로 여전히 1860년을 기점으로 삼은 것은 근대 한국소년운동사의 외연을 넓힌 성과로 볼 수 있겠다. 또하나의 근대 한국소년운동사의 외연 확장은 정홍교가 1937년에 근대 한국소년운동사가 끝난 것으로 시기 설정한 것을 신재홍, 오세창도 답습한 바가 있었다. 최근 신재홍은 다시금 1937년을 소년운동이 끝난 해로 발표하였다[32] 이를 김정의가 1937년 이후 광복 때까지를 '지하소년운동기'로 설정하여 주목을 끌었고, 이재철은 이를 추인하여 '지하 잠적기'로 설정한 것은 시기 구분상의 변화가 나타났음을

---

31) 분단 이후 북한학계에서는 근대의 출발을 제너럴 셔먼호 사건(1866)에서 찾았고, 남한학계는 강화도조약(1876)에 근대의 기점을 두는 것을 정설처럼 여겨왔다. 이처럼 남북한이 모두 근대사의 출발을 대상국가만 달랐지 외세에 두고 있다는 사실에서 민족의 자존에 상처가 있어왔다. 그런데 동학혁명100주년기념 각종 학술대회에서는 대체로 동학창도(1860)를 한국근대사의 기점으로 삼고자 하는 새로운 경향이 나타나 주목을 끌었다(김정의, 「한국사의 문명사적 인식론」, 『실학사상연구』 9, 무악실학회, 1997, 23쪽).

32) 신재홍, 「청소년운동」, 『항일독립운동연구』, 신서원, 1999, 345쪽.

뜻한다고 보겠다.

나머지는 1, 2년씩 차이는 있지만 대체로 정홍교의 시기 구분법을 따랐음을 알 수 있다. 따라서 1969년 정홍교의 한국소년운동사 시기 구분은 그 후 한국소년운동사 연구에 준거가 되었음을 알 수 있겠다.

4. 현대 한국소년운동사 시기 구분론

현대 한국소년운동사는 통상 광복 이후로 잡고 있다. 한국소년운동사 시기 구분에 선구자인 정홍교는 광복 이후를 현대라고 지칭하지는 않았지만 한국소년운동사를 대별하여 광복 후를 '민족민주주의 소년운동기'로 설정하고 그 속에 근대 한국소년운동사의 시기 구분에 연이어서 '제5기(1945~1947년) : 신민족소년운동의 배태기'와 '제6기(1948년 이후) : 민족민주주의 소년운동의 발족기'로 설정하여 현대 한국소년운동사의 시기 구분을 역시 최초로 시도하였다.

이를 이어 김정의가 제1차 한국소년운동사 시기 구분 때 근대 한국소년운동사의 시기 구분에 연이어 '제7기(1945~1948) : 현대소년운동으로의 과도기,' '제8기(1948~1980) : 현대소년운동의 성장기' 그리고 '제9기(1981년 이후) : 현대소년운동의 각성기'[33]로 설정한 바가 있다. 여기서 처음으로 현대소년운동이란 표현이 사용되었다. 그러나 김정의는 현대 한국소년운동사를 실제로 연구한 것은 아니었기 때문에 정치적으로 획을 긋는 연도에 맞추어 커다란 시각으로 현대 소년운동사의 시기 구분을 한 것이었다. 그러나 다행인 것은 최근 김정의의 현대 한국소년운동사 시기 구분을 세승하여 현대 한국소년운동사에 관심이 많은 이재철이 실제로 진행된 현대 한국소년운동사의 변화에 입각해서 근대 한국소년운동

33) 김정의, 앞의 「한국근대소년운동고찰」, 157쪽.

사의 시기 구분에 이어서 다음과 같이 현대 한국소년운동사의 시기 구분을,

제6기 현대소년운동 과도기(1945~1948)
제7기 현대소년운동 성장기(1948~1962)
제8기 현대소년운동 전환기(1962~1975)
제9기 현대소년운동 춘추기(1975~)[34]

4단계로 설정하였는데 이는 현대 한국소년운동사 연구에 새로운 준거가될 것으로 주목되는 시기 구분이라고 생각된다. 여기서는 1945년부터 1948년까지의 시기 구분만 김정의와 일치하고 그 후는 전적으로 이재철의 착상임이 여실한 것이다.

전술한 정홍교, 김정의, 이재철의 현대 한국소년운동사의 시기 구분을 일목요연하게 표로 작성하면 다음과 같다.

<표 2> 현대 한국소년운동사 시기 구분

	정홍교	김정의	이재철
제1기	제5기(1945~1948) 신민족소년운동의 배태기	제7기(1945~1948) 현대소년운동으로의 과도기	제6기(1945~1948) 현대소년운동 과도기
제2기	제6기(1948년 이후) 민족민주주의 소년운동의 발족기	제8기(1948~1980) 현대소년운동의 성장기	제7기(1948~1962) 현대소년운동 성장기
제3기		제9기(1981년 이후) 현대소년운동의 각성기	제8기(1962~1975) 현대소년운동 전환기
제4기			제9기(1975~) 현대소년운동 춘추기
비고 (출전)	「한국소년운동과 사회성」, 1969	「한국 근대소년운동 고찰」, 1989	「한국어린이운동 약사」, 1998

---

34) 이재철, 「한국어린이운동 약사」, 『아동문학평론』 88, 1998, 13쪽.

근대 한국소년운동사는 이미 과거의 역사임으로 연구 누적에 따라 정설이 굳어질 수 있겠지만 현대 한국소년운동사는 지금도 진행 중인 역사이다. 연구자가 살았던 시기에 따라서, 또는 발표 시점에 따라서 시기 구분은 다르게 나타나고 또 계속적인 변화가 나타날 수밖에 없는 속성이 있겠다. 그래서 시기 구분 자체를 기피하기도 하지만 설령 시기 구분을 했다 하더라도 위의 <표 2>처럼 나타날 수밖에 없겠다.

그나마 현재는 통사에서 현대의 기점 자체가 광복이 아니라 그 이전인 3 · 1민주혁명으로 소급하는 현상이 나타나고 있음도 주시해야 할 것이다. 따라서 통사에서 현대의 기점이 소급되면 한국소년운동사라고 예외가 될 수는 없을 것이다. 이런 사실들은 앞으로 한국소년운동사의 시기 구분론에도 많은 파장이 나타날 것으로 예견된다.

5. 현대 한국소년운동의 기점론

한국소년운동사에서 현재 쟁점 현안이 되고 있는 현대 한국소년운동사의 기점론은 일찍이 이재철이 1982년 「어린이날의 기점과 그 제정정신」에서 현재 시행되고 있는 어린이날의 기점은 1923년 5월 1일인 데 이는 잘못 기산된 것이라는 문제제기로부터 시작하였다. 그는 그 보다 1년 전에 있었던 천도교의 어린이날 행사(1922. 5. 1)를 기점으로 삼아야 한다고 주장했던 것이다.[35] 그 후 이재철은 어린이날의 기점을 소급시키고자 꾸준히 다방면으로 노력했으나 아직 성공하지 못한 실정이다.

그러나 이런 노력의 일환으로 1997년 4월 28일 한국방정환기금 주최로 '한국 어린이운동의 기점과 그 정신'이란 대주제를 놓고 심포지엄을 개최한 바가 있다.[36] 여기서 한국소년운동사 관계 연구자들인 조찬석, 이재철,

---

35) 이재철, 「어린이 날의 기점과 그 제정 정신」, 『신인간』, 1982. 5, 8~14쪽.

김정의, 김재은이 위의 대주제로 주제를 발표하고 토론을 전개하는 마당이 마련되었다. 여기서 그들은 그들의 견해를 노출시켜 현대 한국소년운동사의 기점을 찾고자 시도하였다.

먼저 조찬석은 그의 발표문 결론 부분에서,

소년운동(어린이운동)의 기점은 대체로 1919년 전후가 된다고 말하는 것이 무난할 것 같다. 다만 '어린이' 또는 '어린이운동'을 글자 그대로 놓고 살필 때, 그리고 문헌상 나타난 기록이 뚜렷한 것만 놓고 볼 때, 1923년 4월 17일 소년운동협회가 결성되고, 같은 해 5월 1일을 첫 번째 어린이날로 정하여 이 날을 전국에 걸쳐서 대대적으로 기념하고 선전하였으므로, 이때를 우리 나라 어린이운동의 기점으로 삼는 것이 타당하지 않을까 생각한다.[37]

라고 하여 기존의 소년운동의 기점을 옹호하였다.

그러나 이재철은 그의 발표문 서언에서 이전의 그의 1922년설을 되풀이 주장하였다. 즉,

그가[38] 제정한 어린이날은 올해로 76회를 맞는다. 일제의 극심한 탄압으로 인해 1937년 이후 중단되었다가 해방 이후 다시 이어지게 된 것이다. 초지일관 어린이를 사랑하고 어린이의 미래를 통해서 민족의 앞날을 열기 위해 제정된 어린이날 행사가 오늘날까지 이어지고 있는 것은 다행스런 일이다. 어린이날은 소파가 <천도교소년회>를 주도하면서 1922년 처음으로 제정하였다. 그러나 어린이날은 그 기점이 1923년으로 잘못 알려진 채 오늘날까지 이어지고 있는 것이다.[39]

---

36) 1997년 4월 28일 한국프레스센터 20층에서 사단법인 한국방정환기금 주최, 문화체육부·동아그룹 후원으로 「한국 어린이운동의 기점과 그 정신」이란 대주제를 놓고 소파 방정환선생 서거66주년기념 심포지엄이 있었다.

37) 조찬석, 『어린이운동의 기점과 그 정신』, 한국방정환기금, 1997, 12쪽.

38) 필자 주 : 방정환.

라고 하여 한국소년운동의 기점을 1922년 5월 1일로 할 것을 거듭 주장하였다.

이에 대하여 김정의는 그의 발표문 맺음말에서, 현대 한국소년운동의 기점을 다음과 같이 논증하였다. 즉,

소년운동의 기점은 천도교소년회가 조직·가동된 1921년 5월 1일에 맞추는 것이 타당하다고 생각된다. 그것은,

첫째, 천도교소년회는 1921년 5월 1일 출범한 소년운동단체로 이후 천도교를 배경으로 전국적인 조직을 갖고 김기전, 방정환 등에 의하여 사실상 범민족적 소년운동을 지속적으로 주도하였다.

둘째, 소년척후대나 조선소년군도 전국적인 조직을 갖고 정성채, 조철호 등이 범민족적 소년운동을 지속적으로 전개했지만 소년척후대나 조선소년군의 창설일은 천도교소년회의 창설일보다 뒤의 일이다.

셋째, 소년운동협회는 천도교소년회가 중심이 되어 형성된 일종의 소년운동단체의 연합체로서 이 협회의 중심세력도 천도교소년회였다.

넷째, 1922년 5월 1일 천도교소년회 창설 1주년 기념으로 천도교소년회는 소년운동협회가 주관한 1923년 제1회 어린이날 행사보다 1년 먼저 독자적으로 제1회 어린이날 행사를 성대하게 전개하였다. 비록 단독 행사였지만 전혀 소홀히 여길 수 없는 점은 이 행사를 통하여 10년 후의 조선의 비전 등을 제시한 행사였다는 사실이다.[40]

다섯째, 소년운동협회가 주관한 1923년 5월 1일의 이른바 제1회 어린이날 행사날이 바로 천도교소년회 창설 2주년 기념일임을 상기할 때 소년운동협회도 천도교소년회의 법통을 계승했음을 알 수 있다.

여섯째, 천도교소년회는 『개벽』지와 『어린이』지를 통하여 어린이운동의 이념을 창출하고, 소년운동 내지는 소년문예운동을 체계적으로 선도·

---

39) 이재철, 『어린이운동의 기점과 그 정신』, 한국방정환기금, 1997, 16쪽.

40) 따라서 어린이날의 기점은 현재 실행되고있는 1923년 5월 1일이 아니라 이보다 1년 소급된 1922년 5월 1일이 되어야 옳다고 생각된다. 이재철도 같은 견해이다 (이재철, 「어린이날의 기점과 그 제정 정신」, 『신인간』, 1982. 5, 8~14쪽).

확산시켰다.

　일곱째, 천도교소년회의 설립 취지, 표어, 강령이 대부분 현대적인 소년운동의 실천적 본보기 이념으로 작용되었다.

　여덟째, 1922년 5월 1일 어린이날 행사에서는 어린이날 전단이 살포되고, 1923년 5월 1일 어린이날 행사에서는 '소년운동의 선언'이 선언되었는데, 그 이념이 현대가 추구하는 인간해방, 인권존중, 복지지향을 모두 충족시켰다는 점이다.[41]

　한편, 김재은은 그의 발표문 본문에서 다음과 같이,

　　1922년 5월 1일을 "어린이 날"로 제정하고 천도교소년회를 중심으로 널리 알려졌고(천도교소년회는 1921년 5월에 결성됨), 1923년에는 『어린이』잡지를 창간하였다. 한편, 일본 동경에서는 방정환을 비롯한 손진태, 윤극영, 조재호 등이 동인으로 결성하고 나중에 마해송, 정인섭, 이헌구 등이 합세해서 '색동회'를 만들어 5월 1일을 기하여 발족식을 갖고 어린이운동에 뛰어들었다. 당시 본국에서는 천도교소년회 지도자인 김기전이 주동이 되어 색동회보다 다소 먼저 '소년운동협회'를 결성한 점 등을 보아, 1920년 초가 이 어린이운동이 본격적으로 시작한 중요한 시점이 아닌가 생각한다.[42]

라고 하여 분명한 시점을 제시하지 않고 1920년 초라고만 발표하였다.

　아무튼 이들 네 발표자는 모두 현대 한국소년운동의 기점을 달리 주장하여 여전히 쟁점 현안으로 남겼다. 즉, 현대 한국소년운동의 기점으로 이재철은 1922년 5월 1일 천도교소년회가 주최한 제1회 어린이날을 일찍부터 주장해 오던대로 거듭 주장하였고, 조찬석은 소년운동협회가 설정

---

　41) 김정의, 『한국 어린이운동의 기점과 그 정신』, 방정환기금, 1997, 31쪽의 글을 참고하여 김정의, 「현대 한국소년운동의 기점」, 『실학사상연구』 10, 무악실학회, 1998에 보완한 글.

　42) 김재은, 『어린이운동의 기점과 그 정신』, 한국방정환기금, 1997, 36~37쪽.

한 1923년 5월 1일이 한국소년운동의 기점이 되는 것이 타당하다고 의견을 개진했다. 이에 대하여 김정의는 1921년 5월 1일 천도교소년회의 발족을 그 기점이라고 논증하였다. 다만 김재은은 1920년대 초 설을 제기함으로써 위의 조찬석, 김정의, 이재철의 설을 모두 아우르는 선에서 관망하였다. 그리고 주제발표 후 발표자와 토론자 상호간 및 방청자 사이에서는 열띤 토론이 전개되었는데 심포지엄의 대체적인 분위기는 김정의의 설이 설득력을 얻었다.

한편 현대 한국소년운동이 왜 1919년 이후로 소급해야 하는가 하는 문제에 대하여는 김정의가 이미 지적한 바 있다. 즉,

이들은 모두 통설보다 일찍 소년운동을 전개한 것이 틀림없지만 그러나 이 중에서 어느 시점을 택하여 오늘 날과 맥을 같이하는 소년운동의 기점을 삼고자 하기에는 이론의 여지가 많다. 그것은 3·1민주혁명 이전까지의 소년운동은 여전히 근대화를 지향한 운동 범주에 속한다고 판단되기 때문이다.

한국사상 현대의 기점은 한국민족운동사의 축적된 연구 업적에 의하여 대체로 3·1민주혁명(1919)에 두고 있는 것이 오늘의 실정이다. 그렇다면 같은 선상에 있는 소년운동사의 현대적인 상한선을 3·1민주혁명 이전에 두는 것은 큰 테두리에서 벗어남을 알 수 있다. 그래서 오늘의 현대적인 소년운동의 기점을 3·1민주혁명 이후에 두려고 하는 것이다. 크게 보아 현대를 규정할 수 있는 이념은 민족독립에 있고, 나아가서 인간해방, 인권존중, 복지지향이 큰 요소라고 본다면 과연 소년운동이 어느 시점에서 이와 같은 요소를 모두 소년운동 이념 속에 실질적으로 용해시키고 있느냐를 기준으로 삼아야 할 것이다. 그리고 그 잣대로 현대적인 소년운동의 기점을 찾아야 합당하다고 생각된다.[43]

라고 하여, 현대의 기점을 광복에 두는 것으로부터 3·1민주혁명으로

---

43) 김정의, 앞의 「현대 초 한국소년운동의 교육이념」, 305쪽.

소급해야 할 당위성을 제고하였다. 이는 앞으로 새로운 한국소년운동사 시기 구분 작업에도 영향을 끼칠 것으로 생각된다.

6. 맺음말

이상에서 한국소년운동사의 시기 구분론을 고찰해 보았다.

우선 '한국소년운동사의 시원론'에서는 한국소년운동사의 시원이 신라의 화랑도운동에서부터라는 사실은 공감하지만 그것이 근현대소년운동으로 맥을 같이하며 발전되었다는 점에는 회의적이었다. 그것은 중·근세에는 단절되었기 때문이라는 것이다. 그러나 화랑도운동이 단지 고대적인 소년운동일 뿐이라는 견해에 대해서도 경계심을 갖고 있음이 드러났다. 한국소년운동사의 시원이 신라의 화랑도운동인지 아닌지는 불분명하더라도 김정의가 근현대 한국소년운동의 정신적 기반은 틀림없이 신라의 화랑도정신에서 연유됐음을 구명한 것은 큰 소득이라고 보겠다.

둘째, '근대 한국소년운동사의 시기 구분론'에서는 애초의 정홍교의 시기 구분이 오랫동안 소년운동사 연구자들 사이에서 소년운동사 연구의 준거가 돼 온 바 있었다. 그러나 김정의와 오세창은 정홍교에 의해서 설정된 제1기의 시작연대인 1920년(신재홍은 1919년)을 깨고 제1기 근대 한국소년운동사의 시작 연대를 한국 통사에서 새롭게 제기되고 있는 근대 시작 연대인 1860년과 일치시킨 학문적 성과는 고무적인 업적이라고 볼 수 있겠다. 또한 전문 연구자들이 한결같이 발생기 혹은 발흥기로 명칭을 다르게 표현했지만 시작 연대를 1919년으로 본 것은 이젠 정설로 자리 잡았다고 할 수 있겠다. 그러나 전성기는 시각 차가 커서 정홍교, 신재홍, 오세창은 오월회가 조직되어 활동을 하기 시작한 1925년으로, 김정의, 이재철은 조선소년운동협회가 결성되어 그 협회의 주도로 제1회 어린이날이 전개된 1923년부터로 봄으로써 양론으로 갈렸다는 점이다. 이 점에 대하여는 좀더 많은 천착과 의견 조율을 거쳐 시각 차를 좁히는 작업이 필요한 대목이겠다. 쇠퇴기 혹은 수난기의 시작은 대체로 1930년 내지 1931년으로 보았다. 다만 오세창만 1932년으로 설정하였다. 다행인 것은 모든 연구자들이 약속이나 한 듯이 공감대를 이룬 연대는 비록 명칭은 해산기, 쇠퇴기, 수난기로 다르지만 그 끝나는 해를 소년운동이 일제의 탄압으로 공식적으로 금지 당한 해인 1937년으로 획정했다는 사실이다. 이는 연구자들 사이에 유일하게 완전 일치하는 현상으로 그 의미가 크다고 보겠다. 특기할 것은 김정의에 의해서 1937년부터 1945년까지 근대 한국소년운동사의 공백기를 '지하 소년운동기'로 설정하여 그 주인을 찾아 주었다는 사실이다. 여기엔 이재철이 공감했으나 앞으로 더많은 연구가 보태져야 명실공히 소년운동사의 한 시기로 자리 매김될 것으로 생각된다.

셋째, '현대 한국소년운동사 시기 구분론'은 현재도 진행되는 시기임으로 연구자들이 시기 구분을 기피하거나 설혹 시기 구분을 했다 하더라도 신빙성을 부여하기가 어려운 시기이다. 그것은 이 시기에 대한 전문 연구자들에 의한 연구가 전무한 상태라 더욱 어려움을 겪고 있다. 그렇다고 시기 구분을 방치하는 것도 후대의 연구자들을 위하여 무책임한 처사라고 보겠다. 다행히 현대 한국소년운동사에 남다른 관심을 갖고 있는 이재철이 정홍교, 김정의 처럼 정치적인 커다란 사건을 기준하지 않고 실제로 나타난 현대 한국소년운동의 변화상을 네 시기로 시기 구분을 했는 바, 이는 후대의 연구자들에게 일정한 준거가 되리라고 생각된다.

넷째, '현내 한국소년운동의 기짐실'에신 조찬식은 기존의 1923년 조선소년운동협회에 의해서 제1회 어린이날 행사를 한 그 해 5월 1일을 기점으로 보았다. 이에 반하여 이재철은 그가 오랫동안 주장해 온 1922년 5월 1일 천도교소년회에 의해서 거행된 제1회 어린이날을 기점으로 보았다.

그러나 김정의는 양자의 팽팽한 쟁점의 틈새에서 현대 한국소년운동의 기점을 1921년 5월 1일로 설정하여 주목을 끌고 있다. 즉, 천도교소년회는 전국적인 조직망을 갖고 꾸준히 한국 소년운동계를 주도해 왔다는 것이다. 그 사실을 그는 학문적으로 입증하였다. 따라서 1921년 5월 1일이 현대 한국소년운동의 기점이라는 사실이 설득력을 얻어 갈 것으로 생각된다.

이상 한국소년운동사의 시기 구분론을 통하여 현재까지의 한국소년운동사의 연구 풍토가 일천하였던 점에 비해 괄목할 업적을 쌓고 또 시의에 맞춰 날로 시기 구분이 명료하게 되어져서 사계의 공감대를 얻어가고 있음을 구명하였다. 이를 바탕으로 미래의 한국소년운동과 한국소년운동사 연구의 좌표와 방향을 바르게 설정하는 데 일조가 될 것으로 기대된다.

『윤종영교장정년기념 한국사교육논총』, 혜안, 1999

제12장 현대소년운동의 다양화

1. 머리말

소년운동사에 관한 연구는 연구 연력이 일천하다. 1970년대에 이르러서야 연구가 이루어지기 시작하였다. 그나마 다른 분야에 비해서 연구인력이 소수이고, 연구비 수혜도 전무한 상태였다. 이처럼 연구 환경이 열악한 속에서도 연구자들은 끊임없이 악전고투하여 상당한 연구축적을 이루었다.[1]

---

1) 유홍렬,「삼일운동이후 국내의 민족운동」,『삼일운동50주년 기념논집』, 동아일보사, 1969 ; 안병직,「3·1운동의 참가한 계층과 그 사상」,『역사학보』 41, 1969 ; 김상련,「소파연구」상·중·하,『신인간』 295·296·297, 1972 ; 조찬석,「일제하의 한국소년운동」,『인천교대논총』 4, 1973 ; 윤석중,「천도교소년운동과 그 영향」,『한국사상』 12, 1974 ; 신재홍,「일제치하에서의 한국소년운동고찰」,『사학연구』 33, 1981 ; 황문수,「야뢰에 있어서의 인내천사상의 전개」,『한국사상총서』 4, 한국사상연구회, 1982 ; 성봉덕,「천도교소년회운동과 소춘선생」,『신인간』 428, 1985 ; 손인수,「인내천사상과 어린이운동의 정신」,『신인간』 428, 1985 ; 이재철,「천도교와 소년운동」,『신인간』 439, 1986 ; 김정의,「한국근대소년운동연구」,『한양여대논문집』 11, 1988 ; 김정의,「한국소년운동고찰」,『한국사상』 21, 1989 ; 김정의,「『개벽』지에 나타난 소년관에 관한 고찰」,『한양여대논문집』 15, 1992 ; 오세창,「일제하 한국소년운동사연구」,『영남대민족문화논총』 13, 1992 ; 서은경,「한국의 잊혀진 페스탈로찌 소춘 김기전」,『우리교육』 39, 1993 ; 김정의,「소춘 김기전의 소년운동」(상)·(하)·(종),『신인간』 522·523·524, 1993 ~1994 ; 김정의,「소년운동」,『동학혁명 100년사』, 1994 ; 김정의,「소년운동을 통해 본 동학혁명」,『동학혁명100주년기념국제학술대회논문집』, 1994 ; 김정인,

이는 같은 연구자의 입장에서 매우 다행한 일이 아닐 수 없다. 그 내용은 국사 교과서에 개략적이나마 다음과 같이 반영되기에 이르렀다.

청년운동의 발흥의 영향을 받아 소년운동도 활발히 전개되었다. 소년운동은 천도교청년회가 소년부를 설치함으로써 본격화되었으며, 그 후 천도교소년회로 독립하여 어린이날을 제정하고, 기념행사를 거행함으로써

「1910~25년간 천도교세력의 동향과 민족운동」, 『한국사론』 32, 1994 ; 송준석, 「소춘 김기전의 아동 인격·해방운동의 교육사상」, 『한국교육사학』 17, 한국교육학회 교육사연구회, 1995 ; 윤해동, 「한말 일제하 천도교 김기전의 '근대' 수용과 '민족주의'」, 『역사문제연구』, 역사문제연구소, 1996 ; 김정의, 「어린이운동의 기점과 그 정신」, 『소파 방정환선생 서거66주년기념 심포지엄』, 1997 ; 김정의, 「현대초 한국소년운동의 교육이념」, 『연호노승윤박사 화갑기념교육학논총』, 도서출판 신서원, 1997 ; 김정의, 「최제우 소년관의 숙성」, 『동학연구』 3, 한국동학학회, 1998 ; 이재철, 「한국어린이운동약사」, 『아동문학평론』 88, 1998 ; 김정의, 「한국소년운동사의 시기 구분론」, 『윤종영교장정년기념 한국사교육논총』, 무악실학회, 1999 ; 仲村修, 「방정환연구서론-동경시대를 중심으로-」, 『청구학술론집』 14, 일본한국문화연구진흥재단, 1999 ; 신재홍, 「청소년운동」, 『항일독립운동연구』, 신서원, 1999 ; 김정의, 「방정환의 소년인권운동 재고」, 『석보 정명호교수 정년퇴임기념논총』, 혜안, 2000 ; 심국보, 「지금 우리가 신인간이 되려하면」, 『신인간』 600, 2000 ; 성주현, 「『신인간』지와 필자, 그리고 필명」, 『신인간』 600, 2000 ; 조은숙, 「방정환과 어린이, 해방과 발견사이」, 『비평』 겨울호, 한국비평이론학회, 2000 ; 성주현, 「일제하 천도교청년당의 민족교육」, 『문명연지』 2-1, 2001 ; 정숙례, 「천도교의 어린이 교육사상」, 『신인간』 609, 2001 ; 정혜정, 「소년교육운동」, 『동학·천도교의 교육사상과 실천』, 혜안, 2001 ; 仲村修, 「조선초기소년운동(1919~1925)과 아동문학」, 『방한학술연구자논문집』 2, 재단법인 일한문화교류기금, 2002 ; 희암, 「어린이날의 의미와 과제」, 『신인간』 621, 2002 ; 김정의, 「현대 어린이운동과 과제」, 『신인간』 621, 2002 ; 소래섭, 「『소년』지에 나타난 '소년'의 의미와 '아동'」, 『한국학보』 109, 2002 ; 차웅렬, 「푸른 오월의 소파 방정환」, 『신인간』 633, 2003 ; 차웅렬, 「흘러간 개벽사의 별, 아동문학의 상징 윤석중」, 『신인간』 642, 2004 ; 김정의, 「현대소년운동의 다양화」, 『문명연지』 12. 2004 ; 정혜정·배영희, 「소파 방정환의 아동교육사상과 제6차 유아교육과정」, 『문명연지』 13, 2004 ; 윤석산, 「천도교의 가르침과 어린이 교육」, 『동학학보』 9-2, 동학학회, 2005 ; 김정의, 「『개벽』지상의 소년운동론 논의」, 『학고이상태박사정년기념사학논총』, 학고이상태박사정년기념사학논총간행위원회, 2006.

소년운동의 물결은 전국적으로 확산되었다.

그 후 소년운동의 전국적 조직체로서 조선소년연합회가 결성되어, 체계적인 소년운동이 전개되었다. 특히 방정환과 조철호 등은 소년운동을 통해 어린이들에게 용기와 애국심을 북돋워주었다. 그러나 지도자들 사이의 사상과 이념의 대립으로 소년운동도 분열되었다. 더구나 중 · 일전쟁 발발 후 일제가 한국의 청소년운동을 일체 금지시킴으로써 청소년운동은 중단되고 말았다.[2]

한편 『역사학보』는 한국역사학계의 회고와 전망에서 김정의의 소년운동에 대한 일련의 성과를 '어린이기'의 형성, 또는 '아동사'에 대한 최근의 관심과 관련하여 주목할 만하다고 평한 바 있다.[3]

그러나 광복 후 현대소년운동사에 관한 연구는 아직 본격적으로 이루어지지 않고 있다. 단지 이재철의 「한국어린이운동 약사」[4]와 필자의 「한국의 소년운동 연대기」[5] 및 「현대 어린이운동과 과제」[6]가 있을 뿐이다. 그나마 전술의 연구는 현대소년운동의 개략적인 사실 나열에 그치고 있을 뿐이다. 이에 현대소년운동 연구의 필요성을 절실히 느낀다.

이 연구는 우선 현대소년운동의 사적 배경을 간략히 소개하고, 이어서 현대소년운동의 성향인 상업화 · 복지화 · 세계화 등 현대소년운동의 다양화에 초점을 맞춰 서술하고 끝으로 논의 및 제언으로 글을 맺고자 한다.

2) 교육부, 『고등학교 국사』(하), 대한교과서주식회사, 1992, 159 -160쪽.
3) 선우용, '역사학계의 회고와 전망-근대 II(1910~)」, 『역사학보』 167, 2000, 182쪽.
4) 이재철, 「한국어린이운동 약사」, 『아동문학평론』 88, 아동평론사, 1998, 13~37쪽.
5) 김정의, 「한국의 소년운동 연대기」, 『한국의 소년운동』, 혜안, 1999, 347~361쪽.
6) 김정의, 「현대 어린이운동과 과제」, 『신인간』 621, 신인간사, 2002, 42~49쪽.

2. 현대소년운동의 사적 배경

과거 근대변혁기의 한국은 전통적 사회질서가 급격히 붕괴되면서 일제의 침략과 서구문물이 그 틈새를 비집고 들어오는 상황이었다. 실학시대의 선각자들은 비록 단편적이고 산발적이긴 했지만 봉건질서의 모순점을 하나 둘씩 깨우치기 시작했다. 그 중에는 장유유서(長幼有序)의 종적 사회를 타파하고 평등사회를 구현하려는 움직임도 나타났다.[7] 기독교의 전래와 복음의 전파는 이를 가속화시켰다. 특히 "너희가 돌이켜 어린아이들같이 되지 아니하면 결단코 천국에 들어가지 못하리라"[8]라는 복음은 많은 사람의 마음에 어린이 애호심을 심어주었다.

바야흐로 어린이를 학대의 대상에서 사랑의 대상으로 승화시키는 분위기가 일어났다. 이러한 분위기를 타고 한국 전통사상의 바탕 위에 유·불·선 3교를 융합하고 거기에 기독교까지 가미하여 창도된 동학[9]은 소년운동을 한국 근대화의 본류로 끌어 올렸다. 그 후 동학의 교리에서 한국소년운동의 기저 사상인 어린이 존중사상이 나타난 것이다.

동학의 인내천사상에서 표출된 인간 존중의 구현을 위해서는 표층의 성인들만의 인간해방만으론 불완전하였다. 어린이도 인간인 만큼 어린이에 대한 인간 존중이 포함될 때만이 온전한 인간해방이 되므로 최시형(崔時亨, 1827~1898)은 어린이 존중운동을 언행일치로 펼쳤다.[10]

국가 존망의 위기에서 육당 최남선(六堂 崔南善, 1890~1957)은 『소년』지를 발간했다(1908). 그는 위기탈출의 희망을 오직 소년들에게 두고 소년교도사상을 전개하였다. 그래도 조국이 멸망하자 자기의 성장과 더

---

7) 김정의, 「한국 근현대소년운동의 사적 배경」, 『한국의 소년운동』, 혜안, 1999, 19~22쪽 참조.

8) 「마태복음」 18장 18절.

9) 김정의, 「한국문화의 문명화」, 『문명연지』 3-2, 한국문명학회, 2002, 8쪽.

10) 김정의, 「최제우 소년관의 숙성」, 『동학연구』 3, 한국동학학회, 1998, 78~81쪽.

불어『청춘』지를 펴냈다. 바로 여기에서 통설과는 달리 소파 방정환(小波 方定煥, 1899~1931)보다 먼저 '어린이'란 말을 사용하였다(1914).[11] 어 린이의 꿈을 더욱 키운 것이다.

소춘 김기전(金起田, 1894~1948)은 윤리적·경제적 압박으로부터 어 린이를 해방시켜야 한다는 운동을 전개하였다.[12] 마침내 어린이 해방사 상을 세계 최초의 '어린이 인권선언'에 해당되는 「소년인권선언」에 다음 과 같이 반영시킴으로써 이를 한국소년운동사의 기념비로 굳혀 놓았다 (1922).[13]

1. 어린 사람을 헛말로 속이지 말아 주십시오.
2. 어린 사람을 늘 가까이 하시고 자주 이야기하여 주십시오.
3. 어린 사람에게 경어를 쓰시되 늘 부드럽게 하여 주십시오.
4. 어린 사람에게 수면과 운동을 충분히 하게 하여 주십시오.
5. 이발이나 목욕 같은 것을 때맞춰 하도록 하여 주십시오.
6. 나쁜 구경을 시키지 마시고 동물원에 자주 보내 주십시오.
7. 장가와 시집보낼 생각 마시고 사람답게만 하여 주십시오.[14]

그는 갑오동학민중혁명운동(1894)을 계기로 새롭게 등장한 사회적 생 활의 의의와 가치를 십분 이해하고 있었다. 그래서 3·1민주혁명 후에는 직접 소년운동을 체계적이고 조직적으로 전개하려고 천도교소년회를 만 들었다(1921).[15] 그는 어린이날을 제정하고(1922)[16] 다음과 같이 「소년

---

11) 안경식,『소파 방정환의 아동교육운동과 사상』, 학지사, 1994, 24쪽.
12) 김소춘, 「장유유서의 말폐-유년남녀의 해방을 제창함」,『개벽』2, 개벽사, 1920, 56쪽.
13) 이를 기념하여 수운회관 앞에는 '세계어린이운동발상지' 기념비가 세워져 있다 (http://cafefiles.naver.net/data4/2004/3/27/209/lk040327dc140.jpg).
14)『동아일보』1922년 5월 2일자.
15) 같은 해(1921) 6월 5일에 이르러 다음과 같이 임원진이 구성되었다(『천도교청년

운동의 선언」도 기초(1923)하였다.

1. 어린이를 재래의 윤리적 압박으로부터 해방(解放)하야 그들에게 대한 완전한 인격적 예우(禮遇)를 허(許)하게 하라.
2. 어린이를 재래의 경제적 압박으로부터 해방하야 만 14세 이하의 그들에 게 대한 무상 또는 유상의 노동을 폐(廢)하게 하라.
3. 어린이 그들이 고요히 배우고 즐거히 놀기에 족한 각양(各樣)의 가정 또는 사회적 시설을 행(行)하게 하라.[17]

이처럼 그는 자라나는 2세에게 궁극적으로 인권이 존중받는 평등사회 건설을 어린이사회 때부터 원천적으로 이루고자 하였다.

전술과 같은 소춘의 탁월한 업적들로 인하여 그는 동학의 인간존중사 상을 어린이에게 구현해 나가는 데 전심전력한 한국의 페스탈로치 (Pestalozzi, Johann Heinrich, 1746~1827)로 평가되고 있다.[18] 동시에 소년운동을 독립운동과 근대화운동 차원에서 실행한 참된 민족지도자로 조명되고 있다.[19]

이에 대하여는 소파도 소춘과 근본적으로 같은 의식이었다. 다만 소춘

회 회보』 1921년 12월 20일자).
회장 구자홍
간무 김도현, 신상호, 정인엽, 장지환
총재 김기전
고문 정도준, 박사직
지도위원 이병헌, 박용회, 차용복, 강인택, 김상율, 조기간, 박래옥, 김인숙.
16) 김정의, 「소춘 김기전의 소년해방운동」, 『구천 원유한교수정년기념논총(상)』, 혜안, 2000, 477~481쪽 참조.
17) 『동아일보』 1923년 5월 1일자.
18) 서은경, 「한국의 잊혀진 페스탈로치 소춘 김기전」, 『우리교육』 39, 1993, 125쪽 참조.
19) 윤해동, 「한말일제하 천도교 김기전의 '근대'수용과 '민족주의'」, 『역사문제연 구』 창간호, 역사문제연구소, 1996, 261~262쪽 참조.

이 소년운동의 이론 체계화 쪽에 공이 많았다면 어린이 문예운동, 어린이 교육운동, 어린이 인권운동을 발로 뛰며 실천한 소파는 어린이의 벗이 되기에 족하였다.[20] 소파는『어린이』지를 통하여 최시형의 "어린이를 때리지 말라, 이는 한울님을 치는 것이다"[21]라고 설파한 어린이 존중사상을 주체적으로 승계하였다. 그는『어린이』지를 어린이 인권운동의 실천 무대로 만들며 '어린이' 용어의 일반화와 함께 자신의 성가를 높였다.[22] 그리하여 소파하면 어린이, 어린이하면 소파가 연상될 정도로 한국소년 운동사에 불멸의 발자취를 남겼다.[23]

기독교인 정성채(鄭聖采, 1899~?)는 소년척후대를 만들어(1922) 세계 적인 보이스카우트운동을 한국 어린이의 놀이운동으로 만드는 데 성공하 였다.[24] 근대화란 결국 놀이의 확대라고 생각할 때, 보이스카우트운동의 한국 접목 성공은 세계화의 좋은 본보기가 되어준 셈이었다. 보이스카우 트운동에 대한 열정은 조철호(趙喆鎬, 1890~1941)에게도 남달랐다. 그 는 소년군을 만들어(1922) 민족정신이 투철한 어린이들을 육성하는 데 심혈을 기울였다.[25] 그리하여 민족전사를 키우기 위한 소년전위운동의 표상이 되었다.

이처럼 종교인, 민족지도자 등에 의해서 조직된 소년운동단체는 전국 적으로 파급되어 1920년대에는 소년운동의 전성기를 맞이하였다. 소년운 동단체가 무려 500여 단체를 상회하였다.[26] 운동 상황도 대단히 다채로웠

---

20) 김정의, 「[권두언]근대에 있어서 어린이운동」,『어린이개발센터소식』봄호, 삼성 어린이개발센터, 1995, 3쪽.

21) 「내수도문」 5항.

22) 김정의, 『한국소년운동사』, 민족문화사, 1992, 111쪽.

23) 김정의, 「방정환의 소년인권운동 재고」,『실학사상연구』 14, 무악실학회, 2000, 870~877쪽 참조.

24) 김정의, 「정성채의 소년운동」,『논문집』 21, 한양여자대학, 1998, 149쪽.

25) 조찬석, 「관산 조철호에 관한 연구」,『교육논총』 12, 인천교육대학 교육연구소, 1981, 78~79쪽.

다. 각종 강연회를 개최하여 소년운동을 선양하였고 토론회, 오락회, 체육대회가 잇따랐다. 특히 어린이날 기념행사는 어느 운동보다도 압권이었다.

그러나 일제가 이를 관망만 할 리가 없었다. 1930년대가 되자 소년운동에 대한 탄압 일변도로 치닫다가 1937년 일제히 민족주의 성향의 소년운동단체들은 모두 해체당하고 말았다. 그 후 소년운동은 1945년 광복 때까지 지하운동으로 잠적하였다.[27]

3. 현대소년운동의 상업화

상업성 놀이의 성황

1945년 드디어 광복이 되었다. 다음 해 5월 첫 일요일은 광복 후 자유천지에서 맞은 최초의 어린이날이었다. 이 날이 바로 5월 5일이었다. 어린이 운동가들은 이 날을 기점으로 5월 5일을 어린이날로 제정하였다.[28] 그리고 제24회 어린이날 기념식을 어린이날 전국위원회 주최로 휘문중학교 교정에서 거행하였다.[29] 이 날 새로이 윤석중

---

26) 김정의, 앞의 『한국소년운동사』, 148~155쪽.

27) 김정의, 앞의 「근대에 있어서 어린이운동」, 1995, 2~3쪽.

28) 광복 전의 어린이날 행사는 5월 첫 일요일이어서 해마다 날짜가 다르던 것을 김안서, 정홍교, 윤석중 등이 모여 광복 후 처음인 어린이날(첫 일요일)이 마침 5월 5일이었기에 그 날을 아주 어린이날로 확정시켰다.

29) 1923년 5월 1일 소년운동협회가 주관하여 어린이날 행사를 가졌다. 여기서부터 기산하여 1946년의 어린이날 행사는 제24회가 되는 것이다. 그러나 학계의 의견은 일치하고 있지 않다. 그것은 1922년 5월 1일 천도교소년회가 주관하여 이미

작사, 윤극영 작곡의 현행 어린이날 노래가 불리어졌다.[30] 매우 뜻 깊은 일이었다.

그 후 3년간의 미군정기를 거쳐 1948년 마침내 대한민국 정부가 수립됨으로써 어린이날 행사 중심의 소년운동은 정부의 후원을 얻게 되었다. 하지만 광복 전의 운동과는 그 성격을 달리하여 점차 자본주의 시장경제 체제하에서 전시행사화·직업화·기능화·상업화하기 시작하였다.[31]

광복 전에는 저마다 나라의 장래를 걱정하는 지사연하는 지식인이 어린이 운동의 중심체였다. 그러나 광복 후에는 소수를 제외하고는 직업이 어린이와 관계 있는 인사가 주로 소년운동에 참여하였다. 그렇지만 소년운동은 불우어린이·장애어린이·결손어린이 돕기 차원으로 발전

어린이날 행사를 가졌기 때문이다. 이를 어린이날 행사의 출발점으로 기산하면 현재 우리나라 어린이날 기념횟수는 1회의 오차가 생긴다. 즉 1회를 가산해야 된다.

30)   어린이날 노래

31) 이재철, 앞의 「한국어린이운동약사」, 28쪽

342

하였다. 이들 중 더러는 이익추구의 수단이나 사회입지의 방편으로 소년
운동을 과시 차원에서 이용하는 부작용이 수반되기도 하였다.[32]

　한국전쟁의 후유증을 앓으며 소년운동이 난항을 겪다가 경제성장으로
빈곤에서 탈출한 1970년대부터는 황금만능시대를 열었다. 이제 정신적
소년운동이 물질적 소년운동으로 변질되었다 할 정도로 세속화 되었
다.[33]

　1979년 UN이 제정한 '세계 어린이의 해'[34]가 되자 어린이관계 사업은
전례 없는 활기를 띠었으나 그 상업주의화는 가속화되는 현상을 가져오
기도 하였다. 생산·판매자는 어린이 용품을 판매하기 위하여 충동질을
마다하지 않았다. 소비자는 좋은 의복, 좋은 음식, 좋은 놀이기구 등의
구매를 통하여 자기 집 어린이가 다른 집 어린이와 우월하게 비교되는
것을 마치 자기 자녀의 행복도로 측정하는 오류를 낳았다.

　그리하여 풍요속의 각종 독소가 어린이의 건전한 성장에 장애물로
등장하였다. 특히 불량만화로 인하여 어린이에게 미치는 해독이 커졌다.
그야말로 소년운동의 양상은 식민지하의 소년운동 성격을 완전히 달리하
여 자본주의 시장경제하의 영리적 사회운동으로 급변하기에 이르렀다.
이 같은 상업주의에 물든 세태에 대하여 홍사중(洪思重, 1931~)은,

32) 위의 글.
33) 위의 글, 34쪽.
34) 1973년부터 민간국제단체가 그 실현을 국제연합에 요구했고, 이것을 받아들인
　국제연합 경제사회이사회는 1976년 8월 5일 국제연합 총회에 국제연합 아동권리
　선언 20주년이 되는 1979년을 '국제아동의 해'로 정할 것을 권고, 1976년 12월
　21일 정식으로 결정하였다. '국제아동의 해' 실시는 국제연합아동기금(UNICEF)
　이 중심이 되어 국제회의 개최를 비롯하여 세계아동문제를 더 깊이 생각하고
　해결을 위하여 힘쓰자는 데 그 목표를 두었고, 구체적으로는 아동의 권리선언에
　나오는 여러 가지 권리를 모든 어린이가 누릴 수 있도록 하자는 데 있다
　(http://kr.encycl.yahoo.com/final.html?id=22698).

우리는 아버지와 어머니의 사랑의 소산이다. 따라서 우리는 우리가 자라는 동안 부모의 사랑을 듬뿍 받아가며 자랄 권리를 가지고 있다. 우리는 1년에 딱 한번 마치 어른들이 자기네들의 의무를 다하는 것처럼 어린이 공원에 데려가고, 값진 장난감을 사주는 그런 어린이날을 바라지 않는다. 우리가 바라는 것은 일년 내내 우리를 포근히 감싸주고 지켜주는 사랑의 미소이다. 잘 입고 잘 먹는다고 우리가 행복해지는 것은 아니며 우리를 잘 입히고 잘 먹인다고 해서 어른들이 어른의 의무를 다하는 것은 아니다.[35]

라고 물질만능적인 부모의 결여된 사랑을 진정한 사랑이라고 오판한 어른의 행태를 어린이 시각에서 비판하여 소년운동의 참된 길을 모색하였다.

어린이가 바라는 것은 어버이의 손을 잡고 허름한 중국집을 찾아가 달랑 한 그릇의 자장면을 먹더라도 그것이 한 끼의 식사가 아니라 어버이의 속내가 묻어있는 사랑이길 바라는 것이다. 어린이날은 어린이들이 어린이답게 지내도록 북돋워주는 날이다. 그들을 어엿한 인격체로 존중해주는 날이기도 하다.[36]

나아가서 1년 365일 모두를 어린이들이 어린이답게 지내도록 북돋워주고, 그들을 하나의 인격체로 존중해 줄 수 있는 어린이날로 만들어 나가야 할 것이다. 이점에 대하여 최재천(崔在天, 1954~)의 견해를 들어보자.

어린이날은 우리네 삶의 결실이자 국가의 장래인 어린이들이 너무도 대접받지 못하는 현실이 한스러워 소파 방정환 선생께서 제정한 날이다.[37] 하지만 선진국에서는 찾아보기 힘든 기념일이다. 왜냐하면 선진국

---

35) 홍사중, 「어린이 권리헌장」, 『조선일보』 1999년 5월 4일자 홍사중 문화마당.
36) 『조선일보』 2000년 5월 5일자 만물상 참조.
37) 어린이날을 방정환이 제정했다는 것은 앞에서 고찰한 제2절 '현대소년운동의 사적 배경'의 내용으로 보아 정정이 요망된다.

에서는 365일 모두가 어린이날이기 때문이다. 어떤 의미에서는 어린이날 이란게 있다는 사실 자체가 스스로 후진국임을 자처하는 꼴이다.[38]

이처럼 최재천은 어린이날이 존재하는 것 자체조차도 후진국임을 자처한 꼴이라고 지적하였다. 그러나 현실은 그나마 하루만의 어린이날조차 상업성에 온통 물들어 있다. 오늘날 어린이날은 도저히 어린이날이라고 볼 수 없는 지경이 되었다.

점입가경인 것은 어린이 인격존중운동은 유실되었고 365일을 어린이 날화 시키자는 것은 고사하고 그 자리를 상업화된 발렌타인 데이나 화이트 데이, 심지어는 상업화된 눈높이 교육이 풍미하는 등 더욱더 상업성을 띠는 방향으로 질주한다는 데에 문제의 심각성이 있다.[39]

4. 현대소년운동의 복지화

한국전쟁(1950～1953)은 졸지에 전쟁고아를 양산하였다. 그래서 안양기독보육원,[40] 기독교아동복리회,[41] 청평친애원[42] 등의 아동복지사업

---

38) 최재천, 「어린날의 진정한 의미」, 『생명이 있는 것은 다 아름답다』, 효형출판, 2001, 178～179쪽.

39) 송준석, 「소춘 김기전의 아동 인격・해방의 교육사상」, 『한국교육사학』 17, 한국교육학회 교육사연구회, 1995, 18쪽 참조.

40) 1918년 오긍선(吳兢善, 1878～1963)에 의해 서대문 밖에 세워졌던 고아원의 후신, 광복 후 안양으로 옮겨 안양기독보육원으로 재출발한 고아양육사업단체. 오긍선은 1952년에는 사회사업연합회 회장이 된 한국고아의 대부다. 세브란스의대 학장이기도 했던 그는 작고 전해에 받은 소파상을 가장 귀히 여겼다(『조선일보』 1962년 11월 4일자 기사 및 『연세동문회보』 316, 1998, 4쪽 참조).

41) 1948년 기독교 정신에 입각해 한국어린이를 지원한 기독교아동복리회(CCF) 한국지부는 구세군 후원학원의 고아들을 처음 지원하였다. 한국전쟁 후에는 한국보육원을 세워 전쟁고아들을 본격적으로 돌보기 시작하였다. 그 후 1968년 '한국어린이재단'에 그 후속작업을 맡기고 철수할 때까지 이 땅에 다대한 기여를

한국 고아복지운동의 대부 오긍선(아들 딸들과 함께 기념촬영)

단체와 홀트 아동복지회[43] 등 의 해외입양사업 단체가 생겨 났다. 한국은 국제적인 해외입 양사업이나 '국제아동구호연 맹'의 지원을 받아들일 수밖에 없는 처지가 된 것이다. 이와 같 은 열악한 환경에서 1957년「아 동복리법안」이 기초되었고,

안양기독보육원 설립자 해관 오긍선

했다(이재철, 앞의 「한국어린이운동약사」, 34쪽).

42) 1953년 윤을수(尹乙洙)가 창설한 고아양육사업단체. 윤을수 신부는 오긍선 선생 과 더불어 전쟁고아들의 구세주였다.

43) 한국과 세계 각국의 기관 독지가 및 양부모들의 후원을 받아 운영되고 있는 사회복지법인이다. 1955년에 미국인 홀트(H. Holt, 1905~1964)가 한국전쟁으로 인힌 혼혈진생고아 8명을 입양하고, 다음 해 내한하여 구세군 대한본영 내에 사무실을 개설하고 입양업무를 시작한 것이 첫 출발이었다. 1960년 재단법인 '홀트씨양자회'를 설립, 1971년 재단법인을 사회복지법인으로 변경하였으며, 1972년 현재의 명칭으로 개칭하였다(http://www.holt.or.kr/holt/ main1/sogae01. htm 참조).

346

해관 오긍선의 묘(서울 망우산 기슭)

1961년에는 공포되었다. 그리고 다음과 같은 「대한민국 어린이헌장」도 선포되었다(1957)

어린이는 나라와 겨레의 앞날을 이어나갈 새 사람이므로 그들의 몸과 마음을 귀히 여겨 옳고 아름답고 씩씩하게 자라도록 힘써야 한다.

1. 어린이는 인간으로서 존중하여야 하며 사회의 한 사람으로서 올바르게 키워야 한다.

2. 어린이는 튼튼하게 낳아 가정과 사회에서 참된 애정으로 교육해야 한다.

3. 어린이에게는 마음껏 놀고 공부할 수 있는 시설과 환경을 마련해 주어야 한다.

4. 어린이는 공부나 일이 몸과 마음에 짐이 되지 않아야 한다.

5. 어린이는 위험할 때 맨 먼저 구출해야 한다.

6. 어린이는 어떠한 경우에도 악용의 대상이 되어서는 아니 된다.

7. 굶주린 어린이는 먹여야 한다. 병든 어린이는 치료해 주어야 하고, 신체와 정신에 결함이 있는 어린이는 도와주어야 한다. 불량아는 교화하여야 하고, 부랑아는 구호하여야 한다.

8. 어린이는 자연과 예술을 사랑하고 과학을 탐구하며 도의를 존중하도록 이끌어야 한다.

9. 어린이는 좋은 국민으로서 인류의 자유와 평화와 문화발전에 공헌할 수 있도록 키워야 한다.[44]

여기서 보이는 것처럼 이때 선포된 「대한민국 어린이헌장」은 기본적으

---

44) 김정의, 앞의 『한국의 소년운동』, 332~333쪽.

로 근대소년운동 초창기의 소년운동 이념을 그대로 반영한 것이었다.
그것은 앞에서 예시한 「소년인권선언」이나 「소년운동의 선언」을 보면
알 수 있다. 그리고 「대한민국 어린이헌장」에서 눈에 띄는 것은 현대소년
운동의 방향을 복지화 쪽으로 규정한 제7조의 조문이다. 이후 소년운동은
복지사업 쪽으로 선회되었다.

따라서 소년운동의 복지화를 비중있게 이행하려는 소년운동단체들이
나타나기 시작하였다. 이방자(李芳子, 1901~1989)에 의해서 1965년 설
립운영하기 시작된 '자행회'는 이 같은 차원의 복지사업이었다. 이 기관을
통하여 그는 농아와 소아마비 어린이들에게 꿈과 희망을 안겨 주었다.[45]
'SOS 어린이 마을'은 한국에서는 1967년 대구에서 처음 생기고 그
후 전국적으로 확산되었다. 이 단체는 자신의 의지와 상관없이 부모가
없거나 보살핌을 받을 수 없게 된 어린이를 위해 SOS 가정에서 자립할
때까지 양육하는 아동보호단체로 지금까지도 결손어린이들에게 따뜻한
손길이 되어주고 있다.[46]

그리고 국가적으로도 1970년 어린이의 건전육성을 위하여 어린이회관
이 개관되었고,[47] 1973년에는 어린이의 놀이공간인 어린이대공원이 개
원되었다.[48] 1975년에는 어린이날이 드디어 국가 공휴일로 지정되는 등
어린이들에게 경사가 잇따랐다.[49] 아파트 단지들은 대부분 어린이놀이

---

45) 『좋은생각』 123, 좋은생각사, 2002, 74쪽.

46) http://www.seoulsos.com/main.htm

47) 재단법인 육영재단의 주요사업의 하나로 설립되어, 1970년 7월 서울 남산에
개관하였다가 1975년 10월 현재의 위치로 이전하였다. 어린이에게 유익한 각종
전시물을 비치하고 문화적인 시설을 갖추어, 어린이에게 보고 듣고, 뛰어놀면서
배울 수 있는 환경을 제공하고 있다. 개별 또는 집단 지도를 통하여 소질의
계발과 과학의 생활화 및 정서순화에 기여하고, 어린이 건전 육성을 위한 각종
행사와 연구활동을 주목적으로 한다. 서울 성동구에 있다(http:// kr.encycl.yahoo.c
om/final.html?id=109906).

48) http://kr.encycl.yahoo.com/final.html?id=109898

한양여자대학 아동복지학과 OT기념(2006년 3월 5일)

터를 복리시설50) 차원에서 건설하는 추세가 일반화되기도 했다. 이제
어린이는 운동차원을 넘어 복지차원에서 상당한 권리를 보장받게 되었
다. 어린이 자신에게는 물론 사회적으로 어린이 인권을 합법적으로 보장
받게 된 셈이다.

그렇다고 실제로 어린이 인권이 정착된 것은 아니었다. 소년운동은
주로 불우어린이 차원의 아동복지 단체와 명분 위주의 어린이 사업단체
가 난립하는 사태를 보였다. 소년운동은 마치 춘추전국시대처럼 다양하
게 여러 단체에 의해 각양각색으로 전개되기에 이르렀다.

일반 어린이를 위한 문화운동은 교육기관과 언론기관 및 공익을 추구
하는 사회단체에 맡긴 채 전술처럼 특수 어린이들, 이를테면 고아, 입양아,
결손어린이나 신체부자유아, 심장병어린이 구호사업 쪽에 눈을 돌리는

---

49) 정부는 1975년 1월 14일, 5월 5일 어린이날을 국가 공휴일로 지정하였다. 그래서
   그 해 5월 5일 어린이날은 비로소 가족과 함께 즐기는 첫 법정 공휴일이 되었다(김
   정의, 앞의 『한국의 소년운동』, 355쪽).

50) 복리시설이란 공동주택 건설의 필수사항인 주차장, 관리실, 경비실 등의 부대시
   설과는 달리 어린이놀이터, 유치원, 입주자집회소 등 주민의 선호에 의해 설치한
   시설을 말함(http://kin.naver.com/browse/db_detail.php?dir_id=401& docid=141
   184).

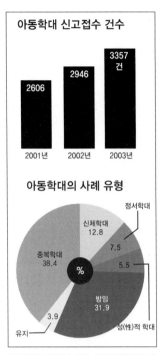

아동학대 신고접수 건수

2606 (2001년)
2946 (2002년)
3357 건 (2003년)

아동학대의 사례 유형

정서학대
신체학대 12.8
7.5
중복학대 38.4
%
5.5
방임 31.9
3.9
유지
성(性)적 학대

아동학대 신고접수 건수 및 아동학대의 사례 유형(자료 : 중앙아동학대예방센터, 2003)

사회복지사업에 주력하여 소외계층의 구호 및 복지사업으로 탈바꿈하는 시대에 접어들게 된 것이다.[51]

이에 발맞춰 대학도 현재 숙명여대 아동복지학과 등 27개의 아동복지계열 학과가 운영되고 있고 앞으로도 계속 설과될 전망이다.[52]

관련법도 보완하기 시작하였다. 1981년에는 아동복리법을 아동복지법으로 현대에 걸맞도록 개편하였다. 1989년 아동학대예방협회, 1991년 한국아동복지학회,[53] 1996년에는 한국모자보건학회[54]와 한국아동권리학회가 각각 조직되어 아동권리 신장을 기능적으로 다양하게 운동화하고 있다.[55] 2000년에는 아동복지법을 개정하여 어린이 학대를 감시할 제도적 장치를 갖췄다. 누구든지 아동학대를 알게 된 때에는 아동학대예방센터[56] 또는 수사기관에 신고할 수 있도록 규정한 것이다. 2004년에는 영유아보육법도 개정되었다.[57]

51) 이재철, 앞의 「한국어린이운동약사」, 34쪽.
52) 한양여자대학은 2005년에 아동복지과가 설과되었다.
53) http://www.kchildwelfare.or.kr/html/soc.html
54) http://mch.richis.org/about/mch3.html
55) 이재철, 앞의 「한국어린이운동약사」, 35쪽.
56) 보건복지부는 아동학대예방센터를 20개에서 2004년 5월부터 13개를 추가하여 33개로 늘렸다(『한국경제신문』 2004년 5월 3일자 기사).
57) http://cafe.naver.com/BoardRead.do?cluburl=juvenile&clubid=10062157 &menuid =&listtype=A&boardtype=L&page=&articleid=17

대한민국 법률에 의한 소년의 연령구분

법 률	호 칭	연령 구분
아동복지법	아동	18세 미만의 자
청소년 기본법	청소년	9세 이상 24세 이하의 자
영유아 보육법	영유아	6세 미만의 취학 전 아동(만 12세 미만까지 가능-방과 후 보육)
소년법	소년	20세 미만의 자
소년원법	소년	20세 미만의 자
청소년보호법	청소년	연 19세 미만의 자(만 19세에 도달하는 1월 1일을 맞이한 자 제외)
청소년 성보호에 관한 법률	청소년	연 19세 미만의 자(만 19세에 도달하는 1월 1일을 맞이한 자 제외)
민 법	미성년자 혼인적령	20세 미만의 자(남자 : 만18세, 여자 : 만 16세)
형 법	형사 미성년자	14세 되지 아니한 자
근로기준법	연소자	15세 미만의 자
모자보건법	영유아	출생 후 6세 미만의 자
모자복지법	아동	18세 미만의 자
국민기초생활보장법	아동	18세 미만의 자

그러나 아직도 '내 아이는 내 맘대로 할 수 있다'는 일부 부모의 그릇된 인식과 사회적 무관심은 여전하여 만성적 아동학대로 전이되고 있다.[58] 엎친 데 덮친 격으로 쉽게 결혼하고 쉽게 이혼하는 사회적 풍토의 확산으로 결손아동의 인권 사각문제는 더욱 염려되고 있다.[59] 실제로 아동학대 예방센터에 의하면(2003) 2001년에는 매 맞고 내쫓기는 등 아동학대 신고가 2,606건, 2002년에는 2,946건, 2003년에는 3,357건에 이르는 것으로 집계되었다.[60] 이에 대해 김정의는,

아동학대가 날로 심각해지고 있다. 매일 뉴스시간이나 신문 보기가

---

58) 「아동・노인 학대 상습화되고 있다」, 『세븐앰』 2004년 5월 6일자.

59) 한국은 인구 1천 명당 이혼율이 2.8쌍으로 미국(10.1쌍), 영국(10.1쌍)에 이어 이혼율 3위를 기록했다. 결혼 3쌍 중 1쌍 이혼(『조선일보』 2002년 10월 2일자).

60) http://cafefiles.naver.net/data3/2004/2/4/38/lk040204dc10.jpg

두렵다. 야수의 세계가 도래하는 건가? 이게 미래화의 산물인가? 소파 방정환 선생이 또 나와야 하나? 사람이면 사람인가? 사람이라야 사람이지! 사람 사는 세상이 도래했으면 좋겠다.[61]

자원봉사자와 장애우의 팔씨름

라고 견해를 피력했고, 『동아일보』도 사설로 '아동학대 더 방치해선 안된다'고 촉구했다.

언제까지 죄 없는 아이들이 죽음으로 내몰려야 하는가. 부천의 두 초등학생이 피살된 채 발견됐다. 구속된 아버지를 만나려고 30㎞를 걸었다던 형제의 말은 평소 폭력을 일삼던 아버지가 시켜서 한 거짓말로 드러났다. 위탁가정과 아동시설에서 벌어지는 아동학대도 심각하다. 자생능력도, 자기방어능력도 없는 어린이에 대한 학대가 해마다 느는 것은 이 나라 모든 어른들의 책임이나 다름없다. 안전과 생명을 위협받으며 그늘에서 울고 있는 어린이가 있는 한 선진국도, 복지국가도 될 수 없다. 아동학대의 80% 이상이 부모에 의해 발생하는 것은 '내 아이니까 내 마음대로 한다'는 그릇된 인식 탓이 크다. 그러나 이혼 별거 등 가정의 인위적 해체와 경제난, 카드빚 등 사회불안이 이를 부추긴다는 점에 주목해야 한다. 아동학대는 단순한 가정문제가 아니라 근원적 사회문제의 반영인 것이다. 사회가 아동학대 문제 해결에 적극적으로 나서야 하는 이유가 여기에 있다. 우선 아동학대 신고의무인 교원 의료인 아동복지시설 종사자와 관련 공무원이 학대사실 발견 즉시 당국에 신고하지 않으면 처벌하도록 아동복지법 관련규정을 강화할 필요가 있다. 위탁가정 아동시설 등에 대한 관리감독도 철저히 해야 한다. 학대아동에 대한 지원과 학대한 어른에 대한 후속대

---

61) http://cafe.naver.com/BoardRead.do?cluburl=juvenile&clubid=10062157&
   menuid=&listtype=A&boardtype=L&page=&articleid=14

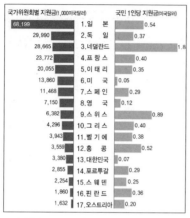

국가위원회별 지원금(1,000미국달러)		국민 1인당 지원금(미국달러)	
68,199	1.일 본	0.54	
29,990	2.독 일	0.37	
28,665	3.네덜란드	1.8	
23,772	4.프 랑 스	0.40	
20,055	5.이 태 리	0.35	
13,860	6.미 국	0.05	
11,468	7.스 페 인	0.29	
7,150	8.영 국	0.12	
6,382	9.스 위 스	0.89	
4,296	10.그 리 스	0.40	
3,943	11.벨 기 에	0.38	
3,559	12.홍 콩	0.52	
3,380	13.대한민국	0.07	
2,855	14.포르투갈	0.29	
2,254	15.스 웨 덴	0.25	
1,860	16.핀 란 드	0.36	
1,632	17.오스트리아	0.20	

국가위원회별 및 국민 1인당 유니세프 지원금(2001년 유니세프 연차보고서)

유니세프 한국위원회 위원장 현승종

책을 위해 기존 사회복지관에 아동학대 전담요원을 두는 등 예방과 치유에 만전을 기해야 할 것이다.[62]

또, 국제연합아동기금(UNICEF)도 2003년 12월 31일, 어린이 복지를 위협하는 어린이 학대 등 5대 공포를 선정하고 이를 없애기 위한 노력을 하기로 발표했다. 어린이 복지를 위협하는 5대 공포(恐怖)로는 '에이즈' '전쟁' '어린이 학대' '짧은 기대 수명' '교육 투자 부족' 등 다섯 가지가 선정되었다. 캐럴 벨라미 유니세프 총재는 "2004년 전 세계에 주어진 임무는 수많은 어린이들을 위해 이 다섯 가지를 없애려 노력하는 일"이라고 말했다.[63]

이처럼 아동학대가 한국적인 문제이자 세계적인 문제로 떠오르자 장정화(張正化)[64]는 그 치유책으로 아동학대는 보호자의 양육지식 부족, 가정불화, 성장시 학대받은

---

62) 『동아일보』 2004년 2월 2일자 사설.
63) 『소년조선일보』 2003년 12월 31일자 기사 참조.
64) 중앙아동학대예방센터 상담연구팀장.

경험 등 다양한 원인에서 비롯된다며 부모의 양육태도에 대한 사회적 교육과 심리치료가 시급함을 일깨웠다.[65]

제도권에서는 1997년 학교 급식, 2002년에는 중학교까지 의무교육을 확대 실시하고 있다. 이것은 소년운동 차원에서도 커다란 개가라고 볼 수 있다. 1920년대에 초등학교 취학률이 11%[66]였던 점을 감안한다면 금석지감이다.

5. 현대소년운동의 세계화

일찍부터 소년운동에 눈 뜬 한국은 세계 소년운동계에 직·간접으로 영향을 주고 받았다. 천도교소년회의 「천도교소년회 행동강령」[67] 제정 (1921)은 「세계 어린이헌장」[68] 공포(1924)보다도 3년이나 빨라 현대적인

---

65) 『동아일보』 2002년 5월 2일자.

66) 김기전, 「다갓치 생각해 봅시다」, 『어린이』 1927년 10월호, 1쪽 참조.

67) 1. 회원 상호간에 서로 경어(敬語)를 사용하여 애경(愛敬)을 주(主)한다.
   2. 회원 상호간의 우의를 심히 존중하여 질병이면 반드시 상문(相問)하고 경사(慶事)인 경우 반드시 상하(相賀)하되 그 중에 혹 불행(不幸)하는 동무가 있거든 추도회 같은 일까지를 설행(設行)하여 소년의 인격(人格) 자중심(自重心)을 기른다.
   3. 일요일이나 기타 휴일에는 반드시 단체로 명승고적을 심방하여 그 심지(心志)를 고상순결(高尙純潔)케 한다.
   4. 매 주간(週間)에 2차의 집합을 행하여 사회적 시련(試鍊)을 게을리 아니한다 (「가하할 소년계의 자각」, 『개벽』, 1921년 10월호, 59쪽).

68) 1. 아동의 신체적, 정신적인 면에서 정상적으로 발달하는 데에 필요한 모든 수단들은 아동에게 반드시 제공되어야 한다.
   2. 굶주린 아동에게는 음식이 제공되어야 하고, 병든 아동은 치료받아야 하고, 발달이 늦은 아동은 도와주어야 하며, 비행아동은 갱생되도록 하여야 하며, 고아와 부랑아는 주거와 원조를 받도록 하여야 한다.
   3. 아동은 위험에 처한 경우 제일 먼저 구제를 받아야 한다.
   4. 아동은 생계를 연명할 수 있는 위치에 있어야만 하며, 또한 모든 형태의 착취로

어린이운동의 세계 효시를 이뤘다. 어린이날의 제정 및 어린이날의 법정 공휴일 선포 등도 선구적이었다.

1988년 5월 5일에는 「대한민국 어린이헌장」이 개정 공포되었다.[69] 전문에 "어린이날의 참뜻을 바탕으로 하여"란 말로 시작할 정도로 1920년대 어린이날 제정 당시의 정신을 바탕으로 하고 있다. 특히 헌장 제11조는,

> 어린이는 우리의 내일이며 소망이다. 나라의 앞날을 짊어질 한국인으로 인류의 평화에 이바지 할 수 있는 세계인으로 자라야 한다.[70]

고 한국인의 유연한 코스모폴리턴 정신을 다시금 밝혔다. 이는 홍익인간 (弘益人間) 이념으로 소년운동의 미래화, 세계화의 기본 방향을 뚜렷이 제시한 점에 역사적 의의가 있는 것이다.

이에 걸맞게 한국은 지난 날 세계인으로부터 도움 받던 수동적 자세에서 인류공영에 기여하려는 능동적 자세로 변모하기 시작하였다.

우선 불우어린이·장애어린이를 위한 사업을 우리 손으로 이룩하고 이제는 자립, 자조는 물론 다른 어려운 나라를 돕는 형국으로 전환하였다. 1990년에 와서 그 같은 일은 국제연합아동기금(UNICEF) 한국지부의 사업 방향의 전환에서 시작되었다. 어쩌면 국제연합(UN) 분담금 10위 국가로서의 당연한 전환이라고 볼 수 있겠다.[71] 그러나 유니세프한국위

부터 보호받아야 한다.

5. 아동은 아동이 지닌 재능의 발달이 결국 인류 동포에게 공헌한다는 인식 아래서 양육되어야 한다(김정래 역, 「아동 권리 제네바 선언」, 『아동권리연구』 3-1, 아동권리학회, 1999, 111쪽).

69) 1957년에 선포된 「대한민국 어린이헌장」은 한국이 경제적으로 어려울 때 제정된 것으로 현대의 상황과 어울리지 않는 조항이 있었다. 특히 문제 조항으로 지적된 제7조 '굶주린 어린이는 먹여야 한다'에 대하여 각계의 시정여론이 일어 개정을 단행한 것이다(이재철, 앞의 「한국어린이운동 약사」, 36~37쪽 참조).

70) 「대한민국 어린이헌장(개정헌장)」 11조.

원회가 2000년에 유니세프 본부에 지원한 금액은 338만 U$로, 국민 1인 당 세계 어린이를 위해 90원을 기부한 셈이다. 국민 1인 당 네덜란드는 2,300원이었음을 감안한다면 한국은 국민소득에 비해 아직은 부끄러운 수준일 뿐이다.[72]

세계는 지금 몹시 어렵다. 국가간의 빈부격차가 너무 극심하다. 유엔개 발계획(UNDP)에 의하면 하루 1,300원 미만으로 생계를 이어가는 세계의 절대 빈곤자 숫자가 12억 명에 달한다.[73] 어린이 1억 5천만 명은 영양실조 로 고통 속에 신음하고 있다. 1억 2천만 명은 초등교육조차 못 받고 있다. 동남아의 섹스산업 종사자 중 어린이는 30%를 웃돌고 있다.[74] 그런데 세계 3대 억만장자들의 보유자산은 49개 최빈 저개발국에 거주하는 6억 명의 연간소득을 합산한 것을 훨씬 초과한다. 또한 유럽에서 아이스크림 소비에 14조 3천억 원이 지출되고 있으나, 전 세계 모든 어린이에게 기초 교육을 제공하는 데 소요되는 비용은 7조 8천억 원이다. 다행인 것은 그래도 빈곤층의 비율은 과거 500년 전에 비해 지난 50년간 더욱 빠른 속도로 감소했다는 사실이다.[75]

이 같은 현상이 심화되자 국제연합아동기금은 2005년 12월 「2006 세계 아동현황보고서」를 통해 기초적인 보호서비스조차 받지 못하는 소외된 어린이들을 신분 없는 어린이들, 부모의 보호를 받지 못하는 어린이들, 어른 역할을 해야 하는 어린이들, 착취당하는 어린이들로 분류하여 실태 를 전했다. 이 외에도 성 차별이나 장애로 인한 차별도 소외된 어린이들을 양산한다고 일깨우고 각국 정부가 소외된 어린이들을 보호할 일차적인

71) 김정의, 앞의 「현대 어린이운동과 과제」, 46쪽.
72) 유니세프한국위원회, 「2002 어린이날 기금모음 캠페인」 전단 참조.
73) 『조선일보』 2002년 4월 7일자 참조.
74) 『조선일보』 2002년 5월 8일자 참조.
75) 『조선일보』 2002년 4월 7일자 기사 참조.

356

국경을 초월한 어린이돕기 인술 의사 김동수

책임이 있다고 성명하였다.[76] 이는 한국을 비롯한 관련국들에게 소외된 어린이들에 대한 정책을 수립하는데 도움이 될 것으로 기대되고 있다.

빼놓을 수 없는 것은 심장병어린이 돕기에서 한국은 세계인에게 크게 주목받고 있다는 점이다. 심장병어린이 돕기운동은 1979년 이상룡(李相瀧, 1944~)이 한국어린이보호회를 발기시키면서 공식적으로 점화되었다.[77] 그 후 이 운동은 때로는 의혹을 낳기도 했지만 여전히 각계각층으로 파급되어 국민적인 운동으로 자리를 굳혔다. 나아가서 국경을 초월하여 중국, 러시아, 캄보디아 등의 심장병어린이에게도 혜택을 부여하게 되었다. 한편 민족적 차원이긴 해도 북한 결식아 돕기운동도 발 벗고 나서고 있다.[78]

국경을 초월한 어린이 돕기는 인술에서도 빼놓을 수 없다. 전세계 대형 재난지역에는 김동수(金東洙, 1953~)[79]가 있었다. 그는 1999년 터키대지진, 2002년 아프가니스탄전쟁, 2004년 이라크전쟁과 북한 용천 폭발사고, 2005년 인도네시아 지진해일과 파키스탄 강진 등의 현장에서 헌신적인 재난어린이에 대한 인술봉사와 구호활동을 폈다. 그는 드디어 2005년 세계의사회로부터 '세계의 참된 의사'로 선정되는 명예를 안기도 하였다.[80]

---

76) 「2006 세계아동현황보고」, 『유니세프소식』 57, 2006, 6쪽 참조.

77) http://www.donga.com/docs/magazine/new_donga/9909/nd99090330.html

78) 북한은 현재 5세 미만 어린이의 영양실조로 인한 발육부진이 60%로 세계 제1위에 랭크되어 있다(http://blogfiles.naver.net/data1/2004/1/29/10/vv73052.jpg).

79) 현재 연세대학교 의과대학 소아과 의사.

제17회 세계 잼버리대회 '세계는 하나'(1991년 8월 8일 강원도 고성)

유엔아동특별총회를 주재하고 있는 유엔총회 의장 한승수(2002년 5월 10일)

뿐만 아니라 화랑도정신으로 보이스카우트운동을 전개하고 있는 한국 보이스카우트연맹도 다대한 발전을 거듭하였다. 한국은 1991년 세계 잼버리와 세계보이스카우트 의원연맹 창설 총회를 개최하였다.[81] 1996년에는 아·태 잼버리노 개최하였다.[82] 같은 해 걸스카우트 청소년포럼

은 「21세기를 준비하는 걸스카우트 결의문」 7항을 채택하였다. 이 중 제4항에서,

21세기의 멋진 세계시민으로 성장하고 지구촌 사회를 주도할 수 있도록 스스로를 준비시키고 세계적인 문제에 관심을 가지며 참여한다.[83]

라고 결의하여 현대 걸스카우트운동도 「대한민국 어린이헌장」 정신에 입각하여 운동할 것을 다짐하여 현대소년운동의 세계화에 보조를 같이 했다.

무엇보다도 한국은 전 세계의 관심을 어린이에게 모은 유엔 아동특별총회에서 지대한 역할을 수행하였다. 한국은 한승수(韓昇洙, 1936~) 유엔총회 의장이 유엔 아동특별총회 의장의 직분으로 3일 동안(2002년 5월 8일~10일) 회의를 진행함으로써 아동문제 해결의 장에서 한층 높아진 위상을 보여주었다.[84] 특히 「어린이가 살기 좋은 세상(A World Fit for Children)」을 보고서로 채택한 것은 커다란 성과였다.[85]

6. 논의 및 제언

한국은 어린이 존중에 관한한 별세계이다. 세상 어느 나라에 아동을 존칭하여 부르는 나라가 있는가? 그러나 한국에선 모두들 아동을 존칭해

---

82) 위의 책, 359쪽.

83) 한국걸스카우트연맹, 『한국걸스카우트50년사』, 1997, 512쪽.

84) 박동은, 「전세계의 관심을 어린이에게 모은 유엔 아동특별총회」, 『유니세프소식』 43, 유니세프한국위원회, 2002, 3쪽.

85) 보고서는 1. 모든 어린이가 최고의 상태로 인생을 시작하도록 도와주고 2. 모든 아동들에게 질 높은 교육을 제공하고 3. 아동들을 폭력과 학대로부터 보호하고 4. 21세기의 최대의 위협으로 등장한 HIV-AIDS를 퇴치시키는 데 총력을 기울이자는 4개 과제로 집약된 21개 행동계획을 담고 있다(위의 글).

서 부르고 있다. 아동을 지
칭하는 '어린이'란 용어가
바로 그것이다.

어른들도 어린이와 대화
를 나눌 때는 '이랬어요',
'저랬어요', '이렇게 해주세
요', '저렇게 해주세요', 혹
은 '어린이 여러분', '여기
봐 주세요' 하는 식으로 경

어린이는 미래문명의 주역

어를 쓴다. 한국에선 이러한 현상을 어디에서나 볼 수 있는 자연스런
현상이다.

한국도 100여 년 전에는 어린이가 학대를 받았다. 그러나 최제우(崔濟
愚, 1824~1864)란 성인이 나타나 시천주(侍天主) 신앙을 폈다. 여기에
착안한 최시형(崔時亨, 1827~1898)은 어린이를 하나의 인격체로 존중하
고 소년애호사상을 확립했다. 즉, "어린아이도 한울님을 모셨으니 아이
치는 것이 곧 한울님을 치는 것이다."라고 설파하였다. 어린이를 때리는
것이 하느님을 때리는 것과 같다는 것이다. 그러니 동학 · 천도교인이라
면 누가 어린이를 때릴 수 있겠는가? 세계소년운동사상 이보다 어린이에
대한 존중심을 잘 표현한 비유는 찾아보기 어려울 것이다. 그 후 김기전,
방정환, 조철호, 정성채, 정홍교, 윤석중(尹石重, 1911~2003) 등 기라성
같은 소년운동가들이 나타나 소년운동을 전개하였다. 그들은 어린이를
인격적으로 존중하며 어린이에게 경어를 쓰기 시작하였다. 이것이 크게
주효해서 아동을 어린이라고 경대하는 풍조가 사회일반에 정착되기에
이르렀다.

이 운동은 동학 · 천도교 계열에만 멈추지 않았다. 기독교 계열, 사회주
의 계열에서도 합세하여 그야말로 전 국민적인 운동을 전개하였다. 1922

년 세계 최초로 「소년인권선언」을 발표하였고, 같은 해에 어린이날을 제정하였다. 1975년에는 정부가 나서서 아예 5월 5일 어린이날을 법정 공휴일로 선포하였다.[86]

사실 한국은 어린이의 인격을 인정하고 그들에게 미래를 담보한 연후 비로소 미래지향적인 진취적 분위기가 사회를 리드하기 시작하였다. 지금 한국은 방정환의 비전대로 어린이의 천국이 되어 있다. 한국인이 어린이를 대하는 태도는 매우 너그럽다. 한국인은 어린이의 기를 살려주고자 시도한다. 그러다보니 어린이는 어디에서나 황태자나 공주처럼 대우해준다. 젊은 부모일수록 그렇게 키우고 있는 것이다.

그리고 어린이에 대한 투자는 가계에서 예외인 것 같다. 어려움 속에서도 그들의 재능을 살려 주고자 여러 학원에 등록시킨다. 뿐만 아니라 부부가 생으로 별거하면서까지 조기유학이나 어학연수를 보내고 있을 정도다.

어린이에 대한 이러한 국민적인 의식이 긴 안목에서 어린이로 하여금 총명하고 패기 있게 성장시킨 면도 있다. 실례로 소년운동이 클라이맥스 때 어린이들이 성장하여 조국광복의 주역이 되었고, 어린이 소질계발 세대의 어린이들이 성장하여 지금 세계적으로 IT산업을 선도하는 주역이 되어 있는 것이다.

한국의 소년운동은 세계적인 소년운동에 커다란 모티브가 되었다. 국제연맹에서는 1924년 「세계 어린이헌장(아동권리제네바선언)」을 선포하였고, 국제연합에서도 1959년 「국제연합아동권리선언」[87]을 공포할 정도다. 그것은 한국의 소년운동은 모든 인류의 공감대를 이룰 수 있는

---

86) 세계에서 현재 어린이날이 제정되어 있는 나라는 한국(5월 5일), 일본(5월 1일), 타이완(4월 4일)의 3개 국가이다. 북한은 국제아동절(6월 1일)이 어린이들의 잔칫날로 자리잡고 있다. 그리고 고등중학교 3학년 이하 청소년의 날이라 할 수 있는 소년단 창립일(6월 6일)이 있다(『조선일보』 2002년 5월 8일자 기사 참조).

87) http://kr.encycl.yahoo.com/final.html?id=22789

보편성이 있기 때문이다.[88]

그렇다 하더라도 지금 마냥 자랑만 할 형편은 아니다. 우선 한국은 어린이들이 음란 비디오, 인터넷 섹스몰, 영상폭력, 유해약물, 흡연, 난폭교통,[89] 결손 가정,[90] 고아의 해외 수출, 개인 이기주의, 집단 따돌리기 등에 노출되어 있어 그 피해가 날로 심각하다.

설상가상으로 교육열이 과열되어 입시지옥이 실감나는 나라이다. 자기 발전을 위한 자기 특유의 업그레이드는 상상하기 어려운 형편이다. 어린이 자신의 충분한 고심 끝에 나타나야 될 자기의 앞날 설계가 어른에 의하여 결정되는 것이다. 한국 어린이는 세계에서 출산율(1.17) 최저국가[91]에서 태어났지만 놀 시간이 없다. 사유할 시간도 없다. 독서할 시간도 없고 창작할 시간도 없다. 다만 틀에 맞는 공부를 하기 위하여 전력할 뿐이다. 최종적으로 명문대학 의학과나 경영과 혹은 법학과에 가기 위하여 어린이는 어른보다도 바쁜 것이다. 공부에 끝은 졸업장이요 몇 개의 자격증이다. 그래서 의사가 되고 CEO가 되고 법관이 되게 하는 것이다. 속된 말로 출세지향주의자로 만드는 것이다.

이 같은 교육환경의 틀 속에서 어린이는 자기 인생 설계에 대하여 주인공이 아니고 방관자로 전락하였다. 누구에게나 적성과 능력에 상관없이 하향평준화의 주입식 교육을 동일한 양식으로 전수받고 있는 것이다. 그래서 하나의 인격체가 아니라 주물(鑄物)이나 다식(茶食)처럼 같은

---

88) 김정의, 「한국문화의 문명화」, 『문명연지』 3-2, 한국문명학회, 2002, 23~25쪽 ; 김정의, 『한국문명의 생명력』, 혜안, 2002, 256~258쪽.

89) 2001년 초 발표된 유엔아동기금(UNICEF) 보고서에 따르면 어린이 10만 명당 교통사고 사망사는 스웨덴 2.5명, 영국 2.9명, 미국 5.6명이며, 한국은 12.6명으로 선진국의 2~5배에 달했다(『조선일보』 2002년 5월 4일자 기사).

90) 2002년 한국무역협회가 발간한 『202개 경제, 무역, 사회 지표』에 의하면 한국은 세계에서 이혼율 3위를 기록했다(『조선일보』 2002년 10월 2일자 기사).

91) 『조선일보』 2003년 8월 11일 기사 참조.

라벨의 규격상품으로 생산되어지고 있을 뿐이다.[92]

지난 날 소년운동은 인권차원에서 일정한 수준을 넘겼다. 이제 소년운동은 이를 바탕으로 새로운 시대에 짝할 수 있도록 거듭나야 할 것이다. 지금 어린이들은 일부가정의 아동학대 사례를 제외하고는 대체로 외형적으로는 유복하다고 볼 수 있다. 그러나 오늘의 어린이는 갑자기 어느 것 하나 자기의 자유의지로 해낼 수 없다는 상황에서 살아 왔음을 알게 된다. 그래서 자기 마음대로 무엇을 해보려 하는데 상황은 그렇게 좋지 않다. 공부 외에는 어떤 것에도 몰두해서는 안 되는 상황만이 그 앞에 있는 것이다.[93] 한 마디로 정체성이 결여되어 있는 것이다.

이렇게 문제점을 지적했을 때 대안은 자명하다. 우선 자기 성취에 대한 동기부여를 할 수 있는 소년운동으로 거듭나야 할 것이다. 어린이는 지금 공간·민족·신앙·직업의 '경계 넘기' 시대상황에서 미래로, 세계로 지향하며 자기가 갈 길을 찾고 있는 것이다. 이런 시대의 소년운동은 길 찾기를 도와주는 것이어야 한다. 자기 길 찾기를 돕는 소년운동, 자기 주도적인 업그레이드를 돕는 소년운동이 필요하다는 말이다. 그래서 그 끝은 적성과 일이 부합되고 주변과 미래를 배려할 줄 아는 GD마인드 (Global·Digital Mind)형 인격체를 길러내는 것이다. 이를 위해 사랑과 정성을 쏟는 소년운동이 절실하다.

---

92) 김정의, 앞의 「현대 어린이운동과 과제」, 49쪽.
93) 조한혜정, 「다음 세대를 위한 학습 시공간」, 『진리·자유』 44, 연세대학교, 2001, 14쪽.

『한국소년운동론』관련 연대기
(1860. 4. 5 ~ 2006. 5. 5)

1860
4. 5   수운 최제우(1824~1864), 동학 창도

1861
      의암 손병희(1861~1922) 출생

1864
      수운 최제우 서거

1885
      해월 최시형(1829~1898), 아동존중사상이 포함된 '사인여천' 강론

1886
5.11   한국 최초의 고아원 개설(김규식 등 고아 10여 명), 영신학교(훗날 경신중·
      고등학교)와 새문안교회의 모체
. .   해월 최시형, 아동존중사상이 함축된 「내수도문」 간행

1887
9.27   언더우드 목사, 한국 최초의 어머니 교회인 새문안교회 창립

1890
2.15   관산 조철호 출생(1890~1941)
. .   새문안교회, 주일학교 시작

1894
. .   18세 소년 김구, 700명의 동학군 이끌고 해주성 공략

1898

. .　최초의 소년단체 자동회 조직
　　　해월 최시형 서거

1899

4.16　정성채 출생(1899~?)

1905

11.17　을사조약-외교권 박탈, 통감부 설치안

1906

11. 1　양재건, 조중응, 이인직, 이해조 등 최초의 소년잡지『소년한반도』창간(통권
　　　6호로 종간)
. .　현채, 화랑도가 수록된『동국사략』간행
　　　조철호, 무관학교 입학

1907

1.　안창호 등 신민회 조직
4. 1　『소년한반도』통권 6호로 종간
12.24　이승훈, 오산학교 개교

1908

11.1　최남선,『소년』창간-최초의 자작 신체시「해에게서 소년에게」발표
. .　윤철선, 소년동지회(회장 김규식) 발기
　　　방정환, 소년입지회 조직

1909

3.21　『황성신문』,「소년남자가」소개
6.초　박용만, 미주 네브라스카주에서 박처후, 임동식, 정한경의 주선으로 케니
　　　농장의 청소년을 모아 소년병학교 개교
9.30　조철호, 무관학교 폐교로 일본 동경 중앙유년학교로 유학
11.　전국의 학교수 총 2,216개 교
　　　방정환, 매동보통학교에 입학

1910

7.29	국권 상실
8.13	『천도교월보』 창간(1937년 5월 15일 제275호로 폐간)
8.26	조선총독부 경무국, 『소년』 정간시킴
8.29	국권 상실
10. 3	미국 클레아몬트에 한인소년 훈련반 개설
10. 4	방정환, 미동보통학교로 옮김
10. 8	미국 롬폭에 한인소년 의용훈련대 설립
11.10	미국 캔사스시에 소년병학원 조직
11.17	멕시코 메리다에 숭무학교 개설
11.	하와이 각 섬에 국민회 연무부 설립
12. 5	미국 슈퍼리어에 청년병학원 개설
12. 7	『소년』지 정간 해제

1911

1.25	『소년』 정간
4.10	『소년』 정간 해제
5.15	『소년』 23호로 폐간
8.23	조선교육령 공포
9.	105인 사건

1912

8.15	최남선, 어린이 교양잡지 『붉은 저고리』 창간(타블로이드판 2면, 월2회, 1937년 7월 15일 종간)
9.16	한인소년병학교, 졸업생 13명 배출, 참석손님 약 150명
. .	정성채, 경신학교 입학

1913

3.25	방정환, 미동보통학교 4학년 졸업, 선린상업학교 입학
4.	최남선, 『소년』의 후신으로 월간 『새별』 창간(1915년 1월 5일 통권 16호로 종간)
5.13	안창호, 흥사단 창립
5.28	조철호, 일본 육군사관학교 제26기생으로 졸업
9. 5	최남선, 월간소년소녀잡지 『아이들보이』 창간
9.	이승만, 한인중앙학원 학장에 피임
. .	새문안교회, 면려회 조직

1914

6.10 박용만, 하와이 오아후에 국민군단 설립

6. 이승만, 한인중앙학원에서 분리하여 한인여자학원 설립

9. 5 『아이들보이』통권 13호로 종간

11. 최남선,『청춘』창간호에서「어린이의 꿈」발표. 여기서 쓴 '어린이' 용례가 최초의 근대적인 '어린이' 표현임

방정환, 선린상업학교 2년 중퇴

1915

1. 5 『새별』통권 16호로 종간

1916

3.10 이승만, 한인여자학원을 한인여자성경학원 으로 개명

. . 이광수,『청춘』간행

1917

2. 여운형, 상해에 인성학교 설립하여 재상해 한국인자녀 대상으로 민족교육 실시

4. 8 방정환, 손병희의 3녀 용화 양과 혼인

4.15 『소년구락부』5월호 발간

4. 정성채, 연희전문학교에 입학

6.13 조선소녀단, 무자역두에서 고종황제 봉영

6.15 김기전,「『무정』122회를 독ㅎ다가」(『매일신보』) 발표

6. 이광수, 단편「소년의 비애」(『청춘』8) 발표

7.17 이광수, 와세다대 특대생으로 선정

7. 이광수, 단편「어린 벗에게」(『청춘』9) 발표

10. 5 기독교청년회에 소년부 조직

. . 하와이에서 소녀여성기구로 형제클럽 조직

방정환, 지하청년운동기구로 청년구락부 조직

Walter 정, 한인 최초로 미국 보이스카우트 호놀룰루 제14대에 입대하여 반장으로 활약

1918

2.20 서당규칙 공포

4.16 이광수, 단편「윤광호」(『청춘』13) 발표

7.   방정환, 보성전문학교 입학
9.26   이광수, 「자녀 중심론」(『청춘』 15) 발표
9.   이승만, 한인 중앙학원 설립
12.   전국 서당현황(서당 : 23,369개, 교사 : 25,590명, 학생 : 260,975명)
..   오긍선, 안양기독보육원의 전신인 서대문고아원 설립
         이승만, 하와이에서 최초의 한인보이스카우트 조직

1919

1.25   미주, 『소년한국』 발간(주필 : 박진섭, 김현구)
3. 1   3 · 1운동 발발
         방정환, 『독립신문』(사장 : 윤익선)을 등사판으로 박아 배부, 「독립선언문」
         돌리다가 일경에게 피검, 1주일만에 가석방
3.10   국내의 한국남녀소년단, 파리강화회의에 청원서 제출
3.   해삼위 신한촌에서 소년애국단 조직(목적 : 결사구국, 회원 : 42명, 회장 :
         정창선, 부회장 : 김운학)
         서간도의 신흥학교 다물단 조직
         정성채, 연희전문학교 중퇴, 그 후 정신여학교 출신 정수면과 혼인
         조철호, 군용 기밀품을 가지고 중국 상해 방면으로 가다가 국경에서 피검
7. 7   안변소년회 창립(사업내용 : 학습회 · 동화회, 회원 : 30명, 기타 : 17세 이
         하로 구성)
         왜관소년회 창립(회원 : 기10명)
7. 9   원산소년단 발대
8.15   횡성소년회 창립
8.21   상해에서 『독립신문』 창간(사장 : 이광수)
9. 2   천도교청년교리강연부 발족
..   상해 공동조계에 인성학교소년회 조직(회장 : 한규영)
         Walter 정, 이승만의 지시로 하와이 한인보이스카우트의 소년지도자로 활약
         해관 오긍선, 경성보육원 및 양로원 설립

1920

3. 6   『조선일보』 창간
3.   방정환, 일본 동양대학 철학과에 학적 둠
         천도교청년교리강연부, 천도교청년부로 개칭
4. 1   『동아일보』 창간
4.13   올림프스사, 고아구제를 위한 자선음악회 개최

5. 1 　중앙기독교청년회 소년부, 우이동으로 원족
6. 5 　은율소년회 창립(발기 : 읍소년, 회원 : 40명, 연령 : 10~18세)
6.15 　『개벽』창간(발행인 : 이두성, 편집국장 : 김기전)
　　　 김기전, 「금쌀악·옥가루」(『개벽』 1) 발표
6.19 　연안유년회 창립(발기 : 연안보통학교 일동)
7. 3 　함흥에서 139양용단 창립(목적 : 불량소년 감화)
7. 　　김기전, 「유년남녀의 해방을 제창함」(『개벽』 2) 발표
7. 2 　고원유성회 창립 총회
8. 8 　139양용단, 함흥 공자묘 앞 광장에서 홍백 18조로 나뉘어 테니스 대회
8.18 　운성소년단 창립총회(연령 : 10~18세, 사업내용 : 체육, 의사교환)
8.25 　방정환, 번역동시 「어린이노래」(『개벽』 3) 발표
　　　 개성○○소년단 군대행진
9. 1 　송화유년사업회 창립총회(회원 : 30명)
9. 5 　안변군소년단 발회식(부서 : 단장, 부단장, 서기, 재무, 회계)
11.11 　논산소년회 축구대회
11.15 　소년운동협회, 소년문제 강연회(연사 : 김일선, 유성준)
11.21 　논산소년회 축구시합
11.23 　월간『새동무』창간
12.30 　천도교소년회, 환등강연회(연사 : 방정환, 이종린)
 · · 　홍병덕, 중앙기독교청년회 소년부 간사 취임
　　　 상해 인성학교소년회 현황(목적 : 지·덕·체 배양, 직원 : 안창호, 조상섭
　　　 등 15명, 단원 : 58명, 통신소 : 자통로 후복리 김체진)
　　　 논산소년회 창립총회(회원 : 60명, 유지 : 5명)

1921

1.10 　안성소년단 발대(단장 : 김태영, 부단장 : 박용태, 총무 : 우종안)
1.15 　진주소년회 창립총회
1. 　　안성기독교소년회 창립(목적 : 지덕知德·수修, 기독교 전도)
2.10 　기독교청년회소년부, 음악회 개최(출연 : 3인)
2. 　　안성천도교소년회 조직
3. 1 　진주소년회 만세시위
3.17 　중앙기독교청년회소년부, 소년직공위안회
3.20 　중앙기독교청년회소년부, 일요강화회(연제 : 사랑의 종교)
3.21 　중앙기독교청년회소년부, 등산대회(산행지 : 관악산, 준비물 : 도시락, 50
　　　 전)

3.24	중앙기독교청년회소년부, 학술강연회(출연 : 5명의 전문학교 학생)
	139양용단 정기총회, 금연결의
3.29	평강유년친목회 강연회
4. 3	중앙기독교청년회소년부, 일요강화회(연사 : 김일선, 연제 : 예루살렘의 눈물)
4. 9	방정환, 일본 동양대학 전문학부 문화학과 청강생으로 입학
4.14	139양용단, 임시총회
4.15	중앙기독교청년회소년부, 시민학술강좌
	부산 목지도소년단 창립총회(단장 : 김문화, 회원 : 40명)
4.17	중앙기독교청년회소년부, 일요강연회(연제 : 사상의 가치)
4.29	중앙기독교청년회소년부, 시민학술강좌(연제 : 사회학의 대의)
4.	김기전, 천도교청년회 유소년부 특설(회원 : 2,30명)
5. 1	김기전의 주도로 천도교청년회 유소년부를 모체로 하여 천도교소년회 창립(가입연령 : 7~16세)
5. 6	중앙기독교청년회소년부, 시민학술강좌(연제 : 근대구미사상)
5.10	진주소년회, 초순부터 단원 18명 피검
5.14	진주소년회 단원피검경과, 단장 등 4인 이외는 귀가 조치
5.15	중앙기독교청년회소년부, 일요강화회(연제 : 청년과 도덕)
	이광수, 동아일보사에 입사
	연안야소교회유년주일학교 운동회(참석 : 100명)
	함흥유년주일학교 야유회(참석 : 500명 만세)
5.20	중앙기독교청년회소년부, 시민학술강좌(연제 : 연애와 결혼)
5.21	중앙기독교청년회, 동서유년가극(유치원아로 성황)
5.29	원산 한국소년단, 마라톤 운동회
	중앙기독교청년회소년부, 일요강연회(연사 : 홍명선, 연제 : 아동의 권리)
5.	천도교소년회 창립총회 재조직(회원 : 60명, 회원자격 : 17세까지 비신자도 가입)
	거창삼육회, 창립총회
6. 3	중앙기독교청년회소년부, 토론회(주제 : 문화발전에는 여자냐 남자냐)
6. 5	천도교소년회 임원선정(회장 : 구자춘, 간무 : 김도현, 신상호, 정인엽, 장지환, 총재 : 김기전, 고문 : 정도준, 박사직, 지도위원 · 이병헌, 박8준, 신용복, 강인택, 김상율, 조기간, 김인숙)
6.상순	마포소년친목회 창립(발기인 : 김덕근, 이필홍 등)
6.12	천도교소년회, 운동회 개최
6.15	왜관소년회, 창립총회(발기 : 유지)

6.19	천도교소년회, 원족회 개최(장소 : 삼청동, 참석 : 300명)
6.22	방정환, 「내일을 위하여」·「잘 살기 위하여」라는 연제로 강연
	진주소년회 만세사건, 8명 실형판결
6.26	중앙기독교청년회소년부, 일요강화회(연제 : 협력)
7. 7	마포소년회, 토론회(주제 : 인격을 수양함에는 지육이냐 덕육이냐)
7. 8	강릉감리교주일학교, 원족회(참석 : 60명)
7. 9	139양용단, 동서음악회
	정주유년주일학교, 월례토론회
7.10	방정환, 천도교소년회에서 소년강연회
	중앙기독교청년회소년부, 일요강화회(연제 : 시인時人의 요구)
	원산소년우성회, 창립총회
7.상	마포소년친목회, 창립총회(회원 : 80명, 비고 : 노동야학)
7.11	원산소년우성회정구단, 테니스팀 창단
7.25	정평천도교청년회, 강연회 개최(연사 : 이돈화, 연제 : 아동문제)
7.30	청주소년회, 성진소년회, 대전청년회, 합동으로 축구시합
8. 1	성진소년회, 테니스 원정
8.10	진동소년구락부, 창립총회(연령 : 10~12세)
8.상	139양용단, 원산에 원정하여 축구와 테니스대회
8.12	상주소년빙문회, 3일간 연극회(수입 : 회관건축 기금)
	평양천도교청년회, 강연회(연사 : 김기전)
	양시야소교회소아토일반, 학예회(장소 : 양시야소교회)
8.15	안주천도교청년회소년부, 창립총회
8.18	김천소년회 조직(목적 : 소년교양, 사업내용 : 문예전람회, 회원 : 250명)
8.20	정평소년단, 소인극素人劇(장소 : 정평청년회관)
8.	천도교안주청년회 소년부 발족, 후에 안주소년회로 개명(회원 : 50명)
9. 1	천도교소년회, 강연회(연사 : 김기전, 연제 : 소년의 지위)
9. 4	중앙기독교청년회소년부, 일요강화회(연사 : 이홍주, 연제 : 초추의 감感)
9.11	139양용단, 연극준비
	천도교소년회, 북악산 산행(참석 : 100명)
10. 2	성진소년회와 논산미륵소년회, 축구시합
10.19	천도교소년회, 장충공원에서 추계 대운동회 개최
10.27	중앙기독교청년회소년부, 3일간 평민대학강연회
11.12	부산진구락부, 음악연주회 성황(관중 : 500명)
11.20	천도교소년회, 동화가극대회(입장료 : 20전)
11.	이광수, 「소년에게」(『개벽』 17) 발표

12.25	평양천도교소년회 창립총회(부서 : 유락부, 담론부, 학습부, 위열부)
12.	방정환, 한국 최초의 번역 동화집 『사랑의 선물』 간행
	이돈화, 「신조선의 건설과 아동문제」(『개벽』 18) 발표
. .	정성채, 중앙기독교청년회 소년부 간사 취임
	성진소년회 조직(목적 : 소년지도·사회봉사, 회원 : 40명, 비고 : 산하에 소년군도 조직)
	예천소년회 조직(회원 : 40명, 기타 : 창립 당시 불교소년회였는데 1925년 5월 개명)
	정주 문인소년회 조직(대표 : 김도현, 후에 전창운, 강형채, 조상순, 김이현, 회원 : 60명)
	고창 무자소년회 조직(사업내용 : 중학야학교 조직, 기타 : 1927년 3월 27일 당지근광단과 합체合體)
	김윤경, 조선어연구회 조직
	안성기독교소년회, 축구대회(회원 : 100명, 관중 : 1500명)
	정평 신상소년운동단, 창립총회
	이상재·윤익선, 고학생구제회 창립

1922

1. 1	평양천도교소년회 주최로 아동문제 강연회 개최(김기전 : 「10년 이후 조선을 잊지마라」·이돈화 : 「신조선과 소년회」)
1. 5	평양천도교소년회, 토론회(주제 : 금전이냐 학문이냐)
1. 6	139양용단, 서울유학생 협력으로 2일간 연극회
1. 8	안성기독교소년회, 토론회
1.19	무장소년친목부, 창립총회 및 학예품 전람회(관람 : 200명)
1.21	평양 창동교회소년부, 토론회
2. 4	중앙기독교청년회소년부, 신춘음악대회
2.14	조선소년단, 창립총회 및 강연회(장소 : 천도교당, 연사 : 마상규, 김기전, 오상근)
2. 8	이광수, 「소년동맹과 조선민족의 부활」(『개벽』 20) 발표
3. 1	이광수, 「소년동맹과 그 구체적 고안」(『개벽』 21) 발표
3. 5	천도교소년회 영춘회(장소 : 사육신묘)
3.11	중앙기독교청년회소년부, 영어연구회
3.18	천도교소년회, 무용교습
3.19	신상소년회, 신상소년단, 정평소년단, 테니스 및 축구 대항전(장소 : 신상공립보통학교)

3.30   평양천도교소년회, 야유회(장소 : 모란봉)

3.   원산불교소년회 창립

4. 1   천도교통영소년회, 창립총회

4. 2   천도교소년회, 상춘회(장소 : 숭인동, 참석 : 100명)

4. 4   조선소년단, 조선청년연합 제3회 정기총회 환영 음악회

4. 5   천도교소년회, 천일기념축하 가극대회

4.29   겸이포천도교소년회, 원족

4.30   안주천도교소년회, 창립총회

5. 1   천도교소년회, 어린이날 제정 첫 기념식 거행(사회 : 김기전, 전단살포 : 10
       년 후 조선을 생각하라)
       대전소년회, 창립총회(회원 : 30명, 연령 : 12,3세)

5. 6   인배회, 가극대회(봄의 환영, 악단 소녀)
       중앙기독교청년회소년부, 강연회(연제 : 조선역사연구법)

5. 7   통영천도교청년회, 토론회(참석 : 300명)

5.13   정평소년단, 임시총회(안건 : 임원개선)

5.21   진산면소년회, 금산유년회, 축구대회(주최 : 박애회)

5.28   흥덕소년단, 공립보통학교 운동장에서 공립보통학교 아동과 테니스 및
       축구시합

5.30   고양 동아소년수양회, 창립총회(장소 : 양지동 한씨댁, 회원 : 현상준)

6. 4   천도교겸이포소년회, 창립총회

6. 8   대전소년회, 교사 1인이 무보수로 야학

6.10   대전소년회, 토론회 개최(이후 1923년 2월 24일까지 통산 33회 개최)

6.11   구포소년회, 양선소년단, 야구대항전(장소 : 구포역전 초원)

6.15   중앙기독교청년회소년부, 토론회(주제 : 사업성공의 요체는 인격이냐? 금
       전이냐?)

6.18   천도교소년회, 환등강연회

6.24   영변 팔원어린이회, 창립총회(회원 : 30여명)
       영암소년회, 창립총회(회원 : 63명, 연령 : 13~20세)

6.28   인천개벽사 지국, 가극대회(출연 : 천도교소년회)

6.   개성소년회 창립
       명진소년회, 단오놀이

7. 1   제주 우리소년회, 창립총회
       제주 정의소년회, 창립총회

7. 8   천도교소년회, 음악회

7.15   우리소년회, 토론회(장소 : 의성학교)

7.22   부안소년단 체육부, 호남연합 축구대회 2일간 개최(참가연령 : ~20세까지)
7.26   울산불교소년단, 경주로 수학여행
7.27   영광기독교소년회, 음악전도, 26명 강연도
7.31   한포소년단 정구단, 테니스대회
8. 2   숙천야소교유년주일학교, 가극대회(관람 : 100명)
        겸이포천도교소년회, 1922년 9월 5일까지 19회 순회가극(공연장소 : 황주,
        승호리, 강동, 성천, 은산, 자산, 순천, 개천, 안주, 가산, 정주, 곽산, 숙천,
        영시, 순안, 평양, 진남포, 겸이포, 남포)
        횡성소년회, 창립총회
8. 5   진주 제삼강습회, 2일간 가극회
        마산소년회, 하기음악회(주제 : 소년운동)
        원주청년회소년부, 토론회(주제 : 사업의 성공은 재능이냐? 근면이냐?)
        삼가소년회와 합천읍내소년단, 축구시합
8.15   진주 제삼강습회, 2일간 가극대회
8.16   원산소년회, 2일간 순회 소인극
8.17   불교유심소년회, 임시총회
        무장소년부, 정기총회 및 창립 1주년기념대회(참석 : 1000명, 시합 : 축구)
8.19   상주소년구락부, 임시총회
8.20   왜관소년회, 창립기념 테니스대회(장소 : 소학교 운동장, 참석 : 200명, 상
        대 : 일본청년단)
8.22   영암소년단, 강진군 구병영舊兵營에서 테니스대회
8.24   태인소년회, 창립총회
        상주청년회소년부와 상주 유심소년회, 친목테니스대회(장소 : 보광코트,
        승리 : 상주 유심소년회)
8.25   원산소년회, 2일간 순회 소인극
        횡성 화성소년회, 창립총회
8.26   고창유년단, 호남축구대회 개최
9.17   삼가소년회, 연합운동회(장소 : 단계보통학교 운동장)
        대전소년회, 축구원정
        원주 취병리소년단, 창립총회
        부산진소년회, 음악회 성황
9.30   정성채, 소년척후대 발대
10. 1   통영천도교소년회, 정기총회
10. 5   조철호, 조선소년군 발족
10.10   평양 장대야소교소년회, 창립총회(연령 : 13~16세)

	원산불교소년회, 황해수재민 돕기 선행
10.15	평양용사단勇獅團, 창립총회(노선 : 체육중심)
10.18	상주 유심소년회, 제1회 정기총회
10.27	원산소년회, 안변화재민 돕기 성금 기부
10.28	김제 벽성소년단, 창립총회
11. 2	원산소년회, 정기총회(임원개선, 장소 : 원산서관)
11. 5	중앙기독교청년회소년부, 유년주일진흥회 개최
	부산소년임술야구단, 음악회 성황(장소 : 부산청년회관)
11.11	경성소년의용단, 축구대회 참가(장소 : 인천, 경찰 감시 속의 귀경)
11.12	이천伊川소년회, 창립총회
	강릉감리교내소년회, 성극
	천안불교유년회, 창립총회
11.25	금천金川 시변리기독교소년회, 창립총회(회원 : 40명)
	김제 벽성소년단, 음악연주회 성황
11.26	공주불교소년부, 창립총회
12. 1	『소년신보』 창간
12.16	금산청년회 소년부와 수북소년회·수남소년회·박애회 통합창립총회
	김제 벽성소년단, 임시총회(간부 불성실에 대한 불신임안 가결) 및 강연회
	(연제 : 소년의 장래는 지방청년단에 달렸다)
12.23	공주불교소년회, 토론회
12.25	천도교소년회, 환등강연회(연사 : 이종린, 연제 : 생활개선과 아동문제)
12.29	안성기독교소년회, 임시총회
12.30	천도교소년회, 환등강연회(연사 : 방정환, 이종린)
	김제 벽성소년단, 강연회
12.	성해소년회, 창립총회
	강화소년회, 창립총회
	광천소년단, 창립총회
. .	수원소년군 발대(대표 : 고인관, 뒤에 김노적, 회원 : 30여명, 기타 : 초기 명칭은 빗의 모듬)

1923

1. 1	금산청년회소년부, 학예회
1. 2	안성기독교소년회, 창립 2주년 기념식
	김제 벽성소년단, 검은 옷 착용, 금주금연, 조기早起·경어사용 선언
	탐라협회, 현상웅변대회(참석 : 5,600명, 현상 : 5등까지)

1. 5	공주여자소년회, 창립총회
1. 6	대전소년회, 웅변대회(장소 : 대전공립보통학교, 주제 : 자유, 참가 : 10명)
1.13	가평소년회, 토론회 개최(주제 : 사업성취에는 교육이냐 금전이냐)
1.14	천도교소년회 주최로 동극童劇대회 개최(연출 : 방정환, 내용 : 한네레의 죽음 2막, 별주부전 2막)
	김제 벽성소년단, 간부회
	안성기독교소년회, 12실천항목 선언
	영광소년회, 토론회(주제 : 단세 확장에는 성력誠力이냐 금력이냐)
1.15	공주여자소년회 창립(회장 : 김영희, 총무 : 안옥희, 평의원 : 18명)
	조선소년군, 정기총회(참가 : 160명)
1.16	원산기독청년회 주최로 원산소년웅변회 개최
	원산소년회, 평의회(안건 : 소년극 계획)
1.16	성천소년단, 토론회(주제 : 사회유지는 소년이냐 노년이냐)
1.	조철호, 「소년군단! 조선뽀이스카우트」(『개벽』 31) 발표
	방정환, 「새로 개척되는 동화에 관하여」(『개벽』 31) 발표
	원산불교소년회, 소년극(제목 : 석가모니불 성도 기념전)
1.21	하동의 강하단과 강육단, 축구대회
1.26	공주불교소년단, 정기총회
1.27	평양 능라리주일학교, 웅변대회(청중 : 300명, 입상 : 3인)
1.27	천도교소년회, 1월에 회원 500명 증가
2. 3	중앙기독교청년회소년부, 신춘음악대회(기획 : 홍난파 등)
	김제 벽성소년단, 강연회(연사 : 와세다대학생)
	김해청년회소년부, 강연회(연사 : 3인)
	안성기독교소년회, 토론회
2. 4	진주천도교소년회, 창립총회(목적 : 지육·덕육·체육)
2. 7	광주소년단, 창립총회(회원 : 4,50명)
2.11	천도교소년회, 일요강화회
	천도교청년회소년부, 가극대회(관중 : 1000명)
2.16	양산소년단, 물산장려 계몽
2.18	『어린이』 창간기념 가극대회 개최
	창녕소년회, 축구대회 개최
	천도교소년회, 회원 500명 증원 축하 가극대회
	동래불교소년부와 부산불교소년단, 음악회연주 및 후원
2.24	합천소년회, 임시총회
	대전기독교소년회, 창립총회

2.25	천도교소년회, 일요강화회(연사 : 박사직)
2.26	조선여자청년회, 가극대회(장소 : 종로YMCA)
2.	가덕도 천성소년회, 창립총회(발기 : 30인)
3. 1	고성소년회, 회보출간
3. 4	대종교청년회, 가극회
	합천소년회, 운동회(종목 : 20종)
3.15	평양천도교소년회, 창립1주년기념 정기총회 및 사진전
3.16	동경에서 색동회 창립(동인 : 방정환, 강영호, 손진태, 고한승, 손진태, 조준기, 진장섭, 정병기, 윤극영, 조재호)
3.18	가덕도 천성소년회 창립
3.20	『어린이』 창간(판형 : 4×6배판, 정가 : 5전)
	방정환, 「어린이 예찬」(『어린이』 1-1) 발표
3.22	전남 자산소년단과 평남 보명학원소년단, 축구시합(장소 : 보명학원 운동장)
3.25	부산서부소년회, 음악회
3.26	평양 장대야소교소년회, 연설회 현상중지(이유 : 변사불온)
	대전소년회, 정기총회
3.28	불교소년회, 연예회(장소 : 천도교당, 입장료 : 30전)
3.30	조선소년군총본부, 선전연예회(장소 : 인천 애관, 기획 : 조철호, 박창한)
3.31	대전소년회, 정기총회
3.	반도소년회 창립(지도자 : 이원규, 고장환, 정홍교, 김형배)
	공주불교소년회, 불가고서고화전
4. 8	천도교소년회, 일요강화회(연사 : 김기전)
	하동소년회, 창립총회(회원 : 50명)
4. 9	고성소년회, 회보창간
	고성소년회수양단, 도로수선
	광천소년단, 야간부 설치
	마산소년회, 창립총회(연령 : 10∼18세, 목적 : 문예, 체육, 친목)
4.10	공주불교소년회, 강연회(연사 : 4인, 청중 : 300명, 연제 : 물산장려, 금주금연)
4.초	수성소년회 창립(회장 : 신규범, 회원 : 160명)
4.14	창녕소년회, 정기총회(장소 : 창녕공립보통학교, 참석 : 30명)
4.15	영암소년단, 임시총회(독서회 찬조금)
	철원소년회, 창립총회(발기 : 유지, 지향 : 문예·체육 중심)
	의주 북하소년회, 창립총회(회원 : 25명, 발기 : 소년)

4.17	비상설기구로 조선소년운동협회 결성(중심단체 : 천도교소년회, 참가단 체 : 천도교소년회, 불교소년회, 조선소년군 등, 회의 : 월1회 회의, 임시사 무소 : 천도교당)
4.18	조선소년운동협회 주관하에 소년연예회 및 소년문제 강연회 개최 공주불교소년회, 정기총회(장소 : 소년회관) 평양시외 기림리소년회와 평양 사창동교회소년회, 합동웅변회(연제 : 자 유, 시상 : 3등까지, 장소 : 평양고아원)
4.21	대전소년회, 임시총회 이원야소유년주일학교, 기념운동회(장소 : 해안가, 인원 : 수백명)
4.22	마산소년회, 제1회 정기총회(장소 : 구락부)
4.23	안주천도교소년회, 일요강습회(참석 : 50명) 통영천도교소년회, 일요정례회(인원 : 남자 50명, 여자 70명) 동경소년단, 선전(단가와 단장 연설 : 레코드로 대체)
4.24	성해소년회, 취두소년회와 합동토론회 개최(참석 : 수백병, 주제 : 자녀교 육의 필요는 학교교육이냐 가정교육이냐) 용사단, 정기총회
4.27	조선소년운동협회, 2일간 연예대회(출연 : 불교군, 천도교소년회, 중앙기 독교청년회소년부, 애국구락부)
4.28	조선소년운동협회, 소년문제강연회(사회 : 김기전, 연사 : 유성준, 김선, 김 일선) 대전소년회, 테니스 대항전
4.30	장대예수교소년회, 웅변회(연제 : 자유, 장소 : 청년회관)
4.	명천 양견소년회, 창립총회(회원 : 50명)
5. 1	제1회 어린이날 기념행사(주최 : 조선소년운동협회, 장소 : 서울 천도교당, 후원 : 조선일보, 동아일보, 선언 : 어린이날 선언, 어린이날대선전 : 전단 살포 : 20만매, 어린이날 연예회 : 천도교회당과 불교대회당, 15세까지 무 료입장, 연설회 : 각황사에서 연사 5인, 어린이날 행렬 : 의연금지, 사진전 개최 : 어린이날 사진전) 조선소년군총본부, 어린이날 선전, 어린이날 선전 사진전, 어린이날 기념식 (취지설명 : 조철호, 만세삼창) 진주천도교소년회, 어린이날 전단 살포 및 강연회 개최(회원 300명 참석) 김기전, 「개벽운동과 합치되는 조선의 소년운동」(『개벽』 35) 발표) 김기전, 「5월 1일은 어떠한 날인가」(『개벽』 35) 발표 일본 동경에서 색동회 발회식 거행(참석동인 : 손진태, 윤극영, 정순철, 방정환, 고한승, 진장섭, 조재호, 정병기)

김해청년회소년부, 낮에는 어린이날 전단지 3000매 살포, 밤에는 어린이날 강연)

개성소년회, 낮에 자동차로 전단지 살포(참석 : 600명), 밤에 강연회(연사 : 정춘수 등 3인)

안주천도교소년회, 어린이날 선전(회원 50명 기행렬, 타인은 불허)

공주불교소년회, 어린이날 선전(악대 기행렬)

창녕소년회, 어린이날 선전(100명 기행렬, 축구시합)

평양천도교소년회, 어린이날 축하행렬(경찰중지)

신성학생청년회, 선천기독교여자청년회, 선천기독교청년회 합동으로 어린이날 선전(행렬 : 500명, 밤엔 강연회)

함경선 신상기독교청년회, 어린이날 기념(천변운동회, 야간에 행렬 : 전단살포)

진남포천도교소년회, 어린이날 행사(차순회 전단지 살포, 밤엔 강연회)

철산천도교소년회, 창립총회(회원 : 102명)

5. 4   선천소년군, 개단식

5. 6   진주보천교소년회, 창립총회

진주보천교진정원, 창립총회(소년군도 조직 예정)

영흥소년회, 창립총회(발기 : 20명, 지향 : 지덕체함양 및 친목도모)

의녕소년단, 3일간 군 순회 소인연극(유치원 경비 마련)

5.10   이원주일소년회, 정기총회(제2회 임원개선)

5.12   이원소년단, 창립총회

5.17   영암소년단, 임시총회

5.19   마산소년회, 마산학예전람회 개최(관람 : 1000명)

안주천도교소년회, 창립 1주년 기념 연예회

양산소년단, 제1회 현상 토론회(장소 : 청년관, 시상 : 5등까지, 연제 : 소년의 자각)

5.20   김제 벽성소년단, 임시총회(안건 : 호남축구대회 개최건)

5.21   홍성학생소년회 탄압(야학생 퇴학처분)

5.25   동아일보, 1000호기념 동화동요현상모집

안악 동창소년회, 창립총회

5.26   강계소년회, 창립총회(회원 : 50명) 및 현상토론회

5.27   조치원소년회, 창립총회(회원 : 50여명)

5.하순   평산 문화소년회 창립(회장 : 김심원, 부회장 : 신예범, 간사 : 유인하, 회원 : 30명)

5.   최초의 소년형무소인 특설소년형무소를 개성에 설치

봄	조치원소년회, 창립총회
6. 3	김제 벽성소년단, 제1회 호남축구대회 개최
	영일소년회, 창립총회
6. 7	대전 소제소년단, 창립총회(야학반대에 분개)
6.10	풍천소년구락부, 창립총회(회원 : 70명)
6.12	천도교소년회, 원족·춘계운동회 개최(장소 : 취운정, 동낙同樂회원 : 250명, 관중 : 240여명)
6.15	평양후진청년회, 창립총회
	공주불교소년회, 창립기념강연(연사 : 회원 2인)
6.17	경주야소소년회, 정기총회(임원 개선)
	강진소년의용단, 서성리야구단과 야구대항전(장소 : 강진공립보통학교)
6.18	선천소년척후군, 개단식
	이원소년단과 이원소년회, 아동극(참석 : 수100명)
	이원고암소년회, 가극회 성황
6.23	안악 동창소년단, 강연회(연사 : 3인, 장소 : 야소교예배당)
	영암소년단, 유학생강연회(연사 : 5인, 장소 : 낭남학원)
6.24	조선소년군 본부, 위생사상 보급을 위해 소년적십자반 조직
	영암소년단, 창립 1주년기념 전조선소녀서화전람회 개최(출품 : 약 1800점, 시상 : 3등까지)
	원산소년회, 제3회 자전거 마라톤 대회(참석 : 1000명)
6.28	평양야소교후진청년회 등 8단체, 현상 토론회(자격 : 16세 이하, 심판 : 조만식)
6.하	천성소년회, 가극회
7. 1	시흥소년군, 개단식
	이원소년단·이원소년회, 정기총회
7. 3	장대예수교소년회, 정기총회
	연안소년회, 창립총회(발기 : 청년)
7. 7	천도교소년회, 동화극무도대회 개최(참석 : 만원滿員)
	개성천도교소년회, 동화극무도대회 후원
	영암소년단, 임시총회(안건 : 하기수양회 개최)
7.10	이천소년운동구락부 조직(회원 : 2,30명, 명칭 : 협성소년회)
7.13	전조선지도자대회, 조기에 가입 쇄도
7.15	부산진소년회, 은행팀과 야구대항전
	영암금정소년단, 창립총회(발기 : 청년 5인, 자격 : 12~18세)
7.18	조선소년군, 7일간 체육연구회 개최(장소 : 중앙고보, 참가비 : 3원)

7.19   함평소년회, 창립총회

7.20   마산배달학원소년회, 여름방학 가극순회 공연

        마산무산소년단, 창립총회

7.21   영암금정소년단, 토론회 개최

7.22   의정부소년회, 임시총회(안건 : 임원개선, 장소 : 예배당)

        부산진소년회, 야구대항전 승리

7.23   어린이사·색동회 공동주최로 6일간 전조선소년지도자대회 개최(장소 :
        천도교교당, 참가단체 : 옹진소년회, 안주소년회, 이천양정여학교, 인천소
        년단, 진주천도교소년회, 선천소년군, 대전소년회, 철원소년회, 통영천도교
        소년회, 당진소년회, 백천소년회, 파주소년회, 평성천도교소년회, 평산문화
        소년회, 마산불교소년회)

        서울무산소년단 창립

        수원 빛의모임소년군, 창립총회

7.24   횡성소년회, 임시총회

7.25   봉산 삼광소년회, 창립총회(회원 : 28명)

7.26   마산소년회, 하기음악연주회

        삼덕소년회·신명소년회·대전기독교소년회·대전소년회, 삼덕소년회
        로 통합 창립총회(장소 : 목척예배당)

        함흥천도교청년회소년부, 무도음악회(장소 : 예배당)

7.27   조선소년척후단, 가상야외연습(장소 : 중앙고보, 강사 : 조철호, 인원 : 20
        명)

        마산불교소년회, 순회가극공연(출발일 : 7월 27일, 순회지 : 밀양, 양산, 동
        래, 통영 등)

        무안소년단, 2일간 테니스대회(참석 : 1000명)

7.28   전조선소년지도자대회, 원활히 수료

        오일회 조직

        마산불교소년회, 밀양소년회·밀양청년회와 축구 시합

7.29   조천소년회·학생친목회·소년탐홍회·소년용진회·신촌소년회·신
        촌소년단·위덕전진회·명신학교소년친목회, 제주축구대회 2일간 참가
        (장소 : 제주공립보통학교 운동장)

        고창소년단, 2일간 축구대회

7.30   정주기독교소년회, 선전강연회(청중 : 700명)

7.31   인천조선소년군, 창립총회(참석 : 조철호, 목적 : 사회봉공·정신수양, 회
        원 : 50명)

7.   광명소년친목회 창립(회원 : 24명, 일요일 담화, 매3주 토론회)

용강선창소년체육단 창립

8. 1   횡성소년회(회원 : 70명, 자격 : 17세까지, 모두 공립보통학교 학생, 고니시 교장이 입회를 불허하고 탈퇴서약 받음)
　　　겸이포소년회가극단, 순회가극(사리원에 도착해서 3일간 독창 및 강연)

8. 2   마산소년회, 2일간 축구 출장

8. 3   조선소년군, 인천과 마산에 순회선전(인솔 : 조철호)

8. 4   진주제이학회, 소년가극회

8. 5   고흥도양소년단, 잡지배포 금지
　　　겸이포천도교소년회, 재령에서 2일간 가극단 순회 공연

8. 7   진주천도교소년회, 3일간 야영

8. 8   겸이포소년회가극단, 2일간 순회가극

8. 9   사리원소년회, 창립총회

8.11   함흥천도교청년회소년부, 우천으로 무도와 음악회 중지

8.12   겸이포천도교소년회, 가극단순회 진남포 도착

8.13   조선소년군, 마산에 선전대 파송(참가 : 100명, 인솔 : 조철호)
　　　마산불교소년회, 가극순회 종료

8.14   부산진소년회, 야구시합(장소 : 부산진공립보통학교 운동장)
　　　겸이포천도교소년회, 가극단순회

8.15   의령 입산소년회 창립
　　　강릉불교소년회, 창립총회
　　　개성유년가극단과 조선여자청년회, 2일간 가극대회 출연(평양수해 구제)

8.16   함평소년회, 음악연주회 후원(주최 : 동아일보, 장소 : 함평공립보통학교)
　　　봉산 삼광소년회, 토론회(주제 : 사회개조는 소년이냐, 장년이냐?)
　　　대전 나주소년양성회, 현상토론회

8.17   사리원소년회 창립
　　　개성유년가극단과 조선여자청년회, 서울에서 가극대회(평양 수해구제)
　　　양산소년단, 부형에게 금주선전

8.18   대전 삼덕소년회, 강연회(장소 : 목척극장, 연사 : 김기전, 김필수)
　　　여수소년회, 2일간 남조선테니스대회(후원 : 동아일보)

8.19   겸이포천도교소년회, 박천에서 순회연극

8.중   명천 양견소년회, 가극회(관중 : 1000명)

8.21   개성유년가극단과 조선여자청년회, 인천에서 가극대회(평양 수해구제)

8.22   창원 회산소년단, 전조선축구대회 개최

8.23   삼광소년회, 토론회 개최(주제 : 현사회를 개조함에는 소년이냐 장년이냐)
　　　겸이포천도교소년회, 가극회

8.25	송파소년회 창립총회(회원 : 33명)
8.29	천도교소년회, 철원소년회(회원 : 150명)에서 동화극 출연(인원 : 20명, 수입 : 철원소년회에 기부)
	군산군야소교남녀소년회, 서선西鮮수해구제 연극 및 수예품 판매
8.30	철원소년회, 강연회(연사 : 김기전)
8.	봉산소년회 창립(대표 : 최화숙, 목적 : 무산소년운동, 회원 : 약 200명)
	『어린이』지, 소년운동 특집호 발간
9. 1	경성도서관부속아동도서실 개관(관람시간 : 평일 늦은 1시~4시, 일요일 이른 10시~늦은 6시)
9. 2	마산소년회, 임시총회(안건 : 총간사 북경유학으로 개선)
9. 3	제주 행원소년회, 창립총회
9. 4	공주불교소년회, 강연회(청중 : 1000명, 장소 : 금강관)
9. 8	평양 창동기독교소년회, 창립 1주년 기념행사
	조선소년군수원지부, 개단식 집회금지로 중지
9.14	마산소년회, 임시총회(결정 : 조기회, 기상 : 이른 5시)
9.15	정순철 곡, 동요「형제별」(『어린이』 1-8) 발표
	김기전, 동요 「수수꺽기 두마듸」(『어린이』 1-8) 발제
	평양기독교소년연합회, 창립총회
9.16	평창소년회 창립총회(회원 : 48명)
	영변 철산소년회 등 4단체, 테니스대회
	옥구의용소년단, 부형회 조직(회원 : 400명, 장소 : 예배당)
9.22	어린이사 주최 소년소녀대회 개최(인사말 : 김기전, 동화 : 방정환, 정순철, 동화극 : 황금국, 앵무새의 집, 동요극 : 노래 주머니, 무도 : 여러 가지)
	인천 본보기소년회, 창립총회(발기 : 영화학교생도 10명, 중심 : 영화학교생)
9.23	동래기독소년회, 창립총회(장소 : 수안예배당)
9.27	부천 신흥학교소년회, 관동진재 구원사업
	여수소년회, 서선수해 돕기
9.	통천 고저기독소년회 조직(사업내용 : 미술전람회, 야학회 개최, 회원 : 80여 명)
	부천 모도소년회 조직(회장 : 이성복, 부회장 : 유재열, 총무 : 김수익)
	부천 신도소년회, 창립총회(발기 : 신흥학교 교사, 회원 : 70명)
	불교소년회 조직
	옥구의용소년단, 창립총회
10. 1	줄포여자학교학우회, 임시총회에서 '소녀의 날' 제정

10. 7	조선소년군 개단 1주년기념식(참석 : 160명)

10. 7 조선소년군 개단 1주년기념식(참석 : 160명)
10. 9 모도소년회, 관동진재수해구원 사업
　　　　삼광소년회, 동아일보 평양지국에 수해구원금 30원 헌금
10.13 천도교소년회, 가극(황금국)·무도회
10.15 개성소년회, 기관지 창간
10.16 재령기독교청년회, 웅변대회(출연 : 8명)
10.20 개천 군우리소년회 창립
　　　　인천 우각리주일학교, 동양음악회(장소 : 내리예배당)
10.21 개성소년회, 제1회 정기총회
10.22 풍기소년면려회, 음악대회(청중 : 500명)
10.26 소년의우단, 창립총회
　　　　광주소년의용단, 창립총회
10.27 정주기독교유년주일학교, 토요동화회(연사 : 2인)
10.31 명천 명성소년회 등 5개 소년회, 사숙연합운동회
10.하 명천 양견소년회, 서화전람회
10.　　『어린이』10월호, 내용불온 이유로 발매금지
　　　　평택소년회 창립(회원 : 38명, 기타 : 평택소년야구단이던 것이 1924년 4월
　　　　에 개칭 - 문예, 야구, 정구, 축구 등 4부를 설치)
　　　　개성소년회, 『소년』 발행
　　　　선천천도교소년회 창립(회원 : 200여 명)
　　　　김해진영소년단 발진
11. 3 개성 샛별사, 유년독자를 상대로『샛별동무』창간 및 음악회
　　　　인천 영화소년회, 총회
11. 6 개성소년회, 임시총회
11.10 단천소년회, 임시총회(안건 : 회관회비, 소년문예집 발간)
　　　　영일소년자강회, 창립총회(회원 : 49명, 부서 : 지덕체 3부)
11.14 의정부소년회와 기독교청년회, 합동토론회(의정부리예배당)
11.15 안변소년회, 회칙 인쇄
11.17 마산면려청년회, 동화가극대회
11.18 경성도서관아동실, 동화회(연사 : 방정환)·동화회사진전
11.19 마산면려청년회, 동화극대회
11.21 인천 본보기소년회, 여자회원 증가(매주 토요일 집회, 장소 : 예배당)
11.24 고흥 어린이수양단, 창립총회(회원 : 70명)
　　　　철원 봉명유년회수양부, 토론회
11.25 어린이사, 방정환의 동화회 개최

예천불교소년회, 강연회(연사 : 유지 3명)

제주소년돈목회, 제주테니스대회(장소 : 특별기념운동장, 조편성 : 32조, 관중 : 1000명)

11. 고흥어린이수양단 조직(대표 : 김숙현, 김윤희, 사업내용 : 동화회, 토론회, 학교교육, 동화극, 조기회, 사회훈련, 회원 : 50명)

평원 숙천야소교주일학교소년회, 창립총회(회원 : 10명)

추秋 의령 입산소년회, 음악회

12. 1 인천 본보기소년회, 임시총회

논산 만동학교소년회, 창립총회(회원 : 80명)

단천소년회, 정기총회(개선)

12. 2 동래불교여자소년회, 연예회

예천불교소년회, 임시총회(장소 : 포교당)

12. 4 예천불교소년회, 평의회

12. 5 북청천도교소년회, 임시총회(참석 : 80명)

12. 8 인천 본보기소년회, 토론회

12. 9 창녕소년회, 창립총회

12.15 평양 창동기독교청년회, 동화가극(참석 : 700명, 장소 : 창동예배당)

해주소년회, 창립총회(매주 토요일 토론회, 출연 자격 : 12~20세)

12.17 통영소년회, 웅변대회

12.21 부산불교소년부, 음악회

예천불교소년회, 역원회(성도기념, 현상문예모집)

12.24 천도교소년회, 가극회(창가무도)

12.25 소년의우단, 노인 방문 등 사회봉사

12.30 안주천도교소년회, 아동가극대회 및 표창식(회발전 기여자 73명 중 17명에 대한 표창 및 여흥)

12.31 개성 샛별사 주최, 소년소녀음악회

12. 부천 시도유소년회, 창립총회(원조 : 유지)

. . 이천 설악소년회 조직(사업내용 : 정구운동에 열중, 공원개설, 회원 : 40명)

강릉불교남자소년회 조직(사업내용 : 웅변, 토론, 가극 개최, 회원 : 80여명)

강릉불교여자소년회 조직(사업내용 : 웅변, 토론, 가극 개최, 회원 : 80여명)

창원진동소년회 조직(목적 : 인격수양, 지식계발, 회원 : 60여명)

창원불교소년회 창립(대표 : 박만선, 후에 김홍권, 김달헌, 설영우 외 4인, 회원 : 40여 명)

. . 능주소년유한당, 창립총회(강령 : 11개)

1924

1. 1   밀양소년단, 음악회(값 : 50원)

1. 2   안주천도교소년회·선천천도교소년회·진주천도교소년회·철원소년
회·통영천도교소년회·함흥천도교소년회·함흥천도교소년회·부산
삼일기독소년회·평양천도교소년회·해주소년회·수성소년회·이원
기독교소년회, 각각 신년교례회

1. 3   탐라협회, 웅변대회
밀양소년단, 가극대회

1. 4   반도소년회, 창립총회
통영기독의용소년단, 현상토론회
통영소년회, 가극회(무료)
양평소년회, 창립총회(회원자격 : 10~17세)
제주소년탐흥회, 학예회(참석 : 500명)

1. 5   밀양소년단, 총회
마산불교소년단, 제3회 정기총회
선천천도교소년회, 가극회
울산 병영소년회, 임시총회

1. 6   안주천도교소년회, 정기총회(안건 : 사회부 신설, 『어린이』 구독)

1. 7   창의학교·여학교, 동화회
안악 동창소년단과 동창소년회, 빙상대회
봉산 삼광소년회, 연예회(참석 : 500명, 장소 : 송가광장)

1. 8   울산 병영주일학교, 가극회

1.10   안성기독교소년단, 창립총회 준비회
제주 신촌소년동우회, 2일간 연극회(협찬 : 20원)

1.12   개성소년회, 강연회(연제 : 청년의 기상, 이상적인 부부)

1.16   보이스카우트 인천지부, 역원회(장소 : 박창한씨댁, 안건 : 보이스카우트
선전, 사업계획)
안주천도교소년회, 성악무도대회(주최 : 안주농우회, 장소 : 안주읍내 야
학교)
고흥 도양소년단, 제2회 정기총회

1.17   선천소년회, 가극회
선천천도교소년회, 순회연극
영광유치원, 제4회 동화회

1.18   담양 대치소년회, 창립총회(지향 : 지덕체)

1.19   단천소년회, 창립 1주년기념 가극대회(관중 : 1000명)

1.중   곽산천도교소년회, 창립총회(회원 : 200명, 야학 및 강습소)

1.20   인천소년척후군, 모금활동(목적 : 미두米豆구입)

1.21   성천소년단, 가극회 준비

1.25   제주 모슬포소년돈목회·대정소년단·중문용진단·일과소년단, 한남축
       구대회

1.26   상주 유심소년회, 토론회(참가 : 수십명)

       논산 만동소년회, 토론회

1.27   상주 유심소년회, 2일간 축구대회(참관 : 2,300명, 참가비 : 30원)

1.28   밀양소년단, 현상토론대회(주제 : 사회 건설의 요체는 정신이냐, 물질이
       냐?)

1.29   서울 상조소년단, 가극무도대회(장소 : 서강예배당, 목적 : 기아구제)

       중앙기독교청년회소년부, 환등강연회

       횡성 화성소년회, 제5회 정기총회

1.   곽산천도교소년회 창립(회원 : 200명)

       성진소년회, 창립총회(집회 : 매주 토요일, 회원 : 20명, 회원자격 : 12~20
       세)

       안성소년단, 12항목 선서

2. 1   이원소년단, 모금활동(목적 : 악기구입)

       밀양소년단, 제4회 임시총회(장소 : 예배당, 참석 : 60명)

2. 3   정주 청정기독소년회, 창립총회(장소 : 청정기독교회 내)

2. 5   밀양소년단, 신년강연회(장소 : 서문내 장노교예배당)

2. 7   상해 인성학교소년회, 정기총회(회장개선 : 2대 회장 서대현 피선)

2. 8   중앙기독교청년회소년부, 신춘음악대회

2. 9   상해소년회, 친목회

2.13   제주소년신흥회, 3일간 학예회(장소 : 도리향사, 참석 : 매회 500명)

2.14   통영기독의용소년단, 제2회 정기총회

2.15   횡성소년회, 자유화 응모

       제주소년신흥회, 창립총회

2.18   상해소년회, 토론회 개최(나라를 찾는데는 돈이냐 피냐)

2.19   통영소년회, 가극회

2.27   평양천도교소년회, 2일간 가극회 '황금국' 중지

2.   벽동신소년회 조직(목적 : 소년지식 계발, 회원 : 80여명, 기타 : 신명학교
       소년만으로 구성)

       함열동지회 소년부 창립

       안성천주교소년회, 창립총회

3. 1	서울YMCA보이스카우트, 조선소년군과 합병하여 소년척후단조선총연맹 조직(총재 : 이상재)
	밀양소년단, 소년구호대 활동(30명)
3. 8	정주 문봉소년구락부, 창립총회(발기 : 유지, 회원 : 50명, 장소 : 문창학교)
	단천소년회, 임시총회(회원 : 50명, 조직 : 위원제로 변경)
3.10	영일 두호소년자강대, 정기총회
3.15	원산 석왕사소년회, 정기총회(임원개선 및 포교)
	인천 본보기소년회, 정기총회
3.18	천성소년회, 창립1주년기념 학예회 및 전람회 개회
3.19	풍산기독교소년회, 창립총회
3.20	서산 서령소년회 창립(목적 : 지·덕·체육, 대표 : 조철호, 김제용 외 제씨, 회원 : 70여 명)
3.21	대구소년회, 창립총회
	평양천도교소년회, 가극무도단 24명 신의주순회공연
3.24	소년척후단조선총연맹, 이사회(사무소 : 기독교청년회중앙회관)
	천성소년회, 3일간 창립기념 전람회 개최(작문, 습자도화 등)
	창원 가덕진소년회, 창립기념 전람회
3.25	평양천도교소년회, 가극순회(목적 : 소년회 확산, 순회지방도시 : 안주, 박천, 정주, 선천, 신의주 등 5개도시
3.28	익산 함열동지회소년부, 창립기념 육상경기·학예품전람회 및 가극회 개최
	평양천도교소년회, 가극순회(순회지 : 서울)
	안성소년단, 정기총회(안건 : 산업문하진흥)
3.	영광법성소년단 조직(목적 : 체육교예 증진, 회원 : 30명)
	혁신소년회 조직
	여운형, 상해교민단장에 선임
4. 2	선천기독교청년회, 동화대회
4. 6	안성소년단, 소나무 묘목 1000그루 심기 식림행사
4.11	만철사회계, 소녀가무 인천공연(출연 : 중국 대련동화가극협회원)
	인천 오일회, 4·5일간 전단 50만매 제작 등 소년일 준비
	함흥소년회, 창립총회(장소 : 천도교종리원)
	함흥소년회, 소년지도회(발의 : 최씨, 주최 : 천도교종리원)
4.12	조선소년군, 웅변대회(참가비 : 20전, 주최 : 변론부, 참가 : 피천득 등)
4.15	제물포청년회, 연예음악대회(참가 : 1000명, 찬조 : 척후군)
4.17	후진청년회, 2일간 토론회(후원 : 시대일보, 참가 : 14단체, 장소 : 야소교 회당)

4.18 소년척후단조선총연맹, 3일간 극동잼보리 참가(장소 : 북경, 참가 : 정성채, 박창한)

조선소년군총본부, 3일간 극동잼보리 참가(장소 : 북경, 참가 : 조철호, 김주호)

평양 후진청년회, 현상웅변대회(자격 : 14세~17세)

4.19 언양소년단, 담화실

4.21 제2회 어린이날 기념 선전준비회합(함가단체 : 51개─새동회, 천도교소년회, 소년척후단, 기타 각 소년잡지사 대표와 유지 20여 명, 준비위원 선출 : 방정환, 김기전, 이종린, 이두성, 김옥빈, 조철호, 심상진, 차상찬, 조기간, 강우 등 제씨)

조선청년총동맹 창립(가맹단체 : 220개)

4.23 개성소년회, 어린이날 준비(소년악대, 표어기행렬)

4.25 어린이날 경축행사 협찬(4/25 : 천도교종리원-100원, 조선체육회-10원, 허헌-7원, 김용채-10원, 4/28 : 조선교육회-10원, 조선통신중학관-5원, 김윤수-5원, 김연수-5원, 4/29 : 시대일보사-10원, 조선일보사-20원, 토월회-10원, 민병옥-2원, 김성수-10원, 동아일보사-20원)

4.26 시대일보 황주지국, 웅변대회(심판 : 2인, 장소 : 양성학교)

조선소년군총본부, 연예음악회(주최 : 인천척후, 독창·무도 등)

함흥소년회, 창립총회

4. 평양천도교소년회, 가극무도단 선천순회 공연(관중 : 1000명)

개성소년회, 임시총회(안건 : 임원개선, 어린이날 행사)

충남소년수양회, 창립총회

소년척후단조선총연맹, 극동잼보리 참가(참가 : 정성채, 박창한)

마산소년회, 임시총회

천성소년회, 제2회 가극회(참석 : 1000명, 장소 : 보성학교)

영변 산낙도어린이회, 야학회(장소 : 강습소)

5. 1 제2회 어린이날 기념 축하식 거행(준비위원 : 방정환·김기전·조철호·차상찬 등, 어린이대회 개최, 어린이날 경축 의연금 출연자 명단 공개, 어린이날 공동염원 취지, 1만매 포스터 부착, 가극음악회 공연, 풍선 날리기)

이리 전체소년운동단체, 어린이날 행사(위원 : 22명, 집합 : 광장)

소년운동협회, 어린이날 행사 진행(참가 : 134개 소년단체, 전단 30만 매 배포)

인천소년척후대·색동회·조선소년군 등 합동, 소년일 준비

조선소년군, 연예회 개최

개성 어린이날 행사, 4일간 진행

천도교소년회, 어린이날 행사 협찬

덕원상점지점·영창사회·동양서원·정옥모자점·동아부인상회·가
덕상점·문우당, 소년일 할인

익산 10개 단체, 어린이날 행사 금지(이유 : 메이데이)

평양 11개 단체(상수리순명학원·후진청년회·장대야소교유소년회·장
대유년주일학교·천주교유년주일학교·평양고아원·평양불교소년
회·남문외유년주일학교·차관리유년주일학교·창동소년회 등) 어린이
날 행사(옥외 집회와 행렬 금지)-전단 15,000매 살포

인천소년척후군, 어린이날 선전

진주 어린이날 행렬 중지

어린이사 진주지사, 악대행진 및 전단 2,000매 살포

개성 어린이날 가극행사 및 어린이날 600명 악대행렬

광주 어린이날 1,000명 악대행렬(참가단체 : 광주소년군, 광주유치원, 숭일
학교, 수피아여학교, 금정유치원, 노동야학교, 누문리유치원 등)

동아일보사 진주지국, 악대행렬 및 전단 2,000매 살포

함흥소년회, 어린이날 축하행사

원산두호구락부, 소년데이 동화회(수백명 시위 후 독창)

합천노동회, 소년데이 금지

통영천도교소년회, 소년데이 강연회(300명 참석, 밤 제등행렬)

정주 곽산천도교소년회, 200명 어린이날 행사 순행·전단 4,000매 살포

밀양 창진소년단 등 12개 단체, 축구시합

신의주소년회, 동화회 일단금지

5. 2 어린이날 준비위원회, 어머니대회 개최(장소 : 천도교당, 참석인원 : 1500
명, 가극음악)

광주 누천리유치원 등 사립학교 및 유치원, 어린이날 2,000명 행렬 경계

5. 3 어린이날 준비위원회, 아버지대회 개최(장소 : 천도교당, 공연 : 낮-동화회,
밤-동요회)

5. 4 어린이날 준비위원회, 노동소년 위안회 및 대원유회 개최

5. 9 이천유년주일학교, 동화대회(참석 : 600명)

5.10 인천공보동창회, 동화가극대회

강릉불교소년회 제2회 정기총회

5.11 여수소년단, 제4회 징기총회

5.18 밀양 외산리소년단, 축구대회(참석 : 300명, 관중 : 1500명)

5.19 황주 예봉청년회, 현상웅변대회(입상 : 3등까지)

5.23 본보기소년회·인천소년회, 축구대항전

5.26	소년척후단, 화재구원 활동
	평양 후진청년회, 웅변회
	개성 샛별사, 동화회(400명 참석, 연사 : 마해송 등)
5.	평강소년회 조직(목적 : 지・덕・체 증진, 사업내용 : 강연회 및 토론회, 대표 : 성순봉 외 수인, 회원 : 23명)
	전영택, 「소년문제의 일반적 고찰」(『개벽』 47) 발표
	조선소년군, 자전거 여행(인솔 : 조철호)
	대화교소년척후대・조선소년척후대・조선소년군, 종로화재구호 활동
	북간도 간도소년척후대, 개단식
	북간도 장백소년회, 창립(회원 : 30명)
6. 1	광주 송정리소년단, 축구대회(후원 : 시대일보)
6. 2	평양천도교소년회, 동화회
6.12	안주천도교소년회, 창립총회
6.14	샛별사, 동화・가극대회(장소 : 한포예배당, 관중 : 500명, 주제 : 물망초, 연사 : 마해송, 고한승, 전수창)
	웅성소년회, 축구대회(관중 : 1000명)
	평강소년연구회, 가극회(주제 : '100년의 한')
6.15	평산 한포소년회, 창립총회
	샛별사, 소년문제강연회(장소 : 평산 한포예배당, 연사 : 마해송, 고한승)
	옥구 미룡소년단, 축구대회
	옥구청년회, 웅변대회
6.16	진남포비석예수회청년부, 웅변대회(장소 : 감리교당, 입상 : 5위까지)
	순천소년군, 웅변대회 성황
6.19	김천소년회, 3년 휴회만에 임시총회 재개
6.26	간도 용정촌소년척후대, 소년척후단조선총연맹에 가입
6.28	대구소년회, 2일간 자유화전람회(연령 : 5~17세)
	청진청년회소년척후단, 조선소년척후대총연맹 가맹
6.28	강화소년회, 하기대운동회
6.	평원야소교소아주일학교, 창립총회(회원 : 30명)
	청진소년회, 창립총회
7. 1	원주 취병리소년단, 담화실
	서울 상조소년척후대, 개단식(축사 : 조철호, 정성채)
7. 5	인천소년회, 창립총회(명예회장 : 이길용, 총무 : 유두희, 서무부장 : 전일남, 간사 : 최광준, 김순봉)
	원산천도교소년회, 동요대회

| 7. 8 | 인천소년회, 동화극대회 준비모임 |

7. 8 인천소년회, 동화극대회 준비모임

7.11 조선소년척후대 기부연예 가극회(주최 : 간도 용정 예문회, 후원 : 동아일보·조선일보 용정 지부)

7.14 동아일보, 소년문예 당선자 발표

7.15 조선소년군총본부, 경기삼남지방순회(기간 : 8월 17일까지, 지휘 : 조철호, 순회지 : 이리, 강경, 홍성, 공주, 신상면유명리, 청주, 전주, 고산, 대전, 천안, 조치원, 논산, 논산양촌면, 옥구임파, 예산, 연산, 괴산 등)

7.17 서울 청년소년군단, 개단식

7.20 소년척후단조선총본부, 4일간 하계지도자야영대회(책임 : 이상재, 장소 : 한강 밤섬)
인천소년회, 원유회

7.21 조선소년군제1호대, 1주일간 소년지도연구회 개최(신입申込 : 조철호)
재경김천유학생회, 현상웅변대회(입상 : 4등까지)

7.24 횡성소년회, 입회금지(창립 : 4년전, 회원 : 70명, 연령 : 27세~22세)

7.26 인천소년회, 동화극대회 개최

7. 척후대 복장이 러시아 적위군과 같다고 청진소년척후대 해산 당함

8. 1 이천소년회, 동화대회(연사 : 이하윤, 이은숙)

8. 5 화산소년회, 임시총회(조선어강습회)

8. 7 대구소년회, 토론회(참석 : 300명, 10여 형사가 중지시킴)
언양소년회, 청년회와 공동으로 현상웅변대회 개최

8. 8 인천 본보기소년회, 토론회(청중 환영)
마산불교소년단, 마산동화가극대회(참석 : 300명, 장소 : 구마산수좌)
창원웅천소년회 창립(대표 : 김현상, 김도용외 5인, 회원 : 50명)
상주소년회·대구소년회·피라밋소년구락부·부산진소년단·왜관소년단, 제1회 전조선테니스대회(주관 : 대구소년운동협회, 후원 : 시대일보, 동아일보)
평양소년군, 창립총회 준비

8. 9 인천소년군, 1박2일 야영
동경진주유학생구락부, 현상웅변대회

8.10 평택소년회, 제1회 중선소년테니스대회(장소 : 평택소코트)

8.13 인천 본보기소년회, 정기총회(장소 : 내리예배당)

8.14 함흥천도교소년회, 무도회
대전소년회, 순회강연회(장소 : 군산 경신구락부, 연사 : 3인, 독주 : 바이올린)
곡산천도교소년회, 창립총회(회원 : 60명)

8.15 샛별사, 총회부흥 및 웅변대회(심판 : 마해송, 참석 : 1,000명)
     이원소년단, 순회연극
     제주 월정소년회, 창립총회
8.18 곽산천도교소년회, 소년극순회(장소 : 정주천도교당, 내용 : 소년운동 선
     전, 무도가극단 공연)
     이천 화산소년회, 조선문강습회(강사 : 이하윤, 장소 : 화산학관)
8.19 고창 해리소년회·성송소년단·무장소년단, 남선축구대회
8.21 샛별사, 동화극회(목적 : 개성수해구제, 후원 : 어린이사)
8.22 샛별사, 소녀가극회(참석 : 1000명, 연사 : 마해송, 고한승)
8.23 샛별동무회, 동화회(장소 : 수표예배당, 연사 : 고한승)
     샛별사, 소녀가극회(사회 : 고한승, 이북수해구제)
8.26 평양 아동성경학원, 가극동화대회(빈민아동교육경비 마련)
     서울 명진소년회, 회원모집
8.28 조선소년군제1호대, 야영(참석 : 20명, 장소 : 남한산성)
8.30 철원소년회, 제3회 현상토론회
8.31 대전소년회, 연예대회(참석 : 5·600명)
8.   의성소년단 조직(대표 : 오병수, 후에 김규복, 오의수, 오상종, 회원 : 100여
     명)
     방정환, 전국소년지도자대회 개최
     충청기독교청년회, 가극대회
     서울 명진소년회, 창립총회(후원 : 올림푸스사)
9. 3 인천소년회, 임시총회(장소 : 신회관, 명예역원 사임에 따른 개선, 회보
     등)
9. 7 의성소년단, 창립총회(장소 : 청년회)
9. 8 인천소년회·본보기소년회, 축구대항전
     인천소년회, 회지간행(회원 투고, 문예부 주간)
     곽산천도교소년회, 창립총회
9.13 이상재, 조선일보사 사장 취임(~1927년 3월 25일)
     어린이사, 추석놀이(장소 : 천도교당, 입장료 : 무료, 공연 : 밤에 동화, 무
     도, 연극)
9.14 올림푸스사, 전람회 작품 모집(작품 : 회화, 습자, 수예 등, 후원 : 명진소년
     회)
9.16 영암소년단, 임시총회
     창원기독교야학회, 음악회
9.21 강릉불교소년회, 음악회(청중 : 1000명, 입장 : 무료, 협찬)

9.23	명진소년회, 동화레코드대회(제모착용자만 입장가능 : 연사 : 연성흠, 홍순준)
9.24	인천소년회문예부, 회지발행(회원투고)
9.	원주성결교회소년부, 창립총회
	김천소년회, 제1회 정기총회
10. 1	신의주소년회 창립(목적 : 지식계몽, 우의돈독, 체육증진, 사업증진─무산아동교양 및 간이교육 실시, 대표 : 박명제, 이윤근, 고학영, 이인찬, 회원 : 80여 명)
	이천소년회 조직(목적 : 지방사업, 회원 : 40명)
	장연 서광학교, 현상토론회(참석 : 800명)
10. 4	인천소년회 · 본보기소년회, 토론회
10. 5	조선소년군총본부, 제2주년기념 정기총회
10.10	중앙기독교청년회소년부, '천로역정' 환등회
10.11	인천 본보기소년회, 창립기념 동화 유희 무도 행사
10.12	곽산천도교소년회, 제3회 정기총회
	대구소년회, 정기총회(장소 : 소년회관)
	북청 연주리소년회, 청소년축구대회
10.13	인천 본보기소년회, 정기총회
10.15	김천소년회, 제1회 유년음악회
10.16	평양 후진청년회 · 장대소년회 · 평양천도교소년회 · 남산유년주일학교 · 남산정여자소년회 · 산정소년회 · 차관리유년주일학교, 웅변대회(자격 : 13~16세, 심사 : 조만식 등, 장소 : 남산예배당)
10.17	충주 목계소년군, 운동회
	울산천도교소년회, 가극대회(회 협찬)
10.26	반도소년회, 제1회 주산경기회
	명진소년회, 69평 소년관 신축(후원금 기증 접수)
	곽산천도교소년회, 동화극대회(참석 : 1000명 시민)
10.29	어린이사, 『어린이』 3쇄(잡지 초유 1만여 부 발행)
	본보기소년회와 인천소년회 공동, 토론회
	재령기독교청년, 웅변대회 만원(장소 : 서부예배당)
10.	고양 광활소년척후단 조직(대표 : 김영종, 이상은, 후에 이순종, 이워익으로 교체, 회원 : 24명)
	충주 목계소년단, 제2회 월례회
	서울 상조소년군, 가극대회(입장료 : 20전, 사용처 : 기아구제)
11. 1	윤극영, 동요 「반달」 발표(『어린이』 2-11)

해주구세군소년회, 담화실
11.15 개성중앙회관소년부, 평퐁대회(창회초 사업)
11.16 서울 중앙소년회, 사교무도대회
올림푸스사, 2일간 작품전람회(작품 : 500, 1등 : 윤석중, 후원 : 명진소년
회)
반도소년부, 기아가극대회
11.18 원산기아구제회, 가극대회(입장료 : 20전, 장소 : 제2보강당)
11.29 조선상조소년군, 가극대회 허가(장소 : 서강예배당, 목적 : 기아구제)
본보기소년회, 연설회(정성채 초빙)
11. 평양천도교소년회, 기근구제 모금운동 전개
영양소년단 발기
의성소년단, 조기회(매일 아침 5시 30분 기상, 6시 30분 체조창가)
12. 1 서울 상조소년군척후대, 무도
12. 6 조선상조소년군, 가극대회 허가
12.15 조선소년군총본부, 연예음악회(독창, 무도 등, 장소 : 인천)
진도소년구락부, 순회연극
12.16 소년척후단총연맹, 이사회(사회 : 이상재, 안건 : 내년 사업계획)
12.18 여운형, 인성학교장과 교민단장 겸임
이천소년단, 정기총회(안건 : 개선)
12.20 명진소년회, 아동도서관 개관(좌석 : 100석, 책 : 500권)
대구노동소년회, 창립총회(참석 : 100명)
봉산 삼광소년회, 유년유희
12.21 대구소년개조단, 임시총회(개선 및 규칙개정)
12.24 선천기독교소년회, 환등회(참석 : 100명, 장소 : 선천기독교청년회관)
12.25 광양군여자청년회, 현상토론회(장소 : 야소교예배당)
12.26 안성소년단, 임시총회(개선, 창립1주년건)
12.27 안주천도교소년회, 가극대회 출연(주최 : 만성청년구락부)
12.28 부산 목도소년단, 제2회 정기총회
12.30 평양기독교소년연합회(장대야소교소년회 · 남산여자소년회 · 만성청년
구락부 · 남산정소년회 · 유정후진청년회 · 차관리후진청년회), 6단체 합
동정기총회(장소 : 차관리교회당)
12. 중앙기독교청년회소년부, 활동사진영사회
· · 안성소년회 창립(회원 : 30명)
괴산소년군 창립(목적 : 실행, 대표 : 정운석, 유정규, 기타 : 1925년 8월
조선소년군 제5호대로 지정)

이천 성호소년회 조직(사업내요 : 노동야학회 개최, 농촌진흥에 노력, 회원 : 21명)

창원 가덕소년회 조직(목적 : 체육에 힘씀, 대표 : 최창세, 하기환, 회원 : 40명)

개성중앙회관 소년부 창립

1925

1. 1 　김해납능회, 현상웅변대회(변사 : 17명, 입상 : 3등까지)
　　　철산 차연관천도교소년회, 가극대회(장소 : 종리원 뜰)
　　　성진 농성소년회, 제2회 정기총회(금후 무료야학)
　　　이원천도교소년회, 축구시합(장소 : 이원공보)

1. 2 　고양 조선소년회, 창립총회
　　　안주천도교소년회 · 곽산소년회예동지회 · 곽산천도교소년회 · 차연관천도교소년회 · 경남 창원군가덕소년회 · 선천천도교소년회 · 중국 안동현 만주소년수양단, 곽산에서 2일간 학예전람회 개최(1등 상품 :『어린이』 5개월분)

1. 3 　중국 안동현 안동소년회, 제2회 정기총회

1. 4 　반도소년회, 창립1주년기념행사(장소 : 보인학교)

1. 5 　조선일보인천지국, 웅변대회(장소 : 산수정공회당)
　　　이원소년회, 회원연령 제한(20세에서→17세로)
　　　제주소년용진단, 소년단과 제휴 창립총회(회원 : 40명)
　　　개성기독교소년회, 성극희극 연극대회(악기음악)
　　　성진소년회, 제1회 창립기념 정기총회

1. 6 　대구소년개조단, 창립총회 및 토론회

1. 7 　동아일보 의성지국, 현상웅변대회(신년독자위로, 장소 : 청년회관)

1. 9 　해주소년수양회, 임시총회

1.10 　광주사립보통학교, 아동극 성황
　　　마산무산소년단, 강화회 재개(참석 : 100명, 야학 : 매주 토요일 노동야학)

1.12 　양산소년연합회, 기근구제금품(중심 : 양산소년회)
　　　청진 공영청년회, 토론회 금지(포항동 주재소에서 금지)

1.15 　의성소년회, 웅변대회 및 음악회(후원 : 동아일보 의성지국)
　　　안변 배회소년회, 진힘남빙상내운농회(여흥 : 20세까지)
　　　해주소년수양회, 동화대회(장소 : 청년회관)

1.17 　부산소년척후대, 현상토론회

1.18 　경성무산소년회, 발기회

1.중 러시아 연해주 동우회, 창립총회(발기 : 고려공산당 4인, 목적 : 어린이 해방)

경성소년의용단, 일본에서 야외연습

1.20 영암소년회, 신파 소인극 순회연극(운영비 마련, 장소 : 완도)

1.23 어린이사, 『어린이』 3판 발행(초판은 1주만에 매진, 2판도 매절)

1.24 『동아일보』 지면확장에 따라 「소년동아일보」라는 소년소식란 등장

경성무산소년회, 창립총회(발기 : 윤석중・박홍제, 장소 : 교육회관, 금지 : 무산집회 과격)

1.25 동래일보 부산지국, 변론대회(변사 : 9명, 장소 : 청년회관)

해주소년수양회, 동화대회(장소 : 청년회관)

1.27 산청소년회, 현상토론회

1. 함홍소년척후대 창립

무리한 청진 경찰, 소년소녀의 토론을 까닭없이 금지

안성동신소년회 조직

서울무산소년집회 금지

마산불교소년회, 제5회 정기총회

용천 남시고려청년회문예부, 웅변대회

안주천도교소년회, 임시총회(참석 : 2・300명, 조직 쇄신)

2. 1 서울소년단, 발기총회 금지(사회주의)

조치원소년단, 창립총회(회원 : 40명)

평양 후진청년회, 현상웅변대회 및 제3회 현상전평양토론회

이원소년회, 정기총회

2. 7 서울소년단 창립총회(회원 : 38명, 역원 : 9명)

인천 본보기소년회, 토론회

용천 구읍청년수양회, 웅변대회

이원천도교소년회, 변장대회(장소 : 이원교당)

북청야소교, 현상웅변대회(연사 : 9명, 입상 : 3등까지, 제목 : 자유, 기타 : 합창)

안변 신고산소녀회, 창립총회(회원 : 40명, 장소 : 신고산예배당)

2. 8 강화중앙청년회, 현상토론회

함홍 중하리유년주일학교, 동화회(연사 : 2인, 기타 : 합창, 독창,바이올린)

동아일보 고양지국, 2일간 소년 연날리기대회(참가자 : 60명, 관중 : 3~4,000명)

양주 창동소년회, 창립총회(회원 : 남자 70명 여자 20명, 장소 : 신흥의숙)

2.10 안동 중가구소년단, 창립총회

2.상	이천소년단, 권학회·이천소년구락부와 합동으로 이천소년회 창립(회장 : 유정준, 부회장 : 최종훈, 총무 : 김병철)
2.12	방정환, 천도교청년회가 주최한 강연회에 연사로 나감(연제 : 「살아 나갈 길」)
2.14	천도교소년회·반도소년회·명진소년회, 2일간 보름놀이(희극무도기술)
	천도교소년회, 동화동요회
	동아일보은산분국, 아동서화회(유희 : 보름날 아침)
	해주소년수양회, 동화대회(참석 : 500명, 구연독창 : 학생 6인)
2.15	숭인면내 소년연합으로 햇발회 창립
2.18	해주 취야소년회 창립(회장 : 조희천, 부회장 : 김수주, 총무 : 최천봉)
	중가구소년단 조직
	양주 유신소년회, 창립총회
2.20	친애회, 강화소년회로 회명 개칭
2.22	조선중앙소녀관·반도소년회, 가극무도대회(기근 구제)
2.24	양주유신소년회 창립
2.28	인천소년회·인천소년군·본보기소년회, 신춘연예회(입장료 : 50전, 어린이는 20전, 목적 : 도서구입)
	해주소년회·해주소년수양회, 단세 각각 120명·50명
2.	온성기독교소년회, 제1회 토론회(참석 : 200명, 장소 : 야소교예배당)
	중국 상해소년동맹회
	거창소년기독면려회, 창립총회(발기 : 수인, 회원 : 20명, 장소 : 발기인 집)
3. 1	해주소년수양회, 박군 현상당선
3. 3	서울 세우구락부, 소년군연예회(조선소년군 경비염출 : 50전~1원, 독주 : 바이올린)
3. 5	진남포 비석리여자기독청년회, 소년웅변회
3. 9	황주 동아·조선지국, 동화대회(래방 : 김기전, 청중 : 300명)
3.11	재령소년회, 단세소개(회원 : 120명)
3.12	평양 차관리후진청년회, 소년군경비 염출
3.13	중앙기독교청년회소년부, 환등회
3.14	마산 신화소년회, 창립총회
3.15	기독교청년관, 전조선웅변대회
	부산소년군, 음악회 기념(장소 : 청년회관)
3.17	어린이사, 『어린이』 창간 2주년 기념 지방순회소년소녀대회 개최(인솔 : 방정환, 17일 : 서울, 18일 : 인천, 19일 : 청주, 21일 : 대구, 22일 : 부산, 24일 : 마산)

3.21   김천소년회·김천조기회, 간담회(장소 : 김천유치원)

3.23   마산 신화소년회 창립축하회(참석 : 이원수, 방정환, 종목 : 동화극, 창가)

3.25   성진소년회, 단세 40명

            동아일보 포항지국, 제2회 경북축구대회(참가 : 애진소년단·구룡포소년 단 등)

3.27   강계개벽지사, 4군연합 문예대회

3.28   황주소년회, 창립총회

3.29   명진소년회, 동화회(일정 : 매주 일요일, 연령 : ~18세까지, 동화 : 연씨)

3.30   인천개벽지사, 소년소녀대회(출연 : 방정환, 정순철, 장소 : 내리예배당)

            단천소년회, 동화회(출연 : 이성환 등)

3.31   성진소년회, 조기회(매일 아침 5시 해안일주

3.   통천소년단 조직(대표 : 김섭호, 우에 김칠성, 기타 : 1925년 9월 강원소년연 맹에 가입)

            서천소년회, 금주금연운동 참가

            용강신흥청년회 소년부 조직

            어린이사, 세계아동작품전(기간 : 3월 31일까지)

4. 1   삼일기독소년회·인천소년군·신화소년회, 소년소녀대회(사사 : 방정 환)

4. 2   고양 조선소년회, 동화회

4. 3   대구노동소년회, 무도음악대회(야학보조금 마련)

4. 6   마산 신화소년회, 토론회 개최(주제 : 우리 사회를 발전시킴에는 노력호아 금전호아)

            평양 차관리후진청년회, 웅변대회(주제 : 자유, 자격 : 17세까지)

4.15   애호소년회·현대소년구락부·명진소년회, 어린이날 준비

4.19   안번 배화소년회, 서화회(필자 : 최정희, 장소 : 배화공보)

4.22   성진소년회, 회관기증 접수

4.23   강릉감리교유년주일학교, 유년가극대회

4.24   평양 중앙소년회, 제1회 동화대회

4.26   어린이날 행사, 경찰국장 및 각도 경찰부에 신고, 어린이날 예고 선전 개시

4.27   소년운동협회, 어린이날 찬조금 접수(천도교종리원, 교육회, 체육회, 허헌 등)

4.28   삐라, 포스터 전국 배부 완료

4.30   기행렬 참가단체 결정, 천도교소년회 외 15개 단체

            어린이사와 색동회 주관, 동화구연대회 개최(특별동화 : 방정환, 고한승, 정순철)

회양소년회, 동화대회(참석 : 60명, 구연동화 : 회원)

4.   어린이날 노래 제정

5. 1   제3회 어린이날 기념행사(준비위원 : 조철호, 설의식, 방정환, 이종린, 김정진, 김기전, 박팔양, 정병기, 황병수, 이성삼, 차상찬, 조기간, 김옥빈, 이두성, 강우, 정순철, 유지영, 이원규, 이정호, 이태운, 이범승, 박군실, 원달호, 김동호, 이을, 홍일창, 홍광호, 신형철 등 28명)

경찰, 어린이날 금지 결정

대구혁영회 · 대구소년회 · 대구노동소년회, 어린이날 기념 동화회 공동개회

의성소년단 · 마산배달학원 · 개성소년회 · 전주기독교 · 소년운동협회 · 해주소년수양회, 어린이날 준비

천도교소년회 · 삼팔청년회소년부 · 애진소년회 · 애우소년회 · 경성불교소년회 · 현대소년구락부 · 새벗회 · 기독교청년회소년부 · 조선소년회 · 조선소년군 · 반도소년회 · 명지소년회, 어린이날 행사 참가

경성불교소년회, 동화대회

안주소년단 · 성천기독교소년회, 동화극 · 가극회

신의주소년회 · 제2기독교소년회, 어린이날 기념 공동 가극회

진남포천도교청년회, 소년기념일 선전(전단 4000매 살포)

안변 고산청년회, 3일간 작품전람회

5. 3   소년소녀 잡지 『우리소년』 창간

5. 9   강화 삼산소년회 창립(위원장 : 문현일 외 13인, 지도자 : 김상규 외 3인)

경성불교소년회, 2일간 동화대회(연사 : 방정환, 이낙영, 김교홍)

5.10   울산 학성소년회, 남선축구대회(참가자격 : 18세까지)

현대소년구락부, 동화대회(연사 : 이정호, 고한승, 정순철)

다리아회, 창립(연극동요회화, 발기 : 윤극영, 안석주)

5.11   조선소년단 송우 제10호대 설립

5.12   치안유지법 공포

당진 자조소년회, 창립총회(발기 : 유지, 기타 : 간친회, 노동실습)

5.15   제주도 모슬포 광포의숙, 제주웅변대회 참가

인천소년척후대, 야영

하동기독청년회, 현상웅변대회(장소 : 하동공보)

부산소년군, 음악회기념후원(장소 : 청년회관, 부산소년군을 소녀군으로 개칭)

보성 복내소년단, 창립총회(장소 : 청년회관)

5.17   현대소년구락부, 동화회(장소 : 경성도서관, 입장료 : 무료, 연사 : 이정호,

고한승, 정순철)

5.20 영동 황윤소년회, 창립총회

5.21 천도교소년회·불교소년회·새벗회·선혈청년회소년부·중앙기독교
청년회소년부·반도소년회·명진소년회, 오월회 참가
장호원유년주일학교, 제1회 현상토론회

5.23 울산소년회, 현상동요동화대회(장소 : 동아후해영학원)
현대소년구락부, 동화회
울산 길안소년단, 창립총회(단장도 아동)

5.24 경성소년지도자연합회, 오월회 조직 결의
이원천도교어린이회, 원족(참가 : 30명, 장소 : 동면옥수암)
경성소년지도자연합회, 오월회 결성(의장 : 정홍교, 서기 : 이원규)
강릉 주문진감리교소년회, 현상토론회

5.25 해주북성소년회·해주소년수양회·해주소년의용군, 광성소년회로 통합
창립총회

5.28 시대일보함흥지국, 동화대회(참석 : 3~400명, 강연 : 김기전, 장소 : 천도
교종리원)

5.30 고성보통학교, 소년회 입회 금지
조선소년군총본부, 순회선전용 촬영(장소 : 한강)
고원청년회·고원개벽지사, 담화강연회(연사 : 김기전)
군산소년회, 창립총회(회원 : 50명)

5.31 오월회 창립총회(소년운동협회의 후신, 위원 : 방정환, 고한승, 정홍교)
기쁨사, 동요대회(장소 : 명진소년회관−별칭 어린이궁전)
현대소년구락부, 동화회(장소 : 경성도서관아동실, 연사 : 정순철, 한광석
등)
이원 소년학우회, 창립총회
제주 소년선봉회, 제주테니스대회(참석 : 27팀, 장소 : 소년선봉회 코트)

5. 경성불교소년회·반도소년회 등, 전경성지도자연합회 결성 준비
종교유년주일학교, 만국음악회(장소 : 종로회관)

봄 서울 연건동 창경초등학교 자리에 젊은 목수 장무쇠가 어린이를 위한 조그만
집을 지음, 이것이 우리 나라 최초의 어린이 회관임

6. 1 경성鏡城회문소년회, 담화실
창원 가덕진소년회, 담화실
성진 일신소년회, 창립총회(회원 : 120명, 장소 : 일신동강습회)

6. 2 안변 배화소년회, 발패拔稗선전(면내순회, 호호선전지)

6. 4 개성 동문내유년주일학교, 가극대회(전기고장으로 8시에서 9시로 지연되

어 시작)

6. 5   개성중앙회관소년부, 현상웅변대회(준비가 지체되어 5월 30일을 6월 5일로
연기, 참석 : 500명)

하동기독교청년회, 웅변대회(장소 : 공보)

예천소년회, 신파순회연극공연(운영비 마련)

6. 6   원산소년불교회, 목판테니스대회(장소 : 산제당포교당)

신의주 제2기독청년회, 웅변대회(제목 : 자유, 참석 : 25명, 평균연령 : 14
세)

명진소년회, 동요동화대회(연사 : 방정환, 정순철)

대전엡윗소년회 · 대전소년회, 현상웅변대회 중지

안동 풍산소년단, 창립총회(소년이 발기, 선언 · 강령 · 규약 채택)

북청소년회, 창립 3주년기념 임시총회

해주 취야소년회, 토론회

6. 7   영동소년회, 가극대회(음악무도 포함, 장소 : 청년회관)

김제유년주일학교, 음악동화가극회

개성천도교소년회, 제1회 임시총회

6. 8   오월회, 제1회 전경성소년지도자연합회 지도자 월례회(강습회 결의, 강사 :
방정환 · 고한승, 준비 : 정홍교 · 이원규)

6.11   의성유치원, 2일간 가극대회(경비염출)

6.13   다리아회, 소녀동요대회(장소 : 명진회관)

신소년광양분사, 현상동화음악대회 500명 성황(장소 : 청년회관)

6.14   현대소년구락부, 활동사진위안회(장소 : 교동보교)

이천천도교어린이회, 현상웅변회(장소 : 천도교당)

6.15   오월회, 지도자 강습회

안변소년단, 동화회 500명 대성황

6.19   대전 소성소년회, 창립총회(장소 : 대인여관)

조선소년군총본부, 매년 1주간 소년군지도자 연수회(참가자 모집)

6.20   명진소년회, 동화회

논산 상애회소년부, 임시총회(운동여자부 신설)

6.21   인천소년척후군, 임시총회(단장 개선 : 곽상훈 선임, 회관문제, 조철호 사령
관 임석)

6.22   공주소녀군, 개단식(단원 : 12닝)

6.24   이원청년회, 15단체 운동회(장소 : 청년회연합운동장)

6.25   명진소년회, 어린이단오놀이(참가연령 : ~15세까지, 사진음악)

광양소년단, 웅변대회(참가연령 : 13~18세, 장소 : 청년회관, 중지 당함)

조선중앙소녀관, 단오놀이(가극, 무도, 독창, 현상독창도)

개성소년회, 창립 3주년기념(다과회도 염)

여주 신천지소년회, 정기총회

북만주 대진청년회, 전만소년현상웅변대회(단오일)

6.26 영동소년회, 남조선테니스대회에 사용할 우승기 수증

이천 장호원주일유년학교, 현상연합토론회

6.27 매산학교학생청년회, 현상여자웅변대회(장소 : 순천공보, ~17세 소녀)

동아일보 전주지국, 현상웅변대회(참가 : 800명)

경성불교소년회, 제2회 동화대회(장소 : 불교회관, 어린이는 무료)

인천엡윗소년회, 정기총회(본보기소년회를 개칭)

여주 신천지소년회, 강연회(초빙연사 : 박용환)

6.28 동래소년회, 창립총회

영동소년회, 남조선테니스대회(관중 : 100명, 장소 : 조면공장 코트)

안주천도교소년회, 병사한 회원을 위한 추도회(참석 : 수100명)

6.30 마포청년회, 어머니회(강연 : 방정환, 후원 : 오월회)

순천 매전학교학생청년회, 현상웅변대회(청중 : 1200명, 제목 : 자유)

6. 조선소년협회, 황해도소년대회 후원

조선소년군, 활동사진상영회

통영 조선소년군지방본부, 창립대회(참석 : 50명)

7. 1 마산 신화소년회, 담화실

봉산소년회, 집행위원회(안건 : 창립 2주년기념 웅변대회 · 소년대회 개최
건)

7. 2 해주 북성소년회, 해주소년지도자연수회

7. 3 봉산 사리원기독교청년회, 현상웅변대회(제목 : 자유, 장소 : 서부예배당)

7. 4 인천 영명학원, 가극대회(소년군 음악대 협찬)

부산 목도소녀회, 임시총회(장소 : 목도의숙)

7. 5 개성용화소년회 창립(위원 : 박명득, 최덕겸)

개풍 용화소년회, 창립총회(참석 : 20명, 지향 : 근면 · 지식 · 절약)

이천소년회 · 이천소년단, 테니스시합(장소 : 이천공회당테니스코트, 조
편성 : 16조, 개인전 다수 참가)

이천 죽산소년단 · 장양공보소년단, 테니스시합(장소 : 죽산공보코트)

성진 일신소년회, 제2회 월례회 결의(도서관 · 분매)

7. 6 오월회, 월례회

반도소년회, 동화회

고흥어린이수양단, 전군테니스대회(참석 : 70명, 장소 : 체육회테니스코

트)

평양소년척후대, 기독교청년회가 모체가 되어 개단식(회원 : 18명, 장소 : 산정예배당)

7. 7 상해인성학교소년회 해체되고 대신 상해한인소년회가 조직, 후에 상해한인 동자군으로 개칭

이원소년학우회, 창립총회(매주 일요일 작문, 재·지·체 지향)

7.10 동아일보용암포분국, 제1회 동화대회(연사 : 5명, 장소 : 유치원)

7.11 경성불교소년회, 간동에서 정동으로 회관 이전

조선소년군, 홍수재해구제·인명구조활동

담양소년단, 창립총회

운산 북진청년회소년부, 제1회 정기총회(장소 : 광동학교)

군산 신흥소년단, 현상웅변대회(장소 : 신흥학원, 제목 : 자유, 입상 : 4등 까지)

간도 용정소년회, 3일간 연예가극회(후원 : 소년척후대)

7.12 이원천도교어린이회, 야유회

담양소년단, 역원회(일기쓰기, 웅변연습, 운동 결의)

7.13 여주 신천지소년회, 연설회(참석 : 100명, 강사 : 여강사, 장소 : 야소교회)

7.13 어린이사, 동요동화순회강연회(연사 : 방정환·정순철, 순회지 : 울산· 포항·경주·대구)

7.14 인천소년척후대, 수해경계

무안 암태소년단, 창립총회

7.15 조선소년군총본부, 단천순회활동사진대 활동금지(이유불명으로 본서에서 금지)

해주 신흥소년회, 창립총회(장소 : 천도교, 발회식 : 8월 5일)

7.16 울산소년회·성우회, 동요동화대회(장소 : 청년회관, 연사 및 심사, 방정 환·정순철)

개성 태극소년회, 창립총회

울산소년회·언양소년회, 동화회(장소 : 공보대강당)

장수소년회, 정체됐던 소년회와 청년단이 합병하여 창립총회

평양소년척후대, 개단식

7.17 함흥기독교청년회소년부, 동화대회(연사 : 3명)

7.18 의정부기독청년회 주최, 소년소녀웅변대회 개최

안동 길안소년회, 임시총회(역원보선, 장소 : 길안청년회관)

7.19 조선소년군총본부, 지도자하기연수회(기간 : 일주일간, 훈련법 및 야영)

7.20 오월회, 수재구제(참석 : 9명, 위문회 열고 위문품 전달)

함흥무산소년회, 음악무도회

제주 신촌소년회, 임시총회

한양청년연맹, 제4회 집행위원회(사회 : 박헌영, 소년부 증설)

7.21 함흥기독교청년회소년부, 현상웅변대회(참가자격 : 12~18세, 장소 : 예배당)

목포 십승단, 소년극대회(장소 : 희망유치원)

7.22 개성천도교소년회·개성중앙회관소년부·개성남부엡윗소년회·태극소년회·용화소년회, 개성단체간담회(주최 : 개성천도교소년회, 장소 : 고려상회 누각)

제주 모슬포야소교회, 가극대회(참석 : 800명)

7.23 대구소년회, 순회음악무도회(하기휴가 이용 야학비용 염출)

7.24 조선여자청년회, 2일간 소년가극사진전(평양이재민 돕기)

산청 제일소년구락부, 임시총회(임원개선, 장소 : 청년회관)

7.25 수원엡윗청년회 주최, 소년소녀현상토론회 개최

목포청년회, 2일간 전전라도 현상웅변대회(청중 : 2,000명)

안변소년회, 정기총회(장소 : 공보교)

보성소년단, 3일간 학예전람회(접수 : 협찬)

간도 대진청년회소년부, 수재구제

7.26 목포청년회, 2일간 웅변대회(연령 : 13~18세)

취운소년회, 창립총회(발기 : 유지, 지향 : 교양, 운동, 가회, 서당)

회령 인계소년단·탑동소년단·두립소년단, 제3회 영대축구대회 참가

7.27 부산 목도소녀회, 임시총회(수해구제를 결의)

전남소년연맹, 발기준비회

7.28 고원개벽지사, 현상웅변대회(장소 : 고원종리원)

황해도소년대회·황주소년강연회(강연 : 교장, 기타 독주·창가·무도)

7.30 동아일보 고흥지국, 현상웅변대회

동아·조선제주지국, 웅변대회(자격 : 12~18세)

강화개벽지사, 동화회(강연 : 김기전, 제목 : 소년의 근본문제)

의주 창동야소교회, 하기강습회(참석 : 60명, 기간 : ~8월, 지향 : 성경, 창가, 유희)

7.31 논산 상애소년단, 임시총회(월2회 동화회, 월1회 토론회 개최)

익산 7월회, 현상웅변대회(출연 : 원아도 가능, 심판 : 2인)

동아일보 고흥지국, 현상웅변대회

7.하 봉산 성경학원 창립(하기학교, 동화유희)

어린이사, 우이동에서 7일간 하기야외강습회(지도자용, 강사 : 방정환)

7.	해주신흥소년회 창립(목적 : 윤리적 해방·인격적 예우, 사업내용 : 무산 소년교양 및 훈련, 회원 : 120명)
	언양소년회, 조기회
	고성소년회, 창립총회 준비(교장의 방해)
	고창 광활소년군, 홍수재해구제·인명구제활동
	황해소년연맹, 결의문 채택
	인천소년회, 진용정비(신지도자 초빙)
	조선소년군총본부, 강원·함경·간도 순회활동사진영사회
8. 1	여주 여남소년회, 창립총회(장소 : 점동공보)
	남한 순회동화공연(연사 : 오월회의 정홍교)
	현대소년구락부, 하기취미강좌(장소 : 경성도서관아동실, 입장료 : 어린 이 무료, 기간 : ~20일)
	삼일교회일요학교, 수재구제가극
8. 2	서울 청구소년회, 창립총회 집회금지(6강령 불온)
8. 3	인천소년척후대, 부천군 문학에서 7일간 야영
8. 4	울산소년회·울산천도교소년회·울산불교소년회·학성소년회, 대구소 년회의 울산지방 순회음악 참가
8. 5	개성 6소년단, 원유회(참가 : 80명, 장소 : 송악산록)
	논산 상애소년단, 토론회(장소 : 양영학원)
8. 6	간도 대진소년회, 월2회 벽상 소년신문 발행
	조선불교소년회, 동화음악대회
	조선소년군, 활동사진대(장소 : 원산, 인솔 : 조철호)
	용천학생친목회, 동화회(초빙연사 : 방정환)
8. 7	무안 태암소년단, 강연회(청중 : 300명)
	전주 삼례소년단, 제3회 호남축구대회
	홍원 영무소년회, 창립총회
	동래소년회, 창립총회(장소 : 청년회관)
	이원유치원, 2일간 순회연극(후원 : 곽산소년회)
8. 8	청구소년회, 강령불온하다고 창립총회 불허 - 교섭후 허가 받음
	안변 배화소년회, 하기강연회(참석 : 1000명, 연사 : 3인, 끝나고 여흥)
	오월회순강대, 동화회(연사 : 정홍교, 장소 : 안성서리예배당)
	해리소년단, 제2회 남조선축구대회(장소 : 해리공보)
	조선소년군, 영홍순회활동사진(만원사례)
	당진 자조소년회, 총회(재경 학우도 참석)
8. 9	태천유학생학우회, 현상웅변대회(후원 : 동아일보)

현대소년구락부, 일요동화회(연사 : 이백균 외 3인)

강경 상애소년단, 순회동화회(참석 : 300명, 연사 : 정홍교)

조선소년군총본부, 활동사진대(홍원착 부흥여관 투숙, 조철호 인솔)

대구소년회, 양산착 무산아동교육을 위한 순회음악연주회

8.10 함흥소년척후대, 서호진해수욕장에서 야영

기독교면려청년회, 현상웅변대회

8.11 명진소년회, 동화회(참가회원 : 150명)

동아·조선제주지국, 제주현상웅변대회(참가단체 : 모슬포소년돈독회·
정평소년회·소년선봉회·소년탐홍회·소년신성단·신촌소년회·화
북소년회

8.12 마산 신화소년회, 하기강습회(상호학습, 산술·창가 등)

한양청년연맹, 집행위원회

8.13 해주소년회·봉산소년회·황주소년회·재령소년회, 2일간 황해소년대회
준비

군산소년회, 동화대회(초빙연사 : 정홍교)

김제 벽성소년단, 임시총회(주1회 토론회, 『어린이』구매)

8.14 군산기독소년회, 2일간 현상호남웅변대회(참석 : 500명, 장소 : 영신여학
원)

명진소년회, 음악회

무안 지도소년단테니스단, 선수단 출발

진남포천도교소년회, 가극회(독창극, 동화)

김제 벽성소년단·김제청년회 공동 개최, 동화회(초빙연사 : 정홍교, 청
중 : 300명)

김천소년회, 간담회(친목회비, 장소 : 금릉청년회관)

통천 고저유년주일학교, 동화회(참석 : 300명)

이리여자기독소년회, 군산웅변대회에 참가

서산읍내엡윗교, 음악회(참석 : 1000명)

동래소년회, 제1회 임시총회(장소 : 소년회관)

8.15 상해 쌍주지방에서 우리청년회 조직(집행위원장 : 이철, 소년부위원 : 박
호정, 장종진)

안변소년회, 창립5주년기념 작품전 및 현상웅변대회(참석 : 100명, 자격 :
18세까지)

마산청년회, 현상웅변대회(자격 : 17세 미만, 장소 : 마산구락부회관)

원주 우리구락부, 위원회(수재구제 결의)

부산소녀군·부산소년군, 창립 1주년기념음악회(장소 : 청년회관)

양산 언양소년회·성우회, 후원

지유학우회, 현상무목웅변

조선소년운동협회, 후원

조선소년군제1호대, 남한산성에서 야영

명진소년회, 동화회(초청연사 : 이정호, 연성흠, 장무쇠)

신성학교, 연합웅변대회

부산소년군, 창립1주년 기념음악대회(장소 : 청년회관)

정읍소년회, 동화회(초빙연사 : 정홍교)

논산 채운소년친목회, 제1회 토론회

8.16 영일소년회, 경북축구대회

평택소년회, 제2회 중선테니스대회(자격 : ~21세까지)

영동소년회, 원유회(동화와 음악)

황해소년대회준비회, 황해소년대회 개최

진남포감리교주일학교, 창립4주년기념대회(참석 : 500명)

평산 한포소년회, 순회강연회

논산 상애소년단내 척후대, 계룡산 신원사 등산

8.17 의주동교회유년주일학교, 소년위안회(참석 : 1000명, 자격 : ~16세, 장
소 : 교회내)

8.18 순천하기강습회, 순회가극단 벌교 도착

동아일보분국, 무목웅변대회준비위원회 개최

8.19 마산 신화소년회·마산불교소년회, 수재구제(수십명이 각호다니며 쌀과
금품 모음)

용천 용계유년주일학교, 웅변대회 및 아동강습회

나주소년회, 동화대회(초대 : 오월회-정홍교, 김영섭 등)

해주 취야소년회, 제3회 정기총회

8.20 현대일보 부산지국, 현상웅변대회(장소 : 청년회관, 하기휴가 이용)

익산 흠성청년회, 현상웅변대회(참석 : 400명, 제목 : 자유)

조선소년군, 성진좌에서 특고의 처가 순회활동사진대 방해

8.21 인천소년척후군, 월미도에서 5일간 야영

해주소년회, 순회강연회

철산읍내소년회, 창립기념 강연연극(발기 : 수인, 회원 : 40명, 장소 : 천도
교정)

영암소년단, 2일간 소녀가극대회(참석 : 500명, 장소 : 향교명륜당)

8.22 정주 조산소년회, 현상웅변대회(자격 : ~16세, 입상 : 메달수여)

논산 강경선구회, 웅변대회(자격 : ~19세, 제목 : 자유)

인천소년군·인천소년척후대, 수해동포추도식(장소 : 월미도)

황해소년대회준비위원회, 소년문제강연회 경찰주의(연사 : 3명)

8.23 영동소년회, 동화동요회(참석 : 130명, 제1·3토요일 개최)

8.24 황해소년대회준비위원회, 황해소년대회 개최(래빈 : 허정숙, 황해소년연맹을 결의, 참가단체 : 은률소년회, 봉산창덕학교학생회, 봉산소년회, 해주신흥소년회, 황주소년회, 북성소년회, 재령소년회, 삼광소년회)

고창 성내소년단, 전북축구대회(장소 : 성내보교)

경주 안강공보교, 동화회(청도에서 연사 초빙)

목포소녀회, 창립총회

8.25 동아일보지도분국, 현상웅변대회(자격 : ~20세)

반도소년회, 누하동으로 이전확장

황해소년연맹, 창립총회

김천소년회, 강경사건에 대한 각성문 발표

괴산유년주일학교, 가극회(참석 : 500명)

지도동아지국소년단, 현상웅변대회(참석 : 수천명)

8.26 어린이사, 교통조사

8.27 조선소년군, 철원도착 순회선전(강연 : 조철호)

해주소년군 개단식 및 음악무도대회(경성소년군이 후원 연주, 장소 : 청년회관)

김천소년회, 수재구제 협찬(동아지국에 9원 기증)

8.28 철산 신곡소년회, 현상웅변대회(참석 : 수100명, 장소 : 야소교회당)

개성소년회, 임시총회

영일소년회, 창립총회

8.29 군산유년주일학교, 가극회(장소 : 개복동예배당)

신천유지, 가극회(장소 : 톰슨상회)

장수 장계소년단, 테니스대회 진안과 장수의 의견충돌로 연기

홍원 어헌소년회, 정기총회(장소 : 서당)

8.30 북청 오매소년회, 창립총회(발기 : 유지, 장소 : 학우강습소)

동아일보나남지국, 나남웅변대회 광고

예수교유년주일학교, 연합유년대회

제주청년회, 제주소년연맹준비(소년지도자간친회 15단체)

8.31 영동소년회, 음악회(협찬받음, 무도·연극 포함)

조선소년군총본부와 중림동소년군·상조소년군 합동 야영

명진소년, 3일간 창립기념행사(축사 : 고한승)

8. 청구소년회 발기 총회

현대소년구락부, 일요동화회(연사 : 이정호 외 2인)
무안 암태소년단, 위원회(수해구제, 후원 : 청년회)
사리원동서부장노교, 강습회(200명 학습, 유초중고반)
인천소년회, 총회(역원개선)
안동 아동성경학교, 웅변대회(음악 포함)
명진소년회, 창립1주년기념대회
인천 신천지소년회, 임시총회(참석 : 40명, 수해의연금 마련)
부산 목도소년단과 목도소년회, 구제기금 증정(42원과 의류-명예를 매명
했다고 비난)
고성소년구락부, 창립총회(회원 : 54명)
강화소년군, 개단식 준비(회원 모집중)
해주 북성소년회, 소년문제강연회(연사 : 최화숙, 장소 : 해주청년회관)
조선소년군, 단천순회활동 중지
동래 사하면향상회, 창립(회원 : 40여명)
9. 1   명진소년회, 창립1주년기념(동요, 동화, 독창)
강화중앙청년, 개단식 준비(회원자격 : 9~20세)
해주 북성소년회, 담화실
철산 신곡소년회, 담화실
함흥소년회 허군, 『어린이』독자사진 게재
진남포 명성소년, 담화실
9. 2   여주 신천지소년회, 수일간 현상웅변대회(장소 : 소년회관)
광양소년단, 개단식(장소 : 유당공원, 야간에 악대 제등행사)
9. 4   제주 법환소년회, 학예회(참석 : 300명, 사무소 : 향교)
9. 5   홍원청년회, 웅변대회(제목 : 자유, 장소 : 천도교당)
경성 일신소년회, 창립총회
9. 6   개성천도교소년회 · 개성중앙회관 소년부 · 남부엡웟소년회 · 태극소년
회 · 용화소년회 등 6개 소년단체 대표가 모여 새벽회 조직
조선소년단, 영흥에서 2일간 순회동화회(장소 : 영흥청년회관)
경성 중림동소년군, 개단식
평양소년회, 창립총회(발기 : 유지 10여인, 장소 : 시대루)
공주소년군, 공주시장의 유지들이 방화구제에 대한 고마움으로 감사초대연
개성 새벽회, 개성 6단체와 함께 창립총회 순비
단천소년군, 전단천테니스대회 우승
전주소년회, 창립총회(장소 : 청년회관)
9. 8   강경영육회 · 강경소년친목회 · 강경명심단 · 강경양영학우회 · 삼광

회 · 상애소년단 · 상애소년회, 토론회 참가

9. 9 삼팔소년회, 창립총회(회원 : 삼청동과 팔판동 어린이 50명, 장소 : 청년회관)

영변엡윗청년회, 4일간 아동극대회(후원 : 3지국, 참가 : 500명, 독창 · 무도 · 성극 · 희극 등 성황)

9.10 오월회, 임시총회

밀양소년군, 수재물자 배달(10일부터)

9.11 고흥 남면소년단, 각면순회연극단으로 아동극단 조직

9.12 우리소년회, 현상웅변대회(자격 : ~17세, 제목 : 자유)

여주 신천지소년회, 웅변대회(자격 : ~20세, 제목 : 자유)

조선중앙소녀관, 수해위안음악가극회(정리 10전, 장소 : 동막창고)

경성 협우소년부, 창립총회(장소 : 교육협회)

안주천도교소년회, 순회가극단(순회지 : 개천价川, 참가 : 400명)

9.13 경성鏡城북국소년회 · 북국여자소년회 · 근애소년회 · 용강여자구락부, 수재구제 협찬(장소 : 동아지국)

현대소년구락부문예부, 일요동화회

안동소년회, 창립총회(회원 : 60명)

청양엡윗소년회, 창립총회(장소 : 읍내리예배당)

9.14 우리청년회, 전경성웅변대회 발표자 구속당함(장소 : 종로Y)

구성 장노교유년주일학교, 수재구제협찬(2원 45전 기부)

9.15 개성소년연맹회 총회(임시의장 : 정홍교)

제주소년연맹 조직 결의

고령 가야구락부, 창립총회 준비(청년제안, 회원연령 : 12세~20세)

김천소년회, 황악산 직지사로 원족회

조선중앙소년회, 순회동화구연 함경도순회

평강소년척후대, 강원소년연맹 참가

목포노동소년회, 웅변대회 금지

경성내소년단, 경성소년연맹총회(의장 : 정홍교, 장소 : 중앙소년소녀관, 참가단체 : 천도교소년회, 경성불교소년회, 현대소년구락부, 소년영광회, 청구소년회, 새벽회, 선명소년회, 상조소년회, 대종교소년회, 다알리아회, 중앙기독교청년회소년부, 중앙소년관, 반도소년회, 일신소년회, 취운소년회, 명진소년회, 우애소년학우회)

이천소년회, 상박대회

9.19 경성소년연맹, 우리청년회 전경성웅변대회 발표자 구속 항의 결의

여주 신천지소년회, 웅변대회(제목 : 자유, 12일을 19일로)

해주 북성소년회, 제2회 정기총회(회원연령 : 10~18세, 장소 : 청년관)

무안 지도소년단, 제1회 정기총회(장소 : 청년회관)

9.20 안성소년단과 안성소년회, 축구시합(후원 : 3지국, 장소 : 안성공보 운동장)

현대소년구락부문예부, 환등대회

경성 장노교유년주일학교, 음악유희대회

홍원 경포소년회, 창립총회(회원 : 100명, 장소 : 경포역송림)

9.21 경성소년연맹회, 명칭 불허가－오월회로 돌아감

경성 자문소년회, 창립총회

통천 통명학교학우회, 통천가극대회(관중 : 수백명, 장소 : 동교대강당)

나주애우회, 2일간 제1회 테니스대회 개최

이원소년단·이원소년회, 조기회(21일부터 매일)

9.22 영일 칠조청년회소년부, 창립총회

9.23 만산 신화소년회, 무학산록 개간(참가 : 20명)

영동기독청년, 연설가극회(장소 : 청년회관)

9.26 다알리아회, 2일간 동요창가극(장소 : 천도교당, 후원 : 소년운동협회)

인천엡윗소년회, 동화회(연사 : 방정환, 어린이에 한해서 무료입장)

조선소년군총본부, 활동사진대회(설명 : 조철호)

제주소년연맹결성(집행위원 : 15명, 참가단체 : 소년육영회, 조천소년회, 가파소년회, 협성소년회, 금녕소년회, 삼양소년회, 소년신성회, 소년신명회, 소년성학회, 소년선봉회, 소년탐라회, 소년돈목회, 소년용진회, 성산소년단, 신촌소년회, 외부소년회, 월정소년회, 화북소년회, 일신소년회, 이호소년회)

9.27 홍성엡윗소년회, 현상웅변대회(자격 : 8~16세, 광고제목 : 자유)

고양 개리소년회, 운동회(장소 : 개군사)

현대소년구락부문예부, 제23회 동화회(연사 : 이백, 고익상)

9.28 명진소년회, 기관지 창간(각지의 소년회 소식 게재, 값 : 2전)

9.29 다알리아회, 2일간 가극회

공주영명학생기독교, 동화회(장소 : 영명학교)

용암포체우회, 창립총회(발기 : 5인, 장소 : 유치원)

경성 중림동소년군, 가극무도대회(관중 : 1000명)

9.30 주선소년회, 창립총회(연령 : 15~20세)

조선무산소년회, 창립총회 중지

9. 의정부소년척후대 창립(대장 : 차석영)

개성소년척후대 조직(대장 : 하채성)

	홍원소년회, 창립총회(참석 : 수백명, 발기 : 유지)
	순천 소년상애회, 교량가설공사(근린 감사)
	우리청년회, 전경성웅변대회 발표자와 주최자 구속 당함
	원산신인동맹, 전함남현상웅변대회(연령 : 13~18세)
	인천소년군, 활동사진대회(자금염출, '심청전' 등)
	경성 문화소년회, 창립기념문예회(발기 : 염근수)
	조선소년군총본부, 창립기념식
10.	아동신문사, 『아동신보』창간(소년운동정보 잡지사)
	선명소년회, 선명청년회소년부 독립 창립총회 중지
10. 2	평양소년회, 2일간 제1회 전조선현상웅변대회(제목 : 자유)
	삼팔소년회, 추석원유회
	다알리아회, 추석원유회 후원
	안산 신고산청년회소년부, 추석놀이(3인 동화)
10. 3	영동소년회, 학술품전람회(장소 : 청년회관)
	곡성제일선소년회, 제1회테니스대회
10. 4	용천 용암포소년단, 용천테니스대회(장소 : 공보코트)
	영일 광천리소년친목회, 광천축구대회
10. 5	진주유치원, 동화동요가극대회(경비염출)
	공주조선소년군, 창립3주년기념
	안변 배화소년회와 미산소년학우회, 안변단체대표로 참가
	평양소년회, 현상웅변대회(참가연령 : 13~18세)
	이천소년회, 제2회 정기총회(장소 : 청년회관)
10. 6	제1회 전조선현상웅변대회 2일간 개최(장소 : 천도교당, 참가단체 : 개성
	남부엡윗소년회, 강동한왕소년회, 안악공립고보, 새벽회, 진남포삼숭학교
	학우회, 부용소년회, 영변어린이학우회, 평양군은성학교, 평양신암소년면
	려회, 평양서문외소년면려회, 평양중앙유년주일학교, 평양천도교소년회,
	평양남산정소년회, 평양광덕학관학우회, 평양비구리유년주일학교, 평양
	차관리후진청년회, 영동소년회, 개성소년회, 평양시가소년회, 평양소년회
	등 24단체)
	승동주일학교,신문사견학(참가 : 30명)
	정주주일학교, 예배당에서 두차례 동화회
	함흥기독교청년회, 음악연주회(참관 : 400명, 후원 : 함흥소년척후대)
10. 8	김천소년회, 위원회
	제주 소년전진회, 총회
10.10	원주소년회, 소년야학회(참가 : 30명)

함평소년회, 제6회 정기총회(문고 악기 도구)

장수 천천소년단, 창립총회

10.11 봉산 사리원동서부장노교, 단풍놀이(참가 : 300명)

현대소년구락부문예부, 일요동화회(연사 : 방정환, 고한승, 입장권 : 무료)

재령 여일소년회, 창립총회

전남소년연맹, 전남소년연맹회(참가 : 13단체 810명)

안변 배화소년회, 임시총회(장소 : 공보, 어린이부 특설)

부안어린이회, 테니스대회(참가 : 8단체)

중국 상해소년회, 총회

10.13 제주 월정소녀회, 총회(주2회 면강회)

신흥 홍경소년회, 창립총회(회원 : 30명)

10.15 소년주보사, 『소년주보』 창간

창원웅천기독교소년회 조직(대표 : 해리교회 유지, 후에 김상덕, 김재룡,

주영호, 김창배, 회원 : 50명)

강경소년단총연맹, 창립총회(기관지 발행)

김천소년회, 제3회 정기총회(현상웅변대회는 금지당함)

정주 곽산천도교소년회, 제4회 정기총회

10.16 평택소년회, 제2회 중선테니스대회(장소 : 평택공보코트)

명진소년회, 문고

10.17 김해소년단, 마산 진주 견학(견학단 : 34명)

10.21 벌교소년단, 창립총회(발기 : 유지, 선언문 발표)

10.23 현대소년구락부문예부, 동화회(연사 : 방정환, 입장료 : 무료)

강경소년연맹, 강경소년연맹준비회

영암노동소년단, 창립총회준비(장소 : 낭남학원)

영암소년단, 임시총회(문고 단복 회비)

10.24 경성불교소년회, 동화음악회(연사 : 염근수, 정홍교)

조선주일학교, 음악대회 대성황

조선소년군, 밀양에서 활동사진

이리소년회, 창립총회(준비회 : 유지, 장소 : 청년회관)

10.25 이원소년단, 정광사산에서 단풍놀이

평택소년회, 창립 제2주년 기념

10.26 조선소년군, 동래순회신진(활동사신)

10.28 경성 소년소녀문예회, 신문사 견학

10.29 안동 와능면소년회, 임시총회(화랑소년회로 개칭, 강령 채택, 민중해방)

10.30 경성 중앙유치원, 가극대회 및 사진전

마산 신화소년회, 제8회 정기총회
마포청년회소년부, 토론회(장소 : 청년회관)
완주소년구락부, 전북축구대회 참가
이천소년회, 창립1주년기념사진전(주최 : 경노회)
경성鏡城 봉암소년회, 소년문고 협찬

10.31   전주기독교청년회소년부, 전북축구대회(장소 : 전주신흥학교 운동장)
전주소년척후대, 개단식(시내행렬)
마산 신화소년회학예부, 제7회 토론회
평양중앙소년소녀회, 창립1주년기념

10.   창원소년회 창립(대표 : 김한용, 황수성, 김성호, 회원 : 40여 명, 기타 : 이
단체는 일시 중지되었다가 같은 해 12월에 이영일, 설영우가 재조직)
어린이사, 세계아동작품전시회
의정부소년척후대, 개단식(발기 : 유지)
전주청년회소년부, 동화회 개최직전 원고 검열(전주경찰서 불허)
정주 문인소년회, 제2회 정기총회
전남소년연합회, 소년연합회(참가 : 13단체 810명)
중국 훈춘유년주일학교, 유년가극
철원 송내소년회, 창립총회

11. 1   경성소년소녀문예회, 창립기념현상문예모집(입상 : 3등까지)
개성 새벽회, 월례회 결의(소년운동의 통일)
영동소년회, 전선학예품 전시회 2일간 개회(입상 : 3등까지, 장소 : 청년회
관)
제천소년회, 창립총회
개성 복령소년회, 창립총회

11. 2   성진소년회, 테니스대회(장소 : 군청코트)
전주유년주일학교, 4일간 유년주일진흥회(음악가극 동화 등)

11. 3   경성 가나다회, 음악무도대회(동요극 포함)

11. 5   경성 신흥청년회소년부, 3일간 연예회(참석 : 수천명)
정주 문인소년회,옥천노동야학(장소 : 문창학원)

11. 6   경성 돈화청년회소년부, 동화회
성진 용대소년회, 토론회(장소 : 장학회관)

11. 7   경성 소년소녀문예회, 동화회 후원(김인영, 염근수 등)
중앙일요학교, 동화회(연사 : 김인영, 염근수 등)
영암노동소년단, 창립총회(장소 : 동무리낭남학원)

11. 8   이리소년회, 창립총회

	인천소년회 등 8단체, 인천축구대회(장소 : 공설운동장)
	이원 포항리소년회, 창립3주년기념축하 동화대회
	통영 연초소년회, 제1회 월례회
11.11	통천소년단·통천소년회, 창립총회 준비(33명, 강령, 장소 : 개벽사분사)
	제천소년회, 조기회(11일부터, 비회원 환영)
	보성 벌교소년단, 임시총회(장소 : 청년회관)
11.12	의주직업학교학예부, 제1회 현상웅변대회
	강경소년연맹 창립(참가단체 : 강경소년친목회·삼광회·상애친목회 등, 장소 : 민우회관, 집행위원 선출, 선언문 채택)
	보성소년단, 창립4주년기념 동화 제등 운동회 개최
11.14	신흥 흥경소년회, 야학과 소년회 해산명령 받음
	영암노동소년단, 임시총회
11.15	영암소년단, 월출산 탐승
	경성 소년소녀문예회, 어린이놀이(동화 : 방정환, 각소년단체 찬조 출연, 장소 : 시천교당)
	마산 신화소년회, 임시총회(장소 : 모자점)
	원산소년회, 동화회(장소 : 천도교당, 참석 : 소녀와 소년)
	안주야소교중앙주일학교, 음악웅변대회(변사 5인, 제목 : 자유)
	개성천도교소년회, 제2회 임시총회 및 동화회(임시총회는 밤에 동화회는 낮에 개최)
	대구용진단, 금지대책임시총회(성명서 금지당함)
11.16	반도소년회, 간부회(위원장 : 이원규·허환)
	함평소년단, 제5회 정기총회(문고설치 결의)
	원산엡윗소년부, 창립총회(장소 : 예배당)
	영암소년단, 반장회(장소 : 영암소년단회관)
11.18	논산 상애소년단, 강경공보교장이 이남을 소년단에서 퇴단할 것을 명령
	강경 상애소년단, 임시위원회(대퇴단요구질문위원회 구성)
11.19	강경공보교장, 소년단 탄압(질문 거부)
11.20	관동소년연맹, 창립준비(장소 : 청년회관)
	김천독서구락부, 독서회
	여주 시천지소녀회, 여주토론회(장소 : 예배당, 속론 금지)
11.21	금천유년주일학교, 동화회(연사 : 이규용, 박태섭, 안신용 등)
	여주 신천지소년회, 간부회
	선천기독교청년회소년부, 조기회(회원 : 10명, 매일아침 6시 기상)
11.22	김천소년회, 2일간 남조선현상양화전(참가자격 : 4~19세)

공주소년군제15호대, 강경원정 야구시합(1박)

전주소년척후대, 자전거대 고산야영 1박

11.23 풍산기도교소년회, 테니스대회 광고

평양중앙소년소녀회 창립1주년기념

11.25 논산 상애소년단, 소년회탄압담기

어린이상조회·장흥소년회·통천소년단·철원소년회·복계소년척후대·평강소년회 등 6단체, 강원소년연맹 결성

경성鏡城 봉암소년회, 임시총회(과학좌담회, 소년문고)

11.29 경성鏡城 지방소년회, 임시총회

11. 전주소년군 오산지영 창립(회원 : 24명)

인천소년회·한호단, 축구대항전

이리소년회, 창립총회

경성 중립소년군본부, 개단식(원조 : 안씨)

강경영육회, 소년총연맹 참가

올림푸스사, 어린이 놀이(무료회원권)

김천소년회, 강경사건에 대한 격려문 채택

안변 배화소년회, 음악대회(참석 : 1000명, 초빙 : 원산소년회, 장소 : 보교)

경성鏡城 삼향소년회, 축구대회(연령 : ~19세)

문천 보교교장, 『어린이』지 학생이 구매하는 것 금지

통천소년단, 토론회

영암소년단, 임시총회(대장 : 조문환, 장소 : 광남학원)

경성鏡城 신일소년회, 역원회(겨울철 3개월 야학)

12. 1 제천소년회 조직(사업내용 : 정구대회, 조기운동, 문고설치)

논산 상애소년단, 야학간섭 당함

12. 4 함평소년단, 삼성당 제품 불매결의

12. 5 소년주보사, 음악무도대회

개성천도교소년회, 동화회(초빙연사 : 방정환, 박달성)

김해 진영소년회, 창립총회(장소 : 광진학교)

김천 지례소년회, 창립총회(발기 : 소년, 교양사교운동)

12. 6 반도소년회, 창립2주년기념

새벗회, 제4회 월례회

영암 구림소년단, 역원회 결의(단가, 야학)

12. 8 안변 배화소년회, 창립기념(축사 : 유지신사, 장소 : 배화소년회, 여흥)

12.10 여주 신천지소년회, 토론회(속론 계출은 금지)

개성소년회·개성천도교소년회·새벽회·중앙소년회·용화소년회, 개

성소년대표자회(신년대회 예정, 장소 : 송도청년회관)
보성 칠동소년회, 창립총회(장소 : 남영의숙)
12.12 평강개벽분사, 동화대회
경성 소년소녀문예회, 어머니대회(연사 : 방정환, 염근수, 입장료 : 무료)
전주소년척후대, 부형회(간담, 비품 50여 원 기부)
용천 용암포소년회, 창립총회
12.13 보성 벌교소년회, 2일간 소인극(장소 : 청년회관)
고원 용맹회, 제1회 축구대회
청양엡윗소년회, 임시총회(개선)
12.14 경성 샛별회, 동화동요회(연사 : 고한승)
12.15 풍산 안영소년회, 창립총회
경성 협우청년회소년부, 삼성당에 민족차별경고(1개월 이내에 삭제공표
경고문 발송)
김제 벽성소년단, 조선소년군 순회활동사진대 후원
12.16 개성 고려소년회, 창립총회(장소 : 임시회관)
12.17 여주군유치원, 가극회
홍성엡윗소년회, 토론회
12.18 마산청년연합회, 현상동화회(연령 : 8~18세, 시간제한 : 1인 20분)
12.19 소년주보사, 10여단체 음악무도회(장소 : 공회당)
안변소년회, 제5회 임시총회
전주 영생유치원, 자선음악가극회(유희창가 등, 장소 : 공회당)
12.20 청도의우회, 매주 일요동화회(출연 : 김종환, 김갑수, 장소 : 청도학원)
김해토요회, 동화회
나남소년회, 정기총회(장소 : 불교청년회관)
12.21 청도의우단, 을축송별동화회 성황
제주 소년선봉대, 협찬 접수(회기 악기 140원, 오사카 동포로부터, 의연금
리스트)
조선소년군총본부, 강경에서 순회선전활동사진공연(참석 : 300명)
군산 영신여학교, 2일간 가극대회(월궁형제의 한)
성진소년회, 창립2주년기념
12.22 논산 상애소년단, 음악가극회(참석 : 500명, 야학비용 염출)
고령 가야구라부, 창립총회 준비(연령 : 12~20세)
경성 협우소년부, 간친회 및 망년동화회
상주노동청년회, 현상웅변대회(자격 : 12~18세)
마산 창신학교, 제4회 학예회(동화와 가극)

	가평소년회, 야학회(학생 : 80명, 22일부터)
12.23	원산소년회, 함남소년연맹 집행위원회 구성
12.24	평양 남산정소년소녀회, 성탄축하회
	영덕소년회, 창립총회 준비(회원 10명, 장소 : 시대지국)
12.25	포항유년주일학교, 현상동화동요 모집(기간 ~내년 3월)
12.26	경성 협우소년회, 소년망년동화회
	창원소년회, 창립총회
12.27	김천소년회, 남조선문예전람회(양화전은 중지)
	현대소년구락부, 레코드연주회(장소 : 경성도서실, 입장료 : 5전)
	순천 오화소년상조회, 야학(학생 : 25명, 교사 : 2명, 2개월전부터)
	파주 오금리소년회, 야학(학생 : 20명, 교사 : 1명)
12.28	신의주소년회, 빙상운동회(장소 : 제방외류지, 관중 : 500명, 입장 : 소년군 악대)
	영천 대동소년회, 창립총회(장소 : 예배당)
	이리소년회, 가극회
	마산청년연합회, 현상마산소년소녀동화회
12.29	김천소년회, 남조선현상문예전람회 비로 인하여 연장)
12.30	이원 송능소년회, 가극대회(경비염출)
	조선불교소년회, 2일간 음악무도극 및 망년회(여자 30명, 남자 31명, 장소 : 황각사)
	청진기독면려소년회, 정기총회
12.31	안변 배화소년회, 빙상운동회(장소 : 안변역전 만강)
	영덕소년회, 창립총회(기성회 : 10여 명, 회원연령 : 12~18세)
	어린이운동 지도자 정홍교 · 이원규 등, 망년회
	석왕사사천대기념회, 웅변회(31명)
	안변 배화소년회, 전함남빙상운동회(참관 : 500명, 선수 : 20명, 후원 : 동아일보)
12.	방정환 연사의 동화회 금지
· ·	밀양소년군 창립(대표 : 서재석, 회원 : 20명)
	조소앙, 상해에서 화랑사 조직, 후에 상해한인동맹에 통합
	서울의 40여 소년단체, 소년운동협회 조직
	명진소년회, 명진회관 설립
	치안유지법 공포
	강계 상애소년단, 김천소년회로부터 격려 받음
	통천소년단, 제1회 현상토론회

통천 통명학교학우회, 통천가극대회(참석 : 수백명)
철원 봉명학교소년회, 창립기념
여주 신천지소년회, 유치원 후원(경영곤란, 모금상자들고)
안변 배화소년회, 창립1주년기념 운동회(장소 : 배화공보)
풍산 자인유년주일학교, 토요동화회
정주 곽산천도교소년회, 창립2주년기념(여흥)
원산소년회, 악극대회(입장료 : 30전)
김천소년회, 위원회

1926

1. 1   가야구락부, 창립총회(회원 : 50명, 장소 : 불교포교당)
        양산소년단, 경남축구대회(장소 : 양산청년회 운동장)
        마산소년독서회, 독서회 신조직 매주 화요일 검토
        서울소년회, 창립총회(임시위원장 : 고장환)
        완도 소안소년회, 제6회 정기총회(장소 : 사립소안학교)
        서선소년연맹, 창립총회
1. 2   어린벗사, 어린이 놀이(음악 동화 무도, 후원 : 명진소년회, 배영학교, 입장
        료 : 무료회원권, 장소 : 시천교당)
        평양 10단체, 어린이날 강연(경관임석, 연사 2인)
        천도교소년회, 환등강연회(주제 : 생활개선과 아동문제, 연사 : 이종린, 방
        정환)
        용암청년회, 동화회
        개성 새벽회, 신년회(전개성 소년단체에 동화 무도)
1. 3   고령우애단, 창립총회(회원 : 30명, 장소 : 변경규 집)
        완도 약산소년회, 정기총회(회칙 : 금주, 금연, 조혼폐지)
1. 5   경성 문화소년회, 어머니소녀회(연사 : 방정환, 백신애, 염근수)
        인천소년군본부, 불조심 · 시간엄수 캠페인 시내순회
        마산샛별회, 창립총회(발기 : 유지, 회원 : 40명)
1. 6   영일 포용소년회, 임시총회(임원개선)
        울산 병영소녀회, 창립총회 및 신년다과괴(회원 : 30명)
        성진소년회, 창립4주년기념
1. 7   문천 견지일용단, 2일간 축구대회(장소 : 농단 운동장)
1.10   관서소년연맹, 창립총회(연령 : 15~20세)
        안변소년회, 야학(학생 : 40명)
1.11   서울소년회, 당주동에서 적선동회관으로 이전

1.12 마산새별회, 제2회 동화회

1.17 반도소년회·호용유년회·현대소년구락부·취운소년회, 신춘위안동화회(연사 : 이정호, 장무쇠)

1.28 이리소년회, 창립기념(장소 : 이리극장)

1. 미국 아리조나주 거주동포 최춘홍, 이승민, 노재호 등 12명, 미화 35달라를 소년척후단조선총연맹의 이상재 총재에게 기탁, 총연맹은 연맹기본금으로 영구보존토록 결정

통천소년단, 임시총회

2. 1 천재소년 박홍제, 소년잡지『소년운동』창간

2. 8 성진소년군, 철야순찰활동

2.12 원산소년척후대, 시내극빈자 방문하여 쌀과 밀가루 분배 및 야간 시내순찰

2.13 인천소년군본부, 구정을 맞아 특별 거기식擧旗式

2.15 북청소년총연맹 조직(사업내용 : 전선소년소녀현상문예 모집, 대표 : 이의종, 고화산, 서상원, 후에 이주형, 조훈 외 13인, 회원 : 1800명, 기타 : 32개 세포단체가 4구로 구분하여 구연맹을 조직)

2.21 상주노동청년회, 3일간 웅변대회(참가연령 : 12∼18세)

조선소년군, 극동대회 참가자 북경 착

2. 북청 경찰, 북청소년회 간부를 구타

3. 1 『아이생활』창간(주일학교 연합회에서 간행)

3. 이원소년연맹, 돌연 해산

경성소년회, 해산명령

시흥 안양소년척후대 창립(목적 : 소년사업, 사회사업, 대표 : 김명자)

4. 1 천도교, 월간지『신인간』창간

4.10 적전소년수양회 창립

4.26 순종황제 승하

소년운동협회, 음력 5월 1일로 제4회 어린이날 행사 연기, 그러나 순종황제의 국장일과 겹쳐 중지

5. 1 소년운동협회, 제4회 어린이날 기념식 중지 결의

5. 2 경주기독소년단 창단

5. 춘천 기독소년회 조직(목적 : 기독정신 배양, 회원 : 60명)

철산기독소년회 조직(목적 : 소년지식 증진, 대표 : 정인종, 김윤식, 기타 : 윤독부를 둠)

신천소년회 창립(대표 : 허의순 외 유지)

회령소년척후대 창립

보은소년회 조직(대표 : 김경수, 유순철 외 수인)

6. 1	소년소녀잡지 『영데이』 창간
6.10	순종황제 국장일, 6·10만세운동 발발
	소년군 단번 1호 오봉환, 돈화문 광장에서 만세운동에 참여, 그 수 주모자로 지명수배되어 피체
	방정환, 6·10만세운동으로 예비 검속됨
6.13	여주광진소년회 창립(회원 : 30여 명)
6.14(단오)	오월회, 어린이날 기념행사를 경찰 금지로 중지
6.	조철호, 6·10만세운동에 연루되어 일경에 피체
7. 3	애조소년회 창립
7.11	안성적호소년단 창립(회원 : 30여 명)
7.18	오산 조선소년군, 정주에서 제1회 야영훈련
7.23	원산소년척후대, 4일간 송도원에서 야외훈련
7.26	강화소년군 결단식
7.30	인천소년척후단, 2주일간 금강산 일대에서 야영생활(인솔단장 : 곽상훈, 귀대 : 8월 12일)
7.	해주군소년연맹 결성(회원 : 600명, 비고 : 4개 세포단체 포함)
	광주소년회 조직(목적 : 체육·지육, 대표 : 권오봉, 서재익, 회원 : 26명, 기타 : 서무·체육·지육부 등)
	철산 차연기독소년회 창립(사업내용 : 웅변연습, 대표 : 김진근, 조희수, 최성걸, 후에 박송엽, 조희주, 최성걸, 조석윤)
8. 1	『개벽』 72호, 안녕질서 문란혐의로 발간 중지
8. 3	곡성 옥과제일선소년단 조직(목적 : 덕·지·체육)
8. 7	고룡소년회 창립(명예회장 : 조창선, 간사장 : 김상익 등)
8.14	용정에 간도소년군, 해란강 상류 용주사 부근에서 3일간 야영
	천일소년군·계동소년군·상조소년군·중림소년군, 연합하여 서울서 인천까지 도보 행군
	간도소년군, 용주사 부근에서 3일간 야영
8.15	강화소년군, 4일간 장소를 옮겨가며 야영훈련
8.21	박천 영미소년회 조직(사업내용 : 동화회, 강연회, 조기회, 대표 : 김병태 외 23인, 회원 : 70여 명)
8.25	어린이사, 천도교당에서 납량동화, 동요, 연극대회 개최
8.26	개성소년연맹 결성(회원 . 300명)
8.	오봉환, 상해로 망명, 그 후 황포군관학교 입교 후 의열단에 입단
9. 9	고양 의화소년단 조직(사업내용 : 원족회, 간친회, 어머니대회 개최, 대표 : 정인세, 김용규, 김준혁, 김형준, 장흥근, 회원 : 38명)

422

9.12	샛별소년회와 장호원소년단이 합병하여 효천소년회로 거듭 남(회장 : 조성진, 총무 : 홍순옥)
9.16	안악소년군, 소년동화회
9.21(추석)	오월회, 어린이날 기념행사 거행
9.26	천일소년군, 양주에서 야외훈련
9.	춘천 샛별소년회 창립(사업내용 : 토론회, 전람회, 교양훈련, 회원 : 남녀 40여 명)
	고양 조양소년회 조직(대표 : 강대희, 김창원 외 20명, 후에 최봉도, 임청택, 태광경)
	해남 산이소년단 창립(회원 : 70명)
10. 1	경성 조양소년군, 관악산 등반훈련
10. 5	조선소년군총본부, 창립4주년기념식을 마치고 북한산 야영훈련
10.14	어린이사, 동화구연대회 개최
10.	해남 삼산소년단 조직(회원 : 54명)
11. 1	덕원군에 제4소년 창립
11. 4	해주노동소년 서면으로 창립
11. 9	목포에서 소년단 창립
11.10	함흥소년회, 혁신총회 열고 선언
11.12	글동무회 조직
	천도교소년회, 동화회 개최
11.13	최초의 한국 소녀군인 정동소년척후군 정동소녀단 결단식
11.16	의화소년단, 어머니대회 개최
11.27	경성 광활청년회소년척후대, 창설2주년기념식
11.	이광수, 동아일보사 편집국장 취임(~1927년 9월)
12. 1	추자무산소년단 창립
12.14	김구, 대한민국 임시정부 국무령에 취임
	길주소년회, 해산명령
12.16	고창소년회, 해산명령
12.17	마산소년소녀연합 주최, 마산아버지대회 개최
12.18	문예운동사·조선일보사 공동으로 기독청년회관에서 문예대강연회 개최 (연사 : 방정환 외 6명)
12.23	소년회에 가입하면 퇴학처분, 경주고보 교장 고압정책
12.	『별나라』창간
겨울	의주기독소년부 창립(회원 : 약 50명, 비고 : 의주소년회와 모든 것이 비슷)
..	의주소년회 창립(목적 : 체·지·덕육, 소년수양, 사업내용 : 동요, 동화,

음악, 축구, 토론, 웅변대회 개최, 대표 : 김성옥, 후에 이재기, 회원 : 남 38명, 여 21명, 기타 : 남녀 양부를 둠)

고창소년회 조직(목적 : 수양과 운동, 회원 : 100여명)

북간도 춘동소년회, 창립준비(회장 : 최정묵, 부회장 : 최일용, 총무 : 최송길)

1927

1.13 초산소년소녀회 조직(사업내용 : 동화, 창가, 기타 유익사업, 회원 : 남 52명, 여 39명 기타 : 연령 10~16세, 집회일 : 매주 월요일)

1.31 간도소년회 창립, 해란강에서 간도소년소녀빙상경기대회 개최

2.10 간도소년군 조직, 남녀현상동화대회 개최

2.15 신간회 결성(회장 : 이상재)

2.16 경성방송국(JODK), 한일어 혼합방송을 시작함, 방정환이 최초로 라디오 통해 방송함(연제 : 「어린이와 직업」)

간도 용정소년군본부, 남녀현상동화대회(장소 : 공회당)

2. 강화소년군, 구정을 기하여 농촌계몽운동

수원소년군, 활동사진대 조직하여 지방순회공연

3. 5 조철호, 간도로 망명하여 용정의 대성중학과 동흥중학에서 교사로 재직

3.17 춘천소년군, 소년소녀현상웅변대회(장소 : 춘천기독관)

3.29 월남 이상재 서거

4. 7 월남 이상재 장례식, 한국 최초의 사회장으로 거행, 한산에 안장

4.19 인천소년군, 인천내 소년운동단체 대표자회의 소집하여 어린이날 행사 준비

4.20 안동경찰서, 현상동화대회 금지

4.22 고양 고성소년회 발회

5. 1 소년운동협회와 오월회, 따로 어린이날 기념행사 거행

인천소년군·끝별회·인천소년회·카나리아회·인천엡웟소년회·인우소년회, 연합 어린이날 기념식 및 기념공연(장소 : 상인천역광장)

공주소년군·공주소년회·공주소녀회·공주불교소년회, 연합 어린이날 기념식 거행

정주 오산소년군 등 10여 단체, 연합하여 어린이날 기념식 거행하려 했으나 경찰의 중지명령으로 무산

원산소년척후대, 어린이날 기념식 경찰에 의하여 금지

괴산소년군, 어린이날 기념식 성황(후원 : 청년회)

목포소년척후단, 어린이날 기념식 중지(간부 4명 경찰에 검속)

포천 송우소년군, 어린이날 기념식 거행(시가행진은 경찰의 중지로 중단, 야간에는 음악회 개최)

5. 7 단천 여해진소녀군, 동덕사 탐방(인솔 : 강봉수)

5. 9 곽상훈, 신정회 조직 가담

5.10 목포소년단 발회식 성황

5.14 신흥소년회 창립, 경찰이 무리하게 금지

5.15 대전소년척후단 창립
소년운동단체 통합창립 준비회합을 가짐

5.15 춘천소년회 창립
금릉소년회, 창립대회

5.18 괴산소년회 창립

5.29 수원소년군, 야구대회 개최

5. 소년운동협회와 오월회가 합쳐 조선소년연합회 창립(위원장 : 방정환)
방정환, 어린이날을 5월 첫번째 일요일로 변경 건의
보령경찰서, 동화회 금지

봄 의주소년회 창립(대표 : 이창룡, 회원 : 약 30명)

6. 3 평강사랑회 창립

6. 4 안양소년척후대, 안양시장개장1주년기념 소년소녀동화회 및 연극공연(작품명 : '위험한 통학생')

6. 5 안양소년척후대, 제1회 안양소년축구대회(참가단체 : 수원 삼일동창회·잠실소년군·안양수양단·능곡소년회, 후원 : 동아일보 시흥지국)

6.19 전진소년회 창립(위원 : 최호현 등 9명)

6.20 창원 웅천새별회 조직(목적 : 지·덕·체육, 대표 : 김현주, 전덕정 외 5인, 회원 : 25명)

6.24 강화소년군, 제4회 정기동화대회(장소 : 잠두교회)

6.25 용인청년회 주최, 제2회 7군소년 정구대회

6.30 대구소년단각단합단 결정-대구소선혁영회, 소년개조단, 노동소년회, 대구소년회 등 4단체

6. 거창소년회 창립(사업내용 : 소년잡지사 운영계획, 대표 : 신창선, 회원 : 25명)
동아일보사 인천지구 주최, 제2회 전인천소년야구대회 개최

7. 1 『동아소년』 발간

7. 2 개성광명소년회 창립(위원 : 최정득, 이경춘, 안경윤, 장대봉)

7. 3 함안소년회 창립

7.13 공주에서 개최된 소년강연에서 전백 씨 등단 금지로 군중 일시 홍분

7.26	한국소년문예연맹 결성, 『조선소년운동』을 발행키로 결정
7.28	인천소년군, 월미도에서 전인천소년야외생활대회 개최(연령 : 13~18세)
7.30	조선소년연합회, 통합발기대회를 가짐(참가 : 4개 연맹단체와 68개 단체)
7.31	강화에서 조선소년군 제1회 짬보리(~8월 3일)
8. 2	정주소년군, 1주일간 웅진군 소강에서 야영훈련
8. 8	전주소년척후대, 3주일간 한라산 등반훈련 및 야영훈련
	원산소년척후단·경성기독교청년회캠핑단, 2일간 납량서커스대회 개최
	(장소 : 척후대회관광장)
8. 9	어린이사, 방정환 동화구연대회 개최
8.11	강화소년군·강화수양단, 합동으로 월미도에서 7일간 야영훈련
8.25	강화소년회, 토론회 개최(주제 : 소년운동의 완성은 물질에 있느냐 정신에
	있느냐)
8.28	금지로 일관한 대구경찰서, 동화회도 금지
9. 3	조선동화연구회협회 창립(발기인 : 윤극영)
9.24	수원소년군, 제2회 경남야구대회 개최(우승 : 화성소년군)
9.28	신녕의용소년단 해산
10. 7	노량진소년회 창립(발기인 : 진태윤, 김민식)
10.13	나주 반남면 신진소년회 창립
10.16	조선소년연합회 재통합(위원장 : 방정환, 52개 단체에서 96명 참석
10.20	소년척후단조선총연맹, 윤치호를 총재로 선출
10.23	예동소년회, 창립대회
	백의소년회 창립
	윤치호, 소년척후단조선총연맹 총재에 취임
11. 2	군산소년군, 전주지방 산업시찰 및 야외훈련
11. 6	강화소년군, 아침 6시 기상하여 1시간씩 아침훈련
11.10	금산소년군, 강연회(연사 : 전백 등, 장소 : 금산청년회관)
11.18	상해 한인동자군, 한인청년회에서 발간하는 『임시시보』 배달
11.29	강화소년군, 동화회
12. 3	시흥 죽율리소년회 조직(발기인 : 김규영)
··	순창소년단 창립

1928

1. 1	홍은성, 「재래의 소년운동과 금후의 소년운동」을 『조선일보』에 3회 기고
1. 3	방정환, 「대중훈련과 민족보건」을 『조선일보』에 기고
1.10	조선소년연합회 상무위원회 결의 - 소년운동의 선언 강령을 통일

1.11	김태오, 「정묘 1년간 조선소년운동」을 『조선일보』에 2회 기고
2. 6	오월회 해산
2. 7	조선소년연합회, 어머니대회 개최(방정환 : 「소년운동과 가정교양」 강연
2. 8	김태오, 「소년운동의 당면문제」를 『조선일보』에 6회 기고
2. 9	경성소년연맹 발기(준비위원 : 고장환, 방정환 등)
2.16	오월회 후신으로 경성소년연맹 창립
2.22	김태오, 「특수성의 조선소년운동」을 『조선일보』에 7회 기고
2.	수원 원리소년저축조합 조직
3. 2	수원 발안소년회 창립
3. 3	152개 소년단체가 가맹하여 소년조선총동맹 창립
3.10	포천소년회 창립(회장 : 김종국, 부회장 : 조무환)
3.15	조선소년연합회 제2회 정기총회, 단체대표 50명 참석, 회명을 조선소년총동맹으로 개칭, 3월 31일 일제의 명칭 불허로 조선소년총연맹으로 재개칭(색동회 - 조선소년총연맹 탈퇴)
3.17	춘천소년군, 전춘천소년소녀현상웅변대회
3.25	이동녕, 안창호, 김구 등 조선독립당 조직
3.28	조선소년총연맹, 제1회 중앙집행위원회서 「소년기부터 과학적으로 지도하자」 결의
	김태오, 「이론투쟁과 실천적 행위」를 『조선일보』에 7회 기고
3.31	공주소년동맹 창립대회
4.28	화성소년군, 간사회(임원개선 : 단장 박선태, 사령 우성규, 호대장 정광수, 부대장 백남선, 이사 박봉득 장보라 하상점 함석중, 장소 : 화성학원)
5. 1	조선소년군총본부 부사령관 전백, 경성여자상업학교 동맹휴학에 관련되었다 하여 종로경찰서에 피검
	수원소년군, 어린이날 행사(참가 : 600명)
	강화소년회·강화소년군, 연합하여 어린이날 기념식 거행, 식후 기행진은 경찰의 금지령으로 무산
	안악소년척후대, 어린이날 기념식(장소 : 기독교청년회관, 식후 낮에는 300여 명 어린이가 시가행진, 밤에는 기념가극회)
5. 5	수원소년군, 소년군운동부흥기념 음악대회 대성황
	평양소년척후대·평양소년연합회, 소년단체연합야유회
5. 6	조선소년총동맹 제6회 어린이날 행사 주관
	방정환, 동화구연대회 개최
5. 7	강화소년군, 동화회(초청연사 : 방정환)
5. 8	죽산소년의 기념회 중지 - 선전문 초안이 불온하다는 이유로

5.13   천도교서천소년연맹 창립

5.19   수원소년군, 제3회 경남소년야구대회 개최

5.28   청주소년군, 2일간 남녀음악대회 개회

6.30   전조선소년소녀 현상웅변대회(장소 : 천도교기념관)

7.28   정주소년군, 정주 갈공산에서 야영훈련

7.29   경기소년연맹 창립(장소 : 견지동 시천교당, 출석대의원 : 30여명, 위원
        장 : 고장환, 총무 : 최영윤)

8. 1   오산청년동맹 주최, 기호소년정구대회

8.14   강릉소년군, 동화회

8.20   개성소년연맹 창립 1주년긴점 동화회 개최

8.26   광주소년회 창립

8.   강화소년군, 영화회

9.14   세계아동예술전람회의 내용 공개(주최 : 어린이사, 주관 : 색동회, 후원 :
        동아일보 학예부, 협찬 : 재경해외문학회)

9.25   세계아동예술전람회 준비위원 결정

10. 2   세계아동예술전람회 개장(장소 : 천도교기념관, 『동아일보』 사설 : "어린
        이운동이 실질적으로 일어난지 만 5년만에 이룩된 한국소년교육운동의
        최대의 결실임")

10.12   방정환, 「경과보고와 감사」(『동아일보』에 아동예술활동에 현황과 희망을
        게재)를 발표함

11.22   강화소년군, 소년문제강연회(초청연사 : 방정환, 금철)

12.27   서신내용이 불온하다는 이유로 봉화 서곡소년회 간부 권달 검거

. .   윤동주, 『어린이』, 『아이생활』 정기구독

        오봉환, 황포군관학교 졸업 후 의열단의 일원으로 국내 진입을 시도하다
        일경에 피체

        『어린이』, 조선자랑호 특집호 발간

1929

1.17   신창소년회 임시총회 해산―문서 모두 압수 당함

        목포소년동맹 임시총회 개최

1.21   전마산 소년남녀 현상동회대회 금지

1.30   김제소맹대회 게치 금지 사상분자가 지도한나고

3. 3   취운소년회, 월례동화회 금지당함

3. 6   경성鏡城소년동맹 창립총회, 경찰에 의하여 금지

3.12   김제 경찰이 공덕소년회 임시대회 금지

3.25	강계소년군 사건, 최고 징역 10개월 언도
5. 1	신문내유치원 개원(설립자 : 언더우드, 원장 : 차재명, 원감 : 강헌집, 회계 : 송명애, 차활란)
5. 6	『조선일보』사설 「어린이날에 제하여」라는 제명으로 3회 게재
5.10	방정환, 「조선소년운동의 역사적 고찰」을 『조선일보』에 3회 게재
5.12	취운소년회 토론 금지
5.29	소년운동과 지도자 감시
5.	어린이날 행사 좌우익 분리행사
6. 3	신우경성지회 주최 소년문제 대강연(연사 : 이익상, 방정환, 방인근)
6.16	밀양소년대회 금지
6.	조소앙, 상해에서 소년단체 화랑사 조직
8.29	화랑사, 「제19회 국치일을 당하여」 발포
9. 1	제주소년의 가택수색 격문 압수 당함
9.24	마산소년동맹 위원장 경찰이 검거
10. 3	화랑사, 「건국기원절을 당한 우리들의 각오」의 선전문 반포
10. 8	단천군 소년동맹 집회 금지
11. 3	광주학생운동 발발
11. 7	신우회, 우이4ㅂ잡고 소년회 순회 선전
11.16	이유도 없이 하동소년회 창립대회 금지
12. 1	수원소년동맹 창립(집행위원장 : 안봉출)
12. 4	화랑사, 「순국 24주년 기념에 즈음하여」, 「5개 조약의 시대성」 발포

내용개요

지금부터 24년전 러일전쟁이 종료되자 일본은 조선에 보호조약(5개조)을 제출하였다. 그 시에 민족을 위하여 생명으로서 독립정신을 우리들에게 심어준 민선생 등 7의사 순국 24주년 기념일이 곧 금일이다. 우리는 이 날을 기념하는 동시에 더한층 활발한 활동을 전개하여야 할 것이다.

12.21	문천경찰, 착취운운 했다고 소년회장을 취조
12.27	조선소년총연맹 제2회 정기대회 ─ 경찰 삼엄한 경계
12.	이광수, 동아일보사 편집국장 재취임(~1933년 8월)

1930

1.12	수원소년동맹위원회 또 금지
1.16	동래소년동맹 동래지부 주최 토론회 금지
1.19	청원청년동맹에서 소년들의 집회 금지
2. 5	마산소년동맹 3주기념 금지

2. 9	평양소년회, 부흥회 금지
3. 4	소년 25명 또 검속
3.10	영흥소년 결사사건 혐의자 5명을 송국
3.11	언양격문사건, 격문 살포한 언양소년회원 오호근 송치
3.12	온성소년회 위원회 금지
3.13	오로소년회 집회 금지
3.	홍원에서 300소년 만세시위
	마산소맹 집회금지
5. 4	어린이날 기행렬 시위하다 김해소년회원 10여명 검거
5.	재경성일반소년운동단체대표자연합회 주관 어린이날 행사
6.	명천소년회, 정기총회 또 금지
	장검 휴대한 4소년 독립전쟁 때 선봉이 되고자 입산하다가 체포
7.	인천 경찰, 소년회 지도한다고 윤경순, 손기원 군을 취조
8. 1	화랑사의 이만영, 옥인섭 등이 중심이 되어 상해한인소년대와 통합
	상해한인소년동맹 조직(집행위원장 : 이만영, 지도자 : 옥인섭, 조이제, 차영선, 김양수, 이규홍, 박성근, 조시제)
8. 5	줄포소년회 창립대회 중지
8.13	오산소년동맹지부 간판철회 명령
8.19	조철호, 서울로 돌아옴
10. 5	조선소년군총본부, 창립기념 전국소년군육상대회(참가선수 : 1000여명)
10.	밀양소년지부 설치와 동화대회 금지
11.24	영흥소년대회 4명을 일시 검속
12.	목포 경찰, 동화대회 금지
	국외한인소년단 분포상황
	·상해한인소년동맹(집해위원장 : 이재청, 집행위원 : 조시재 외 7인)
	·청원현요동연합회소년부(최영덕)
	·유하현조선인소년탐험대
	·신빈현국민부소년단
	·신빈현적제소년신보(주필 : 박재)
	·길림길성소년탐험대(대장 : 김일영, 제1반장 : 허성, 제2반장 : 진규삼)
	·반석현재중국한인청년동맹소년탐험(위원장 : 오해추, 서무부장 : 주광, 조직부장 : 유영빈, 선전부장 및 소년부징 : 이북성, 섬사부장 : 이병화)
	·반석현재중국한인청년동맹소년부(위원 : 주광)
. .	『어린이』 발행부수 10만권 돌파

1931

1.	안변소년단원 검거사건 확대, 사건내용은 비밀
	익산소맹사건 공판, 1년 구형
	익산소맹사건 판결(유영모 : 징역 8개월 언도)
2.	주촌주재소, 소년금주단연동맹문서 모두 압수
3.21	전조선어린이날중앙연합준비회 개최
4. 2	전조선어린이날중앙연합준비회가 어린이날 주관도 담당토록 결정
4. 5	김기전, 김규수, 이도순 등 오심당주의 강령 결정
	연강소년운동자들 무산소년일 지지하고 어린이날 반대
4.14	연대주재소, 소맹원 6명 검속
4.18	상해한인소년동맹, 상해한인여자청년동맹, 병인의용대, 상해애국부인회,
	한국노병회의 5단체 연서로 「6부회의 2천년기념 선언」 발포
5. 7	조철호, 이윤돌과 혼인
7. 1	만보산사건 발생
7.10	상해소년척후대, 소년동맹 대표, 흥사단, 애국부인회, 병인의용대, 한인예수
	교회 대표 30여명과 함께 상해각단체연합회 결성
7.17	방정환, 개벽사 운영난과 과로로 인한 고혈압의 악화로 경성제대부속병원에
	입원
7.21	통영소년동맹위원회 금지
7.23	방정환, 입원 일주일만에 영면(1899년 11월 9일~)
7.25	소파 방정환 영결식(시간 : 10시, 장소 : 천도교광장)
8.12	제주 애월리 청소년 수명 검거
	삼천포소맹원, 경찰 태도에 분개하여 유치 중 5명 단식
8.20	이정호, 「파란많던 방정환선생의 일생」(『어린이』 9-7) 빌표
9.18	만주사변 발발
10. 3	해주소년결사, 중심인물 김춘보 피검
10.	조철호, 동아일보사 입사(~1937년 2월)
..	김수동, 정성채, 『소년척후교범』 출간, 단가가 문제되어 일경에 압수 당함

1932

1. 1	정홍교, 「조선소년운동개관, 금후운동의 전개를 말함」을 『조선일보』에 6회
	기고
1. 8	이봉창 의사, 일왕 유인(裕仁)에게 투탄의거
1.12	조선소년군제1호대, '재만동포구제 연극의 밤' 개최(장소 : 경성일보사)
2.18	화랑사 총회에서 이 회의 간부 경질(집행위원장 : 김덕근, 위원 : 이규서,

민○○, 연충열, 신해균)

3. 1 화랑사, 「3·1절기념에 제하여」 격문 반포(특별회원 : 원세훈, 김광련, 박영석)

4.29 윤봉길 의사 의거
도산 안창호, 척후대 기부금 2원 마련하여 독립지사 이유필의 아들 이만영에게 전하려고 그의 집을 방문하였다가 프랑스조계 경찰에 피체

4.30 상해 프랑스조계에 있는 대한교민단사무소에서 연도미상의 소년운동관계 문서 다수를 일경에 압수 당함
　압수된 문서
　·『새싹』 창간호 1부
　·「한인소년동맹 가맹 청원서」 11부
　·「한인소년동맹 어린이날 기념 의연서」 1부
　·『노동소년』 12부

6. 7 안창호, 국내로 압송

9.10 상해불꽃(염焰)소년회 『노동소년』 편집부에서 『소년팜플레트』 발행

1933

1. 3 「시대사조에 딸아 약진하는 소년운동, 조선이 가진 귀여운 새힘」이 『조선일보』에 9회 연재(~1월 11일)

2. 청양소년사건 7명을 송국
조선중앙일보사, 『소년중앙』 창간

5.30 근포소년사건 최고 2년 6개월 구형

6. 오봉환, 충주에서 제50호대 조직

9.14 이광수, 조선일보사 편집국장 취임

3. 조선소년총동맹 현황(가맹단체 : 150개, 회원 : 4,720명 유지)

1934

3. 오봉환, 조선소년군총본부 간사장에 취임

6. 만주 안동현에 제3호대 조직(대장 : 이동찬)

10. 『어린이』, 통권 122호로 폐간

11. 『개벽』 속간

. . 새문안교회, 소년면려회(소년회) 조직

1935

3.　　　　『개벽』, 4호 발행 후 휴간
4.21　　　만주 개원 제58호대 조직(단장 : 김교형, 부단장 : 김운서, 고문 : 홍순형, 대장 : 강병언, 부대장 : 김구팔, 단원 : 22명)

1936

5.　　　　정성채, 일제의 요주의 인물로 지목되어 중앙기독교청년회 소년부 간사직에 서 퇴임
7.23　　　방정환, 홍제동 화장터에서 5년을 묵던 유골이 망우리묘지에 안장
..　　　　김기전, 폐병으로 해주요양원에 입원, 10년간 신앙생활

1937

2.　　　　정성채, 소송교회 장로 피택, 이 해에 적극신앙단 조직과 홍업클럽 사건으로 양차에 걸쳐 투옥
4. 1　　　조선일보사, 월간『소년』창간
5. 2　　　제15회 어린이날 행사를 마지막으로 개최, 이후 광복 때까지 어린이날 행사 중단
5.15　　　『천도교월보』제275호로 폐간
7. 7　　　중·일전쟁 발발
7.15　　　『붉은 저고리』지 종간
7.　　　　파고다공원 시국강연회의장 정리를 맡은 소년군 제복의 넥타이 태극마크와 한글 'ㅈㅜㄴㅂㅣ' 주위의 무궁화 무늬를 넣은 표를 이유로 일제는 소년군 해체 강요
9. 3　　　조선소년단총본부 등 소년단체 해산 당함

1938

3.10　　　안창호, 경성제대 부속병원에서 가료 중 서거(1878년~)
3.25　　　미성년자끽연금지법·미성년자음주금지법 공포
4. 1　　　미성년자끽연금지법·미성년자음주금지법 시행
4. 5　　　최남선, 만주건국대학 교수로 부임
6. 8　　　『조선소학생신문』폐간 당함
6.29　　　방공훈련을 전국에 실시

1939

10.　　　조철호, 보성전문학교 교련교사로 취임
11. 1　　　창씨개명령 공포

1940

3.25	조선소년원령 및 조선교정원령 시행
5. 1	박문출판사, 『소파선집』 500부 한정판 간행
8.10	『조선일보』·『동아일보』 폐간
9. 9	학생복장을 국방색으로 통일시킴
9.17	한국광복군총사령부 성립

1941

3.22	조선소년군 창설자 관산 조철호, 이의식내과에서 입원 9일만에 운명(1890년 2월 15일~, 5일장, 보성전문학교장으로 거행, 장지 : 망우리공동묘지)
3.	총독부, 보호교도소 설치
11.20	윤동주, 「서시」 발표
12. 8	태평양전쟁 발발
12. 9	대한민국임시정부, 대일 선전포고
. .	정신대 징발

1942

3.	조선총독부, 소년심판소 관제 공포
4. 1	서울에 소년심판소 개소
7. 6	이승만, '미국의 소리' 방송 출연
10. 1	조선어학회 사건 발생
11.11	조선소년심판소 개칭
. .	한국어의 교수와 사용 금지

1943

3. 1	한국에 징병제 공포
10.25	제1회 학병 징병검사

1945

2.16	민족시인 윤동주, 생체실험으로 후쿠오카(福岡)형무소에서 옥사(1917년 12월 30일~)
8.15	민족 광복
8.	엄항섭, 서울 종로 한성 빌딩에 '조선소년군' 현판
9. 4	유달영, 개성에서 최창순, 김원순 등과 함께 금강소년척후대 조직(광복 후 최초의 보이스카우트)-후일 경기 제1대가 됨

434

10. 5 조선소년군 제23회 창립기념식이 서울운동장에서 거행
12.18 조선소년군 이사회에서 임원 보강
     ・총   재 : 김구
     ・부 총 재 : 김규식
     ・고   문 : 이승만, 홍진, 김창숙, 김상덕
     ・이 사 장 : 엄항섭
     ・부이사장 : 최선익
     ・전무이사 : 김응권
     ・이   사 : 김석황 외 14명
     ・사   령 : 양점수
     ・참모총장 : 김근찬
12. 윤석중을 중심으로 을유문화사에서 「조선아동문화협회」 조직(기관지 :『
     소학생』) 대구에서 조선아동회 결성(기관지 :『아동』)
     미 군정청, 사회단체 해산령 발포(조선소년군 재편 시달)

1946
1. 미 군정청, 조선소년군 재편 준비위원 위촉
3. 1 조선소년군을 사단법인 대한보이스카우트 중앙연합회로 개칭(초대회장
     엄항섭)
3.29 대한소녀단 창립 준비회의
3. 일부 전조선소년군 지도자들이 소년군 자치연맹이란 기구를 별도 발족
4.19 소녀척후대, 민정장관이 승인(초대총재 : 김성실)
5. 5 광복후 최초로 제24회 어린이날 기념식이 어린이날 전국위원회 주최로
     휘문중학교 교정에서 거행
     윤석중 작사 윤극영 작곡의 현행 '어린이날 노래' 제정
     1. 날아라 새들아 푸른 하늘을
        달려라 냇물아 푸른 벌판을
     <후렴> 오월은 푸르구나 우리들은 자란다
            오늘은 어린이날 우리들 세상
     2. 우리가 자라면 나라의 일꾼
        손잡고 나가자 서로 정답게

9.18 아동노동법규 공포(군정 법령 제112호)－소년노동보호사업의 도입

1947

5.10 대한보이스카우트 중앙연합회, 소년군 자치연맹을 흡수 영입

8.28 대한보이스카우트 중앙연합회를 조선소년단으로 개칭(2대 회장 : 조동식)

9.10 남조선과도정부 보건후생부장 통첩으로 각 도지사에 「후생시설의 운영 강화에 관한 건」 지시

9. 『조선소년단 교본』 발행

12. 1 조선소년단을 재단법인 조선소년단으로 법인 등기(등기 번호 : 제356호)

12. 조선소년단 단가 「소년의 노래」제정(전병의 작사)

    1. 송이송이 무궁화 우리 소년들

       피어라 이 강산의 겨레 위하여

    <후렴> 닦고 갈아 무쇠같이 뭉쳐라 겨레여

           차려있어 힘과 절개 온세상 비추어

    2. 방울방울 피와 땀 우리의 노력

       흘려라 숨지도록 나라 위하여

    3. 가지가지 고난도 우리 힘으로

       이겨라 인류 사회 평화 세우세

1948

7.16 조선소년단 전병의 간사장 별세, 최초의 스카우트장 엄수

8. 1 조선소년단 간사장으로 정성채 선임

8. 3 조선소년단 제3대 회장으로 백낙준 추대

8,15 대한민국 정부 수립

10. 대한민국 정부 수립에 따라 조선소년단을 대한소년단으로 개칭

12. 대한소년단 단지『소년단』 창간

1949

3.14 김구, 창암학원 설립

7. 대한소년단 간사장 정성채가 주일 대표부 근무로 도일하게 되어 이창호가 간사장직 대행

1950

2.27 후생시설 설치기준 제정

6.25 한국동란 발생

8.29 대한소년단 간사장 정성채 피납

1951

1. 한국동란으로 부산 일광에 보이스카우트 임시중앙본부 설치
. . 기독교아동복리회(CCF) 한국지부, 전쟁고아를 본격적으로 보살피기 시작

1952
8. 부산 일광해변에서 제1회 한국잼버리 개최
10. 4 보건사회부, 아동복지 관계를 개선하기 위해 「후생시설 운영요강」을 각 도에 시달
. . 오긍선, 사회사업연합회 회장에 피임

1953
1.31 대한소년단, 세계연맹 가입
7.27 휴전 협정 발효
후생시설수 440개소, 수용어린이수 53,964명에 이름(6·25직전에는 후생시설수 153개소, 수용 어린이 수 8,908명)
8. 리히텐슈타인 바듀스에서 개최된 제14차 세계보이스카우트 국제총회에 대한소년단 대표단 최초로 참가

1954
4. 제1회 필리핀 잼버리에 대한소년단 대표단 참가
. . 새문안교회 중등부, 『새싹』 발간

1955
7.20 한국걸스카우트, 최초의 교본 출간
8. 재미 권준택, 캐나다 나이아가라에서 개최된 제8회 세계 잼버리 참가

1956
1. 3 새싹회(회장 : 윤석중) 창립 - 소파상 제정
1.17 한국아동복리위원회 회칙 제정
5. 5 정부의 법령으로 정해진 어린이날을 처음 맞음
5. 8 보사부, 어머니날 제정

1957
1.17 아동복리위원회의 초안을 토대로 보사부에서 아동복리법안 기초
2. 세계 보이스카우트 창립50주년기념 우표 발행
3. 1 정부, 한국동화작가협회의 어린이헌장 제정공포 진정안 접수

3.29   어린이 애호단체 대표 7명(한국동화작가협회, 한국소년운동총연합, 대한소 년의용단 및 정부유관부서대표)으로 어린이헌장 기초작업을 시작하여 헌장 초안(강소천 · 마해송 · 방기환 · 이종환 · 김요섭 · 임인수 · 홍은순 작성) 확정

4.24   전문 9조의 「대한민국 어린이헌장」이 국무회의를 통과

4.   이승만 대통령, 보이스카우트 육성 담화문 발표

5. 5   전문 9조의 「대한민국 어린이헌장」이 제35회 어린이날 기념행사에서 선포

5.   파고다공원에서 보이스카우트 출신자 합동 추도식 거행

7.   대한소녀단, 제16차 세계대회에서 준회원국으로 인준

. .   새문안면려회, 청장년면려회 · 고등면려회 · 중등면려회 · 소년단으로 분 리발전

1958

1.   육군참모총장, 예하부대에 대한소년단 지원 지침 시달

5. 5   대구 달성공원에 마해송과 대구아동문학회가 중심, 「어린이 헌장비」 건립

5.   극동지역 보이스카우트연맹 창립 및 가입(창설 발기 회원국)

7.24   소년법 공포(법률 제489호)

8. 7   소년원법 공포(법률 제493호)

12.   충의소년대 활동사례로 세계연맹에서 불우청소년 선도 모범 사례국으로 선정

1959

5. 5   서울 창경궁에 마해송과 조재호 발기로 「어린이 헌장비」(오의숙 씀) 제막, 김요섭 작사 「지키자 어린이 헌장」 합창

7.   주국남 등, 필리핀 마킬링에서 개최된 제10회 잼버리 참가

12.10   아동복지법, 차관회의 통과 사회사업을 목적으로 하는 법인감독규정 제정

1960

4.19   4월 혁명

12. 1   윤석중, 『엄마 손』 발간

1961

1.   『카톨릭 소년』 복간

5. 5   시공관에서 제39회 어린이날 종합경축식, 윤보선 대통령 내외, 장면 국무총

리 내외, 곽상훈 민의원 의장 내외 등 참석

5.16	5·16 군사 쿠데타
7.25	구자헌, 『아동복지』 간행
7.	대한소년단 제4대 총재 김명선 취임
	『소년 한국일보』 창간
9.30	아동입양특별법 공포(법률 제731호)
10.30	조재호, 서울교육대학에 아동연구회 조직
12.30	아동복리법 공포(법률 제912호)

1962

3.20	아동복리위원회규정 공포(각령 제543호)
3.27	아동복리법 시행령 공포(각령 제594호)
3.	사범학교를 2년제 교육대학으로 승격
10.15	아동복리시행설치기준령 공포(보사부령 제92호)

1963

2.28	아동복리사업을 목적으로하는 재단법인 설립허가기준 시행
3.26	아동복리법시행규칙 공포(보사부령 제105호)
4. 2	아동복리사업을 목적으로하는 재단법인 설립허가기준 시행요령 시행
5. 5	색동회, 국제소년소녀 예술축전
6.20	대한소녀단, 세계연합회로부터 정회원국으로 승인
9.12	아동복리법 세부시행규정 시행
9.	대한소년단 제5대 총재 이필석 취임

1964

5.5	한국 사회복지사업 서울특별시 연합회, 후생시설 어린이 운동회 개최
5.	『새소년』 창간
7.	주간 『소년동아』 창간(1965년 일간으로 바뀜)
	강소천(1915~1963) 유고집 『강소천 아동문학전집』 6권 발간
9.11	청소년보호대책위원회규정 공포(대통령령 제1932호)
11.	박정희 대통령, 보이스카우트 활동 육성 담화 발표

1965

5. 5	박정희 대통령, 어린이날 기념사 발표
5. 8	「어머니 헌장」 선포

배영사, 소천문학상 제정

1966

5.	정홍교·윤석중, 대한민국문화훈장(국민장) 받음
9.	대한소년단 제6대 총재 김종필 취임
	대한소년단을 '보이스카우트 한국연맹'으로 개칭
10.12	소년경찰직무요강 시행(내무부 예규 제66호)
11.	동화작가 마해송 타계

1967

3.15	청소년보호대책위원회 운영세칙 시행
	청소년보호대책위원회 비행위험성판정기준 조사연구분과위원회 운영세칙 시행
5. 5	문화재관리국, 학부모와 함께 오는 어린이들에게 고궁 무료개방
9.20	이재철, 『아동문학개론』 출간

1968

4.13	보이스카우트 한국연맹을 '한국보이스카우트연맹'으로 개칭
9~10	제6차 극동지역 총회, 워커힐에서 개최—20개국 대표 참가, 기념 우표 발행
12. 5	국민교육헌장 선포
12.25	윤석중, 『꽃길』 발간

1969

3. 1	방정환, 을유문고 8집으로 『소파 수필선』 발간
5. 1	색동회, 소파동상건립추진위원회 결성
6.20	색동회, 소파동상건립 확대재발족회의
6.	한국보이스카우트연맹 제7대 총재 김용우 취임
7.28	스카우트활동 육성에 관한 법 공포(법률 2118호)
12.31	중앙교우회, 『중앙60년사』 발간

1971

5. 5	남산공원 어린이회관 녹지대에서 소파 방정환 선생 동상 건립 기공식 거행
5.25	윤석중, 『동요따라 동시따라』 발간
7.23	소파서거 40주년 기념으로 서울 남산 어린이회관 녹지대에 소파동상 제막
11.	윤석중 회갑 동요서화전 개최

440

이원수 회갑기념문집『고향의 봄』간행

1972
4.   한국보이스카우트연맹 제8대 총재 이보형 취임
        김상련, 「소파 연구」 발표
5.10   버다·홀트, 이선명 옮김,『동방의 자손들』발간
10.17   10월유신

1973
1.30   김세원,『꿈나무』발간
2.17   새싹회, 1920년대 동인을 중앙위원으로 추대하고 이원수·손대업·이해
        창·이석현·이재철·이영태·김수남을 실행위원으로 선출
5. 5   보사부, 어머니날을 어버이날로 개칭 공포
        서울 능동에 어린이 대공원 개원
5.   새싹회,『어린이날의 유래』발간
10.15   조찬석, 「일제하의 한국소년운동」(인천교대『논총』4) 발표

1974
4.   한국보이스카우트연맹 제9대 총재 주창균 취임
5.5~15 색동회, 무궁화 달기운동 전개
11. 1   한국스카우팅 중장기 발전계획 수립

1975
1.14   박정희 정부, 어린이날을 공휴일로 지정
4.30   이재철 책임편집,『소파방정환문학전집』전8권 간행
5. 5   가족과 함께 즐기는 첫 법정 공휴일
        정인섭,『색동회 어린이 운동사』(학원사) 간행

1976
2.24   『아동문학평론』등록(등록번호 바411)
9.30   도서출판 보성사,『어린이』영인본 10책 발간
10. 2   한국보이스카우트, 아태지역 최우수 회원국으로 선정

1977
2.23   해관 오긍선선생(고아양육사업 창시자) 기념사업회 결성

4.20	도서출판 보성사, 『학생』 영인본 4책 발간
8.18	박정희 대통령, 보이스카우트 세계연맹에 명예총재로 추대
12.	한국보이스카우트 전국 단세 25만 돌파

1978

2.20	김정의, 「한국소년운동의 발생과정 연구」(연세대 석사학위 논문) 발표

1979 [UN이 지정한 '세계어린의 해']

3.	구로동어린이집 개원
5. 5	서울, 오후 1시부터 4시까지 시청앞~을지로~서울운동장까지 큰 길을 차없는 거리로 만들어 1만여명의 어린이 대행진 진행
	사직공원에 어린이만을 위한 어린이도서관 개관
9.	구로우리교회어린이집 개원
10.26	10 · 26사태

1980

4.	한국보이스카우트연맹 제10대 총재 이원우 취임
5.17	광주사태

1981

3.	교육대학, 4년제로 승격
12.	신재홍, 「일제치하에서의 한국소년운동고」(『사학연구』 33) 발표

1982

4.	한국보이스카우트연맹 제11대 총재 김석원 취임
8.	한국보이스카우트연맹 창립 60주년 기념 제6회 한국 잼버리 겸 제8회 아 · 태 잼버리 덕유산에서 개최

1983

5. 5	아동문학평론사, 소파묘역을 미화 · 정리하고 기념비 세움
7. 6	심장병어린이돕기사업 복지법인 어린이보호회(이상룡) 발족
7.	한국보이스카우트, 제29차 세계총회에서 세계연맹 이사국 피선
10.13	국회 스카우트 의원연맹 창설
11.19	재단법인 한국보이스카우트 지원재단 설립
12.23	외솔회, 소파 방정환 특집호로 『나라사랑』 49집 발간

· 소파 방정환 선생의 일생 - 이정호
· 소파 방정환론 - 이재철
· 소파 선생의 뿌리와 배경 - 김응조
· 아동문학의 선구 소파 선생 - 윤석중
· 소파와 아동문학 - 고 이원수
· 소파 문학의 비평적 접근 - 이상현
· 소파 선생과 3·1운동 - 이태운
· 소파와 나 - 유광열
· 인간 소파상 - 윤극영
· 아버님의 걸어가신 길 - 방운용

1984

5. 1   서울 대공원 동물원 개원
9.25   한국보이스카우트연맹, 『한국보이스카우트 60년사』 간행

1985

5. 1   서울 대공원 식물원 개원

1987

1. 5   이효성, 『이야기 한국사』 상 · 하권(정원) 발간
1.14   독립기념관에 「소파선생어록비」 건립
5. 3   어린이보호회, 소파동상을 남산에서 어린이대공원으로 이전
6.10   6월 대항쟁
6.20   쌩떽쥐뻬리, 황현산 옮김, 『어린 왕자』(열화당) 발간
9. 3   제24회 세계스카우트 지원재단 이사회 개최

1988

2.28   김정의, 「한국근대소년운동연구」(한양여대 『논문집』 11) 발표
5. 5   전문 11조의 「대한민국 어린이헌장」 개정 공포

1989

3.24   아동학대예방협회(홍강의) 결성
5. 5   한국아동문학학회, 소파묘 참배 대학생동요동시백일장 개최(매년 계속
         행사)

1990

5.13	청소년단체 중심, 환경보전 캠페인
8.	한국아동문학학회, 서울아세아아동문학대회 개최(4개국)

1991

5. 5	색동회, 방정환 생가터 표지비 건립(글씨 : 서희환, 조각 : 오병훈)
5.	한국아동문학학회, 방정환문학상 제정 및 매년 시상
8. 8	강원도 고성에서 제17회 세계잼버리 개최(135개국 25,000여 명 참가) 및 세계보이스카우트 의원연맹 창립총회(김종호의원 초대총재로 선출)
11.20	UN, 세계 각국이 참여하는 「국제아동권리에 관한 협약」채택, 한국 가입

1992

3.	한국보이스카우트 연맹 제12대 총재 박건배 취임
	새문안유아원 및 탁아소 운영
5. 5	김정의, 『한국소년운동사』(민족문화사) 간행
12.30	오세창, 「일제하 한국소년운동사연구」(『민족문화논총』 13) 발표

1993

5. 5	국립국악원, 어린이날 기념 특별국악 공연
5.24	경주박물관, 경주 어린이문화재 미술실기대회
5.30	서울놀이마당에서 전국 청소년 탈춤공연대회 개최

1994

4.25	안경식, 『소파 방정환의 아동교육운동과 사상』(학지사) 간행
5.10	전택부, 『한국 기독교청년회 운동사』(범우사) 간행
9.28	김정의, 동학혁명100주년기념 국제학술대회에서 「소년운동을 통해 본 동학혁명」 발표
11. 1	이성호, 『지금 당신의 자녀가 흔들리고 있다』(문이당) 간행

1995

7.22~8.5	한국걸스카우트, 중국 전역에서 '한민족 유적지 청소년 탐사 캠프'
7.15	김정이, 「국권침탈기 경기도의 소년운동」(『한국민족운동사연구』 11) 발표

1996

1.22~23	한국걸스카우트 청소년포럼-'21세기를 준비하는 걸스카우트 결의문' 채

택
1. 걸스카우트 운동의 정신을 심화하고 실천한다
2. 여성 지도력을 기르며 21세기가 요구하는 전문적 여성으로 그 역할을 다할 수 있도록 스스로를 훈련한다
3. 지역사회에 관심을 가지고 지역사회에 기여하는 걸스카우트가 된다
4. 21세기의 멋진 세계시민으로 성장하고 지구촌 사회를 주도할 수 있도록 스스로를 준비시키고 세계적인 문제에 관심을 가지며 참여한다
5. 걸스카우트 운동의 기본인 대집회 활동을 스스로 만들어 간다
6. PC통신을 통해 스카우트 운동의 대중화를 추진한다
7. 누구에게나 인정받는 스카우트가 된다

3.29	스카우트 평생회원제도 실시
3.	교육대학에 대학원 설치
8. 7	제17회 아·태잼버리 개최
11.20	한국아동권리학회 조직
11.29	문화체육부,『청소년백서』간행

1997

1.29	소파 방정환 선생 기념관 건립 추진위원회 발족(위원장 : 이수성, 부위원장 : 김수남·이재철)
3.20	김정의,「현대초 한국소년운동의 교육이념」(『연호 노승윤박사 화갑기념교육학논총』) 발표
4.20	김명희,『아동행동지도』(교육아카데미) 간행
4.28	소파 방정환 선생 서거 66주년 기념 심포지엄(대주제 : 한국 어린이운동의 기점과 그 정신, 주제발표자 : 조찬석, 이재철, 김정의, 김재은)
7.30	아산사회복지재단, 사회복지총서 3권으로『아동복지편람』간행
8.	한국아동문학학회, 세계 최초의 서울아동문학대회 개최(14개국 참가)
11.21	IMF 관리체제 초래
11.29	문화체육부,『청소년백서』간행
12.31	한국걸스카우트연맹,『한국걸스카우트 50년사』간행

1998

2. 8	한국방정환기금,『소파 방정환 문집』2권 헌정식
2.28	김정의,「정성채의 소년운동」(한양여대『논문집』21) 발표
2.23	보건복지부, 한국아동단체협의회(유니세프 한국 대표부의 후원)를 사단법인 인가

4.24	한국보이스카우트연맹 신축회관 준공식
7.10	강영우, 『아버지와 아들의 꿈』(생명의말씀사) 간행
6.30	전국 보육시설 및 아동현황 : 1990년 대비 1,919개소 48,000명에서 17,127개소 546,477명으로 증가
8. 5	이중연, 『신대한국 독립군의 백만용사야』(혜안) 간행
9.30	김정의, 「최제우 소년관의 숙성」(『동학연구』 3) 발표
	『아동평론』, 제53회 아동문학평론 신인문학상 당선작(오경유 · 장성유) 발표
11.24	아동문학가 김한배(동요 「태극기」 작사자) 타계
11.30	교육부 교육환경개선국 조사, 결식학생 급증(131,333명)
12. 1	술 취한 교육행정 – 서울시내 11개 교육청이 지난 4년간 학교주변 200m 이내의 단란주점과 유흥주점 4,012개 업소가 낸 허가신청 중 78%인 3,093건 허가
12. 5	편해문, 『동무 동무 씨동무』(창작과비평사) 간행
11.24	서울 성동구, '고사리 손으로 10원 사랑을' 행사
12.14	서울시립소년소녀합창단, 「한용희(동요 「꼬마 눈사람」 작곡자) 명작동요 합창 연주회」 개최
12.20	장애인 인권헌장 선포(전문 13개조)

1999

1. 4~6	YMCA, YMCA 청소년수련장에서 어린이 민속캠프
1.11	1993년 이후 감소되던 해외입양아(2,290명)가 1998년부터 IMF사태로 다시 증가 추세로 돌아섬(2,300명)
1.24~27	한국자전거소년단, 남해섬에서 환경체험 순례
2. 9	한국문명학회 발족(초대회장 김정의)
5. 5	김정의, 『한국의 소년운동』(혜안) 간행
11.18	한국아동권리학회, 소파 방정환 탄신 제 100주년기념호로 『아동권리연구』 3-2 발간

- ·어린이의 삶의 질적 향상을 추구한 소파 방정환에 대한 다각적 분석 - 우남희
- ·소파 방정환과 한국아동의 권리 - 이재연
- ·사회운동의 측면에서 본 소파 방정환 - 김정의
- ·'소파를 통하여 보는 교육사' 소파 방정환 교육론의 교육사적 의미 - 이윤미
- ·문학의 측면에서 본 작가 방정환 - 남미영

2000

4.11   한국보이스카우트 연맹 제13대 총재 이원희 취임

8. 5   한국보이스카우트, 한국문화 이해 캠프(9개국 157명의 재외동포 참가)

9.29   『주간한국』, 왕따 현상의 심각성 심층보도

2001

5.16   한국보이스카우트 독도탐사활동

11.10   한국디지털대학 스카우트학과설치

12.29   한국보이스카우트연맹, 연맹명칭 변경승인(한국보이스카우트연맹→한국
스카우트연맹)

2002

5. 1   희암, 「어린이날의 의미와 과제」(『신인간』 621) 발표
김정의, 「현대 어린이운동과 과제」(『신인간』 621) 발표

5.8~10   유엔총회 의장 한승수 주재로 유엔 아동특별총회 개최, 「어린이가 살기
좋은 세상(A World Fit for Children)」을 보고서로 채택

12.16   한국스카우트연맹, 『사진으로 보는 스카우트80년』 발간

2003

6. 1   창작과비평사, 『창비 어린이』 창간

8.30   심숙영, 『유아발달에 적합한 ICT 활용』(양서원) 간행

9.28   김화중 복지부장관, 소년한국일보 인터뷰 "어린이 편에 서서 '어린이날'
반드시 지킬게요" 표명

12. 9   아동문학가 윤석중 타계
한국스카우트연맹, 북한어린이 돕기 성금 전달(굿네이버스 성금 2,000만원)

12.11   네이버카페 '어린이사랑'(http://cafe.naver.com/juvenile.cafe) 개설

2004

3.22   아동복지법 일부개정(벌률 제07212호)

5.15   정혜정, 2004년도 한국종교교육학회 춘계학술대회에서 「소파 방정환의
종교교육 사상」 발표
김재영, 2004년도 한국종교교육학회 춘계학술대회에서 「듀이와 방정환의
종교교육 비교와 연구과제」 발표

5.29   김정의, 「현대소년운동의 다양화」(『문명연지』 12) 발표

6. 8   에듀테인먼트 공부나라 오픈

6.15	한국 최초 사회복지기관 합병 – 한국어린이보호재단과 한국세이브더칠드런이 세이브더칠드런코리아로
7. 1	서울 YMCA, 『서울YMCA운동100년사』 간행
8.25	통계청 2003년도 한국 합계출산율 세계 최저(1.19명) 발표
9. 8	이영애, 국제연합아동기금(유니세프)의 예술분야 특별대표로 피촉
9.11	2004학년도 초등학교 미취학 어린이 5,680여 명으로 급증
10. 7	한양여대 학장 이진성, 내년부터 교직원·학생 탁아소 운영 계획 표명
10.19	정혜정·배영희, 「소파 방정환의 아동교육사상과 제6차 유아교육과정」(『문명연지』 13) 발표

2005

1. 5	여성부 장관 장하진, "보육을 최우선적으로 여성부 정책을 밀고 나가겠다"고 취임포부 표명
3. 1	한양여자대학, 아동복지학과 신설
5.	최원식, 「다시 어린이를 살리는 길」 발표
7.10	통계청 2004년도 한국 합계출산율 1.19명 발표 – 세계 평균 2.65명, 선진국 평균 1.56명
9. 6	한국보이스카우트연맹, 『청소년문학기행』 간행
12.13	유니세프, 2006 세계아동현황보고 – 「소외된 어린이들」 발표
12.31	윤석산, 「천도교의 가르침과 어린이 교육」(『동학학보』 10) 발표

2006

1.21	한국아동문학회, 아동문학작가상 수여(동시-박길순, 동화-김남형)
2.15	조성연, 『예비 부모교육』(학지사) 간행
2.25	김명희, 『아동복지론』(교문사) 간행
3.11	초·중·고교, 2·4주 휴일제 실시
4.18	참사랑실천회, 독고노인 및 소년소녀가장돕기회(장소 : 창천교회)
5. 5	김정의, 『한국소년운동론』(혜안) 간행

참고문헌

1. 기본자료

『고려사』   『개벽』
『독립운동사자료집』   『동아일보』
『매일신보』   『목민심서』
『보이스카우트』   『삼국사기』
『삼국유사』   『시대일보』
『신인간』   『어린이』
『의여차』   『조선왕조실록』
『조선일보』   『천도교월보』
『청춘』   『최근에 있었던 조선의 치안상황』
『한국일보』   『학생』

2. 단행본

경기도사편찬위원회, 『경기도 항일독립운동사』, 수원 : 경기도, 1995.
경신중고등학교, 『경신80년약사』, 서울 : 경신중고등학교, 1970.
고춘섭, 『경신100년사』, 서울 : 경신중고등학교, 1986.
구자헌, 『아동복지』, 서울 : 한국사회복지연구소. 1961.
구천원유한교수정년기념논총간행위원회, 『구천원유한교수정년기념논총(상)』,
        서울 : 도서출판 혜안, 2000.
기독교대백과사전편찬위원회, 『기독교대백과사전』, 서울 : 기독교문화사, 1981.
김광현, 『정신100년사』, 서울 : 정신100주년기념사업회, 1989.
김구 저, 도진순 주해, 『백범일지』, 서울 : 돌베개, 1997.
김명희, 『아동복지론』, 서울 : 교문사, 2006.

김성식, 『일제하 한국학생독립운동사』, 서울 : 정음사, 1977.

김영윤, 『개벽지 압수원본선집』, 서울 : 현대사, 1980.

김용덕, 『한국사의 탐구』, 서울 : 을유문화사, 1975.

김을한, 『월남 이상재 일대기』, 서울 : 정음사, 1976.

김정의, 『한국소년운동사』, 서울 : 민족문화사, 1992.

김정의, 『역사의 시공을 넘나들며』, 서울 : 도서출판 혜안, 1995.

김정의, 『한국문명사』, 서울 : 도서출판 혜안, 1999.

김정의, 『한국의 소년운동』, 서울 : 도서출판 혜안, 1999.

김정의, 『한국문명의 생명력』, 서울 : 도서출판 혜안, 2002.

대한소년단, 『대한소년단교범』, 서울 : 대한소년단중앙연합회, 1953.

동아일보사, 『3·1운동50주년기념논집』, 서울 : 동아일보사, 1969.

동학혁명100년사편찬위원회, 『동학혁명100년사』, 서울 : 동학혁명100주년기념
사업회, 1994.

무악실학회, 『윤종영교장정년기념 한국사교육논총』, 서울 : 도서출판 혜안, 1999.

무악실학회, 『석보정명호박사정년기념논총』, 서울 : 도서출판 혜안, 2000.

문화체육부, 『청소년백서』, 서울 : 문화체육부, 1996.

문화체육부, 『청소년백서』, 서울 : 문화체육부, 1997.

민경배, 『서울YMCA운동100년사』, 서울 : YMCA기획부, 2004.

박경식, 『3·1독립운동』, 동경 : 평범사, 1976.

박성수교수화갑기념논총간행위원회, 『박성수교수화갑기념논총』, 성남 : 박성수
교수화갑기념논총간행위원회, 1991.

방선주, 『재미한인의 독립운동』, 춘천 : 한림대학출판부, 1989.

방운용, 『소파선생의 약력』, 서울 : 삼도사, 1965.

방정환, 『소파수필선』, 서울 : 을유문화사, 1969.

백낙준, 『한국개신교사』, 서울 : 연세대학교 출판부, 1973.

백범김구의겨레사랑전사무국, 『백범김구의 겨레사랑』, 서울 : 문화일보, 1996.

새문안교회역사편찬위원회, 『새문안교회100년사』, 서울 : 새문안교회, 1995.

새싹회, 『어린이날의 유래』, 서울 : 새싹회, 1973.

서울시사편찬위원회, 『서울6백년사』 4, 서울 : 서울특별시, 1981.

서울연맹20년사편찬위원회, 『서울연맹20년사』, 서울 : 한국보이스카우트 서울연
맹, 1974.

손승영·김현주·전효관·주은희·한경혜, 『청소년의 일상과 가족』, 서울 : 생각
의나무, 2001.

신인간사, 『3·1재현운동지』, 서울 : 천도교중앙총부, 1969.

신재홍, 『항일독립운동연구』, 서울 : 신서원, 1999.

아산사회복지사업재단, 『아동복지편람』(사회복지총서 3), 서울 : 아산사회복지사업재단, 1997.

안경식, 『소파 방정환의 아동교육운동과 사상』, 서울 : 학지사, 1994.

양순담, 『베이든폴전』, 서울 : 대한교과서주식회사, 1968.

여운홍, 『몽양 여운형』, 서울 : 청하각, 1967.

연세대학교백년사편찬위원회, 『연세대학교백년사』, 서울 : 연세대학교출판부, 1985.

연호노승윤박사화갑기념교육학논총간행위원회, 『연호노승윤박사화갑기념교육학논총』, 서울 : 신서원, 1997.

유진식, 『소년법』, 서울 : 육법사, 1982.

윤병석, 『국외 한인사회와 민족운동』, 서울 : 일조각, 1990.

외솔회, 『나라사랑』 49(소파방정환특집호), 서울 : 외솔회, 1983.

원유한, 『홍이섭의 삶과 역사학』, 서울 : 도서출판 혜안, 1995.

월간조선 엮음, 『한국현대사119대사건』, 서울 : 조선일보사, 1993.

의암손병희선생기념사업회, 『의암손병희선생전기』(비매품), 1967.

이광린, 『초대 언더우드 선교사의 생애』, 서울 : 연세대학교출판부, 1991.

이기동, 『신라 골품제사회와 화랑도』, 서울 : 일조각, 1980.

이만열, 『한국기독교문화운동사』, 서울 : 대한기독교출판사, 1987.

이선근, 『화랑도연구』, 서울 : 동국문화사, 1954.

이성호, 『지금 당신의 자녀가 흔들리고 있다』, 서울 : 문이당, 1994.

이정식, 『김규식의 생애』, 서울 : 신구문화사, 1974.

이윤호, 『소년보호처분의 효과분석』, 서울 : 한국형사정책연구원, 1991.

이재철, 『한국현대아동문학사』, 서울 : 일지사, 1978.

이재철 편, 『세계아동문학사전』, 서울 : 계몽사, 1989.

이중연, 『신대한국 독립군의 백만용사야』, 서울 : 도서출판 혜안, 1998.

이현희, 『동학사상과 동학혁명』, 서울 : 청아출판사, 1984.

이현의, 『대한민국임시정부주석 이동녕과 그 시대』, 서울 : 도서출판 동방도서, 2002.

이효자·안영진·장병연·주은희, 『특수아동지도』, 서울 : 정일, 2000.

전대련·노정호, 『한국기독교 사회운동』, 서울 : 노출판, 1986.

전택부, 『한국 기독교청년회 운동사』, 서울 : 범우사. 1994.

452

정성채, 『소년척후교범』, 서울 : 소년척후단조선총연맹, 1931.

정인섭, 『색동회 어린이운동사』, 서울 : 학원사, 1975.

정혜정, 『동학 천도교의 교육사상과 실천』(한국문명학회총서 2), 서울 : 혜안, 2001.

정혜정, 『한국교육사상』, 서울 : 문음사, 2005.

조선소년군, 『조선소년군요람』, 서울 : 조선소년군총본부, 1925.

조성연, 『예비 부모교육』, 서울 : 학지사, 2006.

조철호, 『소년군교범』, 서울 : 조선소년군총본부, 1925.

중앙교우회, 『중앙60년사』, 서울 : 민중서관, 1969.

주요한 편, 『안도산전서』, 서울 : 삼중당, 1963.

하석김창수교수화갑기념사학논총간행위원회, 『한국민족운동사의 제문제』, 서울 : 범우사, 1992.

하현강교수정년기념논총간행위원회, 『한국사의 구조와 전개』, 서울 : 도서출판 혜안, 2000.

한국걸스카우트 50년사 편찬위원회, 『한국걸스카우트50년사』, 서울 : 한국걸스카우트연맹, 1997.

한국보이스카우트 50년사 편찬위원회, 『한국보이스카우트50년사』(미간행 초고본), 서울 : 한국보이스카우트연맹, 1973.

한국보이스카우트 60년사 편찬위원회, 『한국보이스카우트60년사』, 서울 : 한국보이스카우트연맹, 1984.

한국잡지협회, 『한국잡지100년』, 서울 : 한국잡지협회, 1995.

홍이섭, 『한국정신사 서설』, 서울 : 연세대학교출판부, 1975.

菊田幸一, 『少年法槪說』, 東京 : 有斐閣, 1981.

德永勳美, 『朝鮮總覽』 1・2, 東京 : 博文館, 1907.

柏木千秋, 『改訂 新少年法槪說』, 東京 : 立花書房, 1946.

ポーイスカウト日本連盟, 『ベーイデン・ボーエル傳』, 東京 : 日本連盟, 1969.

三品彰英 저, 이원호 역, 『신라화랑의 연구』, 서울 : 집문당, 1995.

時村光一, 『少年法槪說』, かんらん社, 1955.

第二東京辯護士會拘禁二法案沮止對策會議, 『少年司法運營に關する國連最低基準規則』(拘禁者處遇と國連 關係文書), 1988.

仲村修 編譯, 『韓國・朝鮮兒童文學評論集』, 東京 : 明石書店, 1997.

平野龍一 編, 『少年保護 : 少年法と少年保護講座(第2卷)』, 東京 : 大成出版社, 1982.

平場安治, 『少年法』, 東京 : 有斐閣, 1987.

A. Mergen, *Die soziale Zweckm igkeit in der mordernen Kriminalpolitik*, in : Rittler Festschrift, 1957.

Arther Kaufmann, *Das Schuldprinzip*, 2. Aufl, 1976.

C. Roxin, *Schuld und Verantwortlichkeit als strafrechtliche Systemkategorien*, in : Festschrift f r Heinrich Henkel, 1974.

F. A. Mckenzie, *Korea's Fight for Freedom*, Seoul : Reprinted by Yonsei University Press, 1969.

F. Nowakowski, *Maβnahmenkomponente im StGB*, in : Festschrift f r Christian Broda, 1970.

J. S. Wilson, *Scouting round the world*, London : Tonbridge Printers L. T. D, 1967.

J. E. Fisher, *Democracy and Mission in Korea*, Seoul : Reprinted by Yonsei University Press, 1970.

Robert Baden-Powell, *Scouting for boys*, London : C. Arthur Pearson L. T. D, 1967.

W. Maihofer, *Menschenbild und Strafrechtsreform*, in : Universit tstage, 1964.

3. 논문

곽영철, 「소년선도보호제도의 운용현황과 개선방향」, 『청소년범죄연구』 1, 1983.

김근수, 「『개벽』지 소고」, 『아세아연구』 23, 서울 : 고려대학교 아세아문제연구소, 1967.

김상련, 「소파연구」(상) · (중) · (하), 『신인간』 295 · 296 · 297, 1972.

김성식, 「일제하 한국학생운동」, 『일제하의 민족운동사』, 민중서관, 1971.

김용덕, 「여성운동 및 어린이운동의 창시자로서의 해월선생」, 『신인간』 370, 1979.

김응조, 「천도교의 문화운동」, 『인문과학연구』 2, 서울 : 성신여자대학교, 1983.

김응조, 「소파선생의 뿌리와 배경」, 『나라사랑』 49, 서울 : 외솔회, 1983.

김정의, 「한국소년운동의 발생과정 연구」, 연세대학교교육대학원 석사학위논문, 1978.

김정의, 「근대소년운동의 배경고찰」, 『논문집』 8, 한양여자대학, 1985.

김정의, 「근대소년운동연구」(I), 『논문집』 10, 한양여자대학, 1987.

김정의, 「한국근대소년운동연구」(II), 『논문집』 11, 한양여자대학, 1988.

김정의, 「한국소년운동고찰」, 『한국사상』 21, 1989.

김정의, 「한국근대소년운동사의 역사적 배경에 관한 연구」, 『백산 박성수교수 화갑기념논총』, 1991.

김정의, 「『개벽』지에 나타난 소년관에 관한 고찰」, 『논문집』 15, 한양여자대학,

1992.

김정의, 『한국소년운동사 연구』, 성신여자대학교대학원 박사학위논문, 1992.

김정의, 「한국근대소년운동의 노선갈등과 일제탄압고」, 『실학사상연구』 3, 1992.

김정의, 「국외에서의 한인소년운동고」, 『하석 김창수교수 화갑기념논총』, 1992.

김정의, 「소춘 김기전의 소년운동」(상), 『신인간』 522, 1993.

김정의, 「소춘 김기전의 소년운동」(하), 『신인간』 523, 1993.

김정의, 「소춘 김기전의 소년운동」(종), 『신인간』 524, 1994.

김정의, 「소년운동을 통해 본 동학혁명」, 『동학혁명100주년기념국제학술대회논
　　　문집』, 1994.

김정의, 「소년운동」, 『경기도사연구총서』 1, 1995.

김정의, 「국권침탈기 경기도의 소년운동」, 『한국민족운동사연구』 11, 1995.

김정의, 「어린이운동의 기점과 그 정신」, 『소파 방정환선생 서거60주년 기념심포지
　　　엄』, 1997.

김정의, 「현대 초 한국소년운동의 교육이념」, 『연호 노승윤박사 화갑기념교육학논
　　　총』, 1997.

김정의, 「어린이운동의 화신 소파 방정환 선생」, 『소파방정환문집』, 소파방정환선
　　　생기념사업회, 1997.

김정의, 「정성채의 소년운동」, 『논문집』 21, 한양여자대학, 1998.

김정의, 「최제우소년관의 숙성」, 『동학연구』 3, 1998.

김정의, 「현대 한국소년운동의 기점과 그 이념」, 『실학사상연구』 10 · 11 · 12합집,
　　　1999.

김정의, 「사회운동의 측면에서 본 소파 방정환」, 『아동권리연구』 3-2, 아동권리학
　　　회, 1999.

김정의, 「한국소년운동사의 시기 구분론」, 『윤종영교장정년기념 한국사교육논
　　　총』, 무악실학회, 1999.

김정의, 「동학 · 천도교의 문명인식론」, 『하현강교수정년기념논총-한국사의 구조
　　　와 전개』, 도서출판 혜안, 2000.

김정의, 「방정환의 소년인권운동 재고」, 『석보정명호교수정년퇴임기념논총』, 도
　　　서출판 혜안, 2000.

김정의, 「소춘 김기전의 소년해방운동」, 『구천원유한교수정년기념논총(상)』, 도서
　　　출판 혜안, 2000.

김정의, 「동학의 문명관」, 『동학학보』 2, 동학학회, 2001.

김정의, 「갑오동학민중혁명운동의 위상」, 『동학연구』 9, 한국동학학회, 2001.

김정의, 「한국문명의 시원과 원초이념의 구현」, 『문명연지』 3-1, 2002.

김정의, 「현대어린이운동의 과제」, 『신인간』 621, 2002.

김정의, 「한국문화의 문명화」, 『문명연지』 3-2, 2002.

김정의, 「동학·천도교 문명의 자연관」, 『문명연지』 4-2, 2003.

김정의, 「현대소년운동의 다양화」, 『문명연지』 3-2, 2004.

김정의, 「『개벽』지상의 소년운동론 논의」, 『학고이상태박사정년기념사학논총』, 학고이상태박사정년기념사학논총간행위원회, 2006.

김정인, 「1910~25년간 천도교계의 동향과 민족운동」, 서울대학교대학원 석사학위논문, 1993.

김정인, 「1910~25년간 천도교세력의 동향과 민족운동」, 『한국사론』 32, 1994.

김정인, 「일제강점기 천도교사 관련자료 연구」, 『국사관논총』 77, 국사편찬위원회, 1997.

김정인, 『일제강점기 천도교단의 민족운동 연구』, 서울대학교대학원 박사학위논문, 2002.

김정인, 「손병희의 문명개화노선과 3·1운동」, 『한국독립운동사연구』 19, 한국독립운동사연구소, 2002.

김정인, 「1920년대 전반기 천도교단의 노선갈등과 분화」, 『동학학보』 5, 동학학회, 2003.

김정인, 「『개벽』을 낳은 현실, 『개벽』에 담긴 희망」, 『역사와 현실』 57, 한국역사연구회, 2005.

김종원, 「소년보호제도의 몇 가지 문제」, 『청소년범죄연구』 1, 1983.

김호일, 『한국근대학생운동 연구』, 단국대학교 대학원 박사학위논문, 1987.

김훈, 「소년사법행정에 있어서의 최근의 동향」, 『외국사법연수논집』 4, 1982.

노영택, 「일제하 인천의 청소년운동에 관한 연구」, 『기전문화연구』 4, 1973.

노영택, 「일제하의 서당연구」, 『역사교육』 16, 1976.

박창건, 「천도교」, 『서울6백년사』 4, 서울 : 서울시사편찬위원회, 1981.

박영석, 「한인소년병학교연구」, 『한국독립운동사연구』 1, 1987.

박재윤, 「소년법개정의 기본방향」, 『청소년범죄연구』 5, 1987.

서은경, 「한국의 잊혀진 페스탈로치 소춘 김기전」, 『우리교육』 39, 1993.

서정우, 「소년원수용기간의 검토 : 단기처리를 중심으로」, 『청소년범죄연구』 4, 1986.

성봉덕, 「천도교소년회운동과 소춘선생」, 『신인간』 428, 1985.

성주현, 「『신인간』지와 필자, 그리고 필명」, 『신인간』 600, 2000.

성주현, 「일제하 천도교청년당의 민족교육」, 『문명연지』 2-1, 2001.

성주현, 「만주 천도교인의 교육운동」, 『문명연지』 3-3, 2002.

성주현, 「해월 최시형의 동학혁명」, 『문명연지』 4-3, 2003.

성주현, 「동학혁명 참여자의 혁명이후 활동(1900~1919)」, 『문명연지』 6-1, 2005.

성주현, 「1920년대 상해지역 천도교인의 활동과 민족운동」, 『문명연지』 6-3, 2005.

소래섭, 「『소년』지에 나타난 '소년'의 의미와 '아동'」, 『한국학보』 109, 2002.

손인수, 「한국근대소년운동과 아동중심의 교육사상」, 『이인기박사 고희기념논집』, 1976.

손인수, 「동학사상의 아동관」, 『교육사 교육철학』 3, 1979.

손인수, 「인내천사상과 어린이운동의 정신」, 『신인간』 428, 1985.

송준석, 「소춘 김기전의 아동인격 · 해방운동의 교육사상」, 『한국교육사학』 17, 한국교육학회 교육사연구회, 1995.

신동운, 「서독의 소년사법제도」, 『각국의 소년사법제도연구』, 법무자료 113, 1989.

신일철, 「천도교의 민족운동」, 『한국사상』 21, 서울 : 한국사상연구회, 1989.

신재홍, 「일제치하에서의 한국소년운동고」, 『사학연구』 33, 1981.

신재홍, 「1920년대 한국청소년운동」, 『성신여대 인문과학연구』 2, 1983.

신재홍, 「소년운동」, 『한민족독립운동사』 9, 1991.

신재홍, 「청소년운동」, 『항일독립운동연구』, 서울 : 신서원, 1999.

신진규, 「우범소년 처리실태와 선도방안」, 『청소년범죄연구』 5, 1987.

심국보, 「지금 우리가 신인간이 되려하면」, 『신인간』 600, 2000.

심형진, 「동학에 나타난 사람다움」, 『문명연지』 3-3, 2002.

양승균, 「우리 나라 소년법상의 보호처분에 관한 연구」, 『검찰』 3, 1982.

양화식, 「형법상 책임과 예방」, 『법조』 10, 11, 1992.

오선주, 「소년법과 소년보호」, 『청주대 법학논집』 4, 1989.

오세창, 「일제하 한국소년운동사연구」, 『민족문화논총』 13, 영남대학교, 1992.

오행남, 「소년에 대한 보호처분의 연구」, 『재판자료』 18, 1983.

유진식, 「스웨덴의 소년사법제도」, 『각국의 소년사법제도연구』, 법무자료 113, 1989.

윤석산, 「천도교의 가르침과 어린이 교육」, 『동학학보』 9-2, 동학학회, 2005.

윤석중, 「영원한 어린이의 벗 방정환」, 『인물한국사 -개화의 선구』 5, 박우사, 1965.

윤석중, 「천도교소년운동과 그 영향」, 『한국사상』 12, 1974.

윤석중, 「한국동요문학소사」, 『예술논문집』 29, 대한민국예술원, 1990.

윤재윤, 「소년보호처분의 본질·요건·효력과 그 현황」, 『판례 월보』 181(10), 1985.

윤해동, 「한말 일제하 천도교 김기전의 '근대' 수용과 민족주의」, 『역사문제연구』, 역사문제연구소, 1996.

이상식, 「1920년대의 광주지방과 학생운동」, 『국사관논총』 64, 1995.

이상현, 「소파문학의 비평적 접근」, 『나라사랑』 49, 서울 : 외솔회, 1983.

이익주, 「고려후기 단군신화 기록의 시대적 배경」, 『문명연지』 4-2, 2003.

이재철, 「한국아동문학사의 시대구분 시고」, 『논문집』 1, 대구교육대학, 1965.

이재철, 「아동잡지 『어린이』 연구-『어린이』지 영인본을 중심으로-」, 『논문집』 16, 단국대학교, 1982.

이재철, 「소파 방정환론」, 『나라사랑』 49, 서울 : 외솔회, 1983.

이재철, 「소파정신의 구현」, 『신인간』 429, 1986.

이재철, 「아동잡지 『어린이』 연구」, 『신인간』 438, 1986.

이재철, 「천도교와 어린이운동」, 『신인간』 439, 1986.

이재철, 「한국 어린이운동 약사」, 『아동문학평론』 88, 1998.

이현주, 「서울청년회의 초기조직과 활동」, 『국사관논총』 70, 1996.

정혜정, 「소년교육운동」, 『동학천도교의 교육사상과 실천』, 도서출판 혜안, 2001.

정혜정, 「동학의 한울님 이해」, 『문명연지』 2-2, 2001.

정혜정, 「야뢰 이돈화의 인간성」, 『문명연지』 3-1, 2002.

정혜정, 「동학의 성경신 이해와 분석」, 『동학』, 2003.

정혜정, 「의암 손병희의 인내천 교육사상」, 『문명연지』 3-2, 2002.

정혜정, 「동학과 불교사상」, 『동학학보』 5, 2003.

정혜정·배영희, 「소파 방정환의 아동교육사상과 제6차 유아교육과정」, 『문명연지』 5-3, 2004.

조대현, 「소년원 송치처분에 대한 검토」, 『청소년범죄연구』 4, 1986.

조은숙, 「방정환과 어린이 해방과 발견사이」, 『비평』 겨울호, 한국비평이론학회, 2000.

조찬석, 「일제하의 한국소년운동」, 『논총』 4, 인천교육대학, 1973.

조찬석, 「1920년대 경기지방의 소년운동」, 『기전문화연구』 7, 1976.

조찬석, 「1920년대 서울지방의 소년운동」, 『논문집』 12, 인천교육대학, 1978.

조찬석, 「관산 조철호에 관한 연구」, 『교육논총』 12, 인천교육대학, 1981.

조찬석, 「1920년대 경상북도지방의 소년운동」, 『청풍 김판영박사 화갑기념논문집』, 1983.

조찬석, 「1920년대 한국의 청년운동」, 『논문집』 12, 인천교육대학, 1984.

조찬석, 「1920년대 경상남도지방의 소년운동」, 『논문집』 20, 인천교육대학, 1986.

조찬석, 「1920년대 호남지방의 소년운동」, 『논문집』 24, 인천교육대학, 1990.

조찬석, 「청년운동」, 『한민족독립운동사』 9, 국사편찬위원회, 1991.

조찬석, 「1920년대 경기지방의 청년운동에 관한 일연구」, 『기전문화연구』 24, 인천교육대학 기전문화연구소, 1996.

조찬석, 「1920년대 인천광역시 지역의 청소년운동에 관한 연구」, 『인천학연구』 1, 인천대 인천학연구원, 2002.

차웅렬, 「푸른 오월의 소파 방정환」, 『신인간』 633, 2003.

차웅렬, 「흘러간 개벽사의 별, 아동문학의 상징 윤석중」, 『신인간』 642, 2004.

최동희, 「동학의 기본사상」, 『한국사학』 1, 1980.

최세영, 「소년범에 대한 보호처분의 장래」, 『소년범에 관한 제문제』, 사법연수원, 1979.

최인섭, 「소년보호처분의 효과분석」, 『청소년범죄의 원인과 대책』, 형사정책연구원, 1992.

최종식, 『소년법상 보호처분에 관한 연구』, 강원대학교대학원 박사논문, 1996.

최홍규, 「1920년대 수원지방의 항일민족운동」, 『순국』 17, 서울 : 순국선열유족회, 1991.

표영삼, 「천도교 청년당의 민족운동」, 『순국』 23, 1992.

허재욱, 「한국보이스카우트운동이 청소년교육에 미치는 영향」, 고려대학교 교육대학원 석사학위논문, 1971.

황선희, 「1920년대의 천도교와 신문화운동-이돈화의 3대개벽론을 중심으로-」, 『용암 차문섭박사 화갑기념사학논총』, 1989.

所一彦, 「少年審判の理念と制度」, 『講座 少年保護』 2, 東京 : 大成出版社, 1982.

仲村修, 「方定煥研究序論-東京時代を中心に-」, 『靑丘學術論集』 14, 韓國文化研究振興財團, 1999.

仲村修, 「朝鮮初期少年運動(1919～1925)と兒童文學」, 『訪韓學術研究者論文集』 2, 財團法人 日韓文化交流基金, 2002.

찾아보기_

464

466

470

472

476

478